权威·前沿·原创

皮书系列为
“十二五”“十三五”国家重点图书出版规划项目

BLUE BOOK

智库成果出版与传播平台

氢能汽车蓝皮书
BLUE BOOK OF HYDROGEN VEHICLE

中国车用氢能产业发展报告（2021）

ANNUAL REPORT ON THE DEVELOPMENT OF AUTOMOTIVE HYDROGEN INDUSTRY IN CHINA (2021)

中国汽车技术研究中心有限公司
北汽福田汽车股份有限公司 / 研　创

社会科学文献出版社
SOCIAL SCIENCES ACADEMIC PRESS (CHINA)

图书在版编目（CIP）数据

中国车用氢能产业发展报告．2021／中国汽车技术研究中心有限公司，北汽福田汽车股份有限公司研创．--北京：社会科学文献出版社，2021.12
（氢能汽车蓝皮书）
ISBN 978－7－5201－9558－4

Ⅰ．①中…　Ⅱ．①中…　②北…　Ⅲ．①氢能－燃料电池－应用－电传动汽车－汽车工业－产业发展－研究报告－中国－2021　Ⅳ．①F426.471

中国版本图书馆 CIP 数据核字（2021）第 270765 号

氢能汽车蓝皮书
中国车用氢能产业发展报告（2021）

研　　创／中国汽车技术研究中心有限公司
　　　　　北汽福田汽车股份有限公司

出 版 人／王利民
组稿编辑／曹义恒
责任编辑／吕霞云
责任印制／王京美

出　　版／社会科学文献出版社
　　　　　地址：北京市北三环中路甲 29 号院华龙大厦　邮编：100029
　　　　　网址：www.ssap.com.cn
发　　行／市场营销中心（010）59367081　59367083
印　　装／天津千鹤文化传播有限公司

规　　格／开 本：787mm×1092mm　1/16
　　　　　印 张：26.25　字 数：394 千字
版　　次／2021 年 12 月第 1 版　2021 年 12 月第 1 次印刷
书　　号／ISBN 978－7－5201－9558－4
定　　价／158.00 元

本书如有印装质量问题，请与读者服务中心（010－59367028）联系

编　委　会

卢兵兵	田桂丽	冯　屹	吕　旺	朱　成
乔　丽	任海波	任焕焕	刘光辉	刘　珂
刘思明	刘效磊	孙　锌	余　意	李乃武
李　妍	李赫埈	杨　军	杨　铮	杨燕梅
肖昊玮	吴志新	吴　浩	吴　爽	吴承灿
何云堂	张　淇	张妍懿	张　英	张秀丽
张焰峰	陈　川	林　翎	孟子厚	郝维健
郝　冬	赵冬昶	赵明楠	赵　强	胡辰树
段志洁	禹如杰	高婉丽	钱　冰	郭秀梅
郭　婷	龚玉斌	梁兆文	梁晶晶	梁荣亮
韩红梅	鲍　威	鲍　航	管　宇	管城熠
管清平	缪文泉	潘凤文	滕欣余	薛　晴
薛兴宇	魏长河			

序　言

氢能具有清洁高效、来源广泛的特征，是全球能源技术革命的重要方向，是具有战略意义的能源载体。开发和利用氢能是当前全球产业创新和能源转型的重大战略方向。燃料电池汽车是氢能应用的重要方向，也是新能源汽车发展的重要方向。加快氢燃料电池汽车技术创新和推广应用，促进燃料电池汽车与可再生能源协同发展，是交通运输领域落实“2030 碳达峰、2060 碳中和”目标的具体举措。

我国高度重视氢能与燃料电池汽车产业发展。在国家“十四五”规划中，氢能被列为未来产业，产业定位被提升至新的高度，地方政府不断出台专项支持政策，各方资本积极参与产业链建设，氢能供给体系建设和燃料电池汽车产业链体系构建取得显著成效，目前国内已累计推广燃料电池汽车 8000 余辆，建成加氢站 160 余座，我国氢能与燃料电池汽车产业正迎来前所未有的战略机遇期。

中国汽车技术研究中心有限公司（简称“中汽中心”）是国内外汽车行业具有广泛影响力的综合性汽车技术服务企业，在氢能与燃料电池汽车领域具有深厚研究基础。2018 年 9 月，中汽中心在国家主管部门、国内外主要智库机构和研究机构、氢能及燃料电池汽车发展先行地区、行业内广大企业等大力支持下，围绕产业发展的重大现实问题，致力于凝聚行业智慧，破解产业共性难题，编撰发布了国内首部“氢能汽车蓝皮书”，初次对我国氢能与燃料电池汽车产业发展进行了系统分析和研判，研究成果得到行业充分肯定和积极评价，产业智库的作用进一步显现。

2021年以来，我国氢能与燃料电池汽车产业继续呈现良好发展态势，国家燃料电池汽车示范应用政策导向明确，地方政府积极推进燃料电池汽车示范运行及加氢站建设进程，先行区域及优势企业引领势头明显。氢能产业投资持续高涨，大型能源和装备央企、地方能源企业、传统车企及零部件企业、氢燃料电池相关企业等产业主体投资力度加强。氢储运技术及产品已具备产业化能力，燃料电池技术及产品自主化取得突破；燃料电池商用车产品技术水平持续提高，价格下降明显，应用场景不断拓展；燃料电池乘用车产品创新进程加快，城市群大规模车辆示范应用已经启动，产业发展开始迈入提质增量阶段。但整个行业仍然面临政策法规有待进一步完善、车用氢能供给体系尚不完备、车辆终端应用场景落地难、降成本压力大、全生命周期碳减排效益评价体系尚需完善等共性难题。

为及时应对氢能与燃料电池汽车技术创新、产业体系建设、车辆示范应用等领域出现的新问题，中汽数据氢能源研究团队启动了《中国车用氢能产业发展报告（2021）》编撰工作。为做好本年度蓝皮书编写工作，编委会成员依托氢能与燃料电池汽车领域研究基础，自2021年2月起对国内主要氢能、燃料电池及整车企业进行了调研，并与行业专家、国内外产业链优势企业开展了充分交流，倾听行业心声，把握产业动态和国内外最新发展态势。2021年4月编委会召开了本书编写启动会，吸取了行业、企业专家的优化和完善建议，确定了总报告、专家视点篇、产业篇、政策篇、应用篇、区域篇、碳中和篇、国际篇等相关内容的有机结构。本书编写过程中，国家主管部门、氢能及燃料电池汽车领域院士和专家给予了关心、支持和指导，对年度主题、研究框架、研究内容等提出了宝贵建议，国内氢能及燃料电池汽车代表性企业提供了专门材料，既充实了研究内容，又保障了本书的权威性和客观性。

在本年度的蓝皮书编撰过程中，我们邀请了衣宝廉院士、彭苏萍院士等权威专家学者为本书撰写专家视点。北汽福田汽车股份有限公司一直以来是我们的合作伙伴，2021年继续冠名“氢能汽车蓝皮书”，并给予了大力支持。在此，我谨代表中汽中心和“氢能汽车蓝皮书”编委会对上述专家和企业的大力支持表示衷心的感谢。

《中国车用氢能产业发展报告（2021）》是“氢能汽车蓝皮书”的第四册。在本书初稿撰写过程中，氢能源研究团队与蓝皮书顾问团队等氢能与燃料电池汽车领域专家、国内外产业链上下游企业进行了广泛交流和深入探讨，付出了辛勤的劳动。本书副主编胡辰树、王建建等对书稿进行了统稿和初审，主编冯屹进行了终审定稿。

感谢国家主管部门、地方省市、氢能与燃料电池汽车界同仁和社会各界对本书编撰工作的支持。尤其要感谢本书各位作者和中汽数据氢能源研究团队的辛勤工作，感谢社会科学文献出版社老师严谨、高效的编辑工作，保证了本书的顺利出版。本书是氢能及燃料电池汽车领域共同的研究成果，凝聚了众多人士的心血，但由于时间仓促，书中难免还有纰漏和不足，敬请各位专家、同行和读者批评指正！

中国汽车技术研究中心有限公司党委书记、董事长、总经理

2021 年 10 月 11 日

摘　要

我国“2030碳达峰、2060碳中和”战略目标提出后，生态优先、绿色低碳的高质量发展道路成为未来发展的主基调。发展氢能是我国推动能源生产和消费革命创新发展的重要举措，发展氢燃料电池汽车是推动车用能源向高效、清洁、多元化方向发展的重要路径。2020年9月，财政部、国家发改委、工信部、科技部、国家能源局五部门发布了《关于开展燃料电池汽车示范应用的通知》，采取“以奖代补”的方式，对符合条件的城市群开展燃料电池汽车关键零部件产业化攻关和示范应用给予奖励支持。2021年3月，国务院发布《中华人民共和国国民经济和社会发展第十四个五年规划和2035年远景目标纲要》，其中氢能被列为未来产业，战略定位被提升到新的高度。

面对产业发展形势，中国汽车技术研究中心有限公司中汽数据有限公司氢能源研究团队于2021年2月启动了2021年的“氢能汽车蓝皮书”编写准备工作，在国内部分地区新冠肺炎疫情反复形势下，研究团队采用线上交流与线下实地调研相结合的形式，就行业热点、痛点问题与北京、上海、广东、山东、河北、山西、浙江、山东、四川等地的政府主管部门、行业专家、产业链代表性企业进行了深入调研和交流。4月初，团队确定了编写大纲，并召开了启动会，吸纳了行业专家和企业代表对2021年蓝皮书编写的建议和意见。8月底，在地方政府、行业专家、研究机构和企业代表作者的大力支持下，全书初稿收集工作完成，进入送审和修改完善阶段。

《中国车用氢能产业发展报告（2021）》是关于中国氢能及燃料电池汽

车产业发展研究的年度性报告，也是“氢能汽车蓝皮书”的第四册。本书主要包括总报告、专家视点篇、产业篇、政策篇、应用篇、区域篇、碳中和篇和国际篇八个部分。研究内容涵盖产业链上下各环节。研究分析发现，我国氢能与燃料电池汽车产业政策出台进程加快，示范应用政策逐步明确，氢能在国家多项重点产业和支持政策中得以体现，产业深度融合趋势明显。氢燃料电池汽车产业体系趋于完善，车用燃料电池技术快速进步，多元制氢体系正在形成，“绿氢”成为重要发展方向，已具备产业化供给能力。加氢基础设施建设快速推进，面临审批和运营监管难题。燃料电池汽车市场迎来快速增长期，应用场景不断拓展，经济性持续提升，典型区域产业发展与示范应用成效显著，使用可再生能源制氢燃料电池汽车碳减排效益明显。

本书以“碳中和目标下的氢燃料电池汽车产业发展”为主题，立足我国车用氢能产业发展实际，不仅能够系统分析产业发展进展和科学研判产业发展趋势，还能够从受众角度做到通俗易懂。本书将有助于各级政府能源及汽车产业管理部门、行业研究机构及科研院所、国际机构及国际企业、车用氢能及燃料电池相关企业、整车企业、投资主体、社会公众等了解中国氢能与燃料电池汽车产业进展，把握产业发展新动态和新形势，为各级政府研究制定车用氢能产业政策、能源及汽车相关企业科学决策提供有力支撑。

关键词： 车用氢能　燃料电池汽车　产业发展　示范应用　碳中和

目 录

Ⅰ 总报告

Ⅱ 专家视点篇

Ⅲ 产业篇

Ⅳ 政策篇

V 应用篇

VI 区域篇

Ⅶ 碳中和篇

Ⅷ 国际篇

皮书数据库阅读**使用指南**

总 报 告

General Report

B.1

碳中和目标下的氢燃料电池汽车产业发展

——2021 年中国氢燃料电池汽车产业发展报告

王建建 胡辰树 吴志新 梁兆文 冯 屹*

摘 要： 构建“制储运加”车用氢能供给体系，开展燃料电池汽车示范运行，提升可再生能源制氢比例，是落实“双碳”战略目标的重要路径。在国家和地方政策引导下，国内自主可控、较为完整的氢燃料电池汽车产业链基本成型，标准法规与测试评价配套体系持续完善。随着应用场景不断拓展、经济性逐步提高、加氢基础设施不断完善，燃料电池汽车市场将迎来快速发展。同时，氢能及燃料电池汽车产业发展与示范应用在国内多点开花，京津冀、长三角、大湾区、成渝、山东、

* 王建建，中国汽车技术研究中心有限公司中汽数据有限公司氢能源研究室高级工程师；胡辰树，中国汽车技术研究中心有限公司中汽数据有限公司氢能源研究室主任；吴志新，工学博士，教授级高级工程师，中国汽车技术研究中心有限公司副总经理；梁兆文，福田汽车集团业务副总裁，欧辉客车事业部党委书记、总裁；冯屹，教授级高级工程师，中国汽车技术研究中心有限公司中汽数据有限公司总经理。

河南等地均形成了一定的产业基础，并形成了各自的产业优势，车用氢能供给体系建设和燃料电池汽车示范应用进程快速推进。在落实“双碳”目标背景下，氢燃料电池汽车碳减排效益明显，需要尽快开展车用氢能碳足迹、碳核查研究。

关键词： 氢能 燃料电池汽车 产业政策 碳中和

2020年以来，在国家燃料电池汽车示范应用政策引导下，我国氢燃料电池汽车产业发展进程明显加快，地方氢能与燃料电池汽车发展热情持续高涨，能源类央企大举进入氢能领域，社会资本积极布局，产业体系不断完善，车辆示范运行和加氢基础设施规模不断扩大。京津冀、上海、广东燃料电池汽车示范城市群明确后，规模化示范应用已经启动，山东、四川、河南等省份积极开展产业链布局，我国氢燃料电池汽车产业迎来良好发展机遇。

一 产业政策加快出台并逐步明确

近年来，我国氢能与燃料电池汽车产业发展取得了显著成效，涵盖氢能供给、燃料电池核心材料、关键零部件、燃料电池汽车的全产业链初步成型，产品技术水平显著提升，车型种类和应用场景持续拓展，燃料电池商用车示范应用规模全球领先。国家“双碳”目标战略提出后，我国氢能产业发展按下加速键，发展氢能产业被提升到新的战略高度。在产业快速发展过程中，国家和地方政策齐发力，对于我国氢能与燃料电池汽车技术创新、产业培育和示范应用起到了重要的引领和推动作用。

（一）氢能在国家多项重点产业和支持政策中体现，产业深度融合趋势明显

2020年10月以来，氢能及燃料电池汽车相继在国家“十四五”规划、

重点研发计划、新能源汽车产业规划、外商投资目录、绿色低碳循环发展、能源工作指导意见、自贸区生态环境保护、新型储能产业等十余项政策中体现，氢能与汽车、能源、储能等产业深度融合、协同发展，被认为是战略性新兴产业发展重要方向，成为推动能源体系绿色低碳转型的重要方向。2020年11月，国务院办公厅发布《新能源汽车产业发展规划（2021—2035年)》，提出力争经过15年的持续努力，燃料电池汽车实现商业化应用，氢燃料供给体系建设稳步推进，有效促进节能减排水平和社会运行效率的提高。2021年3月，国务院发布《中华人民共和国国民经济和社会发展第十四个五年规划和2035年远景目标纲要》，其中氢能被列为未来产业，战略定位被提升到新的高度。纵览国家层面氢能及燃料电池汽车产业相关政策，虽然数量较多，但缺乏氢能产业专项发展规划，需要明确顶层设计，强化国家层面政策的引领作用，形成对地方政策的明确指导。

（二）示范应用政策落地，城市群万辆级规模化推广启动

示范应用政策对产业发展起到了重要的推动作用。燃料电池汽车作为我国新能源汽车三大技术路线之一，是新能源汽车推广政策的重要支持对象。2020年9月，根据产业发展新形势，为推动我国燃料电池汽车产业持续健康、科学有序发展，形成布局合理、各有侧重、协同推进的燃料电池汽车发展新模式，财政部、国家发改委、工信部、科技部、国家能源局五部门联合发布了《关于开展燃料电池汽车示范应用的通知》，明确提出将燃料电池汽车的购置补贴调整为“以奖代补”方式，对符合条件的城市群开展燃料电池汽车关键零部件产业化攻关和示范应用给予奖励，中央财政对示范城市群按照示范目标完成情况给予奖励，奖励资金由地方和企业统筹用于燃料电池汽车关键核心技术产业化、人才引进及团队建设，以及新车型、新技术的示范应用等。历经近一年时间，2021年8月底到9月初，京津冀燃料电池汽车示范城市群、上海燃料电池汽车示范城市群、广东燃料电池汽车示范城市群获批成为首批燃料电池汽车示范城市群，三大城市群预计四年内示范燃料电池汽车超过2.5万辆，新建加氢站350余座，通过跨区域组群结对、优势

互补，形成可复制可推广的示范经营模式，为在更大范围内推广应用打下了良好基础。

（三）地方政策积极跟进，以营造良好产业发展环境解决现实难题

地方政府一直是我国氢能及燃料电池汽车产业发展的积极推动者，截至2021年8月底，北京、上海、广东、山东、河北、河南、四川、浙江、江苏、山西、天津、重庆、宁夏等省份已发布了省级氢能与燃料电池汽车产业规划、指导意见、实施方案、行动方案等。从地方氢能与燃料电池汽车产业支持政策发布类型来看，推动氢能产业发展的具体支持措施和方案、加氢站建设和运营管理等专项政策开始增多，反映了地方政府已经着力于解决本地产业发展和车辆示范应用存在的难题和企业诉求，营造有利于产业发展的良好政策环境。多个省份将氢能产业作为未来重点鼓励和发展的产业方向，国内有30个省份发布了《国民经济和社会发展第十四个五年规划和2035年远景目标纲要》，提到了支持发展氢能产业，主要体现在科技创新攻关、重点发展产业、区域协调发展、绿色低碳能源保障、现代基础设施体系、绿色生态文明发展等方面。

二　氢燃料电池汽车产业体系趋于完善，已具备产业化供给能力

在国家和地方政策引导下，国内企业积极开展氢能与燃料电池汽车产业链布局，产业链各环节企业超过2000家。在燃料电池汽车关键零部件领域，已经形成一批优势企业，市场竞争力不断增强，国内自主可控、较为完整的氢燃料电池汽车产业链基本成型。

（一）车用燃料电池技术快速进步，已具备自主化生产能力

2020年9月，财政部等五部门发布《关于开展燃料电池汽车示范应用的通知》，示范内容包括构建燃料电池汽车产业链，对电堆、膜电极、双

极板、质子交换膜、催化剂、碳纸、空气压缩机、氢气循环系统等基础材料和关键零部件研发取得突破，并实现产业化的项目或企业给予奖励支持。

在燃料电池基础材料方面，我国质子交换膜、催化剂和气体扩散层技术性能已能够满足车用燃料电池要求，部分技术指标具备一定优势，现在处于产品验证和下游客户评估阶段，下一步需要重点解决基础材料的批次一致性和长寿命问题。在国家政策的大力支持、地方政府的积极布局及上下游企业的紧密配合下，基础材料即将实现产业化突破，预计2022年开始进入规模化生产和批量化供应阶段。

电堆及其关键零部件已基本实现核心技术自主化和国产化供应。近年来，鸿基创能、擎动科技、武汉理工氢电科技等国内典型膜电极企业快速成长，极大地推动了燃料电池产业链的构建和电堆成本的下降。国内双极板技术相对成熟，具备石墨、金属、复合材料双极板加工能力，如上海治臻、国鸿氢能等企业具备规模化供应能力。2020年以来，燃料电池汽车在中远途、中重型商用车领域先行产业化应用成为共识，国内多家企业相继推出大功率和高功率密度电堆产品，电堆寿命普遍在1万小时以上，低温冷起动性能达到－30℃。传统优势电堆企业持续创新发展、初创企业快速崛起、能源装备企业大举进入燃料电池装备领域，国内燃料电池电堆行业竞争态势初步形成。

我国燃料电池系统集成技术发展迅速，自主化程度逐渐提高，车用燃料电池系统技术逐渐成熟，系统额定输出功率明显提高、集成程度显著上升、控制策略得到了进一步优化，燃料电池系统自主化产品性能快速提升。2020年以来，亿华通、上海重塑、潍柴动力、捷氢科技、国家电投、国鸿氢能、未势能源等国内代表性企业均推出了创新型燃料电池系统，具备零下30℃低温冷起动、高额定功率、长寿命等特征，并在燃料电池客车、物流车、重卡等多种车型上通过实际验证。

我国固体氧化物燃料电池（SOFC）技术起步较晚，目前仍处于示范应用阶段，尚未达到商业化生产水平。目前，国内涉足SOFC领域的企业相对较少，代表性企业有潮州三环（集团）股份有限公司、苏州华清京昆新能源科技有限公司、潍柴动力股份有限公司、宁波索福人能源技术有限公司、武汉华科福赛新能源有限责任公司等，初步具备材料－单电池－电堆－系统的全产业链生产能力。

（二）多元制氢体系正在形成，绿氢成为重要发展方向

现阶段，我国氢气的生产和利用主要在以化工行业为主的工业领域，以“原料”利用为主，“燃料”利用为辅，每年氢气产量为3250万吨。我国氢气生产原料广泛，既有天然气、干气等轻烃原料，也有独具中国特色的煤炭、焦炉气、甲醇等原料，形式多样。但我国氢气生产以化工氢为主，从化工氢到燃料电池用氢，还需要将氢气进一步纯化、去除微量杂质，以满足燃料电池用氢的质量标准要求。在国家政策支持、各地政府推动以及龙头企业带动的作用下，我国氢能产业发展迅速。

可再生能源电解水制氢存在能耗大和成本高的问题，因此在氢能发展初期，应优先利用焦化、氯碱、丙烷脱氢等工业副产氢作为氢源，充分发挥其供应充足、成本低的优势，保障氢源供给与车辆应用的经济性。未来，利用风电、光伏等可再生能源代替煤炭等化石燃料制氢是氢能产业的发展趋势。在“碳达峰、碳中和”背景下，我国可再生能源电力装机规模将进一步扩大，部分区域可再生能源电力消纳存在一定压力，因此发展可再生能源制氢是解决电力消纳的有效途径之一。尽管可再生能源制氢仍面临着制氢成本高、区域发展不平衡以及电力波动性大等诸多问题，但随着碳排放权交易的开展、氢气大规模经济运输的实现和“绿氢”支持政策的出台与完善，尤其是燃料电池汽车城市群示范的开展，可再生能源制氢将成为氢能供给的重要途径之一。

（三）加氢基础设施建设快速推进，面临审批和运营监管难题

加氢站作为氢能产业发展的重要基础设施，对氢燃料电池汽车的普及起着至关重要的作用，合理布局加氢站点，有利于扩大燃料电池汽车的运行范

围，也能促进氢能产业的快速发展。截至 2021 年 6 月，国内累计建成加氢站 124 座，较上年同期增加 64 座，加氢站网络覆盖全国 20 个省份，多个省份实现加氢基础设施“零”突破。尽管我国加氢站建设快速推进，但现阶段功能单一的加氢站盈利模式仍面临较大挑战。为分担企业运营成本，提升建设主体建站意愿，同时减少加氢站对运营补贴政策的依赖，部分地区采取加氢站和加油站捆绑建设模式。“以油养氢，油氢共建”已经成为现阶段加氢站建设运营的主要形式，目前油氢合建站占整体加氢站数量比重已经达到 50%。除此以外，加氢站建设运营企业也在积极探索新的建站模式，拓展“油－气－氢－电”综合能源补给站和制氢加氢一体化站。

为了推进加氢站建设，规范加氢站审批及运营管理工作，保障加氢站安全运行，促进氢能产业健康持续发展，各地方政府和行业机构在建站规划、审批、验收、加氢站运营管理等方面出台了多个相关管理制度与规范，并给予加氢站建设一定的资金支持。

尽管当前各地布局加氢站速度不断加快，相关标准与规范也不断完善，但加氢站建设仍面临着选址建设和审批验收缺乏相关标准规范、加氢站核心设备依赖进口、建设成本高昂以及商业运营模式不成熟、安全运营监管体系不完善等问题，这些因素都对加氢基础设施发展带来一定的阻力。加氢站作为发展氢能产业的重要基础设施，是氢能推广应用必不可少的环节，未来若不能形成一定规模，将很难支撑燃料电池汽车的普及与大规模应用。因此，选址落地难、审批流程烦琐、建设运营成本高等加氢站发展的“老问题”亟须取得新的突破。

（四）积极探索车载液氢技术应用并取得突破

液氢相较于气氢从储氢密度上来说具有绝对的优势，液氢一次充装行驶里程更长。欧洲、美国、日本分别对车载液氢供气系统进行过不同程度的研究，开发了数十款液氢动力汽车，涵盖乘用车和商用车。我国也正在加大液氢在载具应用上的关键技术攻关。2021 年，国家层面启动了“氢能动力运输装备创新应用发展战略”专项论证。以福田、长城、东风商用车为代表的重型卡车生产厂家和以清华大学、航天 101 所、国富氢能、长春致远新能源为代表的液氢技术和装备研发机构，已经开始车载液氢系统及液氢重卡的研制，陆续装车并示范运行。目前，我国液氢工艺优化和关键设备制造面临挑战，在增压技术、绝热技术、取冷技术、轻量化技术等方面与国外先进水平相比存在差距，液氢瓶、阀箱、复合汽化器等关键零部件性能还需提升。液氢在经济性上具有可行性，还需要全产业链协同降成本。

三　燃料电池汽车市场即将迎来快速发展

目前我国燃料电池汽车市场仍处于产业发展初期，随着应用场景不断拓展、经济性逐步提高、加氢基础设施不断完善，燃料电池汽车市场将迎来快速发展。

（一）政策引导市场向中重型方向发展

目前我国燃料电池汽车市场仍处于产业发展初期，受政策影响较大。2020 年 4 月至 2021 年 7 月，原有的燃料电池汽车补贴政策退出，但后续政策迟迟未落地，行业处于政策空档期，导致 2020 年燃料电池汽车销量同比下降 53%，2021 年 1～7 月燃料电池汽车销量同比下降 14%，仅为 765 辆。2021 年 8 月，财政部、工信部等五部门启动燃料电池汽车示范应用工作，京津冀、上海、广东等地出现首批燃料电池汽车示范城市群，燃料电池汽车市场将迎来快速发展期。

燃料电池汽车车型结构以客车和货车为主。随着燃料电池汽车示范政策的导向向中远途、中重载货车倾斜，2021 年 1～7 月国内燃料电池货车销量为 373 辆，同比增长 329%；燃料电池客车销量为 382 辆，同比下降 52%。

从车型的技术水平来看，我国燃料电池系统额定功率逐年大幅提高，80kW 以上的燃料电池汽车成为主流，我国已有系统功率在 162kW 以上的燃料电池汽车开始投入运营。从市场供给来看，目前我国燃料电池汽车和燃料电池系统的市场格局仍处于快速变化中，未来市场份额将进一步向优势头部企业集中，市场集中度将不断提高。从配套区域来看，受地方政府本地化采购的影响，燃料电池系统供给主要围绕系统厂商所在地呈区域性配套特征。

随着中央层面产业支持政策逐步落地，地方政府大力推进燃料电池汽车示范运行，预计2021年我国燃料电池汽车销量将超过2000辆，2022年燃料电池汽车销量将超过6000辆。此外，燃料电池汽车车型种类将不断拓展，客车、物流车、环卫车、出租车等车型呈多元化应用态势。

（二）燃料电池汽车应用场景不断拓展

我国燃料电池汽车示范应用以城市公交为切入点，随后燃料电池城市物流车加快应用。目前，短倒运输、渣土运输等场景加快应用燃料电池重卡，未来燃料电池汽车在冷链运输、市政环卫、城市出租等场景的替代率也将逐步提高。

城市公交是目前燃料电池汽车主要应用场景。目前京津冀已推广燃料电池公交车309辆，广东已推广燃料电池公交车952辆。2021年1~8月我国共销售288辆燃料电池公交车。经多年示范，燃料电池客车氢耗持续下降，运营水平显著提高。此外，公路客运和团体客运也将成为燃料电池客车下一步的重要应用场景。

城市物流场景是目前燃料电池汽车的重要应用场景。目前京津冀已推广燃料电池物流车165辆，上海已推广上千辆，广东已推广超1800辆。城市物流主要运输场景是从城市周边仓库到市内商超、快递分拨中心到营业网点等相对固定的城市物流配送路线，运输货物主要是生鲜肉类、果蔬、快递、医药、水产等，主要推广车型是中卡、轻卡和轻客等。

在短倒运输场景，燃料电池重卡正加速应用。短倒运输场景主要是往返于物流园区、制造企业与港口、火车站等物流枢纽之间的短途运输，行驶路线较为固定，有利于沿线配套加氢站。运输货物主要是汽车及零部件、煤炭、钢材、生活必需品、建筑材料等大宗货物。车辆的载重要求较高，载货容量要求大。运输范围一般在 50 ~ 100km，平均车速在 30 ~ 60km/h，有些运输场景需多次往返，运输时间长。目前已有多批燃料电池重卡应用于上海宝武钢铁、天津荣程钢铁、河北河钢、山东泰钢等钢铁企业场内运输，河北雄安新区建设所需砂石骨料等物料运输，四川成都成渝氢走廊的矿石、矿渣、钢材等各类大宗物资运输。

在渣土运输场景，燃料电池重卡正加速应用。渣土运输主要是往返于城市内及周边的市政工程工地、各建筑工程场地与城市周边卸土场、砂石骨料堆放地之间，运输各类城市建筑垃圾、砂石骨料等。渣土运输车辆主要行驶于市内到城市周边的道路，不同线路运输的运行距离差异较大，一般单程路线 10 ~ 50km，车辆运行速度 40 ~ 50km/h，每天需多次往返，单日运距 150 ~ 300km。目前已有广州黄埔区、山东青岛等地投放数批燃料电池自卸车用于城市渣土运输。

在市政环卫场景，燃料电池汽车应用前景广阔。环卫用车场景主要是在城市道路上进行扫路、清洗、垃圾运输等各类环卫作业，作业类型多样化，车型数量较多，吨位从轻型到重型分布较广。不同场景每天作业里程差距较大，扫路车等作业类车辆速度慢、行驶里程较短，垃圾运输车等行驶里程相对较长。北京市大兴区、广州市等地已经开展燃料电池环卫车的示范运行。

（三）燃料电池汽车经济性将持续提升

燃料电池系统成本将持续快速下降。根据中汽数据测算，燃料电池系统成本到 2025 年可降至 443 元/kW，到 2030 年可降至 316 元/kW，2040 年可降至 198 元/kW，远期到 2050 年可降至 148 元/kW。

燃料电池汽车制造成本将持续快速下降。在续驶里程保持与基准年份不变的情况下，增程式燃料电池乘用车制造成本将长期低于纯电动乘用车，但全功率燃料电池乘用车制造成本将长期高于纯电动乘用车；增程式燃料电池客车制造成本将在 2030 年后与纯电动客车接近，二者差异保持在 1 万元以内，而全功率燃料电池客车制造成本将长期高于纯电动客车，差异到 2050

年可缩小至约 6.4 万元；增程式燃料电池货车制造成本即将低于纯电动货车，随后与纯电动货车差异保持在 3 万元左右。全功率燃料电池货车制造成本长期高于纯电动货车，与纯电动货车差异到2050 年缩至约 3.8 万元。

目前，燃料电池汽车使用成本不具备优势，需持续推动车用氢气成本下降。纯电动汽车使用成本明显低于燃料电池汽车使用成本，增程式燃料电池汽车制造成本优势被高使用成本抵消。纯电动私家车综合成本（含制造成本和使用成本）长期低于燃料电池汽车。出租车、物流车、公交车作为运营车辆，年行驶里程长，使用成本增加明显。

因此，未来应从降低车用氢气成本、加快燃料电池汽车产业化能力方面持续发力，并依据适用场景，科学制定燃料电池汽车推进路线及目标，推动燃料电池汽车产业持续健康发展。

总体来看，燃料电池汽车示范应用中仍存在一系列问题，包括经济性与燃油车和纯电动汽车相比仍有较大差距，使用寿命、续驶里程、氢耗、轻量化等技术水平仍显不足，部分地区车用氢气供应不足且价格较高。但随着推广应用规模的扩大，燃料电池汽车的经济性和技术水平正加快提高，氢气供应能力持续提高，为燃料电池汽车示范应用奠定了基础。

四　典型区域产业发展与示范应用成效显著

近年来，在国家政策的支持下，氢能及燃料电池汽车产业在国内多点开花，京津冀、长三角、大湾区、成渝、山东、河南等地均形成了一定的产业基础，并形成了各自的产业优势，车用氢能供给体系建设和燃料电池汽车示范应用进程快速推进。

（一）三大城市群产业链条完整，产业聚集发展态势明显

京津冀、上海、广东作为我国新能源汽车发展先发区域，在新能源汽车尤其是氢燃料电池汽车领域，处于国内领先地位，目前在整车、系统、电堆、膜电极、双极板、催化剂、空压机、氢气循环系统等关键零部件研发与

制造环节，汇集了一大批相关领域的优秀企业。

京津冀城市群内城市较早布局氢能与燃料电池汽车产业，产业链以高精尖科研院所和重点企业为主体，逐步形成并成功培育了一大批优质企业。相关产业链涵盖氢气制、储、运、加以及燃料电池发动机、整车制造及示范应用等多个方面，尤其是在电堆、双极板、催化剂、质子交换膜、膜电极、碳纸、空压机和氢气循环系统八大关键零部件领域，京津冀氢能与燃料电池汽车产业链拥有相关企业近百家，部分企业产品关键指标达到国内领先水平。

上海城市群燃料电池汽车产业从“十五”开始布局，一直致力于燃料电池技术研发与攻关。目前上海城市群燃料电池汽车产业在关键基础部件和整车技术性能指标方面领先，已初步形成较为完整的燃料电池汽车产业链。以上汽集团、申龙客车、万象汽车为代表的多家主机厂已经发布多款燃料电池车型，基本实现车型的全覆盖。同时，上海城市群在电堆、膜电极、双极板、空气压缩机 4 个方面的关键零部件已实现批量化生产。

广东城市群包含省内外 12 个城市，城市群目前已覆盖燃料电池整车、系统、电堆、膜电极、双极板、质子交换膜、催化剂、碳纸、空压机、氢气循环系统等关键零部件及高端装备制造等多个产业环节，汇集了超过 300 家相关企业，年产值超过 100 亿元。佛山南海区和高明区、广州黄埔开发区、佛山（云浮）产业转移工业园等地初步形成了骨干企业带动、重大项目支撑、产业链集聚发展的态势，已经成为全国规模最大的氢能及燃料电池汽车产业集群。

（二）山东、川渝产业基础优势明显，氢能布局快速推进

山东省重视氢能及燃料电池汽车产业发展，依托自身资源优势积极开展产业培育，取得了一定发展成效。在省内聚集了燃料电池系统、电堆、整车等关键产业链环节骨干企业。潍柴动力已突破燃料电池商用车、发动机、电堆的关键技术瓶颈，年产能达 2 万台燃料电池发动机、电堆、双极板产线已建成投产。山东东岳未来历经 17 年的自主攻关创新，彻底实现了基础原

料—中间体—单体—树脂—成膜的全产业链量产技术突破。2021 年 4 月，国家燃料电池技术创新中心和“氢进万家”科技示范工程正式落户山东。国家燃料电池技术创新中心，作为唯一的燃料电池技术领域的国家创新中心，将以产业前沿引领技术和关键共性技术研发与应用为核心，努力提升我国燃料电池及相关行业核心竞争力。“氢进万家”科技示范工程重点围绕建设“一条氢能高速、二个氢能港口、三个科普基地、四个氢能园区、五个氢能社区”的目标，通过纯氢管道输送的方式，开展氢能利用进入工业园区、社区楼宇和交通移动用能、港口、高速等多场景的应用示范，打造全国首条氢能高速走廊、全国首个万台套氢能综合供能装置示范基地。未来，山东省将继续发挥商用车领域产业基础的作用，以国家燃料电池技术创新中心和“氢进万家”科技示范工程为契机，集合省内外企业研发及产业化能力，逐渐形成全国燃料电池商用车产业集群。

川渝地区双城经济圈是中国四大城市群之一，一直高度重视氢能及燃料电池汽车产业发展，并依托自身资源优势积极培育相关产业，已具备良好的产业基础。目前，川渝地区已基本掌握氢能及燃料电池产业链关键材料及核心零部件技术。在产业企业上，川渝地区已聚集 200 余家企业和科研院所，初步形成了覆盖燃料电池系统、检测认证、燃料电池整车等主要环节的产业集群。作为全国最大的水电开发基地，四川省具有丰富的水电资源，2020 年调峰弃水电量达 75.8 亿千瓦时，装机弃水电量为 170 亿千瓦时，低成本电解水制氢潜力巨大。同时，四川省在氢气制取、储运、加注等环节拥有多家装备制造企业，在加氢机、撬装加氢站等关键装备和氢能加注核心部件上打破国际垄断，有效实现了国产化替代。

（三）区域车辆示范应用渐成规模，加氢站建设快速推进

根据车辆保险数据，截至 2021 年 6 月底，京津冀、上海、广东、四川、山东等典型地区共推广燃料电池汽车 5509 辆，占全国燃料电池汽车保有量的近 80%，其中公交客车、物流车是现阶段最主要的推广车型。未来，京津冀、上海、广东等区域将以城市群燃料电池汽车示范应用为契机，积极探

索燃料电池汽车适用场景，构建覆盖大宗物资运输、渣土运输、港区作业、物流配送、市政环卫、通勤客运、机场快线、公交客运等多应用场景的燃料电池汽车应用体系，促进燃料电池汽车产业规模化发展。“十四五”期间，京津冀、上海、广东三大燃料电池汽车示范应用城市群将推广燃料电池汽车超过 20000 辆，成为全球最大的燃料电池商用车示范运行区。北京—张家口是 2022 年冬奥会举办城市，冬奥会将成为燃料电池汽车示范应用的重要展示平台和发展契机，以点带面引领带动京津冀区域氢能与燃料电池汽车产业规模化发展，打造燃料电池汽车冬奥场景特色示范区。

为保障燃料电池汽车稳定运行，各区域积极推进加氢站建设，基本形成了“以车促站、车站联动”的建站模式。截至 2021 年 9 月，京津冀、上海、广东、山东、四川等区域累计建成加氢站 75 座，其中京津冀建成加氢站 8 座，上海市建成 9 座，广东省建成 39 座，山东省建成 11 座，四川省建成 8 座，加氢基础设施网络格局渐成雏形。为保障城市群燃料电池汽车示范运行顺利开展，各区域均制定了适度超前的加氢站建设计划，京津冀、上海、广东三大城市群未来四年将建设加氢站超过 300 座。同时，各典型区域积极探索加氢站建设运营模式，引导社会资本参与加氢站建设和运营，支持运营企业开展商业模式创新，促进燃料电池汽车落地示范应用。

（四）区域氢能供给体系逐步确立，氢源供给保障有力

建立专业化、规模化的氢气制、储、运、加体系，推动工业副产氢、可再生能源电解水制氢、天然气重整制氢等多种制氢方式共同发展，是实现区域内高效供氢的重要途径。各个典型区域根据自身资源禀赋条件，因地制宜推动供氢体系建设。上海市依托雄厚的化工基础，推动工业副产氢和天然气重整制氢发展。同时，通过鼓励可再生能源制氢、生物质制氢等多源供氢方式互补，大幅提高车用氢气产能，逐步转变氢气供应结构。广东城市群将工业副产气提纯和化石能源制氢作为前期城市群主要供氢方式。同时拓展氢能供给渠道，重点鼓励发展清洁氢制取，大力发展可再生能源制氢，开展蓄冷电价电解水制氢等。不断提高城市群制、储、运、加一体化综合服务能力。

京津冀地区拥有丰富的石化产业基础，工业副产氢数量充足，完全具备保障燃料电池汽车车用需求的潜在能力，未来通过升级提纯技术，可进一步降低工业副产氢制氢成本。同时，京津冀地区具有丰富的风电、光电资源，在可再生能源制氢领域具有较大的资源优势。目前，张家口市作为国家级可再生能源示范区，有绿氢项目 9 个，已运营 4 个，能够为京津冀燃料电池示范城市群的氢源保障提供重要补充。

（五）区域政策体系逐步完善，支持力度空前

京津冀、上海、广东等地区均已出台或正在制定关于“支持燃料电池汽车产业发展”的专项规划，面向产业技术攻关、加氢站审批验收、建设运营、车辆推广等多个方面提出总体目标并制定了相应的保障措施。

京津冀地区拟建立京津冀三地氢能产业发展统筹机制，统筹设计三地氢能运营、补贴、保险等政策体系，推动京津冀氢能及燃料电池汽车产业协同发展。同时，为加大资金支持力度，充分发挥政府投资基金和高精尖产业资金的引导作用，城市群建立了产业投资基金，重点支持应用场景构建、车辆推广融资租赁、热电联供示范等商业模式，在示范初期降低企业投资和成本压力，提升消费者使用意愿，加快氢能全场景推广应用。

上海市及下辖各区结合本地实际情况，也发布了一系列有适应性和执行性的支持政策，推动氢能及氢燃料电池汽车产业的发展。上海市青浦区发布的《关于组织申报 2021 年度氢能补贴扶持资金项目的通知》指出：“对 2021 年度建成的加氢站最高补助 500 万元，2021 年度加氢站氢气销售价格不高于 40 元/kg 的，补贴 20 元/kg，补贴逐渐递减。”

广东省发布的《广东省加快氢燃料电池汽车产业发展实施方案》从“培育氢燃料电池汽车产业链”“支持氢燃料电池技术研发创新”“开展氢燃料电池汽车规模化推广应用”“推进加氢站规划建设”“增加氢源供应”“完善产业配套”六方面制定了较为详细的支持政策与计划，为加快构建产业链集群、推进全省氢能及燃料电池汽车产业发展提供了政策依据与方向引导。

五 标准法规与测试评价配套体系持续完善

（一）标准法规体系进一步完善

标准体系是氢能与燃料电池汽车产业持续健康稳定发展的重要基础支撑，对于规范和引领产业发展起到了重要的推动和保障作用。近年来，氢能与燃料电池汽车标准化工作越来越受到关注和重视，截至 2021 年 7 月，我国已经发布现行有效的氢能领域国家标准有 99 项，行业标准有 35 项，目前我国已构建了覆盖氢能制、储、运、加，以及燃料电池、示范应用等全产业链的标准体系。车用氢能是氢能标准体系的重要组成部分。在我国已发布的氢能国家标准中，车用氢能标准包括基础通用、氢安全、氢制备与提纯、氢储存与运输、氢加注、燃料电池、燃料电池汽车等共计 78 项。

政策支持氢能标准化体系建设。2020 年 9 月以来，国家能源局和国家标准委发布的《关于加快能源领域新型标准体系建设的指导意见》、财政部等国家五部门发布的《关于开展燃料电池汽车示范应用的通知》，2021 年 4 月国家标准委印发的《2021 年全国标准化工作要点》的通知，6 月工信部发布的《2021 年汽车标准化工作要点》等政策文件，都提到了氢能与燃料电池汽车。在氢能领域率先开展新型标准化体系建设、推动建立并完善燃料电池汽车测试评价标准、建立氢安全标准、完善燃料电池汽车使用环节标准成为未来一段时间氢能标准化工作的主要方向。

车用氢能和加氢站标准进展明显。2020 年，《车用质子交换膜燃料电池堆使用寿命测试评价方法》发布、《燃料电池 – 术语》和《燃料电池电动汽车 – 安全要求》修订并发布。2021 年 5 月，国家市场监督管理总局批准发布了《氢能汽车用燃料 – 液氢》《液氢生产系统技术规范》《液氢贮存和运输技术要求》三项液氢国家标准，规定了液氢生产、贮存、运输技术规范和要求，使液氢在民用领域应用有标可依，填补了液氢方面国家标准的空白，进一步完善了氢能标准体系。住房和城乡建设部积极开展加氢站领域标准跟进，从 2021 年 5 月起，《加氢站技术规范》正式实施，10 月 1 日起《汽车加油加气加氢站技术标准》正式实施，为我国加氢站设计、建设、验收、运营提供了国家级规范标准，在很大程度上解决了原有加氢站技术规范与现有建设发展阶段下的需求不匹配的问题。

（二）氢燃料电池汽车测试评价能力持续增强

随着燃料电池汽车技术的快速进步，行业内对氢燃料电池汽车的测试及评价技术也不断发展，逐步形成了从整车到关键部件的综合研发和测试能力，有效支撑了燃料电池汽车示范应用。

燃料电池电动汽车安全性要求是行业重点关注的标准之一，中国汽车技术研究中心有限公司联合高校、企业和科研院所，对 2009 年版《燃料电池电动汽车安全要求》标准进行了修订。2020 年 9 月 29 日，GB/T 24549 - 2020《燃料电池电动汽车安全要求》标准正式发布，针对整车安全，标准规定了整车氢气排放、整车氢气泄漏、氢气低剩余量提醒、电安全四个方面的要求；针对系统安全，标准规定了储氢气瓶和管路的安装与保护、泄压系统、加氢及加氢口、燃料管路氢气泄漏及检测、氢气泄漏报警装置功能、燃料的排出六个方面的要求。

在燃料电池关键零部件测试评价方面，在燃料电池堆耐久、系统故障诊断、空压机、氢泵、空气滤清器、加湿器等方面不断有一些地标和行标制定发布，在一定程度上能够满足基本需求，但还存在燃料电池电堆及系统的基本性能测试缺乏统一方法的问题。为此，中国汽车技术研究中心有限公司燃料电池测试评价团队主持开发了《燃料电池堆及系统的基本性能试验方法》，方法明确了测试对象的试验条件，详细描述了燃料电池系统额定功率、燃料电池系统质量功率密度、燃料电池堆体积功率密度、燃料电池系统低温冷起动等技术指标的测试方法、数据采集和评价参数计算等内容，为燃料电池堆及系统的基本性能测试提供了统一的标准依据。

为规范燃料电池汽车检测行业工作，支持示范应用，2021 年 6 月，工业和信息化部装备工业发展中心发布了《燃料电池汽车测试规范》，包含了燃料电池系统额定功率系统质量功率密度、电堆体积功率密度、系统低温冷起动和燃料电池汽车纯氢续驶里程等方面的测试方法，对评价燃料电池汽车技术性能给予了明确指导，为支撑城市群燃料电池汽车示范应用和奖补资金发放提供了权威和客观的规范依据。

六　氢能将在“双碳”目标落实中发挥重要作用

（一）车用氢能产业碳减排效益明显

氢能是一种清洁脱碳、应用场景丰富的二次能源，可储存、来源广泛，在“双碳”战略目标背景下，有望在推动能源转型及提高能源系统灵活性方面发挥关键作用。氢燃料电池在交通行业应用有望实现车辆运行阶段的零碳排放。同时，利用富余可再生能源电解水制氢可有效解决可再生能源的储存和再分配问题，提高能源利用效率。车用氢能产业链上下游较长，需要明确全生命周期系统边界，基于车辆周期和燃料周期，利用商用车全生命周期碳排放核算方法，系统分析车用氢能各环节的全生命周期碳排放因子。

通过对比不同技术路线下制氢的碳排放，发现煤制氢过程产生大量直接和间接的碳排放；蒸汽甲烷重整制氢是天然气制氢技术的主流方式，能耗较高；工业副产氢气中焦炉煤气提纯制氢碳排放相对较低，氯碱行业离子膜烧碱副产氢气是较为清洁的产氢方式；可再生能源电解水制氢纯度高，碳排放接近于零。氢气储运环节，气氢管道长距离运输具备明显优势，能耗较小。液态氢运输增加了氢气液化深冷过程，对能源的需求更高。

氢燃料电池商用车全生命周期碳排放量与氢能的供应环节关系密切。在化石燃料制氢技术路线下，碳排放较高：在煤制氢技术路线下，全生命周期共排放 1028727.81 $kgCO_2e$（以氢燃料电池公交车为例进行计算，下同）；在焦炉气制氢技术路线下，共排放 507127.81 $kgCO_2e$；在氯碱工业副产氢技术路线下，共排放 103927.81 $kgCO_2e$；在可再生能源电解水制氢技术路线下，共排放 80417.55 $kgCO_2e$。

具体到车辆周期阶段，相较于其他类型公交车，氢燃料电池公交车燃料电池系统的主要排放源为构成高压储氢罐的铝合金及碳纤维，其占燃料电池系统碳排放的 79.29%。此外，构成电堆的铂贵金属由于碳排放因子较高，成为不能忽视的碳排放源。在燃料周期阶段，制氢方式对燃料周期的碳排放因子影响非常显著，在当前氢能结构规划下，以平均氢能为燃料的燃料电池公交车减排效益不明显。

在全生命周期视角下，氢燃料电池公交车的减排效益主要体现在使用清洁氢所带来的燃料周期碳排放的降低。

（二）推动氢能产业与碳交易体系协同发展需要碳核查等系列制度保障

建设全国碳排放交易市场是利用市场机制控制和减少温室气体排放的一项制度创新，是“碳达峰、碳中和”重要政策的工具，碳市场是控制温室气体排放的有效手段之一。碳核查为碳交易中保证碳交易基础数据准确的重要质量技术手段，通过独立的第三方核查机构，根据各国碳交易主管部门颁布的温室气体排放核算方法和第三方机构核算指南，对企业的温室气体排放的监测、记录及排放总量计算情况进行核查。目前，我国碳交易市场刚刚启动，有关碳市场的法律法规在不断完善中，碳核查项目的实施也在不断总结经验。

氢能产业是具有战略意义的未来产业，长远来看，全国碳市场的成立必然会对氢能产业发展途径选择、技术发展方向、市场规模预期评估等产生重要影响。目前，由于氢能产业规模化生产和应用都还在发展初期阶段，行业正逐步从技术研发阶段向商业化应用阶段过渡，碳排放相关制度及技术核算工作处于前期的积累储备阶段。

氢能产业与碳交易的协同发展可推动氢能产业向低碳化绿色发展。在短期内，将制氢环节的重点排放单位纳入碳排放权交易体系，可鼓励参与主体控制碳排放，通过使用可再生能源和市场交易机制获得有利的发展条件。从中长期来看，开发与氢能应用相关的中国温室气体自愿减排项目（CCER）、参与CCER交易，都能够推动氢能与燃料电池汽车产业链的延伸，推动我国绿色低碳的现代能源供给体系建设。

七　主要国家均已发布氢能战略

欧盟、美国、日本和韩国等国家（地区）将氢能产业发展上升到国家战略层面，进行鼓励和支持。2020年7月欧盟委员会发布了《气候中性的欧洲氢能战略》，氢能战略的首要任务是开发可再生氢，主要使用风能和太阳能生产。从长远来看，可再生氢是欧盟长期气候中和目标最可靠的选择。然而，在中短期内，需要其他形式的低碳氢来迅速减少现有氢生产的排放。2020年7月，美国能源部化石能源办公室发布《美国氢能战略——实现低碳经济》，将化石能源融入氢能经济；11月，美国能源部发布《氢能项目计划》，该氢能计划的任务是研究、开发和验证转化氢和相关技术，包括燃料电池和涡轮机，并解决制度和市场障碍，最终实现多领域应用。2020年9月，日本经济产业省发布《气候创新经济战略2020》，明确了到2030年日本氢能应用的关键目标；12月，日本经济产业省发布《2050年碳中和的绿色增长战略》，提出日本2030年清洁氢的目标。2020年2月，韩国出台了《促进氢经济和氢安全管理法》，为氢能发展提供法律保障；12月，韩国政府发布《2050碳中和推进战略》，指出到2050年电力和氢动力汽车将广泛普及。

从氢气来源、氢能应用方向和保障措施三个方面对四个地区和国家的氢能战略分析比较，可以发现氢能战略的制定主要与各国的资源禀赋、定位目标有关。欧盟由于油气资源匮乏，光伏和风能等可再生能源丰富，所以欧盟主张发展绿氢，最终目标是推动能源转型，促进氢能应用场景多元化发展。美国化石能源丰富，氢能只是作为一种储备能源，是众多能源解决方案中的一种。日本和韩国存在资源短板，发展氢能主要为提升能源安全，所以日韩都特别注重发展氢能发电和家用热电联供。以上四个国家和地区的氢能战略，对我国制定国家层面的氢能战略、成立协同组织管理的产业机构和完善车用氢能补贴政策具有很好的借鉴意义。

八 推进我国氢燃料电池汽车产业持续健康发展的措施建议

以落实“碳达峰、碳中和”战略目标为原则，加快推进能源革命和绿色低碳发展，国家层面上应尽快明确氢能产业主管部门，明确氢能能源属性，明确氢能产业发展战略定位和政策方向，统筹规划、系统布局，并制定国家层面的氢能产业规划，设定阶段性发展目标，为地方氢能产业发展提供战略指向和政策引导，防止产能重复建设等风险，形成因地制宜、协同发展、有机融合的产业发展新生态，推动我国氢能与燃料电池汽车产业健康有序发展。

加大技术创新政策支持。围绕氢气储运装备、燃料电池关键零部件和核心材料，测试验证设备等产业薄弱环节，发挥地方战略性新兴产业专项、科技创新专项、制造业高质量发展专项等政策支持作用，布局开展研发攻关，推动一批重大科技技术创新成果落地应用。

尽快明确示范应用配套支持政策。建议各城市群尽快明确“以奖代补”政策重点支持范围、资金分配机制和实施细则，加快落实加氢站建设、车辆示范运营、重点项目、创新平台等的政策支持，进一步明确加氢站行政主管部门职责和涉及部门职责分工，上下协同突破现有政策瓶颈，形成高效的加氢站审批、建设和运营管理流程。支持发展绿色低碳氢供给，对于风电、光伏等可再生能源电解水制氢给予电价优惠，降低绿氢供应成本。建议地方政府积极探索碳交易、碳核查等产业创新型配套政策，推动氢能与燃料电池汽车产业创新发展。

对于车用氢能标准化工作，为有效支持燃料电池汽车示范应用，还需开展燃料电池汽车能耗（氢耗＋电耗）、动力性等测试评价技术方面的标准研究、制定和修订工作。“十四五”期间，加快推动可再生能源制氢、高效氢储运技术和装备、加氢站关键装备、燃料电池电动汽车能耗及续驶里程、低温冷起动、动力性能、车载氢系统、加氢枪等标准制修订。同时，以标准为抓手，加快完善全产业链检测、认证、计量工作，逐步建立支撑车用氢能产业高质量发展的质量基础设施体系。

从典型区域多种燃料电池汽车示范运行经验来看，目前我国燃料电池汽车可靠性、耐久性、环境适应性和安全性可以满足示范运行推广的要求，但燃料电池汽车在氢耗、电堆寿命、动力系统匹配、安全性等技术方面仍然有较大的升级和优化潜力。针对部分地区有车没氢、有氢价高等终端运营中遇到的实际问题，建议构建安全、多元、稳定的车用氢气供给体系，降低氢气成本，提升燃料电池汽车运营经济性。

我国车用燃料电池发展迅速，已逐步迈入商业化阶段，电堆、系统已基本实现国产化替代，但部分关键材料和核心零部件尚未形成大批量生产，还需依托龙头企业，以市场需求为导向，组织上下游企业开展联合攻关，加大研发投入，加快燃料电池关键材料和核心零部件的产业化应用，重视终端市场应用反馈，在示范应用中不断完善产业链条，不断提高技术水平。

目前氢能产业处于发展初期，产业链的各个部分都存在很大的技术提升空间及管理优化空间。在“双碳”目标背景下，要推动氢能产业发展与碳交易体系协同发展，需要建立一系列制度体系来引导产业快速发展。还需要逐步建立产业碳排放相关核算规范、流程和体系，通过生命周期评价方法研究氢燃料电池汽车在生产、使用、报废回收阶段所导致的能源浪费、资源消耗和环境污染。在此基础数据支撑下，逐步完善行业碳排放技术文件及管理文件，建立行业全面的碳交易市场管理体系及监督计划。从而推动氢能产业发展与碳交易体系协同发展。未来要不断开发与氢能应用相关的中国温室气体自愿减排项目进而推动氢能产业链的延伸，助力我国的能源结构转型。

专家视点篇

Expert Perspective Report

B.2 专家视点

衣宝廉

中国工程院院士

中国科学院大连化学物理研究所　研究员

大力开展全过程降成本推动氢燃料电池汽车商业化应用

我国提出“2030年碳达峰、2060年碳中和”，大力发展风电、光伏等可再生能源，利用可再生能源电解水制备绿氢，不但可实现储能和可再生能源的再分配，还可实现难以进行的交通、冶金、建筑等领域的脱碳。

燃料电池汽车的产业化是氢能应用的突破口，我们要坚持自主创新，突破卡脖子技术，实现燃料电池关键材料和部件的批量生产，大幅度降低燃料电池汽车、加氢站建设和氢源的成本，尽快实现燃料电池汽车的大规模商业化应用。

目前我国燃料电池汽车还处于产业发展初期，燃料电池系统价格高，导致一辆燃料电池车的售价是燃油车的2~3倍、锂离子电池车的1.5~2倍。加氢站建设费用比较高，达到每个加氢站1200万~1500万元，加氢站加氢费用比较高，达到60~80元/kg，只有降到30元以下才能和燃油车竞争，因此要实现无补贴的燃料电池商业化，必须大幅度降低燃料电池系统、氢气成本。因此，构建自主可控的产业创新和供给体系，大力开展全链条降低成本，适度超前布局建设加氢基础设施，积极发展可再生能源制氢，降低使用成本，并降低碳排放是当务之急。

为解决卡脖子技术问题，实现燃料电池汽车的产业化，大幅度降低燃料电池成本，财政部等五部门提出了建设燃料电池汽车示范城市群的政策。

以技术创新驱动产业发展，实现批量化生产，降低燃料电池系统成本。一是研制高活性电催化剂，降低化学极化；二是制备复合膜，降低质子交换膜的厚度，提高机械强度，减少欧姆极化；三是改进流场结构，提高氧传质速率，降低传质极化，进而提高电堆功率密度。对双极板表面涂层进行改进处理，并优化电堆结构设计，大幅度提高燃料电池堆的比功率；研发高温膜和抗毒的电催化剂，提高工作电流密度，利用有序化电极应用，大幅度降低铂用量，让燃料电池能吃粗氢，延长电堆寿命。另外，实现电催化剂、质子交换膜等关键材料和双极板、膜电极、电堆的批量生产，并依据工况和电堆适宜的运行条件制定控制策略，确保电池系统的可靠性与耐久性。

车用氢能供给环节降成本还有很大潜力可挖，要大力发展可再生能源电解水制备绿氢，采用天然气或纯氢管网输送氢气，实现加氢站氢气压缩机、高压储氢瓶和加氢机等设备国产化和批量生产，建油、氢、电合建站，大幅度降低加氢站的建设和运营费用，在使用环节推动燃料电池汽车形成竞争优势。

2021年，在国家“双碳”战略目标和示范应用政策引导下，我国氢燃料电池汽车产业继续保持了较快发展速度，各地抢抓新兴产业发展机遇，依托产业基础和资源条件，研究制定产业支持政策，强化氢源供给，产业链各环节企业积极布局，自主可控的氢燃料电池汽车产业链基本成型，企业产品技术水平快速进步，为万辆级示范应用提供了重要保障。展望未来，我国氢燃料电池汽车从区域性示范应用到真正的商业化应用还有很长的路要走，还有很多制约产业发展的共性难题需要破解，需要产业链各环节群策群力，共同推动产业向前发展。

“氢能汽车蓝皮书”专注于研究我国氢燃料电池汽车行业发展的关键问题，善于倾听行业声音，服务政府决策，为产业链各环节企业交流搭建了很好的平台，已成为行业发展的助推器。希望“氢能汽车蓝皮书”与行业各界人士一道，为持续推进我国氢燃料电池汽车商业化贡献力量。

彭苏萍

中国矿业大学（北京）教授，中国工程院院士，中国工程院主席团成员，国家能源委员会专家咨询委员会委员

中国氢能源与燃料电池发展战略思考

一　我国能源发展现状

随着国民经济保持中高速增长，我国能源消费持续增长，能源行业在快速发展过程中，一些问题也开始凸显。第一是能源安全面临挑战，我国70%以上的石油和40%以上的天然气依赖进口，这一现状不能满足我国最基本的能源安全需求；第二是我国能源体系依然以化石能源为主，特别是煤炭比重较高，导致能源行业碳减排压力巨大，环境污染问题突出，现有的发展模式无法支撑“碳达峰、碳中和”目标的落实；第三是可再生能源虽然发展迅速，但大规模储能调峰的问题尚未得到解决，导致“三弃”问题依然严重，短期内完全替代化石能源的可能性较小；第四是汽车需求量的快速增长，进一步加剧了能源消费带来的环境问题，需要持续大力推广新能源汽车。总体来说，我国亟待推进能源革命，构建清洁低碳、安全高效的能源体系，保障“双碳”目标顺利实现。在此过程中，节能与提高能效和能源结

构优化是两条最主要的路径。氢能作为二次能源，具有零碳、高效、能源互联媒介、可储能、安全可控等显著优势，可以在交通、工业、建筑等诸多领域推广应用，氢能与电能耦合有助于解决可再生能源大规模、长周期储存和运输等问题，将是解决“双碳”问题的重要选择。

二　我国氢能源与燃料电池发展战略

（一）基础与差距

我国发展氢能具有良好的基础。我国拥有丰富的氢源，氢气制取能力世界第一，氢能开发利用潜力巨大。制氢技术具有较好的储备，完全可支撑我国中远期氢能发展的愿景。中央和地方政府的支持政策纷纷出台，重点区域氢能骨干供给网络初步形成，相关标准和示范应用也在加快突破；同时作为全球最大的汽车市场，燃料电池汽车近些年发展迅速，目前全世界有燃料电池汽车 3 万多辆，其中中国保有量超过 7000 辆，占近 1/4。诸多有利条件，为我国发展氢能源和燃料电池产业打下了良好的基础，但氢能的大规模应用依然存在一些制约。首先是依然有诸多“卡脖子”技术分布在氢能产业的多个环节，特别是在燃料电池核心技术环节，亟须实现突破；其次是氢能基础设施发展滞后，包括制氢设施、氢能储存与输送设施、加氢站布局及氢安全辅助设施；最后是氢能产业装备制造等方面相对滞后，相关核心设备仍然依靠进口，缺乏完备的产业技术体系，储氢、燃料电池关键部件、检测测试装备有较大追赶空间。

未来 10 ~ 20 年将是我国氢能源产业发展的重要机遇期，需紧密联系我国能源发展实际，助力实现氢能源高质量发展，应从战略、政策、技术、资金、国际合作等方面积极谋划，通过改革创新破解发展难题。

（二）制氢技术

现阶段我国主要以煤制氢为主，煤制氢具有便宜、可靠、稳定的优点，这符合氢气的能源属性要求，因此“十四五”期间应该做好煤制氢资源的综合利用，避免氢能成为一种“贵族能源”。同时加快可再生能源制氢和绿氢消纳应用示范，降低可再生能源电解制氢成本，加快煤制氢耦合碳捕获、利用与封存（CCUS）的示范论证及技术研发，集中攻关质子交换膜（PEM）和固体氧化物电解池（SOEC）电解水技术。我国在SOEC方面做了较多的探索，已成功研制出SOEC装备，不但实现分布式制氢，而且可以电解二氧化碳或共电解制合成气，并进一步合成甲烷、甲醇等。

（三）供氢技术

当前，制约供氢产业发展的问题依然突出，氢供应设施数量与性能相对落后，关键技术与成本亟待突破，产业管理与安全监管体系尚未构建，商业模式与持续路径亟待探索。从发展趋势看，短期内我国氢气储运依然以30MPa高压气态为主，但需要加快突破50MPa以上压力储运及液氢技术和标准，并完成应用验证。到2025年我国加氢站数量预计将突破1000座；到2035年，氢气储运将以50MPa以上高压气态为主，长距离液氢运输及液氢加氢站开始应用，全国性骨干加氢网络初步形成，关键装备及技术完全国产化，氢气供给成本快速下降，燃料电池汽车使用成本与燃油车相当；到2050年，需要因地制宜选择“深绿”供氢方案，并配套包括城市管道输氢在内的多种运氢方案，基本形成覆盖全国的加氢网络，对外商业化运营加氢站将在1万座以上，关键装备及技术全球领先。

（四）燃料电池技术

在燃料电池技术方面，目前，PEMFC技术存在的问题是成本高、关键部件国产化率低。需要加强基础研究，研发创新性材料、部件与新技术，实现关键材料与部件的国产化、批量化生产并提高电堆的功率密度，促进国内已研发的新材料、部件装车示范运行，考核新材料、部件、电堆等性能、可靠性与耐久性，进一步建立批量生产工艺和生产线，完善产业链。同时，完善标准、法规和测试方法，建立第三方检测机构与研究成果评估机制。我国以燃料电池商用车为主的发展路线，可以在商业化初期不依赖加氢站数量，且我国率先采用燃料电池汽车电－电混合技术，有利于耐久性提升。各种能源特点决定了适用的交通工具不同，燃料电池汽车与纯电动汽车将长期共存、优势互补。

目前，我国固体氧化物燃料电池（SOFC）与国外差距较大，核心技术匮乏，尚无长期运行的示范系统，SOFC 应用研究仍然需要从突破关键技术及建设示范工程开始。高一致性、高可靠性、低成本的电池堆及系统集成技术是目前的重点。目前，我国已实现了千瓦级 SOFC/SOEC 电堆批量化生产，正在进行 25～100 千瓦 SOFC/SOEC 系统集成技术开发，开展 500 千瓦整体煤气化燃料电池（IGFC）工程示范。随着大型企业集团如国家能源集团、华能集团、国家电网等开始介入，中国 SOFC 发展将迎来重要发展机遇。“十四五”期间的目标是大幅度降低 SOFC 成本，并将 SOFC 的寿命提高到 1 万小时以上，期望能达到 4 万小时，建成一个 5 兆瓦的分布式发电示范工程，这需要国家的推动和企业的积极参与。

三　氢能源与燃料电池发展建议

（1）加强氢能源与燃料电池技术发展路线的顶层设计，加快研究国家氢能产业发展战略，明确国家氢能主管机构，成立全国性一级氢能协会，借鉴发达国家经验，积极探索创新型氢能源与燃料电池发展的商业模式，获取国际话语权。

（2）组织实施氢能源与燃料电池领域科技攻关，建设国家级科技创新平台，加快标准、检测、认证体系建设，在规模试验、数据收集、技术改进、经验积累等阶段，积累基础研究数据和工程示范经验。

（3）针对提高燃煤发电效率、实现二氧化碳近零排放的需求，开展以 IGFC 为代表的固定式发电示范应用。针对大规模可再生能源发展，开展 SOFC/SOEC 调峰及储能应用研究，同时开展 SOEC 分布式制氢及电解二氧化碳制化工产品研究，实现碳循环。

（4）布局零碳化产氢与精准输配工程科技攻关，开展大规模制氢、储氢和输配工程示范，突破催化剂、膜电极、双极板等关键材料制备，加快SOFC/SOEC与PEMFC等技术攻关与装备国产化，避免技术空心化。

美的未来

——中国氢能产业新业态展望

许 国*

一 初心与缘起：对中国氢能产业发展判断的评估

2018年，湖南师范大学建校80周年，我主动返校作了主题演讲，汇报近些年推动氢能产业发展的情况，演讲的题目就是《氢的信仰》，报告重点谈到了未来3～5年对中国氢能发展的十个判断：一是出现省级氢能发展规划以及20个以上的氢能专业园区，二是中国氢能产业路线图正式出台，三是氢能重卡车型推出市场，四是加油、充电、加氢“三合一”加氢站建设热潮逐步推开，五是“喝氢水”“吸氢气”“洗氢澡”“吃氢胶囊”成为中国社会健康养生的一种新时尚，六是各地陆续成立氢科学研究院，七是氢燃料电池备用电源系统示范推广，八是中国第一条氢能现代有轨电车成功运营并开始推广，九是中国一汽红旗氢能乘用车研发成功，十是面向粤港澳大湾区和“一带一路”布局氢能产业。这就是我在2018年所作的十个判断。

这十个判断已经成为目前国内氢能产业发展的现实，而且各地纷纷布局发展氢能产业，把氢能产业推到了投资的风口，并在资本市场上有着很好的表现。

现在全国氢能产业链有2400多家企业，2020年只推出了1100多辆

---

* 本篇作者为佛山市政协党组成员，许国。

氢能汽车，相当于每个企业平均不到0.5辆，这意味着我们市场这些研发产品根本卖不起来，但是股票市场已经涨了两轮以上，这就是典型的资本热、市场冷。这个情况实际上不容乐观，说明一点：产业布局同质化现象还是非常突出的，产业化水平并不是很高，在某种程度上讲佛山是先行一步的，现在不少地方还在重复佛山5～6年前所干的事，这就是产业的同质化。

国家对氢能产业的推动节奏把握很慎重也很严谨，严防出现类似于纯电动车发展的不良现象。佛山推动氢能产业发展干得很辛苦，是从一张白纸做起来的，中国最热的不是氢能汽车，而是电动汽车，佛山另辟蹊径发展氢能汽车，也很想把这个产业推到国家战略层面。佛山市和中国国际经济交流中心共同发起了“中国氢能产业政策研究”课题；佛山市还积极参与了《中国氢能产业发展规划纲要（2021—2035年）》的研究，目前还没有正式公开。国家需要把握好产业发展的节奏，严防产业出现过热现象。

二　分界与转折：2020年以后世界经济三大趋势性变化

新冠肺炎疫情的发生给人类社会带来动荡，在很多专业人士看来这是带有根本性、趋势性的变化。美国前国务卿基辛格写了《冠状病毒大流行将永远改变世界秩序》；联合国秘书长古特雷斯指出，新冠肺炎疫情是第二次世界大战后全球最为严重的危机和动荡；《世界是平的》作者托马斯预言，后人可能会按“新冠元年”前、“新冠元年”后划分历史。2020年是人类历史的新分界线，这与下面三大趋势性变化是有关系的。

第一个趋势性变化，以即时视频互动为标志，世界经济重大活动进入“人机物”三元融合、万物智能互联的时代。

第二个趋势性变化，以新冠肺炎疫苗注射为标志，世界经济进入一个比拼生物医学技术及实力的时代。

第三个趋势性变化，以氢的多领域推广使用为标志，世界经济进入一个以“减碳加氢”为主导实现“碳达峰、碳中和”目标的新时代。

2020年新冠肺炎疫情的发生，带来了三大趋势性变化，特别是以氢气能够辅助治疗新冠肺炎重症患者为标志，氢农业发展方兴未艾，氢气由工业气体向零碳能源转变，并由此引发人类新的能源革命，人类将进入一个全新的氢时代。

三　前瞻与展望：未来中国氢能产业业态十大走势

近年来，韩国氢能产业异军突起。一是氢能汽车保有量13600台，在规模总量上位居全球第一，美国第二、日本第三，中国第四。二是拥有全球第四大规模的加氢站数量，建成了以首尔为中心的全球最密集的加氢站网络。三是韩国现代氢能乘用车，以私人购买为主，这是非常重要的现象。四是韩国氢气基本来源于天然气。韩国在氢能产业发展方面的异军突起，对全球氢能产业发展的走势具有引领性。

第一，在“双碳目标”背景下，以“减碳加氢”为主要内容的新能源革命成为共识。以“减碳加氢”为主要内容的“双碳目标”成为各级地方政府新的目标，促成中国新的能源革命即将到来。

第二，随着氢能在能源结构中比重的增加，目前全球通行的石油－欧佩克货币体系，将逐渐失去支配地位，“氢碳交易体系”应运而生，氢能指数关注度将逐步超越石油指数。

第三，氢农业或将成为我国乡村振兴战略的重要支撑。

第四，氢健康养生全面进入日常生活，成为引领中国氢时代的新潮流。

第五，氢能重卡市场化推动热潮迭起，竞争非常惨烈，这是相对于中国氢能产业同质化的情况所说的。

第六，氢能乘用车以其明显的优势，逐渐成为新能源汽车的主流。氢能与纯电动汽车不是互相取代的关系，只是因为不同场景而各有优势，市场价格和成本始终是关键性因素。

第七，绿氢体系中质子交换膜电解水制氢会成为制氢领域的重要环节。

第八，质子交换膜、超薄复合双极板、催化剂、碳纸等燃料电池核心材料的国产化，成为氢能产业竞争力的重要体现。

第九，“天然气重整制氢 + 可再生能源电解水制氢”成为破解中国氢气供应瓶颈的关键。如何系统解决好氢气稳定绿色低价大量供应的问题，是氢能产业发展的重要问题。佛山在 2019 年以前就开始考虑这问题，这也是佛燃能源集团转型综合能源企业的重要原因，也取得了较好的探索创新成果。

第十，氢能在船舶等交通方面的使用会越来越广泛。

佛山为氢能产业的发展奋斗了七年，一直是一个孤独的前行者，为此我们倡导和推动“独行快、众行远”的发展理念，并最终迎来了“百舸争流”的发展局面。比尔·盖茨曾说过：“人们总习惯于对于近一两年发生的事情持异常乐观的判断，但总是对未来五到十年即将发生的趋势持谨慎悲观的态度。”新能源革命是大势所趋，是人类社会最根本的生产力革命，这样的生产力革命潮流是任何力量都阻挡不了的。在大趋势面前，唯有抓住机遇乘势而上、顺势而为，推动新的能源革命目标早日实现。佛山从“一见氢心”，到“氢车熟路”，再到“氢联世界”，始终与氢同行。

蒋利军
中国可再生能源学会副理事长
有研科技集团有限公司首席专家

发展自主可控本质安全的储运氢技术

自从2020年9月习近平总书记提出“双碳”目标后，氢能以其来源广泛、可储可输、能质两用、零碳排放的特点，备受世人关注。在这一新的背景下，氢能被赋予了更加丰富的内涵，有了更加广阔的应用空间，越来越多的人已经深刻认识到氢能是实现“双碳”目标不可或缺的重要抓手，将在以可再生能源为主体的现代能源体系中发挥不可替代的重要作用，氢能已经迎来了一个前所未有的历史性发展机遇。

氢能适宜于大规模长周期储能，可通过氢电互补，保障以可再生能源为主体的现代能源体系的稳定安全；通过可再生能源制取绿氢、氢的跨时空储输及其多样化应用，实现可再生能源的再分配，满足难以通过电能降碳的交通、工业和建筑应用需求，实现多行业脱碳的目标。

中国氢能产业联盟预测，到2060年，氢能在我国终端能源的占比将达

20%，氢气总量将达 1.3 亿吨，氢能交通用氢量占比仍将达到 31.2%。因此氢能交通既是当前氢能产业发展的突破口，又是今后氢能应用的重要市场，将为降低我国油气资源对外依存度、保证我国的能源安全、降低交通运输的碳排放发挥重要作用。我们完全相信，下一个十年将是氢能产业发展的重要窗口期。

但是当前氢能发展过程中还存在着一些无序竞争的现象。一方面，一些地区和企业盲目跟风、低水平重复建设，同质化发展；另一方面，一些过度保守的规定制约了氢能产业的发展，“加氢难、加氢贵”严重约束了燃料电池汽车示范的推广应用。从深层上看，国家的一些相关标准法规，缺乏深度配套，有的甚至互相掣肘。氢能技术虽然近几年进步较大，但仍缺乏实质性的技术突破，当前产业的迅速发展并非基于技术突破，而是源于需求的迅速扩大。要从根本上保证氢能行业的健康发展，一方面我们要完善标准法规，制定好相关政策，引导氢能产业有序发展，另一方面更要加快氢能人才培养，大力发展氢能科技，力争取得本质安全、经济高效等氢能技术的实质性突破。因此，坚持自主创新，结合中国资源优势，发展本质安全的氢能技术，应是我们走有中国特色氢能发展之路必须注意的一个基本原则。

氢气储运是氢能供应链中难度最大但又最为丰富多彩的一环，一方面由于氢能储运技术攻关的艰巨性，另一方面由于氢能应用的多样性，当前还没有任何一种氢气储运技术能够满足所有氢能应用场景的综合性能需求。对应不同的应用场景，只能根据现阶段技术条件，基于安全高效经济的原则，选择不同的氢气储运技术方案。因此，当前氢气储运的技术现状是多种技术共存，针对不同细分市场，找到恰当的应用场景。

高压储运氢是当前的主流技术，其发展的主要趋势是 50MPa 运氢技术、70MPa 车载储氢技术和管道输氢技术。为进一步提高储运氢的密度，低温液氢技术已呈上升趋势，成为最近两年的氢气储运技术发展热点。这一发展轨迹与当年的天然气储运发展历史颇为相似，似乎有其内在的发展逻辑。但是氢气较之于天然气，有其特殊性，其密度更小，更易泄漏，高压充氢时会因反焦耳 - 汤姆逊效应而发热，液氢储存时会因自发的正仲氢转化和漏热而汽化，且液化温度更低。这些特征使得氢气在增压或液化过程中都将消耗更多的能量，在储运过程中存在更大的泄漏等安全风险，致使现阶段燃料电池汽车大多停放于露天停车场中。因此天然气成功的商业化应用路径未必适用于氢气。我们必须寻找一种本质安全的、可让消费者安心地将爱车停放于室内停车场的车载储氢技术，这一技术应是固态储氢技术。

个人认为，固态储氢应是车载储氢和燃料电池分布式发电等终端应用的最终方案，液态储氢和高压气态储氢可能是车载储氢的过渡方案，但将在运氢和输氢方面持续发挥重要作用。我国具有丰富的稀土、钛、镁资源，充分发挥我国这些资源优势，发展与可再生能源电解水制氢技术无缝衔接的低压管道输运氢、低压加氢和本质安全的低压固态车载储氢技术，打造一条绿色低碳安全高效的氢能供应链，可能是资源可持续、技术自主可控、本质安全、可以永续发展的中国氢能发展之路。发展可在温和条件下工作的高密度低成本固态车载储氢系统是打通这一氢能供应链的关键，应作为我们下一阶段的攻关重点。

韩敏芳

清华大学长聘教授，清华大学燃料电池与储能研究中心主任，中国能源研究会燃料电池专委会常务副主任兼秘书长，中关村氢能与燃料电池技术创新产业联盟常务副理事长

碳中和愿景下燃料电池产业机遇

2020 年 9 月 22 日，习近平主席在第 75 届联合国大会期间提出，中国“二氧化碳排放力争于 2030 年前达到峰值，努力争取 2060 年前实现碳中和”。[①] 一年来，“双碳目标”在全国各个层面和多个领域不断发酵升温，为氢能与燃料电池新型行业发展迎来了前所未有的历史机遇。

和电一样，氢能也是一种“二次能源”，是推动传统化石能源清洁高效利用和支持可再生能源大规模发展的理想媒介，是全球能源技术革命和转型发展的重大战略方向。燃料电池发电是氢能利用最直接和最为理想的方式，燃料电池发电技术经过 180 多年的积累和发展，日本、美国等发达国家在最近十几年开始进入商业化应用。世界范围内多个国家和地区纷纷将氢能纳入国家能源战略规划，我国对相关产业的支持力度也在不断加

① 《习近平在联合国成立 75 周年系列高级别会议上的讲话》，人民出版社，2020，第 18 页。

大。在当前“碳达峰、碳中和”目标下，氢能和燃料电池产业发展已经到了关键时期。

2017 年 12 月，日本成为世界上首个发布氢能基本战略的国家。2018 年 10 月，日本发起了首次氢能部长级会议，来自全球 21 个国家和地区的部长和官员参加，旨在推动氢能在全球范围内的应用。2021 年 10 月，第四届氢能部长级会议顺利举行，17 个国家政府在会上公开氢能发展规划；另外，国际能源署在会上的报告显示，目前已有 20 多个国家公开宣布正在制定国家级氢能战略。在 2021 年东京奥运会期间，日本政府全力打造了首座“氢能小镇”东京湾晴海奥运岛，5600 余户住宅全部采用燃料电池热电联供系统供能，100 辆燃料电池大巴（Sora）和 500 辆乘用车（Mirai）作为奥运岛的交通工具，建立了完整的氢基础设施系统，展示了氢作为未来能源主要载体的可行性。

近年来，我国政府以氢燃料电池汽车示范应用为牵引，对氢能产业的支持力度也在不断加大。2019 年，“推动加氢设施建设”首次被写入政府工作报告。2020 年，在《中华人民共和国能源法（征求意见稿）》中，首次提出将氢能纳入能源体系管理。截至 2021 年 9 月，全国已有 30 多个省份发布了氢能发展相关政策方案。2021 年 8 月，北京市发布《北京市氢能产业发展实施方案（2021—2025 年）》，提出了明确的发展阶段和目标，在京北布局氢能产业科技创新应用示范区，在京南打造氢能高端装备制造与应用示范区。开展氢能与燃料电池全场景示范应用工程，包括绿色冬奥氢能示范、燃料电池汽车示范城市、氢能货运示范专线、氢能场站内部示范、分布式能源示范和氢能综合示范区。

燃料电池的应用领域非常广泛，包括交通运输、分布式供能、储能、绿色工业等，多种应用方式的协同发展是未来构建氢能网络的必要前提。可以预见，在“十四五”期间我国氢能与燃料电池产业发展将会踏上新征程，需要在深入研究分析的基础上统筹协调、有序推进，推动产业高质量发展。

在分布式供能领域，燃料电池与传统发电技术相比具有更高的能效和更低的碳排放。在全球燃料电池应用市场中，70% 用于发电系统，25% 用于交通领域。日本政府推动的 Ene - Farm 住宅式（以 700W 为主）燃料电池热电联供系统已安装超过 37.2 万套（2020 年 12 月），每套系统每年可减少 1300kg 的碳排放。三菱日立电力系统（MHPS）开发的 250kW 混合式固体氧化物燃料电池（SOFC）、微型燃气轮机（MGT）发电系统，发电效率高达 55%。与传统火力发电相比，该系统能够减少 47% 的碳排放。目前，MHPS 正在推进 MW 级的混合式发电系统，计划组建 100MW 级的发电系统用来取代火力发电厂，这将是传统煤电厂的革命。

在储能领域，由于燃料电池具备可逆运行的能力，通过电解水可实现绿氢的制备，也能实现富余或废弃可再生电力的高效长期存储，在未来绿色低碳能源体系中起到“削峰填谷”的重要作用。在高温下运行的固体氧化物电解技术（SOEC）具有最高的能量转化效率，还可以电解 CO_2 得到 CO，或者同时电解水和 CO_2 得到合成气（H_2 和 CO），从而实现 CO_2 的资源化转化利用，是一种极具发展前景的新型“负碳”技术，近年来在欧洲、美国、澳大利亚等国家和地区获得了广泛关注。

此外，氢能还可用来打造绿色工业过程。例如，如果将风电、光伏等富余的可再生电力和工业生产过程产生的余热一起用于 SOEC 高温电解水制氢，不仅可以充分利用工业废热，还可有效降低电解过程中的电能消耗，提高系统整体效率。同时，电解制得的氢气可用于冶金工业或发电过程，从而大幅度降低碳排放，实现整体过程的节能减排。

氢能与燃料电池作为全新技术和产业，在当前“碳达峰、碳中和”目标下，必将在多层次、多方面发挥重要作用。但是，该领域全产业链技术存在多处短板，自主技术严重不足，成熟度不够，整体水平差距大，单靠传统的“买买买”思路不可靠甚至走不通，在现阶段各方面必须高度重视，予以引导和支持。

产 业 篇

Industry Reports

B.3
典型区域多种燃料电池汽车示范运行研究

朱 成　滕欣余　于 丹*

摘 要： “典型区域多种燃料电池汽车示范运行研究”项目在京津冀、中原、长三角和珠三角四大典型区域开展燃料电池汽车示范运行工作，并对其中223辆车进行专项跟踪研究，验证并研究分析燃料电池汽车及其配套基础设施在实际运行中的安全性、可靠性和经济性。通过对燃料电池汽车和加氢基础设施运维体系和应急处理方案的制定和执行，组建了具有运维和管理经验的运营班底，初步探索了燃料电池汽车和加氢站运营成本，为下一步开展示范运营奠定了良好基础。

关键词： 典型区域　燃料电池汽车　示范运行　加氢站

* 朱成，博士，中汽数据有限公司新能源数据室主任；滕欣余，中汽数据有限公司新能源数据室工程师；于丹，全球环境基金/联合国开发计划署/科技部“促进中国燃料电池汽车商业化发展”项目办公室副主任，中汽数据有限公司新能源数据室。

随着人们对能源和环境问题的日益关注，具有无污染、零排放、加氢时间短、续航里程长等优点的燃料电池汽车越来越受到国际社会的关注，被广泛认为是未来汽车产业可持续发展的一个重要方向。我国政府各相关主管部门也相继出台了一系列措施，鼓励燃料电池汽车的示范与应用，极力推进燃料电池汽车产业的发展。燃料电池汽车示范运行是其商业化推广过程中必不可少的阶段，也是解决燃料电池汽车商业化运行在成本、性能以及配套加氢站建设等方面问题的关键，做好示范运行工作将为我国燃料电池汽车技术及产业化发展奠定良好的基础。

自 2018 年起，国家重点研发计划“典型区域多种燃料电池汽车示范运行研究”项目立项，在京津冀、中原、长三角和珠三角四大典型区域开展了上千辆燃料电池汽车的示范运行工作，并对其中的 200 多辆车开展专项跟踪研究工作，验证并研究这些车辆及其配套基础设施在实际运行中的安全性、可靠性和经济性，截至 2021 年初，燃料电池汽车示范运行工作进展良好，项目目标已全部完成，本报告以介绍项目车辆为主，兼顾全国范围，介绍燃料电池汽车示范运行的基本情况。

一　燃料电池汽车示范运行的基本情况

（一）车辆基本信息

“典型区域多种燃料电池汽车示范运行研究”项目在京津冀、中原、长三角和珠三角四大区域的北京、张家口、郑州、德州、上海、盐城、佛山 7 个城市开展了针对 223 辆燃料电池汽车示范运行的专项跟踪研究工作。各城市自 2018 年 6 月起，陆续完善燃料电池汽车和加氢站运行保障团队，明确燃料电池汽车的使用说明和操作流程，制定燃料电池汽车和加氢站维修、保养和应急保障方案，建立燃料电池汽车和加氢站消防安全救援体系。

（二）车辆运营路线[①]

1. 北京市燃料电池汽车示范运营路线

北京市一共跟踪了70辆燃料电池汽车，分别为：5辆公交车，60辆通勤客车，5辆物流车，这些参与示范项目的燃料电池汽车基本情况如表1所示。

（1）燃料电池公交车

北京市燃料电池公交车384路示范运行区间为西玉河公交站场至中关村一街站，单程设置26个站点，线路长度23km。具体运营单位为北京公交集团第四客运分公司。

（2）燃料电池通勤客车

60辆燃料电池通勤客车示范运行主要围绕永丰加氢站和维修库50km半径内择优确定路线，规划的重点区域有：昌平区未来科学城区域、海淀区东升区域与永丰区域、朝阳区望京区域等。

（3）燃料电池物流车

5辆燃料电池物流车围绕北京的区域物流中心到分站点之间的运输路线示范运行，主要在昌平区和房山区进行物流运输。

2. 张家口市燃料电池公交车示范运营路线

张家口市跟踪了10辆燃料电池公交车，示范运营路线为公交1路、23路和33路。其中，1路从明德北到火车南站（途经市政府大楼），往返47站，往返里程约20km，公交场站与加氢站的距离约4.5km，运营时间为5：45～21：30。23路从机场到百货大楼，往返51站，来回里程约64km，从公交场站到加氢站的距离约2km，运营时间为7：00～19：00。33路从火车南站到火车北站，往返47站，来回里程约46km，从公交场站到加氢站的距离约4km，运营时间6：00～21：30。张家口地区的具体运营单位为张家口公交总公司下的第六分公司。

① 车辆运营路线以2020年12月底课题组提供的信息为依据。

表 1　参与示范项目的燃料电池汽车基本情况

项目	北京 60 辆	北京 5 辆	北京 5 辆	张家口 10 辆	郑州 15 辆	上海 28 辆	上海 30 辆
车辆图片							
车辆分类	通勤客车	公交车	物流车	公交车	公交车	邮政车	物流车
车辆型号	BJ6852FCEVUH	BJ6123FCEVCH－1	BJ5088XXYFCEV	BJ6105FCEVCH	ZK6125FCEVG5	JAX5027XYZFCEV	EQ5080XXYTFCEV1
车辆生产商	福田欧辉	福田欧辉	福田欧马可	福田欧辉	郑州宇通	江苏奥新	东风汽车
尺寸(长×宽×高 mm)	8520×2450×3800	12000×2550×3460	6965×2240×3250	10500×2550×3470	12000×2550×3400	4370×1500×2210	6410×2200×2850
轴距(mm)	4100	5900	3800	5700	6100	2500	3600,3800
整备质量(kg)	9600	12700	4400	12500	12750,13100,13550	1300	4100
最大总质量(kg)	12680	18000	8275	17000	18000	2150	7510
续驶里程(km)	>300	>300	≥400	>300	500	180	329
燃料电池集成企业	亿华通	亿华通	亿华通	亿华通	亿华通	上燃动力	上海重塑
燃料电池功率(kW)	30	60	30	30	60	8	30
燃料电池系统寿命(h)	10000	10000	6000	10000	13000	5000	20000
搭载动力电池类型	锰酸锂	锰酸锂	三元电池	锰酸锂	磷酸铁锂	锰酸锂	锰酸锂
电池额定电量(kWh)	41.44	41.44	50.37	82.88	108	18.2	20
储氢压力(MPa)	35	35	35	35	35	35	35
储氢瓶数量(个)	4	8	3	6	8	2	3
储氢瓶容积(L)	140	140	165	140	140	28×2	140
储氢总质量(kg)	13.2	26.4	12.3	19.8	26.4	1.3	9.3

续表

项目	德州10辆	盐城10辆	佛山1辆	佛山10辆	佛山36辆	佛山3辆
车辆图片						
车辆分类	物流车	公交车	公交车	公交车	厢式运输车	通勤客车
车辆型号	JAX5081XXYFCEVA01	NJL6129FCEV	FSQ6120FCEVG	FSQ6860FCEVGS	EQ5081XXYTFCEV1	SH6612A4FCEV
车辆生产商	江苏奥新	南京金龙	佛山飞驰	佛山飞驰	东风汽车	上汽大通
尺寸(长×宽×高mm)	6995×2300×3210	11980×2550×3479	12000×2550×3550	8645×2490×3300	6135×2060×2850	6120×1998×2612
轴距(mm)	3350	6000	6200	4350	3600	4180
整备质量(kg)	4735	12050	12500	8850	3920	3130
最大总质量(kg)	8000	17920	12500	13000	7510	4220
续驶里程(km)	375	530	415	≥300	305	260
燃料电池集成企业	浙江氢途	兴邦能源	国鸿重塑	国鸿重塑	爱德曼	上汽集团
燃料电池功率(kW)	31	30	92	32	35	30
燃料电池系统寿命(h)	5000	12000	20000	15000	≥10000	5000
搭载动力电池类型	三元电池	磷酸铁锂	锰酸锂	锰酸锂	锰酸锂	磷酸铁锂
电池额定电量(kWh)	76.19	62.2,116.93	46.17	42.62	15.06	14.3
储氢压力(MPa)	35	35	35	35	35	35
储氢瓶数量(个)	3	6	8	6	3	2
储氢瓶容积(L)	140	128	140	140	150	100
储氢总质量(kg)	9.3	24	24	18	10.5	4.4

资料来源：国家重点研发计划课题组填报。

3. 郑州市燃料电池公交车示范运营路线

自2018年底开始，郑州市跟踪了15辆燃料电池公交车，在727路公交示范线正式运营。727路全部采用燃料电池汽车开展运营，其运营路线为航海路四港联动大道至紫荆山，共设31站，线路长度19.8km。

4. 德州市燃料电池物流车示范运营路线

德州市跟踪了10辆燃料电池物流车，主要用于德州扒鸡配送、周边物流短租、周边物流配送等。

5. 上海市燃料电池邮政物流车示范运营路线

上海市跟踪了28辆燃料电池邮政物流车，主要在上海嘉定区各邮政分局承担快件派送的任务。

上海市另外跟踪了30辆燃料电池厢式物流车，主要用于城区大客户物流中转配送，服务于京东物流、顺丰、威特派等物流、快递配送等。

6. 盐城市燃料电池公交车示范运营路线

盐城市跟踪了10辆燃料电池公交车，先将高新区内部循环的K11路作为示范运营线路，后期将启动89路市区线路。其中，K11路运营区间为科教路蓝海路口至纬四路振兴路口，全程共31站，总里程16.6公里；89路运营区间为高铁站西广场至纬四路振兴路口，全程共32站，总里程25.8公里。

7. 佛山市燃料电池汽车示范运营路线

（1）燃料电池公交车

佛山市总计跟踪了11辆燃料电池公交车。

佛山市南海佛广公共汽车有限公司的1辆燃料电池公交车在佛山市南海区快08公交线路进行运营，快08公交线路的运营区间为佛山千灯湖总站至丹灶汽车客运站，途中共经过千灯湖总站、保利水城、兴业新村、叠北路口、乐城等12个站点。

佛山市汽车运输集团有限公司运营的10辆燃料电池公交车投入至139路公交示范线正式运营，139路公交线运营区间为南海实验小学至佛山奥园，共设42个站点，运行里程约20km。

（2）燃料电池物流车

佛山市跟踪的36辆燃料电池物流车，主要在南海区丹灶镇、狮山镇、大沥镇等区域用于送货运输。

（3）燃料电池公务车

另外，佛山市还跟踪3辆燃料电池公务车，主要用作丹灶镇政府公务专用车辆。

二　加氢基础设施示范基本情况

（一）北京永丰加氢站

北京永丰加氢站始建于2006年底，运营主体单位是北京海珀尔氢能科技有限公司，2020年6月完成改造升级，具备35MPa氢系统加注能力，配备2台加氢机和3个加氢枪，加注量由原先的200kg/d增加到1000kg/d，采用40MPa高压储氢、三级加注策略，可实现10分钟加注满一辆通勤车。氢气由北京环宇京辉京城气体科技有限公司（电解水制氢）、河北欣国氢能科技有限公司（氯碱副产氢）、山东滨华氢能源有限公司（氯碱副产氢）提供，运输方式采用长管拖车。站控系统集成设备在线控制、视频监控、安防、泄漏探测功能，为加氢站安全运行提供保障。

（二）张家口创坝加氢站

张家口创坝加氢站于2018年7月开始运营，运营主体单位是张家口海珀尔新能源科技有限公司，具备35MPa氢系统加注能力，配备2台加氢机和3个加氢枪，加注量1000kg/d，氢气由北京环宇京辉京城气体科技有限公司（电解水制氢）、内蒙古宜和新能源科技有限公司（电解水制氢）、河北欣国氢能科技有限公司（氯碱副产氢）提供，运输方式采用长管拖车，氢气售价为30元/kg。

（三）郑州宇通加氢站

郑州宇通加氢站是宇通客车根据国内新能源客车发展趋势和自身发展的需要，为实现燃料电池客车的研发商业化，提升产品品质和服务质量，在2015年投资建设的高压氢气加氢站项目，是当时中原地区第一座加氢站。初期日加氢量超过210kg，可满足10辆燃料电池客车日加氢需求。为满足郑州首条示范线路用氢需求，宇通加氢站于2018年10月扩建，并于2018年11月5日投入使用。日加氢能力由原来的210kg升至1210kg，为国内加氢能力最大的加氢站，配备有2台美国PDC机械公司生产的PDC－13－7500型氢气压缩机（该型号压缩机的氢气日压缩量可达500kg），具有6支固定储气瓶组、2台加氢机和1套加氢预冷系统，其中加氢预冷系统采用－10℃的冷冻机组，可以实现6～8分钟以内的安全快速加氢。加氢站供氢方式采用20MPa长管拖车运输，氢源来自120公里之外的焦作市，制氢方式为氯碱工业副产氢。

（四）上海安亭加氢站

上海安亭加氢站是由同济大学、上海舜华新能源系统有限公司及上海航天能源股份有限公司共同规划并建设的，并于2007年11月15日正式投入使用。上海安亭加氢站的储氢量最大可达800kg，站内配备的35MPa双枪加氢机一次能连续为6辆大巴车、20辆乘用车加注氢气。自建成以来，安亭加氢站为同济大学、上汽集团、上海邮政、京东、氢车熟路汽车运营（上海）有限公司等单位研发的燃料电池汽车安全地提供了大量氢气加注服务。

（五）盐城创咏加氢站

盐城创咏加氢站项目选址在盐城市高新区，位于204国道西盐枕路南，占地约10亩，建设场地归属于盐渎街道，建设土地性质为商业用地。项目总投资1500万元，主要建设站房、加氢岛，安装储氢罐、压缩机、加氢机、安防系统相关设备、消防设备和管道阀门等，该站设计卸气柱2～3台，日加注能力 1200kg，配备 4 台 2 枪加氢机，加注压力为 35MPa。加氢站已办完充装许可证和燃气经营许可证，2019 年 11 月 20 日正式投入运营。

（六）佛山瑞晖加氢站

佛山瑞晖加氢站是佛山市南海区第一座加氢站，位于南海区丹灶镇，瑞晖加氢站于 2017 年 9 月 7 日投入运营。该加氢站目前设计的加注压力为 35MPa，日加注能力为 350kg，并预留了加注 70MPa 压力和日加注能力 700kg 氢气的扩展空间。加氢站氢气来源为东莞巨正源股份有限公司生产的石油工业副产氢，由长管拖车运输至加氢站。

表 2 是燃料电池汽车配套加氢站的基本情况。除此之外，德州加氢站为企业自有保障站，不对外开放。

表 2　燃料电池汽车配套加氢站的基本情况

序号	城市	名称	日加注量（kg）	加/储能力（MPa）	提供模式	建成时间	氢站模式	承建单位
1	北京	永丰加氢站	600	35/45	外供	2006	固定式	北京亿华通
2	张家口	创坝加氢站	1050	35/45	外供	2018	撬装式	张家口海泊尔
3	郑州	宇通加氢站	1210	35/45	外供	2015	固定式	宇通客车
4	上海	安亭加氢站	800	35/43.8	外供	2007	固定式	上海舜华
5	盐城	创咏加氢站	590	35/45	外供	2019	固定式	盐城创咏
6	佛山	瑞晖加氢站	350	35/45	外供	2017	固定式	南海燃气

资料来源：国家重点研发计划课题组填报。

三　燃料电池汽车示范运行情况

（一）示范车辆运营数据情况

截至 2020 年 12 月底，各城市参与运营的 223 辆燃料电池汽车累计行驶 1083.21 万公里，平均单车行驶里程 4.86 万公里，平均单车无故障行驶里程约 7000 公里，加氢站累计加氢 50 万千克以上，加氢基础设施和燃料电池汽车示范运行状况良好，积累了较为丰富的示范运行相关经验，确保各区域燃料电池汽车和加氢基础设施示范运营指标满足相关技术指标和指南要求。图 1 和图 2 是各城市示范的燃料电池汽车车辆数和运营里程数。

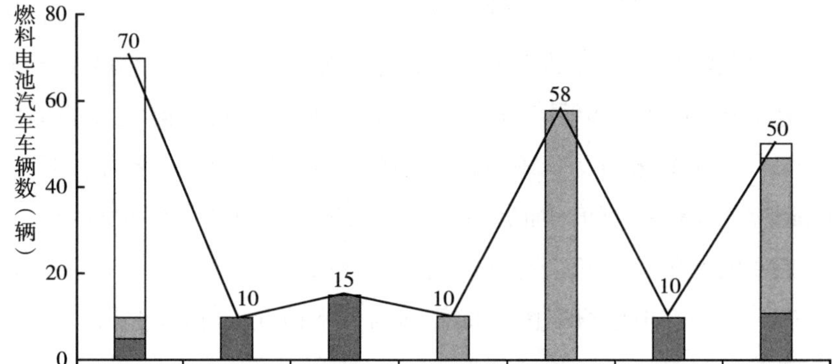

	北京	张家口	郑州	德州	上海	盐城	佛山
通勤车	60	0	0	0	0	0	3
物流车	5	0	0	10	58	0	36
公交车	5	10	15	0	0	10	11
—— 合计	70	10	15	10	58	10	50

图 1　各城市示范的燃料电池汽车车辆数

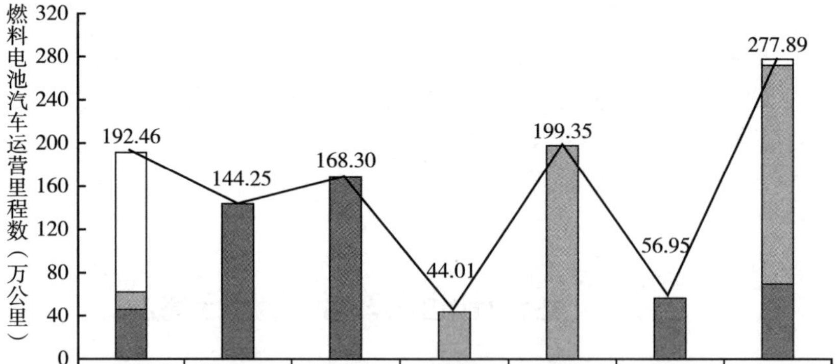

	北京	张家口	郑州	德州	上海	盐城	佛山
通勤车	130.13	0	0	0	0	0	5.24
物流车	15.50	0	0	44.01	199.35	0	203.37
公交车	46.83	144.25	168.30	0	0	56.95	69.28
—— 合计	192.46	144.25	168.30	44.01	199.35	56.95	277.89

图 2　各城市示范的燃料电池汽车运营里程数

（二）燃料电池汽车示范运行监控情况

针对示范运行工作的特点，项目组制定了燃料电池汽车和加氢基础设施的监控体系，主要分为国家级燃料电池汽车监控平台、地方/企业级燃料电池汽车及加氢基础设施监控平台，以及人工补充填报监控数据。

国家级燃料电池汽车监控平台方面，项目组依托新能源汽车国家监测与管理平台体系建立国家燃料电池汽车监控平台，并开展了“示范运行的采集监控技术、大数据高效传输与存储技术以及数据挖掘分析与处理”、“基于监控大数据的燃料电池系统和加氢基础设施远程故障诊断及预警机制”和“基于监控数据的燃料电池汽车综合动态性能评价体系”研究等工作，进行监控与管理平台支撑模块建设和底层支撑软件部署等，完成燃料电池汽车监控平台的搭建、运营工作。

地方/企业级燃料电池汽车监控平台方面，项目组组织各相关单位制定了《燃料电池汽车远程服务与管理系统技术规范》，根据规范和示范运行过程中监控管理涉及的功能，开展了监控平台建设相关技术研究工作，主要包括：平台技术框架研究、数据融合技术研究、数据索引技术研究、数据挖掘技术研究以及可视化技术研究，并形成了《燃料电池汽车及相关基础设施监控方案》，各地均完成了监控平台搭建，截至目前均运行平稳。

人工补充填报监控数据方面，考虑到燃料电池汽车技术发展的快速迭代性以及监控平台升级换代的滞后性，项目组针对各区域示范运营的每一台车辆，组织燃料电池汽车和加氢基础设施运营企业进行人工提报数据。收取了全部223辆燃料电池汽车的运营数据，作为示范运营研究的基础补充数据。其中，燃料电池汽车手工提报数据包括：车辆基本信息、累计运营里程、当月运营里程、当月加氢量、百公里氢耗、加氢次数、电堆运行时间、电堆停运时间、故障信息等；加氢站手工提报数据包括：加氢站基本信息、累计加氢量、当月加氢量、累计加注车辆数、当月加注车辆数、累计运营天数、当月运营天数、累计故障次数、当月故障次数、故障信息等。

燃料电池汽车示范运行监控体系的建立，为分析总结燃料电池汽车的示范运行情况提供了便利，由于燃料电池汽车的关键技术仍处于快速进步中，示范运行的监控参数和规范还应及时根据技术进步而进一步的补充完善，以达到能够指导和推动燃料电池汽车产业技术进步的目的。

（三）全国燃料电池汽车推广规模情况

1. 全国燃料电池汽车推广情况

（1）全国燃料电池汽车推广规模

根据国家燃料电池汽车监控平台数据统计，截至 2020 年 12 月 31 日，全国共有 6002 辆燃料电池汽车接入平台，其中燃料电池物流车数量最多，达到 3153 辆，燃料电池客车数量达到 2846 辆，燃料电池乘用车 3 辆。氢燃料电池汽车分布在全国 17 个省、37 个城市运行。

（2）全国燃料电池汽车用途分布

目前燃料电池乘用车较少并且只应用于特定小范围区域内的租赁试验验证。燃料电池客车主要应用于城市公交车，数量达到 2222 辆，占比达到燃料电池客车的 78.1%。燃料电池物流车占燃料电池汽车总量的 53%。图 3 是燃料电池汽车用途分布。

（3）全国燃料电池汽车地域分布

全国燃料电池汽车分布在 17 个省，广东省分布车辆数最多，达到 2415 辆，其中燃料电池客车 1039 辆，燃料电池物流车 1376 辆。此外，河南省、河北省、辽宁省、安徽省、福建省燃料电池汽车均为客车，陕西省燃料电池汽车均为物流车。

燃料电池汽车在北京、上海、广州、深圳四个一线城市中，上海市应用推广数量最多，数量达到 1376 辆，其次为深圳市，数量为 774 辆。在所有地级市中，佛山市应用推广数量最多，数量达到 1453 辆。目前全国已有 36 个地方出台氢能产业支持政策，其中 10 个省级政策、26 个市县区级政策，燃料电池汽车的发展与各地方政策密切相关。

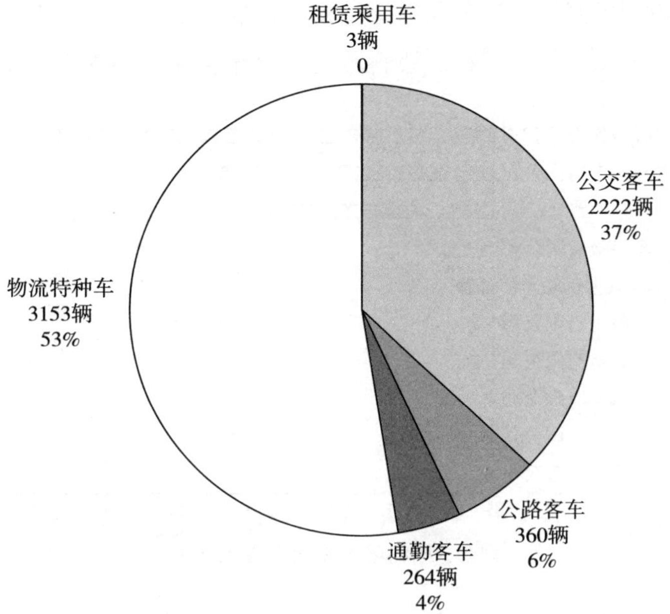

图 3　燃料电池汽车用途分布

（4）全国燃料电池汽车车辆企业分布

目前生产燃料电池客车企业共 22 家，在接入监控平台车辆数最高的前 10 家企业中，佛山飞驰汽车接入车辆数最高，达到 579 辆。图 4 是燃料电池客车企业分布。

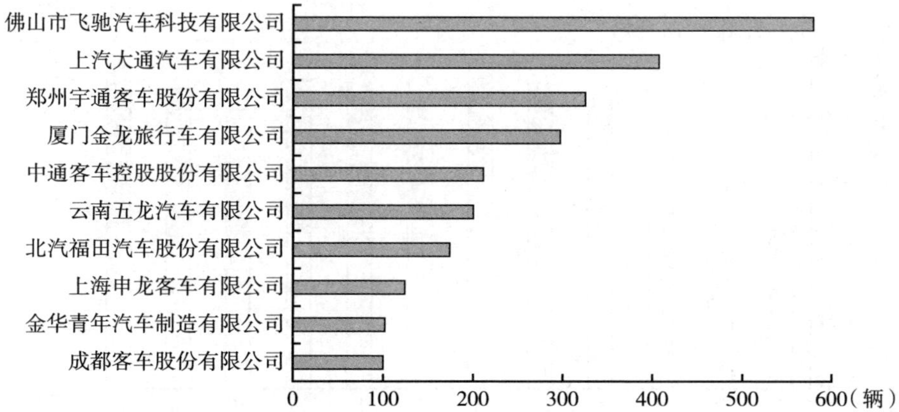

图 4　燃料电池客车企业分布

生产燃料电池物流车企业共 10 家，中通客车接入车辆数最大，达到 1332 辆，市场占比为 42.2%。燃料电池物流车企业分布如图 5 所示。

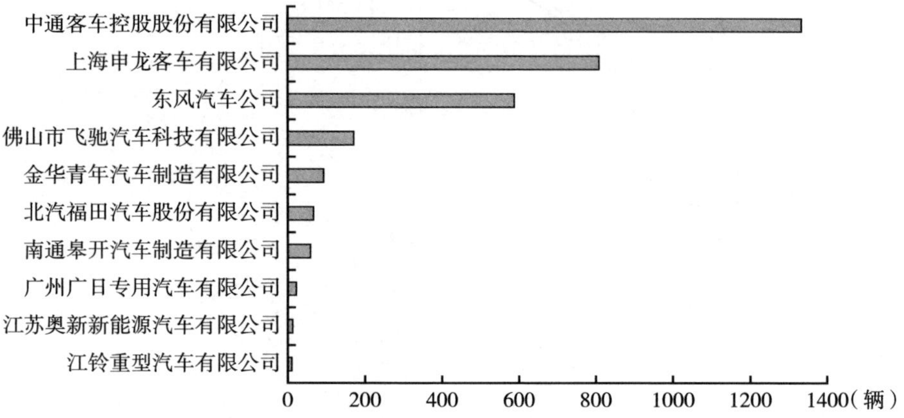

图 5　燃料电池物流车企业分布

2. 全国燃料电池汽车运行情况统计分析

（1）全国燃料电池汽车车辆上线情况

统计 2020 年 1～12 月所有车辆月上线车辆情况，1 月和 2 月受疫情影响，上线车辆数较低，随着疫情逐步稳定，每月上线车辆数逐步上升，燃料电池物流车上线车辆数与燃料电池客车大体相当。月上线燃料电池汽车数量分布如图 6 所示。

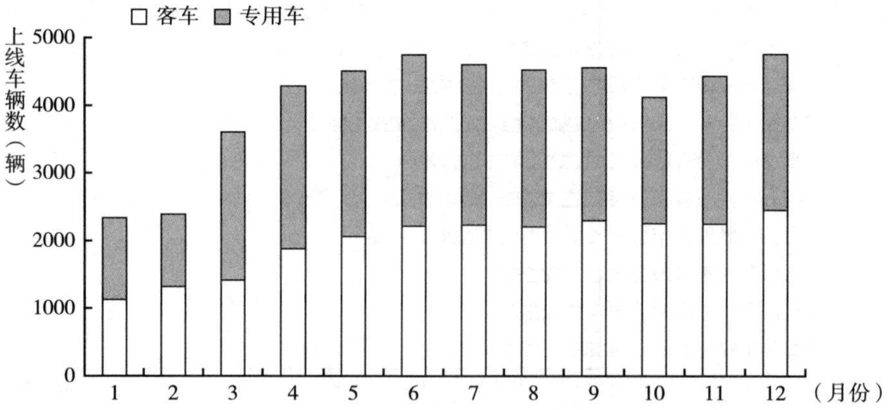

图 6　月上线燃料电池汽车数量分布

燃料电池汽车未上线天数分布如图 7 所示。截至 2020 年 12 月 31 日，国家燃料电池汽车监控平台统计燃料电池汽车车辆未上线情况，其中客车从未上线车辆数 11 辆，物流车从未上线车辆数 60 辆。燃料电池客车超过 30 天未上线车辆为 481 辆，燃料电池物流车超过 30 天未上线车辆高达 908 辆。燃料电池物流车整体上线情况欠佳，未上线比例较高，该情况与燃料电池汽车日上线情况基本吻合。

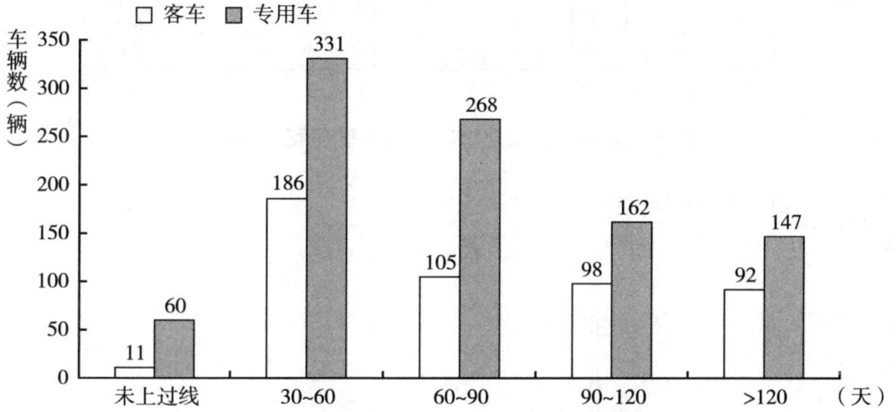

图 7　燃料电池汽车未上线天数及车辆数分布

（2）全国燃料电池汽车行驶情况

2020 年燃料电池汽车发展迅速，随着燃料电池汽车的推广，车辆的月总行驶里程和时长也逐步增长，12 月总行驶里程达到 905. 2 万公里，对比 1 月增长了 3. 7 倍，12 月总行驶时长达到 33. 2 万小时，对比 1 月增长了 3. 7 倍。图 8 是全国燃料电池汽车月总行驶里程和时长。

统计分析表明，燃料电池客车日行驶里程主要集中在 140 ~ 220km，相较其他用途车辆而言，公交、公路和通勤客车运营路线较为固定，应用示范效果较好，日均行驶里程和时长与纯电动客车也较为接近。燃料电池物流车日行驶里程在 0 ~ 20km 比例相对较高，说明目前燃料电池物流车主要用于短途运输，另外有一部分燃料电池物流车日行驶里程超过 500km，符合城市间物流车运营规律，体现出燃料电池物流车相较于纯电动物流车具有一定的长续驶里程优势。图 9 是不同类别燃料电池车辆日行驶里程分布。

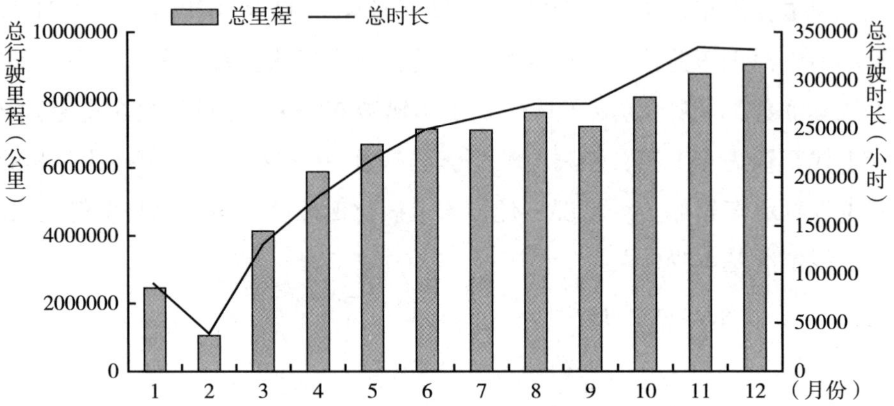

图8　全国燃料电池汽车月总行驶里程和时长

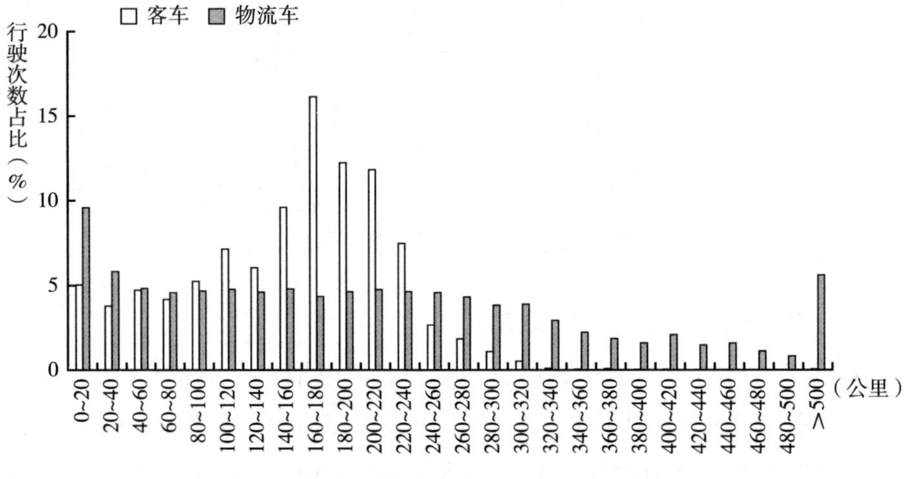

图9　不同类别燃料电池车辆日行驶里程分布

（3）燃料电池汽车加氢情况

统计分析表明，每月加氢车辆数变化较大，广东省加氢车辆较多。加氢车辆数与上线车辆变化幅度基本一致，同时存在细微差别，这是由于一些省份燃料电池推广应用量相对较多，从而使驾驶员在里程与能源补充忧虑方面存在一定的差异。另外，相关车辆能源补充频次与区域内加氢站数量变化趋势一致，可预见在相关配套设施完善的情况下加氢行为可形成固定规律。图10是不同省份每日加氢车辆数。

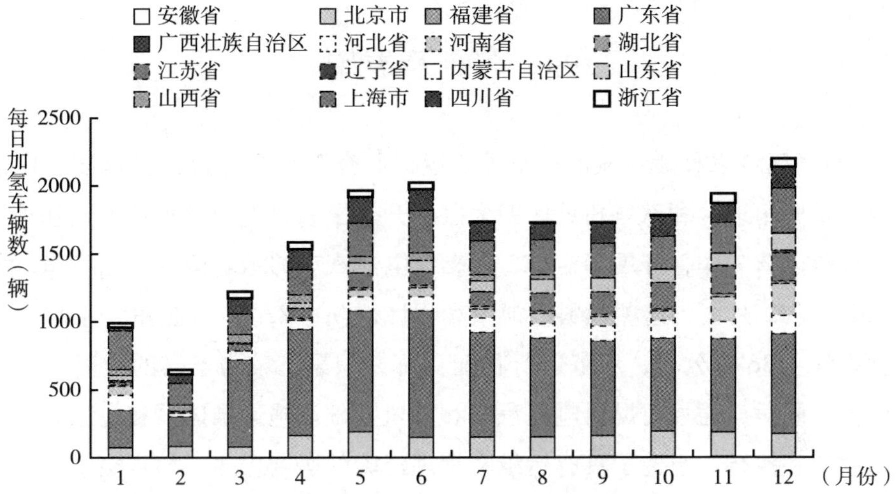

图 10　不同省份每日加氢车辆数

通过对比燃料电池汽车的使用频率和燃料电池汽车数量较多的典型城市加氢时长可知，大同市车辆平均加氢时间较长，上海市平均加氢时间相对最短。张家口、北京两个城市的平均加氢时长均不超过 20 分钟，较短的加氢时长将有助于燃料电池汽车在 2022 北京冬奥会上发挥重要作用。图 11 是不同城市加氢时长分布。

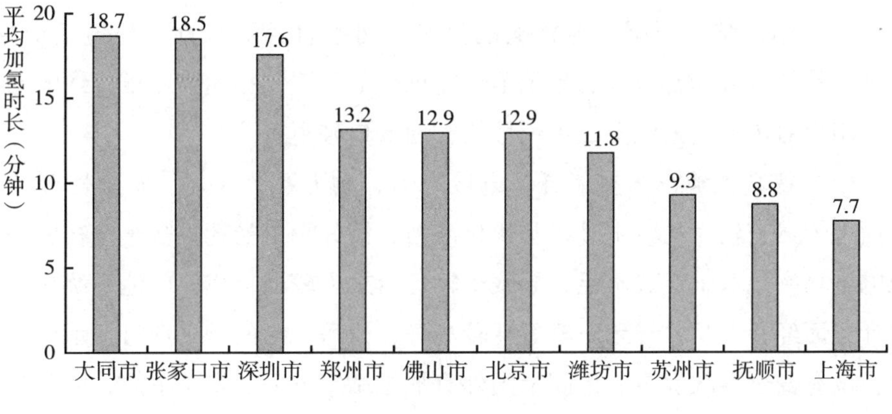

图 11　不同城市加氢时长分布

四　总结及展望

“典型区域多种燃料电池汽车示范运行研究”项目在京津冀地区、中原地区、长三角地区和珠三角地区四大区域开展了燃料电池汽车和加氢基础设施的示范运营工作，开展了对223辆燃料电池汽车的示范运营研究工作，截至2020年12月底，这些燃料电池汽车累计行驶1083.21万公里，平均单车行驶里程4.86万公里，示范运行状况良好，积累了较为丰富的示范运行相关经验。同时，通过对燃料电池汽车和加氢基础设施运维体系和应急处理方案的制定和执行，组建了具有运维和管理经验的运营班底，初步探索了燃料电池汽车和加氢站运营成本，为下一步开展示范运营奠定了良好基础。

（1）项目开展的多区域、多环境、多车型、多应用场景的示范，是迄今为止全球规模最大、应用场景最丰富、车型种类最多、运营范围最广的燃料电池汽车示范运营。跟踪开展示范研究的车辆总计223辆，其中，公交车51辆，厢式物流车81辆，团体客车60辆，邮政物流车28辆，轻型客车3辆，车辆总运行里程达到1083.21万公里。示范区域有京津冀地区的北京和张家口、长三角地区的上海和盐城、中原地区的郑州、珠三角地区的佛山，涵盖高温、高湿、高寒等多种复杂气候地区。

（2）示范结果证明，燃料电池汽车在可靠性、耐久性、环境适应性、安全性等技术方面都可以满足示范运行推广的需要，相比当年推广纯电动汽车，用户对燃料电池汽车在可用性等方面的口碑更好。

（3）燃料电池汽车在氢耗、电堆寿命、动力系统匹配、安全性等技术方面上依然有较大的技术升级和优化潜力，例如示范初期很多车企在燃料电池电堆功率选取上经验不足，导致车辆运营效率较低；燃料电池系统热管理设计方面经验不足，导致车辆氢耗较高等；值得一提的是，项目在示范过程中，没有安全事故发生，但同期国外有加氢站等方面的安全事故，因此安全性依然需要格外重视。

（4）氢源是当前限制燃料电池汽车发展的重要因素之一，有车但没氢，有氢但太贵等问题，使很多地区推广和发展氢能燃料电池汽车顾虑重重。因此，发展氢能尤其是可再生能源制氢，降低氢气成本，是下一步推广燃料电池汽车的一项重要工作。

（5）现阶段氢能燃料电池汽车与纯电动汽车、传统燃油汽车相比，由于处在产业发展初期阶段，无论在采购成本还是使用成本上，均不具有经济性，但随着技术和产业进步，长续驶大载量的燃料电池汽车全生命周期经济性将首先超过纯电动车和传统燃油车，且随着技术进步进一步提高经济性，并扩展到更多车型。

（6）氢能人才的欠缺是当前和未来较长时间内发展氢能燃料电池产业遇到的重要问题，由于氢能属于一个全新的产业，且对技术水平要求较高，国内外各级院校均未开设相关专业，也较难进行实践。因此，培养氢能产业人才将是未来发展氢能燃料电池产业的一项重要工作。

B.4
中国车用燃料电池技术及产业化进展

王桂芸　王晓涵　张秀丽*

摘　要： 本文围绕我国燃料电池基础材料及关键零部件、燃料电池系统的发展现状进行了分析。目前，我国车用燃料电池发展迅速，已逐步迈入商业化阶段，电堆、系统已基本实现国产化替代，但关键材料和核心零部件尚未形成大批量生产。后期仍需加大研发投入，加强燃料电池产业链上下游企业对接，强化相关配套设施建设以及需要政府的大力支持。

关键词： 车用燃料电池　关键零部件　燃料电池系统

我国提出将于2030年实现碳达峰、2060年实现碳中和，这为氢能产业的发展提供了机遇，而氢燃料电池技术是实现氢能利用的关键条件。近年来我国燃料电池汽车产业快速发展，国家和政府给予了大力扶持，各地企业积极响应布局。我国燃料电池产品自主化程度逐渐提高，创新型产品不断涌出，产品性能逐渐追赶国外先进技术，电堆和系统的应用也得到了验证。不过，在燃料电池关键技术和基础材料方面还尚未完全实现国产化生产。围绕我国车用燃料电池的基础材料和关键零部件、燃料电池系统的产业发展，本文对我国目前车用燃料电池的技术创新、国产化程度及产业化进展进行了分析。

---

* 王桂芸，博士，中汽数据有限公司氢能源研究室工程师，研究方向为车用氢能应用技术；王晓涵，中汽数据有限公司氢能源研究室助理工程师；张秀丽，中汽数据有限公司清洁能源研究室工程师。

一　车用燃料电池基础材料和关键零部件进展

2020 年 9 月，财政部等五部门发布《关于开展燃料电池汽车示范应用的通知》，示范内容主要包括技术创新和产业链建设、应用新技术的车辆推广及运行使用、有效商业模式探索和政策制度环境建设。在技术创新和产业链建设方面，对电堆、膜电极、双极板、质子交换膜、催化剂、碳纸、空气压缩机、氢气循环系统等基础材料和关键零部件提出了创新要求。目前，我国车用燃料电池的关键零部件如空压机、氢气循环泵、电堆、双极板已基本实现国产化替代。基础材料碳纸、质子交换膜、催化剂已具备自主化生产能力，但因为目前国内需求量小，企业生产主要依据客户需求定制，国产化进展较慢，实际应用中尚未实现大规模应用。

（一）燃料电池基础材料

1. 质子交换膜

目前，燃料电池质子交换膜的种类有全氟磺酸膜、部分氟化聚合物膜、新型非氟聚合物膜和复合质子交换膜，市场上应用较多的仍然是全氟磺酸膜。全氟磺酸膜的优点是机械强度高、化学性能稳定、质子传导电阻小和导电率较高，缺点是成本高、高温时质子传导性变差且膜容易发生化学降解。为克服全氟磺酸膜的缺点，研究开发了部分氟化聚合物膜、新型非氟聚合物膜和复合质子交换膜，但这三种膜仍然有各自的缺点，应用推广程度较小。我国质子交换膜的代表性生产企业是山东东岳未来氢能材料股份有限公司（简称“东岳”），具备全氟磺酸膜的规模化自主生产能力。目前，东岳已成为继美国戈尔、科慕两家外国企业之后市场占比最大的中国企业，东岳 DMR100 系列膜已经商业化，新一代膜已接近研发定型。

2. 催化剂

用于车用燃料电池的催化剂主要分为铂催化剂、低铂催化剂和无铂催化剂。铂储量低、价格昂贵，限制了燃料电池的商业化大规模应用。所以，低铂催化剂和无铂催化剂逐渐被开发，但铂催化剂仍然被认为是最好的催化剂，被广泛应用。目前，我国市场上主流的燃料电池催化剂 80% 以上仍然依赖进口，其中日本田中贵金属、英国庄信万丰、比利时优美科占据主导。不过，在国家政策和国内燃料电池相关企业积极推动下，国产催化剂正在不断崛起。国内代表性的催化剂企业主要有上海济平新能源科技有限公司（简称“济平新能源”）、中自环保科技股份有限公司和贵研铂业股份有限公司等。目前，济平新能源燃料电池催化剂主要有 20% Pt/C、50% Pt/C、60% Pt/C、50% PtCo/C 等多款产品，其中 50% Pt/C、60% Pt/C、20% Pt/C 已被广泛使用于宝武重卡、嘉善公交、广州黄埔区渣土车等。2020 年，济平新能源在广东佛山建设国内首条全自动化燃料电池催化剂生产线，产能 5kg/d，达到国外先进材料厂家的产能水平。中自环保科技股份有限公司已开发出拥有自主知识产权的 SEC 系列电催化剂，主要分为第一代 SEC100 铂碳催化剂，第二代 SEC200 具有核 - 壳结构的低铂催化剂，SEC100 系列电催化剂已形成小批规模化量产。

3. 气体扩散层

气体扩散层通常由导电性能良好的多孔材料构成，是燃料电池的核心部件。目前，国内气体扩散层的使用主要依靠进口，国际知名的气体扩散层企业主要有日本东丽、德国西格里和加拿大巴拉德。国内气体扩散层尚处于小规模生产，代表性企业有深圳市通用氢能科技有限公司、江苏天鸟高新技术股份有限公司、上海河森电气有限公司，产品供应主要依据客户需求进行定制。

虽然我国燃料电池基础材料目前尚未实现大批量生产，但基础材料性能基本已达到车用燃料电池要求。目前，国内企业多处于产品验证和下游客户评估期，主要解决基础材料的批次一致性和长期寿命问题，为燃料电池电堆和系统的成本降低和耐久性攻关提供物质基础。在国家政策的大力支持、地方政府的积极布局及上下游企业的紧密配合下，基础材料即将进入规模化供应和快速增长期。

（二）燃料电池电堆部件

1. 膜电极

膜电极主要由质子交换膜、催化剂和气体扩散层组成，是燃料电池发生电化学反应的场所。膜电极的性能、成本以及产业化能力在很大程度上直接决定了氢燃料电池的实际应用表现、成本以及应用推广。低 Pt 含量、高性能和长寿命的膜电极是推动氢燃料电池车发展的关键。此前国内膜电极市场被国际企业所占据，近年来随着以鸿基创能科技（广州）有限公司（简称"鸿基创能"）、苏州擎动动力科技有限公司（简称"擎动科技"）、武汉理工氢电科技有限公司等为代表的国内膜电极企业快速成长，极大地推动了国内燃料电池产业链的构建。目前，鸿基创能膜电极的年产能已经达到 250 万片，良品率 99.8%。鸿基创能的膜电极已经在国内多家产品上装车路试，单车运行公里数已经超过了 6 万公里。通过规模化效应，膜电极批量生产价格已经接近 800 元/千瓦。下一步，鸿基创能在保证产业化产品可靠性的同时，提高膜电极的功率密度及稳定性，在保证性能和寿命的前提下，在现有的低铂载量的基础上，进一步降低 20% 铂催化剂的载量。擎动科技已形成年产催化剂超百公斤和膜电极百万片的生产规模，已为国内外逾百家客户累计提供膜电极数十万片。擎动科技的膜电极已在多款工信部公告目录车型和超百辆商业化运营车辆上使用，累计运行里程超百万公里。

2. 双极板

双极板的类型主要有石墨、金属和复合双极板，负责隔离并输送燃料电池中阴阳极的气体。双极板基体材料需要有高强度、耐腐蚀、高导电率和高致密度等特点。当电堆年产量为 50 万台时，双极板成本占比为 28%，且双极板成本占比随着电堆年产量的增加逐渐增加。高性能的双极板能够延长燃料电池电堆寿命，并降低电堆的综合成本。目前，我国石墨双极板技术成熟，代表性企业广东国鸿氢能科技有限公司（简称"国鸿氢能"），具有年产 200 万片的石墨双极板生产线，主要产品包括 9SSL 电堆柔性石墨双极板和鸿芯电堆柔性石墨双极板。其中，9SSL 电堆柔性石墨双极板技术来源于加拿大巴拉德，累计产量为100万片，鸿芯电堆柔性石墨双极板属于自主开发产品，累计产量为10万片，两个品牌双极板的成本均小于100元/片。金属双极板导电和传热性能高，且加工成型更加简单。我国金属双极板的代表性企业上海治臻新能源装备有限公司（简称“上海治臻”）已具备金属双极板的自主化与国产化生产能力。2021年3月，上海治臻年产千万片级金属极板产线在常熟市投产，该项目一期达产后具备340万片年产能。

（三）燃料电池电堆及关键零部件

1. 电堆

电堆的性能与成本决定了燃料电池产业的发展，大功率、长寿命和低成本是燃料电池电堆的发展趋势。作为燃料电池系统中的核心组成部分，燃料电池电堆技术也在快速发展。目前，我国燃料电池电堆的额定功率与体积功率密度均快速上升，电堆寿命得到提高，并且电堆低温启动性能进一步提升。

为了满足系统集成的实际需要，我国燃料电池单电堆的额定功率实现了突破。捷氢科技、清能股份等企业都推出了额定功率超过100kW的燃料电池电堆产品。同时，燃料电池电堆的体积功率密度也在快速地上升。在石墨双极板燃料电池电堆方面，清能股份推出的VLSⅡPro品牌包括额定功率110kW、132kW和165kW的燃料电池电堆，其体积功率密度均为4.4kW/L；国鸿氢能自主开发的鸿芯GⅡ电堆，单堆功率大于80kW，体积功率密度4.0kW/L。在金属双极板燃料电池堆方面，新源动力、捷氢科技、骥翀氢能、国电投氢能也纷纷推出高体积功率密度的燃料电池电堆。

为了满足潜在客户在质保上的要求，各个主流燃料电池电堆企业均进一步提高了电堆的设计寿命。石墨双极板燃料电池电堆方面，国鸿氢能批量化生产的鸿芯GⅠ系列燃料电池电堆设计寿命超过20000小时。金属双极板方面，通过极板表面涂层技术突破及制造工艺的完善，实现了设计寿命上的突破，捷氢科技发布的PROME品牌M3X、P3X、P390燃料电池电堆，设计寿命均达到了10000小时。

随着燃料电池车的广泛使用，对燃料电池电堆的低温启动要求越来越高。目前，新源动力、骥翀氢能、捷氢科技、国鸿氢能、明天氢能、清极能源、国电投氢能、神力科技等主要电堆企业均推出了在 -30℃环境中低温启动燃料电池电堆，其中骥翀氢能的 MH170 燃料电池电堆在 -39℃中实现了无辅助冷启动；国鸿氢能通过优化设计等手段，克服石墨双极板热容较大等问题，在 -30℃低温中实现鸿芯 GⅠ系列燃料电池电堆无辅助冷启动。国电投氢能自主化开发和生产的车用水冷型燃料电池电堆氢腾 FC - ML80、FC - ML110 和 FC - ML150 均能实现 -30℃低温启动，技术指标达到国际先进水平。表 1 是国内代表性企业燃料电池电堆的相关技术指标。

表 1　国内代表性企业燃料电池电堆的相关技术指标

项目	VLS Ⅱ Pro - 165	PROME M3X	氢腾 FC - ML150	MH170
生产厂家	清能股份	捷氢科技	国电投氢能	骥翀氢能
额定功率(kW)	165	140	≥150	140
电堆寿命(h)	—	10000	≥10000	—
体积功率密度(kW/L)	4.4	3.7	≥3.8	4.6
双极板类型	石墨复合板	金属板	金属板	金属板
冷启动温度(℃)	—	-30	-30	-39

注：根据企业提供材料和网上公开资料整理。

2. 关键零部件

车用燃料电池系统关键零部件主要有空压机、加湿器、氢气循环泵、储氢瓶和储氢瓶瓶口阀、PRD 阀等。虽然，目前我国燃料电池系统辅助部件主要依赖进口，但是，国内越来越多的企业已经开始研发和生产燃料电池辅助部件，并取得了较大进展。

烟台东德实业有限公司（简称“东德实业”）生产的空压机和氢气循环泵国产化率可达 90%，除油封、轴承两个关键部件为进口外，其余全部国产化。东德实业生产的空压机主要有燃料电池汽车用罗茨式空压机、燃料电池叉车用螺杆空压机、燃料电池汽车用高速离心空压机和燃料电池分布式能源漩涡式空压机，氢气循环泵主要有燃料电池汽车用罗茨式氢气循环泵、燃料电池叉车用漩涡式氢气循环泵。截至 2021 年 4 月底，对市场上已运行使用东德实业空压机和氢气循环泵的40辆燃料电池车进行跟踪确认，累计行驶里程达178万公里。目前，东德实业空压机和氢气循环泵已应用于亿华通、捷氢科技、重塑科技、东方电气、潍柴动力、爱德曼、广东国鸿以及美国PlugPower，加拿大Ballard Power等总计60多家客户。预计到2024年东德实业氢气循环泵年产能可实现30000台/年，空压机25000台/年、加氢站隔膜压缩机200台/年。

长城未势能源科技有限公司已经实现“电堆及核心组件、燃料电池发动机及组件（控制器等）、Ⅳ型储氢瓶、高压储氢阀门、氢安全、液氢工艺”六大核心技术和产品的知识产权完全自主化。自主研发的首款70MPa车用高压瓶阀于2020年8月正式发布，瓶阀兼容35MPa、70MPa、Ⅲ型瓶、Ⅳ型瓶高压设计，额定工作压力为70MPa，最大允许工作压力为87.5MPa。储氢系统采用自有瓶阀与减压控制阀组，优化储氢系统阀门与管路结构，高度集成化，相对于传统离散零部件组装方式，减少泄露隐患超30%。

在储氢瓶方面，目前国内70MPa储氢瓶多数采用Ⅲ型瓶，而国外车载储氢瓶已普遍使用Ⅳ型瓶。2021年5月，沈阳斯林达安科新技术有限公司获得包含车用Ⅳ型储氢瓶的特种设备制造许可证，成为我国第一家获得Ⅳ型储氢瓶制造许可的工厂，我国车用储氢瓶也即将迈入Ⅳ型时代。

目前，电堆及其关键零部件已基本实现自主化和国产化生产，在国家和地方政府政策的支持下，电堆及零部件产业将大力带动燃料电池基础材料产业的发展，基础材料企业将逐步突破关键技术，实现大批量生产。国家示范城市群的推广更将大力促进燃料电池产业链建设，加快构建技术自主、创新能力强、配套设施完善的燃料电池汽车产业体系，促进燃料电池基础材料和零部件企业的快速成长与发展。

二　车用燃料电池系统进展

在产业链建设方面，2020年9月，财政部等五部门发布的《关于开展燃料电池汽车示范应用的通知》提出，要注重建立以整车或燃料电池系统企业为龙头，带动基础材料和关键零部件技术攻关的体系，加强产业链上下游企业对接，强强联合。目前，国家正在大力推进燃料电池汽车的发展，燃料电池系统集成技术发展迅速，自主化程度逐渐加大。

（一）燃料电池系统技术逐渐成熟

我国燃料电池系统技术逐渐成熟主要体现在以下三个方面。

（1）燃料电池系统额定输出功率明显提高，并不断往大功率方向突破。随着相关系统零部件逐渐成熟及客户对于大功率系统需求增加，亿华通、上海重塑、国鸿氢能、捷氢科技等国内主要的燃料电池系统供应商均推出了额定输出功率≥100kW 的燃料电池系统产品，最高输出功率超过 130kW，产品能够满足城际客车、49 吨重载卡车、31 吨自卸车、轨道交通等不同重载应用场景需求。潍柴动力股份有限公司推出 120kW 燃料电池系统，质量比功率在 560W/kg 以上，寿命超过 30000h，可实现 -30℃的快速低温启动。另外，根据工信部发布的《新能源汽车推广应用推荐车型目录》也可以发现类似的趋势，在 2020 年以前的1～8 批次中燃料电池系统额定功率集中在 40～60kW，其中仅有几款系统超过 80kW。而在 9～12 批次中，额定功率已提升在 60～90kW，同时超过 100～120kW 的产品也在明显增加。

（2）系统集成程度显著提升。为了提高燃料电池系统效率，降低系统的重量、体积及生产成本，增强产品竞争力，主要系统厂家的集成思路由早期的简单粗放式集成向高密度、一体化集成的方向转变，具体表现为：采用可进行能量回收的膨胀涡轮离心机替代早期的罗茨/双螺杆空压机及优化电堆水管理策略降低加湿要求等手段简化空气子系统；在氢气子系统中，使用具有成本低、易定制、低泄露及体积小等多个特点的引射器，与氢气循环泵联用或者进行直接替代，提高氢气子系统的效率和使用范围；将空气子系统、氢气子系统及控制系统等原本独立的部分，统一集成为一体的多合一控制器。得益于各个厂家在提高系统集成度方面的努力，国内 2020 年下半年发布的主要产品，体积比功率超过 400W/L，质量比功率均达到或超过了 500W/kg，最高转化效率可超过 60%。

（3）系统控制策略得到进一步优化。基于智能化燃料电池系统控制算法、闭环控制算法等控制策略，捷氢科技的 P3X 及新源动力的 HYSYS－100 等燃料电池系统产品可实现 30kW/s 的高动态响应。通过精准的关机吹扫策略与快速冷启动策略结合，亿华通、国鸿氢能、潍柴新能源等企业解决了关机残余水导致结冰的问题，解决了采用石墨双极板燃料电池电堆的燃料电池系统低温启动困难的问题，实现－30℃下无辅助冷启动，搭载在重载卡车中潍柴燃料电池系统更是在－34℃环境下，实现了一次冷启动成功。

（二）燃料电池系统自主化产品性能快速提升

2021 年，我国燃料电池系统企业快速改进自身产品性能，推出新一代更高性能的燃料电池系统。表 2 是 2021 年代表性企业推出的燃料电池系统相关技术指标。

2021 年 4 月，亿华通发布了 120kW、80kW 两款新一代高功率燃料电池发动机系列产品 G120 和 G80Pro。该系列产品攻克了高功率密度高稳定性电堆开发、智能水管理、系统抗氧化等技术难点，采用自主化高性能大功率单电堆与氢气再循环系统联合匹配设计，具备（－35℃）低温启动、（－40℃）低温储存，系统额定功率密度率达到 701W/kg。重塑科技在 2021 年 6 月推出镜星十二“＋”燃料电池系统，功率达到 130kW，设计寿命达到了 30000 小时。作为系列升级产品，在多项技术指标均有进一步提升，质量比功率达到 702W/kg。PROME P3X 为捷氢科技针对中重型卡车应用设计的大功率质子交换膜燃料电池系统，系统及电堆一级零部件均实现了 100% 国产化，其中电堆采用了捷氢科技自主研发的 PROME M3X。系统额定功率达到 117kW，质量比功率达到 631W/kg，耐久性达到 10000h，可实现－30℃下 30s 内快速启动，具有高集成度、易于商用车布置等优点，可应用于燃料电池中重型卡车及城际客车等领域。2021 年上半年，新源动力陆续推出 HYSYS－70、HYSYS－100 及 HYSYS－120 等三款系统产品，系统采用新源动力自主研发的燃料电池电堆，功率范围覆盖 70～120kW。低温性能良好，

均可以实现 -30℃启动。系统 BOP 均采用国产车规级部件，国产化率超过 99%，成本下降了 35%，寿命可达到 10000h。

表 2　2021 年代表性企业推出的燃料电池系统相关技术指标

产品型号	YHTG120	镜星十二 +	P3X	HYSYS - 120
生产厂家	亿华通	重塑科技	捷氢科技	新源动力
额定功率(kW)	120	130	117	115
系统功率密度(W/kg)	701	702	631	—
冷启动温度(℃)	-35	-30	-30	-30
设计寿命(h)	—	30000	10000	10000

注：根据企业提供材料和网上公开资料整理。

（三）燃料电池系统应用通过实际验证

亿华通、重塑科技、国电投氢能、国鸿氢能、未势能源、新源动力等重点企业均推出符合市场需求的产品，并在多种应用场景通过了实际使用验证。目前，我国燃料电池系统已经在客车、物流车、重卡和轿车等领域应用。

亿华通系统产品覆盖 8.5 ~ 12 米公交车及团体客车、4.5 ~ 9 吨城市物流车，12 ~ 18 吨环卫车、4.5 吨冷藏车、31 吨自卸车、49 吨牵引车，可满足公交、通勤、旅游、城建渣土运输、砂石骨料运输、工业原材料及工业制成品运输等多场景应用需求。截至 2021 年 6 月底，根据工信部发布的《道路机动车辆生产企业及产品》，全国已上公告的燃料电池车型（不含底盘）共 341 款，配置亿华通产品的车型有 62 款，占比 18%。截至 2021 年 6 月，搭载亿华通燃料电池发动机的燃料电池汽车在北京、上海、苏州、张家口、郑州、成都、马鞍山、淄博、乌海、珠海等地实现了商业化运营，商业化运营规模超过 1500 辆，车辆经历了南方高温、北方极寒、张家口多风、高海拔等实际运行环境的考验，累计安全运营里程超过 3900 万公里，单车最大运营里程超过 18 万公里。此外，面向 2022 年北京 - 张家口冬奥会，亿华通承担了“科技冬奥”重点专项中“氢能出行”关键技术研发和应用示范项目，2021 年 2 月搭载亿华通燃料电池发动机的汽车通过“相约北京”冬季体育系列测试赛（2022 年北京冬奥会测试赛）测试，充分验证了燃料电池汽车服务北京冬奥会的可靠性、可行性。

国家电投在 2020 年提供了 40 台“氢腾”产品用于博鳌亚洲论坛接驳大巴、宁波慈溪公交；2021 年提供 10 台“氢腾”燃料电池产品客车服务论坛年会。2021 ~ 2022 年，国电投氢能公司计划陆续完成 85kW、120kW、150kW 燃料电池系统产品开发及产品验证，计划到 2021 年底，在宁波、长春、北京、济南等地推广应用数百个燃料电池产品，用于燃料电池公交车、环卫车、牵引车、矿卡、机车等领域。

国鸿氢能推出了基于鸿芯 GⅠ系列燃料电池电堆的鸿途 G 系列燃料电池系统。该系统产品拥有系统平台架构设计技术、电堆湿度精确管理技术、快速变载压力精确控制技术、基于不同应用环境启停控制技术等。鸿途系列系统目前已经应用到包括 4.5 吨城市物流车、31 吨自卸车及 49 吨重载牵引车等多个车型中。其中搭载鸿途 G110 系统的飞驰 49 吨重载卡车，续航里程超过 400 公里。国鸿氢能目前已有超过 10 辆 49 吨重载卡车在河北、广东等地进行正式商业运营。

三　固体氧化物燃料电池产业进展

固体氧化物燃料电池（SOFC）可以使用各种碳氢燃料，如甲烷、乙醇、丙烷等，从而降低了燃料的净化提纯成本，且 SOFC 具有模块化结构，可被用于便携式电源、分布式热电联供系统、高性能动力电源和大型发电站。发达国家普遍把 SOFC 作为一种战略储备技术，已经将 SOFC 技术从研究单位引入工业界。根据 *The Fuel Cell Industry Review 2020* 统计，2020 年 SOFC 出货量 2.47 万台，总功率 147.5MW，仅次于 PEMFC（出货量 5.36 万台，总功率 1029.7MW）。

我国 SOFC 技术起步较晚，技术相对落后，目前处于示范运行阶段，还未能达到商业化水平。因为 SOFC 研发难度大且前期投入较高，目前国内只有少数企业涉足SOFC领域。代表性企业有潮州三环（集团）股份有限公司、苏州华清京昆新能源科技有限公司（简称“华清新能源”）、宁波索福人能源技术有限公司（简称“索福人”）、武汉华科福赛新能源有限责任公司等，具备材料－单电池－电堆－系统的全产业链生产能力。

华清新能源的产品包括SOFC核心元件和关键材料、SOFC发电系统、燃料电池测试系统及相关服务等，可以定制发电功率为50W、100W、300W、1000W、2.5kW和5kW的发电系统，发电效率达50%。2019年7月，华清新能源正式投产国内第一条固体氧化物燃料电池生产线，具备全产业链自主知识产权。索福人的产品包括粉末、电池、电堆到系统的整个SOFC产品链，能够提供千瓦级SOFC发电与测试系统、千瓦级SOFC热电联供系统。2021年1月，索福人25kW SOFC系统顺利开车升温发电，发电功率达到30.3kW，发电效率60.8%，燃料利用率为79.8%，达到原计划设计要求。2018年5月，潍柴动力收购了英国Ceres Power 20%股权，并在中国潍坊成立合资公司，开始展开在SOFC领域的全面合作。合资公司使用Ceres Power独有的SteelCell™技术，产销燃料电池系统、电堆和电池片，应用于客车、卡车和特定发电市场。另外，双方将联合开发以CNG为燃料的30kW SteelCell™燃料电池，应用于电动客车增程系统。

在汽车领域方面，日本曾于2016年推出首款由SOFC驱动的原型车，采用乙醇作原料。近年来，以SOFC为动力的燃料电池汽车产业化进展较慢，SOFC仍然主要被用于热电联供系统和大型发电站，如日本政府支持的家用燃料电池热电联供系统项目（Ene－Farm），美国Bloom Energy主要推出大型发电装置。

四　车用燃料电池发展展望

燃料电池将助力交通运输行业实现绿色低碳发展，是我国实现双碳目标的有效途径。目前，我国车用燃料电池发展迅速，已逐步迈入商业化阶段，电堆、系统已基本实现国产化替代，但关键材料和核心零部件尚未形成大批量生产。我国车用燃料电池产业发展还需要考虑以下四个方面。

第一，加大研发投入，加快燃料电池关键材料和核心零部件的国产化。降低燃料电池成本，提高国内零部件企业自身竞争力的主要途径是掌握核心技术。国内科研机构和企业应加大研发力度，加强关键材料和核心零部件的基础研究与产业化应用的结合，攻克“卡脖子”技术。

第二，加强燃料电池产业链上下游企业对接，实现强强联合。鼓励膜电极、电堆企业与基础材料企业开展协同开发，积极开展国产基础材料的测试验证。整车和燃料电池系统企业结合终端实际应用向上游企业及时反馈产品使用意见，督促上游企业进一步改善和优化产品性能，形成产业链上下游各环节企业高效协作，共同开发的合作关系，共同推进车用燃料电池技术进步。

第三，强化储氢、运氢、加氢等配套设施建设，提升产业综合实力。氢气的储运和加氢站的建设是保障燃料电池汽车商业化发展的基础条件。各地区可结合自身发展需求和当地资源禀赋优势，因地制宜选择制氢方式，适当超前布局加氢基础设施，为燃料电池汽车应用提供便捷、经济、稳定的氢能补给环境。

第四，完善产业政策，保障燃料电池产业稳步发展。政府需要给予燃料电池产业大力扶持，出台补贴政策鼓励自主开发创新性、低成本、长寿命的燃料电池，激励企业突破燃料电池核心技术，使燃料电池的关键材料和核心零部件快速实现国产化。积极开展氢燃料电池汽车示范应用，对车辆和加氢站运营给予政策支持，组织氢安全和燃料电池汽车技术等展示活动，提升公众的认可度和接受程度。

B.5
固态储氢技术进展及产业链应用

郭秀梅　武媛方　蒋利军*

摘　要： 氢气的安全高密度储运被认为是制约氢能大规模应用的瓶颈，固态储氢技术具有储氢压力低、体积储氢密度高等特点，是较为理想的储运氢方式。本文围绕氢气固态储运技术，分析了其技术进展和应用现状。结果表明，虽然金属氢化物储氢重量储氢密度偏低、示范阶段成本偏高，但在规模氢储能、氢气安全运输、商用车/工程车等方面具有较强的适用性，且从全产业链条和规模效应考虑，其成本优势将逐渐凸显。新型高容量储氢材料研发进展飞速，未来有望实现在高效运氢、燃料电池乘用车/重卡等方面推广应用。

关键词： 氢气储运　固态储氢　储氢材料　固态储氢系统

20 世纪六七十年代，国内外就开展了储氢材料的研制及其应用研究，储氢材料在氢气提纯、压缩、氢同位素分离、化学热泵和催化反应等方面先后实现了示范应用，但未能形成较大的产业。20 世纪 90 年代开始，Ni - MH 电池在全球范围内迅速实现商业化，市场对储氢材料的需求量逐渐增大。随着全球电动汽车的快速发展，Ni - MH 动力电池的使用量急剧增加，进一步

* 郭秀梅，博士，有研科技集团有限公司正高级工程师，主要从事储氢材料与技术研究；武媛方，有研科技集团有限公司高级工程师，主要从事新型储氢材料开发；蒋利军，正高级工程师，有研科技集团有限公司首席专家，中国可再生能源学会副理事长，中国可再生能源学会氢能专委会主任委员。

推动储氢材料商业化的扩大。

进入21世纪以来，氢能源的利用得到快速发展，由于氢可储存、易输运，是一种清洁的能源载体，可被高效转换利用，将可能成为与电一样重要的二次能源，引发由电力网络向氢-电能源共享网络的变革，促进一次能源结构的转变，带来第三次产业革命，从而改善人类的生存环境，实现社会经济的可持续发展。当前国际态势表明，氢能源的利用正在快速发展，促进了可再生能源的大规模利用，加速了氢能及燃料电池产业的发展。储氢是氢能源利用的关键一环，以固态储氢材料为介质的固态储氢技术以其体积储氢密度高、占地面积小、储氢压力低、安全性好的优势，被全球公认为是储氢技术的重要解决方案之一。为提高重量储氢密度和体积储氢密度，储氢材料和技术正朝着轻质、复合和多种方式混合的方向发展。

一 固态储氢材料开发进展

固态储氢材料是指在一定温度和氢气压力下，利用材料对氢气的物理吸附或化学反应等作用，可逆地吸收、储存和释放大量氢气的合金、化合物、多孔材料等，以金属氢化物、配位氢化物、碳材料等为典型代表。

（一）金属氢化物储氢材料

金属氢化物储氢材料储氢压力低于5MPa，并具有比液氢更高的体积储氢密度，如氢化镁体积储氢密度可达110g/L，是目前发展较为成熟的固态储氢材料体系。根据合金组成及结构特征，金属氢化物储氢材料主要分为AB_5、AB_2、AB、钒基BCC固溶体、镁基合金以及由AB_5发展出来的A_2B_7、AB_3系合金等。AB_5型储氢合金是研发最早的储氢合金体系，在镍氢电池领域已实现大规模商用，国内厦门钨业、北京浩运金能等产能已超3000吨/年，近年来稀土系储氢材料在气固相储存方面也受到重视，尤其在燃料电池工程车氢源、固定式氢气储存方面显示出较强的适用性。AB型储氢合金以TiFe系材料为代表，其重量储氢密度可达1.86wt%，且该体系合金资源丰富价格低廉，较为适合大规模储氢应用，日本、德国已将该材料应用到热电联供和潜艇。TiMn2 系储氢合金是 AB_2 型合金的典型代表，其重量储氢密度可达 2. 0wt%，较 AB_5 型储氢合金提高近 30%，且具有更低的成本，国内有研集团已具备年产千吨级生产能力，并在燃料电池大巴车、物流车等氢源上示范应用，该体系材料作为发展较为成熟的储氢材料之一是现阶段推广应用的重点。

移动式燃料电池的发展对储氢系统提出了更高的重量储氢密度要求，为了提高金属氢化物储氢材料的重量储氢密度，近年来，国内外研究热点主要集中在钒基固溶体系（最大储氢量 3. 7wt%）和镁基储氢材料（最大储氢量 7. 6wt%）上，重点解决其在吸放氢循环、成本及吸放氢温度等方面存在的问题。例如，日本东北大学、美国劳伦斯伯克利国家实验室，以及国内的浙江大学、华南理工大学、复旦大学、四川大学、有研集团、上海交通大学等单位均具有较为领先的水平，正在推进相关场景的应用示范。

（二）配位氢化物储氢材料

配位氢化物储氢材料相比金属氢化物具有更高的理论储氢量，主要包括配位型铝氢化物、硼氢化物和金属氨基化物，被认为是最有希望满足 DOE 车载储氢材料能量密度要求的一类固态储氢材料，近年来，国内外均开展了大量基础研究工作。从实用角度来看，配位氢化物储氢材料仍存在放氢温度高、可逆性差、放氢副产物多、材料成本高等各类问题，现阶段距离应用仍有较大差距。

（三）物理吸附储氢材料

物理吸附储氢依靠氢分子和多孔材料之间的物理吸附实现可逆储放氢，与化学储氢相比其结合力更弱。目前主要以活性炭、碳纳米管、金属有机框架、沸石等为典型代表，该类材料储氢量随着材料比表面积的增大而增加，但普遍需要在较低温度（如液氮温度）下才能具备较高的储氢量，其应用也受到一定制约。

（四）其他新型储氢材料

近年来，以 B、N、C 等轻质元素及其复合体系为主要组成的新型轻质储氢材料得到广泛关注，以少层六方 BN 和 MXenes 等二维材料为主要代表，其理论可逆储氢容量可在 5 ~ 10wt%。据报道，国内北京航空航天大学已开发出室温可逆储氢量高达 8.8wt% 的不完全刻蚀的 MXenes 材料，引起了国内外氢能领域的极大关注。目前该类材料仍停留在实验室阶段，缺乏系统的材料合成、储氢性能及其机理研究。

二　固态储氢装置进展

以储氢材料为介质的固态储氢系统被认为是极具应用前景的储氢技术，迄今为止，趋于成熟且具有实用价值的储氢材料主要有稀土系 AB_5 型、Ti - Fe 系 AB 型、Ti - Mn 系 AB_2 型、Ti - V 系固溶体型和镁系储氢材料等。为加速氢能源产业化进程，美、日、德、中、英、俄、挪威等国内外机构对固态储氢材料与应用技术开展了大量研究，根据不同的应用需要，开发出基于多种储氢材料的金属氢化物储氢装置（见表 1）。

表 1　国内外研制的各种金属氢化物储氢装置一览

制造单位	特征类型	储氢（Nm^3）	储氢材料与用量	备注
日本大阪工业技术试验所（阳光计划资助）	内部水换热设隔离壁型	16	$MmNi_{4.5}Mn_{0.5}$ 106kg	Φ250mm × 750mm，放氢温度 80℃ 氢压 0.8MPa
日本化学技术研究所	内部水换热	240	$MmNi_5$ 系合金 1200kg	放氢温度 80℃ 高压型 5MPa，Φ350mm 中低压型 1 ~ 2MPa，Φ500mm
日本川崎重工业研究所	内部水换热	175	Ln - Ni - Al 合金 1000kg	放氢氢压 0.7MPa
日本岩谷产业公司	大气换热	70	Mm - Ni - Fe 480kg	铝合金列管 16 根，常温吸放，氢压 0.2MPa，流量 $7m^3/h$
日本共同氧气公司	车用	11.3	$MmNi_{4.5}Mn_{0.5}$ 70kg	放氢温度 80℃

续表

制造单位	特征类型	储氢(Nm^3)	储氢材料与用量	备注
美国布鲁克海文国家研究室	内部水换热	70	TiFe 400kg	单体,Φ300mm
	内部水换热	260	$TiFe_{0.9}Mn_{0.1}$ 1700kg	单体,Φ660mm
日本大阪氢工业研究所	大气换热	134.4	TiFeMn 系、Ti－M 系 672kg	多管式
日本新日本制铁研究所	内部水换热	68	$Ti_{0.95}FeMm_{0.08}$ 400kg	Φ381mm×1955mm, 放氢 851,氢压 3MPa
美国比林格斯公司	车用	141.6	TiFe 1002kg	用于 19 人中型面包邮政车
德国 HDW 造船厂	潜艇 内部水换热	1400	TiFe 7000kg	Φ850mm×6000mm
美国 Ovonic 公司	内部水换热	112	AB_2	模块化结构
有研科技集团有限公司	大气换热	0.5	$Ti_{1.2}FeMm_{0.04}$ 2.37kg	便携式,常温吸放, 铝基轻质肋片强化换热
		0.7	TiZrMnCrVFe 2.95kg	便携式,常温吸放, 铝基轻质肋片强化换热
		0.015	TiZrMnCrVFe 0.11kg	单体,便携式
	外部水换热	10	TiZrMnCrVFe 50kg	单体
		40	TiZrMnCrVFe 200kg	模块化结构
		120	TiZrMnCrVFe 600kg	模块化结构
	内部水换热	12	MmNiCo 76kg	单体
浙江大学	内部水换热	48	(MmCaCu) $(NiAl)_5$ 306kg	固定式
	大气换热	20	$(MlCa)Ni_5$ 合金 112kg	列管式, 车用移动式
		0.5	$Ti_{1.2}FeMm_{0.04}$ 2.37kg	单体

续表

制造单位	特征类型	储氢(Nm^3)	储氢材料与用量	备注
上海微系统与信息技术研究所	内部水换热	8	$TiFe_{0.86}Mn_{0.1}$ 50kg	单体
亚太燃料电池公司	燃料电池电动车大气换热	0.6	TiFe	单体
汉氢科技股份有限公司	模块式大气换热	2.4	AB_5	模块化结构
美国联合技术研究中心;萨凡纳河国家实验室	内部换热	1.5	$NaAIH_4$	8个内换热管,80个铝换热翅片

（一）国外固态储氢技术研究进展

固态储氢技术在国际上已有较为长时间的应用，日本丰田公司于1996年首次将金属氢化物储氢装置用于质子交换膜燃料电池电动车，该装置储氢量为2kg，使用了100kg TiMn系储氢合金，单次充氢可行驶250km。2001年初丰田公司成功开发新型燃料电池汽车“FCHV—3”，其所使用的储氢方式也是储氢合金金属储氢，行驶里程300km，最高车速150km/h。

日本东芝公司开发了稀土系合金的低压储氢装置 H_2OneTM，储氢容量1000Nm^3，体积储氢密度约为38kgH_2/m^3，与62kW光伏和54kW燃料电池集成后，实现了24h不间断的热电联供。

2012年，德国McPhy公司将氢化镁应用于固定式储氢领域，开发了镁基储氢材料McStore储氢系统，储氢量为100kg，在意大利的INGRID示范项目中用于电力调节，并在德国、中国和北美地区实现销售。

日本BiocokeLab公司、ECO_2公司及ZEROONEZERO于2014年启动可储藏、输运氢气的氢化镁（MgH_2）的“镁氢业务”，目前产能在3000kg/年。

（二）我国固态储氢技术研究进展

在我国固态储氢方面，已研制出不同储氢容量的固态储氢系统，材料

体系涉及 AB_5 型稀土系储氢合金、AB_2 型 Ti - Mn 系储氢合金、AB 型Ti - Fe 系储氢合金和镁基储氢合金等。储氢容量从几升到上千立方米，涉及氢的储存、运输和燃料电池应用各个环节，如便携式、分布式发电、固定式储氢、高效运氢和车载储氢等不同领域。台湾开发出了用于燃料电池电动自行车的 AB_5 型储氢合金储氢罐，每个储氢罐重 4.5kg，储氢量 45g，每个储氢罐可使燃料电池电动自行车行驶 35km。其储氢罐采用快速更换方式设计，燃料补充时间仅 2min，时间远短于普通的电动自行车的充电时间。有研工程技术研究院有限公司针对燃料电池备用电源用氢需求，开发出储氢量 40Nm^3 的固态储氢系统，与 5kW 燃料电池系统成功耦合为通信基站供电，电堆持续运行超 16h，为固态储氢技术在通信基站备用电源领域的应用奠定了良好的技术基础。针对氢气的规模化储存，开发出 500Nm^3、1000Nm^3 金属氢化物储氢系统，储氢压力低于 4MPa，具有储氢压力低、成本低等优点，可用于现场大规模制氢和安全储氢的应用。

在运氢技术方面，上海氢储公司基于高容量镁基储氢材料开发出运氢量达 1200kg/车的运氢车，该运氢系统可实现氢气的常温常压运输，其设计压力为 1.6MPa，充氢压力在 0.1 ~ 0.5MPa，大幅提高了运氢效率和安全性。

在车载应用方面，有研工程技术研究院有限公司开发出燃料电池车用固态车载储氢系统，该系统采用模块化设计方式，单个储氢模块储氢容量 8kg，储氢压力 4MPa，并可实现与燃料电池系统的热耦合设计，完全满足燃料电池汽车的动态响应要求，并已实现在燃料电池物流车和公交车上的成功应用。

（三）固态储氢技术应用

目前，我国在固态储氢技术方面总体与国际保持同步，在部分储氢材料与技术的研发和产业化方面甚至具有一定的优势。但示范应用较世界先进国家如法国、德国等还是落后，我国目前尚处于小规模示范实验阶段。表 2 为国内外固态储氢示范项目。

表 2　国内外固态储氢示范项目

项目名称	国家	储氢方式
普利亚地区 INGRID 项目	意大利	储氢容量 1T 的固态储氢系统,镁基储氢材料
福西纳氢能发电站	意大利	镁基储氢材料(1500g 储 90g 氢)
柏林勃兰登堡机场碳平衡加氢站	德国	金属氢化物储氢罐,100kg 材料
长崎豪斯登堡主体工艺的佐世保市酒店的 H_2One 氢储能系统; 川崎马林公共设施及 Higashi - Ogishima - Naka 公园	日本	合金储氢罐,罐容积 $35m^3$,储存压力 0.8MPa
辽宁兴城低压合金储氢系统公交车示范	中国 辽宁兴城	钛锰基储氢材料,有效储氢容量 17kg,充氢压力≤5MPa
风电制氢 - 固态储氢装置规模储能示范项目	中国 北京怀柔	稀土系储氢材料、镁基储氢材料,储氢容量 $500Nm^3$

德国 HDW 造船厂将固态储氢装置应用到燃料电池 AIP 潜艇上，以质子交换膜燃料电池为辅助动力的 U212 型潜艇于 1988 年试航，其供氢系统为金属氢化物储氢罐，储氢材料为 TiFe 储氢合金，储氢量在 2700 ~ 3000kg，金属氢化物储氢罐列于其压力舱外部。U212 型潜艇共搭载 24 个储氢罐，储氢罐以环绕方式布置在后段耐压气瓶外部两侧，储氢罐直径为 490mm，长 5.3m，重约 4.2t，可储存 63kg 左右的氢气。

美国、南非将固态储氢系统应用到燃料电池叉车、铲车等工程车上，相较于高压储氢具有压力低、加氢便捷、安全性好，体积小、连续工作时间长的优点。

在氢燃料电池分布式发电技术方面，日本东芝公司开发出商用化的热电联供产品 H_2One，将富余的可再生能源电力通过电解制氢储存在以金属氢化物为储氢介质的固态储氢系统 H_2OneTM 中，再通过燃料电池实现热电联供，实现可自持的电力和热能供给。目前 H_2One 已形成了多种产品形式，正在进行商业化推广。

中国台湾在 2000 年推出第一部燃料电池试验机车，其燃料的供应采用两个 AB_5 型储氢合金储氢罐，可实现 70km 的行驶里程。目前，燃料电池电动自行车已实现规模示范运行，行驶总里程超过 120000km。

2019 年，有研集团联合佳华利道、佛山飞驰等企业开发出首套基于固态储氢的燃料电池大巴车，并配套建立了低压加氢站，该固态储氢装置额定储氢容量 15kg，以 5.0MPa 氢压，1.5kg/min 速率加氢，15 ~ 20min 即可加满，截至 2021 年 6 月底，该燃料电池客车已实况运行超过 20000km。2020 年，有研集团及其合作伙伴又开发出了基于低压合金储氢的氢燃料电池物流车和叉车，燃料电池物流车额定储氢量为 8.4kg，实际运行数据表明，该车在全程冷藏厢温度保持 5℃，行驶 220km，氢气剩余仍有 27%，完全可满足市内生鲜配送日均 160 ~ 180km 的需求。

固态储氢应用的另一种方式是高压复合储氢，该技术结合了高密度固态和高压气态的优势，使得储氢系统兼具较高的重量储氢密度和体积储氢密度，并具有静态增压功能，可替代高压加氢站压缩机，大幅降低加氢站建站成本。有研集团先后研制出 45MPa、90MPa 固态高压混合储氢系统并在加氢站示范应用，其储氢容量相较同规格高压储氢提高 50%，可满足 35MPa 和 70MPa 加氢站的应用要求。

三　小结

传统储氢合金体积储氢密度高，安全性好，但重量储氢密度仍偏低，适用于氢气的高密度高安全储存和供给、燃料电池商用车、特种车辆以及加氢站的氢气储存和加注。开发轻质、高容量的固态储氢材料，降低材料使用温度，并实现材料的批量化生产是实现固态储氢技术在氢气储运领域广泛应用的重要保障。

B.6

液氢在氢能燃料电池汽车领域中的应用及建议

卜玉　高婉丽*

摘　要：示范带动是我国氢能发展的重要特征。在“双碳”目标下，燃料电池重载商用车以清洁环保、比能量高的优势迅速发展，成为行业新热点。液氢以高储氢密度的优势顺应了燃料电池商用车辆长行驶里程的应用需求，成为氢能燃料电池汽车领域的发展方向之一。

关键词：液氢　燃料电池汽车　重载

一　氢能燃料电池汽车的技术应用现状

燃料电池系统在汽车领域的应用开始于20世纪末，以通用、戴姆勒和丰田等为代表的各大汽车公司开始了燃料电池汽车的研发，2005年以前为系统应用验证阶段，2005～2015年为系统性能提升阶段，2015年之后开始进入商业化推广阶段。与日韩燃料电池汽车推广重点放在乘用车领域不同，我国把燃料电池城市客车、物流车和重卡等商用车作为现阶段及今后一段时间燃料电池汽车推广应用的重点领域。

2020年10月，国务院办公厅印发《新能源汽车产业发展规划（2021—

* 卜玉，高级工程师，北京航天试验技术研究所；高婉丽，研究员，北京航天试验技术研究所，运载试验技术事业部研发中心主任。

2035 年)》指出，要以纯电动汽车、插电混动汽车、燃料电池汽车为三纵，布局整车技术创新链，与 2012～2020 年规划相比，更加重视氢燃料电池汽车的发展。并且指出将重点攻克重载长途燃料电池商用车动力系统平台技术等关键基础技术以及高能量密度车载储氢技术等关键核心技术，加快提升氢燃料电池技术成熟度，形成规模产业化的基础和能力。各大主机厂围绕积分算法和补贴政策掀起了示范引领下不同车型成本分析的热潮，达成了国家“以奖代补”政策偏向于推动中远途中重型商用车的共识。在企业布局方面，仅 2021 年上半年，共计 12 款氢能重卡产品发布，氢能重卡成为行业新热点。

二　国内液氢技术发展现状

液氢是一种无色、无味的高能液体燃料，外观似水，在常温下总处于沸腾状态。在一个大气压下，液氢的饱和温度约为 20K，饱和密度约为 70.8kg/m^3。在常温常压下，液态氢气的密度比气态氢气的密度高 865 倍。氢气由于汽车化潜热低，液化难度较大，仅次于氦气。但氢气液化得到的液氢贮存方便、储氢密度大、单位质量热值高。液氢属于高能低温燃料，与氧进行燃烧时性能很高，是所有已知燃料中密度最低的。由于其温度很低，可以作为良好的再生冷却剂。液氢主要理化性质如表 1 所示。

表 1　液氢主要理化性质

项目	数据	项目	数据
分子量	2.016	临界压力/MPa	1.3
冰点(℃)	−259.18	表面张力	2.25×10^{-3}
沸点(℃)	−252.78	汽化热/(J/mol)(−253℃)	9×10^{2}
液体密度(g/cm^3)(−253℃)	0.07077	密度比(−253℃液/27℃气)	865/1

续表

项目	数据	项目	数据
黏度(Pa·s)(−253℃)	0.014×10^{-3}	扩散系数/(cm^2/s)	0.63
蒸汽压(MPa)(−253℃)	0.101	正仲氢转化热/(J/mol)	9.04×10^2
蒸汽密度(g/cm^3)(−253℃)	0.00133(比0℃空气重1.02倍)	比热容/[J/(kg·K)]	2.386×10^3
临界密度(g/cm^3)	0.03142	临界温度/℃	−239.92

液氢的规模使用与火箭发动机的研制有关。液氢和液氧推进剂组合，由于比冲高、排气清洁、应用日益广泛。尤其是应用在运载火箭的二级主发动机和上面级发动机。液氢和液氧双组元推进剂已成功应用于多种运载火箭中，包括美国的土星−5运载火箭上装载90t液氢作为上面两级的燃料，欧洲空间局的阿里安系列以及日本的H_2系列，我国也在长征系列运载火箭中使用了液氢和液氧双组元推进剂。

前期，由于我国液氢相关标准、法规的缺失，液氢目前在国内仅应用于航天领域，在民用领域的应用处于空白。2020年，超过10个液氢项目和政策落地，液氢逐渐进入公众视野并快速发展。2021年，全国液氢产业进行快车道，9月9日，航天101所研制的我国首套自主知识产权氢液化系统调试成功，为我国氢能产业氢的规模化储、运提供技术和装备基础。

在标准方面快速布局，目前国内正抓紧解决产业经验不足、政策法规不完善、行业标准缺位等问题，加快推进液氢产业的发展。2021年4月，国家市场监督管理总局、国家标准化管理委员会批准发布了GB/T 40045《氢能汽车用燃料液氢》、GB/T 40061《液氢生产系统技术规范》、GB/T 40060《液氢贮存和运输安全技术要求》，该三项标准由全国氢能标准化技术委员会归口上报及执行，于2021年11月1日正式实施。液氢相关的国内标准如表2所示。

表 2　液氢相关的国内标准

序号	标准号	标准名称	备注
1	GB/T 40045 - 2021	《氢能汽车用燃料　液氢》	液氢品质
2	GB/T 40061 - 2021	《液氢生产系统技术规范》	液氢生产
3	GB/T 40060 - 2021	《液氢贮存和运输安全技术要求》	液氢储运
4	GB 50156 - 2021	《汽车加油加气氢站技术标准》	增加液氢相关内容
5	GB 50516 - 2021	《加氢站技术规范》	
6	GB/T 30719 - 2014	《液氢车辆燃料加注系统连接口》	液氢储运
7	GJB 71A - 2019	《液体火箭发动机用液氢规范》	液氢品质
8	GJB 5405 - 2005	《液氢安全应用准则》	液氢使用
9	GJB 2645 - 96	《液氢贮存运输要求》	液氢储运
10	GJB 1474. 3 - 92	《航天发射场推进剂使用规则液氢》	液氢品质
11	GJB 7763. 1 - 2013	《航天发射场低温推进剂加注系统设计规范第 1 部分:液氢》	液氢品质
12	QJ 3271 - 2006	《氢氧发动机试验用液氢生产安全规范》	液氢生产
13	QJ 3028 - 98	《液氢加注车通用规范》	液氢储运

三　液氢在氢能重卡领域的技术应用现状

液氢是一种高能液体燃料，其作为汽车燃料具有广阔的前景。与传统燃料相比，液氢具有体积小、热值高、供应足、排放低、更洁净等优点，从储氢密度上来说具有绝对的优势，同时便于运输。液氢一次充装行驶里程更长，在同等条件下，液氢车续驶里程约为 35MPa 高压氢气的 3 倍，可达到 800 ~ 1000km，非常适合长途输送。燃料电池重卡的应用需求通常超过 800km 的续航里程，需要超过 50kg 的车载储氢量。单个 1000 ~ 1350L 的液氢瓶是可以实现的，也具有较高的成本优势。突破以液氢为氢源的燃料电池动力系统集成技术，在重卡领域进行产业化，形成高技术产品，在技术上具有可行性。

纵观国际发展，液氢技术在燃料电池汽车领域的探索和尝试从未停止。从 1966 年世界上第一辆燃料电池车 GM Electro VAN，到 1999 年奔驰 NECAR4 实现液氢上车的尝试，到 2021 年戴姆勒 GenH_2液氢重卡完成初期试车场试验，几十年来燃料电池车的结构已经发生了较大的变化，随着燃料电池技术的进步，动力系统更加简洁，液氢储供系统更加优化。GenH_2采用液氢的存储方式，可在整车重量 40t 的情况下最大续航里程超过 1000km。同时，车辆的液氢瓶布置如同柴油车一样，布置在车辆的底盘两侧，以获得最大的燃料容积。

欧洲、美国、日本分别对车载液氢供气系统进行过不同程度的研究，开发了数十款液氢动力汽车，涵盖乘用车和商用车，如表 3 所示。

表 3　部分采用液氢供气系统的车型情况

序号	车载液氢系统	技术参数
1	GM 车载液氢瓶"Hydrogen"	直径 400mm，长度 1000mm，携氢量 5.4kg，箱压 0.5MPa，系统总重 85kg，氢系统储氢密度 6.35%
2	EIHP:First European LH2 vehicle storage tank	携氢量 12kg，平均日蒸发率不大于 3%，维持时间 3 天不排放
3	Liquid hydrogen storage module for BMW	携氢量 8kg，箱压 0.5MPa，系统总重 100kg，氢系统储氢密度 8%，漏热 1.5 ~ 3W
4	Air liquid: "the light weight aluminium LHSS"	携氢量 66kg，重量储氢密度 15%

国内方面，技术路线牵引，液氢重卡迎来发展新机遇。我国正在加大液氢在载具应用的关键技术攻关。2019 年，科技部 2019 年国家重点研发计划设置了 5.5 项目《车载液体储供氢技术》，拟解决航天液氢供应技术在交通领域应用的关键技术。2020 年，《节能与新能源汽车技术路线图 2.0》中燃料电池商用车及车载储氢系统技术路线图指出：2030 ~ 2035 年，掌握液氢温区的复合材料技术，实现液氢温区瓶口阀国产化。2021 年，国家层面启动了"氢能动力运输装备创新应用发展战略"专项论证，项目设置五项课题，由工程院六名院士牵头从总体战略、氢动力重型车辆、氢动力船舶创新、氢动力飞机、氢动力车载氢能储供技术开展深入论证。聚焦 49t 牵引车型，相同的整车可用空间和重量限制，相同的大功率燃料电池用氢需求，80kg 液氢系统和 70MPa 高压氢系统围绕体积/重量储氢密度指标、成本分析、基础设施配套要求、本质安全、性能提升空间等方面迎来了正面对决。目前，以福田、长城、东风商用车为代表的重型卡车生产厂家和以清华大学、航天 101 所、国

富氢能、长春致远新能源为代表的液氢技术和装备研发机构，已经开始车载液氢系统及液氢重卡的研制。图 1 是车载液氢储供技术路线。

	2020年	2025年	2030~2035年
总体目标	续驶里程400km 燃料经济性<6.0kg/100km（以12m公交车为例） 冷启动温度-20℃ 燃料电池系统寿命>10000h 整车寿命20万km 整车成本<150万元	续驶里程500km 燃料经济性<5.5kg/100km（以12m公交车为例） 冷启动温度-30℃ 燃料电池系统寿命>15000h 整车寿命40万km 整车成本<100万元	续驶里程>800km 燃料经济性<10kg/100km（以49t重型货车为例） 冷启动温度-40℃ 燃料电池系统寿命>30000h 整车寿命100万km 整车成本<50万元
车载氢系统	高安全、高可靠、低成本35MPa Ⅲ型储氢瓶应用	高安全、低成本70MPa Ⅲ/Ⅳ型高压储氢瓶应用	深冷高压、液氢等高效车载储氢技术

（a）燃料电池商用车技术路线

	2020年	2025年	2030~2035年
总体目标	具备Ⅲ型瓶批量生产能力 保有量超过4万支 储氢压力35/70MPa 质量储氢密度4.0% 体积储氢密度20g/L 系统成本6000元/kg（储氢能力）	具备Ⅲ/Ⅳ型瓶批量生产能力 保有量超过40万支 储氢压力35/70MPa 质量储氢密度5.5% 体积储氢密度35g/L 系统成本2000~4000元/kg（储氢能力）	Ⅳ型瓶批量生产 保有量超过400万支 储氢压力35/70MPa 质量储氢密度6.5% 体积储氢密度65g/L 系统成本<2000元/kg（储氢能力）
关键技术/零部件	碳纤维材料技术	Ⅳ型瓶内胆材料和瓶口密封技术	液氢温区的复合材料技术
	瓶口阀和调压阀	瓶口组合阀	液氢温区瓶口阀

（b）车载储氢系统技术路线

项目名称	必要性	实施目标	主要研究内容	预期成果	组织模式
高质量密度液氢储氢技术	伴随未来重载长距离运载工具的发展，高压气氢已经无法满足续驶里程需求，发展液氢技术是推动燃料电池商用车技术发展的关键	发展大容量液氢车载储氢系统，加注系统与综合能量管理系统，满足液氢燃料电池汽车发展需求	大容量液氢储氢罐，液氢瓶口阀，冷热氢电系统架构与综合能量管理技术，液氢加注装备	突破10%~30%高能量密度储氢技术，将商用车续驶里程提高至1000km以上	A 国家主导 B 行业联合 C 企业领跑

（c）应用技术—车载储氢系统技术

图 1　车载液氢储供技术路线

资料来源：《节能与新能源汽车技术路线图 2.0》

液氢在车辆上的应用，气瓶性能是核心因素之一。液氢气瓶的结构性能和绝热性能和小型液氢及液氦容器近似。液氢、液氦的沸点很低，汽化潜热也很小，因此，贮运这类液体必须具有优异的绝热性能。表 4 列举了国内外小型液氢/液氦容器性能指标。受限于应用规模的约束，研制进展相对缓慢。

表 4　国内外一些小型液氢/液氦容器性能

容器类型	结构特点	容积(L)	外形尺寸(mm)		空瓶重量(kg)	日蒸发率(%)
			外径	高度		
液氢容器	液氮屏	100	635	1450	208	0.5～0.65
	气体屏-单屏	40	500	770	22	5
	气体屏-多屏	50	525	1100	63	3.5
	气体屏-多屏	150	635	1245	84	1.5
	真空绝热	3500	2000	3450	8265	2.1
液氦容器	气体屏-多屏	25	463	950	56	4
	气体屏-单屏	50	525	1100	63	1.6～2.7
	气体屏-多屏	50	490	1310	63	2.5
	气体屏-单屏	100	508	1422	90	1.2～1.7
	气体屏-多屏	100	508	1570	100	1.0～1.5
	真空绝热	1500	—	—	—	3.0

四　液氢储供技术在氢能燃料电池汽车领域应用难点及建议

（一）工艺优化和关键设备制造面临挑战

不同于航天发射液氢大流量瞬时供应和单次使用的特点，液氢作为汽车和船舶的燃料，对于气瓶绝热性能的要求更高，同时液氢汽化产生两相流动，是影响加注速度和增加排放损失的关键。结合前期研制基础，掌握和验证了液态储氢汽化供氢的技术可行性，但在增压技术、绝热技术、取冷技术、轻量化技术等方面与国外先进技术存在差距，液氢瓶、阀箱、复合汽化器等关键零部件性能尚需提升。

（二）在经济性上具有可行性，但需要全产业链协同降成本

经济性是液氢产业持续发展的基础，随着液氢技术的成熟和大规模应用、瓶颈技术的突破、规模效益的提高，液氢在产业链的经济性将凸显，未来在制氢、储运氢、燃料电池汽车各环节成本潜力较大。

成本下降是汽车类产品竞争力的体现，重卡行业对于成本敏感性高，主机厂能够接受的氢系统成本不超过整车成本的1/4。液氢技术应用在燃料电池汽车领域，需要将液氢价格、产品成套价格、运营成本大幅降低。单瓶的80kg液氢储供系统量产后成本预期达到1500元/kg。

（三）技术方面持续创新

随着我国航天工业的发展，液氢储罐制造技术取得了一定的成绩，研制出各类大、中、小型液氢储罐，并在大量工业实践基础上成功应用。对比国外技术，我国现有液氢储罐生产技术可以保障液氢储存，但重量过重，在今后的研究过程中应进一步提高绝热效果，采用新材料、复合材料成型技术，将储罐的体积和重量大大减小。除了液氢瓶被动绝热的方法，像主动制冷等存储方式都是具有发展前景的液氢存储方式。适合汽车应用场景的小型化轻量化是发展重点。

（四）完整体系及试验方法的建立

液氢气瓶在汽车上应用，需要开展大量的安全研究与测试工作，内容包括路谱随机振动、真空失效、火烧、跌落等，目前国内尚未建立相应的试验方法和评价准则。我国在汽车用液氢储供安全性和管理技术方面较为薄弱，相关产品化及标准法规方面几乎空白。形成一套完整、成熟、确保安全的液氢运输、储存、汽化和使用技术，以及一套有关运输、储存和使用的规范和法规，将为我国液氢重卡的健康发展奠定基础。

B.7

中国氢气生产和利用现状与展望

杨 铮 刘思明 韩红梅 王 敏 田桂丽*

摘 要：我国氢气生产和利用主要集中在化工和冶金行业，作为工业原料的氢气产能约4050万吨/年，氢气产量约3250万吨/年。作为“燃料”用途的氢能用量较小。在化工领域，煤炭、天然气和工业副产是氢气的主要来源，合成氨、甲醇、现代煤化工、焦炭和兰炭副产氢制化学品是氢气的主要下游消费。预计未来直接还原铁、燃料电池汽车、燃料电池船舶、燃料电池发电、天然气掺氢燃烧领域将成为用氢新的增长点。

关键词：氢资源 工业氢 氢气制取 氢气消费

一 概述

人类对于氢的利用已有很长历史，氢气在工业经济中广泛用于化工、冶金、交通等诸多领域。作为可持续发展的清洁、高效的二次能源，氢气同时具有工业原料和能源产品双重属性。当用作工业原料时，氢气主要应用于化工、医药、钢铁、有色、建材、电子等行业；当作为能源产品时，氢气将以替代石油、天然气等化石能源为最终目标，主要应用于交通运输、航空航

* 杨铮，石油和化学工业规划院新能源发展研究中心副主任，主要研究领域为能源化工、氢能源等方向；刘思明，石油和化学工业规划院能源化工处副处长，新能源发展研究中心主任，高级工程师，主要研究领域为化工、新能源规划；韩红梅、王敏、田桂丽，石油和化学工业规划院。

天、民用燃料、储能等领域。

目前全球氢气的生产和利用集中在以化工等行业为主的工业领域，以“原料”利用为主、“燃料”利用为辅。随着可再生能源制氢、氢燃料电池汽车、氢能分布式能源、天然气掺氢燃烧等方面的应用，工业原料的绿氢替代以及化工燃料的氢能替代，未来绿氢和氢能（氢的能源利用）产业发展潜力巨大。

在全球气候变暖压力和温室气体减排大背景下，氢气作为实现“脱碳”的重要能源载体，成为全球各国关注的焦点，欧美日韩等发达国家纷纷制定氢能路线图，加快推进氢能产业技术研发和产业化布局。

发展绿氢和氢能产业对我国应对环境挑战、推动能源革命、保障能源安全等具有重大战略意义，将成为我国实现“碳达峰、碳中和”的重要手段。我国氢能产业格局已经初步形成，燃料电池汽车“十城千辆”示范工作也在稳步推进，绿氢制取、氢气储运、车用氢能、船用氢能、分布式发电、无人机氢能等领域未来具有广阔的发展空间和良好的发展前景，随着应用场景的扩展，将迎来加速发展阶段。

二　氢气生产工艺现状

（一）工艺技术

我国现有氢气产能主要集中在化工行业中，作为中间原料生产化工产品。氢气生产原料广泛，既有天然气、炼厂干气等轻烃原料，也有独具中国特色的煤炭、焦炉气、甲醇等。不同的原料首先进行初级转化，再根据要求进行变换和净化处理，再用于下游产品合成。从化工氢到燃料电池氢，还需要将氢气进一步纯化、去除微量杂质，以满足燃料电池用氢的质量标准要求，相当于开拓了化工氢的新利用方向。图 1 是氢气制备路径，表 1 是中国氢能制备和利用领域的适应性。

电解水制氢是成熟的工业制氢方法，生产装置为水电解槽，通电后将水分解成氢气和氧气，简单纯化后可以得到纯度很高的氢气。目前应用最多的是碱性电解水制氢技术，但存在能耗大和成本较高的问题。我国电解水产能和生产量都很少，适用于小规模用氢需求和特定要求领域，如可再生能源制氢示范装置和有补贴的燃料电池汽车加氢站等。

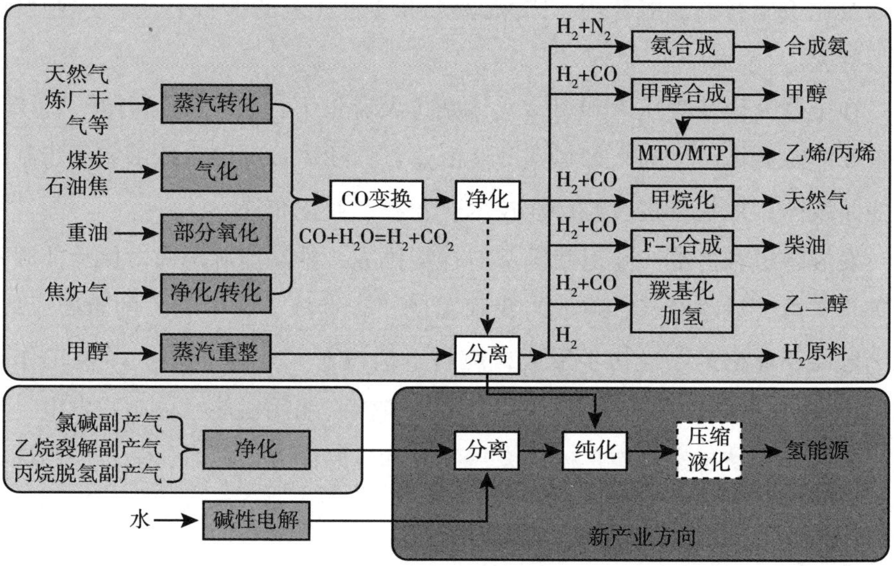

图1　氢气制备路径

表1　中国氢能制备和利用领域的适应性

制氢方法	中国氢能利用领域的适应性
天然气制氢	天然气资源丰富地区大规模集中制氢 控煤地区大规模集中制氢或小规模分散制氢 经济发达地区现场制氢
煤制氢	煤炭资源丰富地区 非控煤地区 大规模集中制氢
石油类产品(LPG/石油焦/重油/渣油等)制氢	炼厂周边
甲醇制氢	控煤地区 天然气供应紧缺地区 中等规模集中制氢、小规模现场制氢
焦炉气制氢	焦化厂周边

续表

制氢方法	中国氢能利用领域的适应性
冶金高炉气制氢	钢铁厂周边
丙烷脱氢/乙烷裂解制氢	丙烷/乙烷加工厂周边
生物质直接气化制氢	生物质丰富且易收集地区 中等规模集中制氢
电解水制氢	可再生能源丰富地区 控煤地区 人口密集区 分布式能源制氢

（二）技术成熟度

我国化工产业制氢关键技术主要是原料转化、变换、净化、分离，均有先进、成熟、可靠的自主技术，整体技术和装备能够实现国产化，并且已经大量用于煤化工、焦化和炼油等领域。从化工原料氢气到氢能的纯化技术和装备还处于起步阶段，有待进一步开发和加强。图 2 是化工产业制氢关键技术。

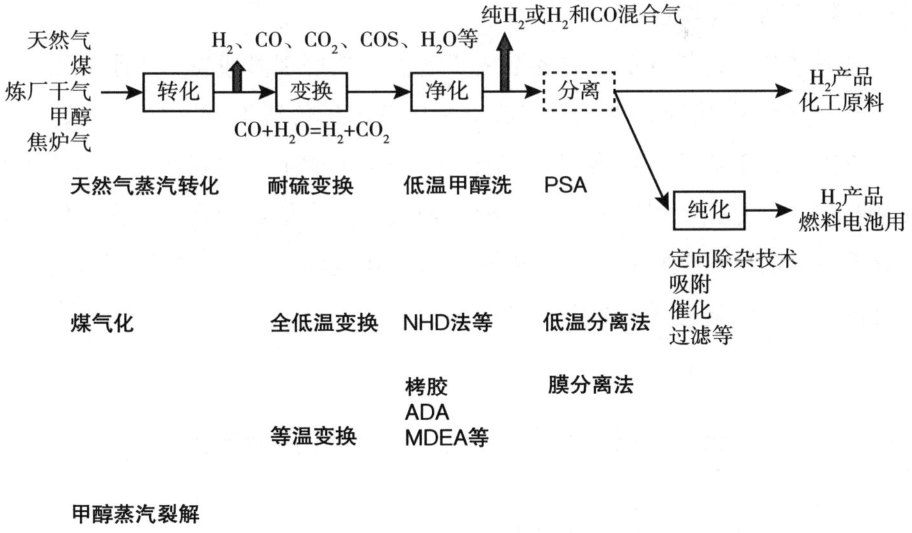

图 2　化工产业制氢关键技术

电解水制氢方面，碱性电解水技术成熟度最高、商业化应用最多，我国已经基本实现完全自主，成本较低，出口竞争力强。质子交换膜电解水技术更适合用在可再生能源制氢和电力调峰储能领域，目前国内刚开始推广应用，技术水平和国外还有一定差距，投资较高。固体氧化物电解水技术在国内还处于实验室阶段。

（三）氢气生产成本

工业氢气的价格与生产氢气主要原材料价格水平、生产规模、生产过程消耗以及项目投资等均有直接关系。按照我国典型的制氢技术水平，在保证基准收益的前提下，加上 2～3 元/kg 的氢气纯化除杂费用，计算得到我国工业高纯氢的价格如下：煤制氢对应的原煤价格为 300～800 元/t，氢气价格为 10～15 元/kg；天然气制氢对应天然气价格为 1～2 元/Nm^3，氢气价格为 15～20 元/kg；甲醇制氢对应的甲醇价格为 2000～3000 元/t，氢气价格为 15～18 元/kg；副产焦炉气制氢价格一般不高于 12 元/kg，烧碱副产氢等价格一般不高于 18 元/kg。

电解水制氢的氢气成本主要取决于电价。按照现阶段技术水平，当电价为 0.1～0.65 元/度时，考虑一定收益后氢气出厂价格为 14～46 元/kg。

总体上，工业氢气价格相对较低，以满足工业生产大宗基础产品的成本控制要求。工业副产气制氢的生产成本最低，其次是煤制氢，再次是甲醇制氢或天然气制氢。电解水制氢价格随电价变化波动较大，如果按照目前正常的电价计算，明显高于以化石燃料制氢价格。

三　中国工业氢气生产和利用情况

（一）化工行业氢气生产现状

我国化工行业采用传统方法制氢，主要是化石燃料改质制氢和工业副产气净化分离提纯制氢。根据石油和化学工业规划院统计，2019 年氢气产能约4050万吨/年，氢气产量约3250万吨/年。

从氢气的生产原料构成看，我国氢源以煤为主，产能占比59%；其次是高温焦化和中低温焦化（兰炭、半焦）副产煤气中的氢，产能占比20%；再次是天然气制氢和炼厂干气制氢，产能占比16%；其余是甲醇制氢、烧碱电解副产氢等，产能占比5%。氢气制备来源构成情况（见图3）。

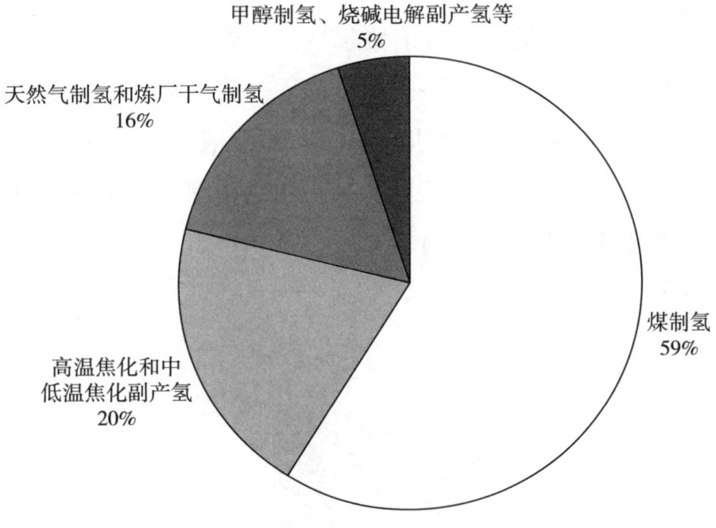

图3　氢气制备来源构成情况

从生产形式来看，大部分氢气来源都是传统煤化工和现代煤化工配套的原料氢气发生装置，以煤、天然气或焦炉气为原料制取合成氨、甲醇，或煤（甲醇）制烯烃、煤制油、煤制天然气、煤制乙二醇等，氢气作为生产过程的中间原料而存在。独立的制氢装置主要存在于炼油、煤焦油加工等生产过程中，炼油厂主要采用煤制氢、天然气（或炼厂干气）制氢或甲醇制氢来提供油品加工和化学品生产用氢气原料，煤焦油加工厂的氢来源一般为焦炉煤气经提纯和转化而来。部分综合型化工厂有独立采用变压吸附（PSA）制氢装置，以工厂副产的煤气、尾气、干气或外购的合成气为原料，提纯后作为生产下游化学品的原料氢气。

（二）化工行业氢气利用现状

我国现有氢气利用产能主要存在于化工产业，分布于氮肥、甲醇、现代煤化工（煤制油、煤制天然气、煤制烯烃、煤制乙二醇）、炼油、焦炭、兰炭等子行业，氢气主要作为中间原料进行使用。

根据石油和化学工业规划院统计数据，按各行业产品产能统计，生产合成氨的中间原料氢气为最大下游消费领域，产能占比31%；生产甲醇（包括煤经甲醇制烯烃）的中间原料氢气为第二大下游消费领域，产能占比28%；现代煤化工范畴内的煤间接液化、煤直接液化、煤制天然气、煤制乙二醇的中间原料氢气产能占比10%；炼厂用氢规模占比11%；焦炭和兰炭副产氢综合利用规模（不包括制合成氨、甲醇）占比15%。氢气下游需求情况（见图4）。

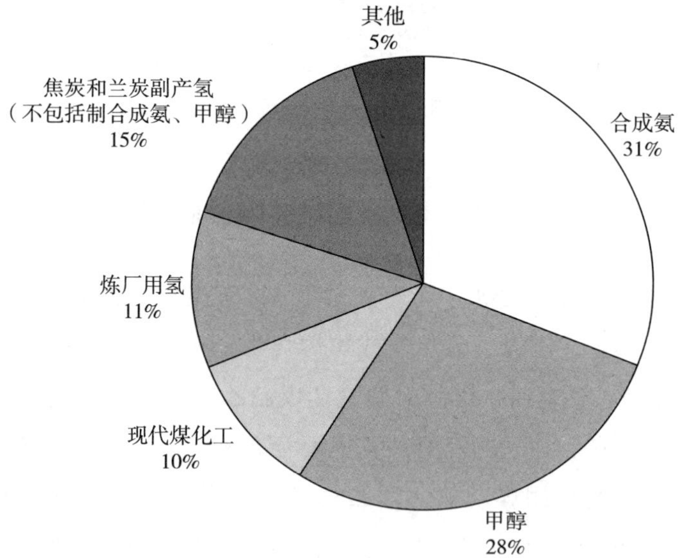

图4　氢气下游需求情况

我国副产氢主要包括焦炭副产焦炉煤气、兰炭副产荒煤气、烧碱副产氢气、丙烷脱氢和轻烃裂解副产尾气，以及合成氨和甲醇合成装置的尾气回收提取的氢气。焦炉煤气和荒煤气的生产企业，很多会配套合成氨、甲醇和LNG合成装置来利用其中的氢气和一氧化碳；烧碱电解过程副产的大量氢气，一般会配套氯化氢生产装置，用于下游聚氯乙烯生产，这部分氢气占氯碱副产的80%左右；除去焦化、兰炭和烧碱配套的氢气利用装置，还有占我国氢气总量16%左右的副产氢没有专门进行利用，一般外卖给双氧水、己内酰胺、精细化工、医药化工等企业作为生产原料，剩余无法利用的氢气和尾气则进入燃料系统用于供热或者发电，未来这部分未充分利用的副产氢非常适合供应高精尖的精细化工以及燃料电池用氢。

（三）钢铁行业氢气生产利用现状

在钢铁工业中，副产的焦炉煤气含氢占比在55%～60%，高炉煤气含氢占比在1%～4%，转炉煤气含氢占比在0.2%～0.3%，另外利用COREX技术（熔融还原法）在生产铁水过程中产生的煤气含氢占比在10%～30%。上述焦炉煤气的含氢量已与焦化合并统计。根据石油和化学工业规划院统计数据，目前我国钢铁行业每年生产约1400万吨的含氢副产品，其中高炉炼铁使用约为900万吨/年，电炉炼铁消耗约为400万吨/年。

（四）车用氢能生产利用现状

现阶段我国氢能利用以车用氢能为主，处于初期示范阶段。截至2020年底，我国燃料电池车保有量达到7355辆，仅次于韩国和美国，车型以公交大巴车、轻卡、物流车为主；已建成加氢站118座，其中已投入运营的共计101座，单站加注能力一般为500千克/日和1000千克/日，最大加氢站加注能力达到2000千克/日。

根据氢燃料电池汽车和加氢站实际运营情况，初步估计我国车用氢能用量不足1万吨。车用氢能的供应方式呈现多样化，为保证氢气质量要求，大多来自电解水制氢，以高压氢气的方式运送至加氢站。部分加氢站依托化工氢气，就近由管道运至加氢站，例如中石化上海加氢站、兖矿济宁综合能源补给站。

（五）氢气区域分布情况

根据石油和化学工业规划院统计数据，我国氢气产能分布见图 5。西北地区产能最大，占 26%；其次是华北地区，占 25%；再次是华东地区，占 23%；中南地区、西南地区、东北地区的产能占比分别为 12%、8%、6%。

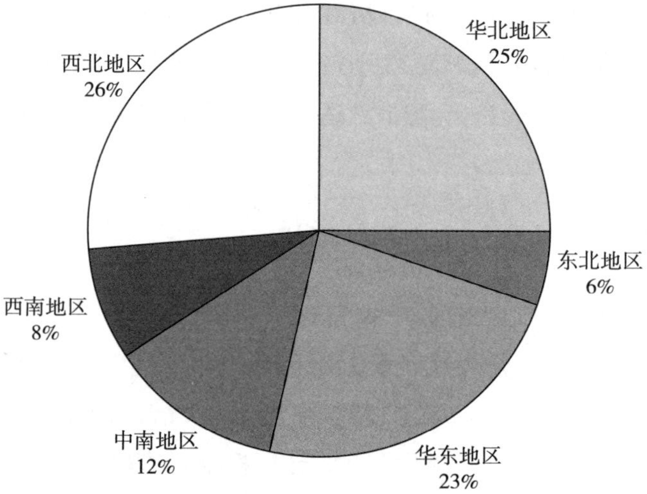

图 5　氢气区域分布情况

（六）主要涉氢企业

合成氨、甲醇是化工行业氢气最大的两个消费领域，一般以煤炭、天然气或焦炉气制取氢气，氢气作为主要中间原料进行生产和转化，涉氢龙头企业有山东华鲁恒升集团、安徽昊源化工集团、鲁西化工集团、河南心连心化工集团、山东瑞星化工、开封晋开化工、湖北三宁化工、中国石油宁夏石化、内蒙古荣信化工、神华煤制油新疆煤化工等。

现代煤化工生产企业也消耗大量氢气作为中间生产原料，以煤炭、天然气或焦炉气为主要原料。煤经甲醇制烯烃涉氢企业主要有神华宁夏煤业集团、宁夏宝丰能源集团、中天合创能源、神华包头煤化工、中煤榆林能化、蒲城清洁能化、中安联合煤化、陕西延长中煤榆林能源化工、延长石油延安能化等。

大型炼油厂会建设煤制氢装置，部分沿海的中小型炼油厂则会建设甲醇制氢装置，为油品加工和化学品生产提供氢气原料。配套煤制氢的炼油厂有浙江石化、恒力石化、中海油惠州炼化、中石化茂名石化等。配套甲醇制氢的炼油厂有山东寿光鲁清石化有限公司、山东金诚石化集团有限公司等。

电解水制氢的应用比较少，宝丰能源“国家级太阳能电解水制氢综合示范项目”作为化工生产和燃料电池用氢，作为国家风电基地和潜力氢能示范城市的张家口有张家口海珀尔、河北建投燕山（沽源）风能、河北建投崇礼新天风能 3 个可再生能源的电解水制氢示范项目。

四　中国氢气生产和利用情况展望

（一）蓝氢将成为氢能初期推广的主要氢源

我国氢能和燃料电池产业在国家政策支持、各地政府推广和龙头企业布局的共同作用下发展迅速，未来车用氢能和热电联产氢能等领域将成为我国能源革命和氢能发展的重要支撑点。在氢能发展初期，应优先利用焦化、氯碱、丙烷脱氢等工业副产氢（蓝氢）作为氢源，副产氢具有低成本和供应充足的优势，适宜氢能发展初期快速培育市场，成为在完成绿氢替代前的重要过渡手段。同时，通过工业副产氢、CCUS 技术、高效氢储运技术，对现有的部分高能耗化工和钢铁企业进行改造，助力传统行业转型升级，实现一定规模的节能降碳效果。

（二）绿氢将在工业领域展开示范应用

化工工业和钢铁工业未来仍将是氢气最大的应用领域，作为高能耗和碳排放大户，通过绿氢促进工业脱碳意义重大。随着我国光伏发电和风力发电成本不断下降，西北“绿电”价格已经低于 0.2 元/kWh，初步具备提供“工业绿氢”的经济性。未来以绿氢作为工业合成原料或者替代部分现有灰氢和蓝氢，发展潜力巨大。

在化工领域，西北地区率先开展“绿氢＋煤化工”耦合供氢，宁夏宝丰能源已经开始进行示范，未来成本降低后可直接以绿氢为原料生产合成氨和甲醇等化学品，大连化物所正在宁夏开展“液体阳光”即绿醇的中试工作。在钢铁领域，未来以绿氢为原料直接还原铁也具有发展前景。

（三）化工领域用氢仍将持续稳步增长

化工行业是与国民经济密切相关的基础性行业，其产品需求随全社会国民经济发展而发展。预计未来10年我国化工行业产品总需求仍将保持3%～5%的速度稳步增长，对氢气的需求也将逐步增长，尤其是甲醇化工和甲醇燃料关于中间原料氢气的用量仍将保持快速增长，预计到2030年，我国化工用氢需求量将增长到3800万吨/年。

（四）钢铁领域将创造新的用氢增长点

在钢铁领域，以氢气或者煤气为原料直接还原铁，可以得到适合电炉炼钢的海绵铁，产品质量好、工艺排放少，国外应用较多，国内宝武集团、河钢集团都在积极开展氢冶金的前期工作。未来在双碳目标的指导下，氢直接还原铁将实现从无到有的突破，预计到2030年我国炼铁领域用氢需求量将达到200万～300万吨/年。

（五）车用和船用领域示范小幅促进氢能增长

目前我国氢燃料电池汽车应用市场处于定点示范推广阶段，国家正在开展“十城千辆”推广计划。根据《节能与新能源汽车技术路线图2.0》预测，到2030年我国氢车保有量有望达到40万，预计届时我国车用氢能消耗量将达到70万吨/年。

国际海事组织在2020年实施新的法规，强制将船舶硫氧化物排放量从3.5%降到0.5%，并且提出减排目标，为船舶市场采用燃料电池改造和替代带来新的市场机遇。考虑到其他替代燃料的竞争性，预计到2030年燃料电池动力机动船改造率不超过2%，则船用氢能消耗量在10万～15万吨/年。

（六）氢能发电和天然气掺氢燃烧领域潜力大

在欧美日韩等国家的氢能发展路线图中，燃料电池固定发电领域是未来消耗氢能最多的领域。我国氢能在发电领域的政策支持力度和实际推广进度均不及车用领域，根据《能源技术革命创新行动计划（2016—2030年）》，计划到2030年开始大规模推广应用。预计到2030年，我国氢能发电装机容量在6万~20万kW，氢能消耗量在2万~7万吨/年。未来随着氢能和燃料电池成本的下降，氢在固定发电领域的应用前景十分广阔，有望在2030年以后迎来爆发式增长。

天然气掺氢燃烧在欧洲等多个地区已经开展示范工作，我国相关研究和试验很少，只有2019年国家电投集团在辽宁省朝阳市的燕山湖发电公司的朝阳可再生能源掺氢示范项目中进行了示范。未来随着氢能的发展和相关标准的完善，各省份都将进行示范和推广工作，但进展不会太快，预计到2030年氢能消耗量只有约4万吨/年。由于我国天然气消费体量大，未来在天然气中添加氢气燃烧发展空间巨大，将和氢能发电一起成为氢能的主要下游消费领域。

B.8

中国加氢基础设施建设与运营发展现状

刘光辉　孟子厚*

摘　要：　随着氢能产业快速发展，我国加氢站建设稳步推进。进入2021年，各地方政府和央企在氢能产业的布局也不断加快，山东省“氢进万家”示范工程正式启动，中石化提出了“十四五”期间建设1000座加氢站的雄伟目标。加氢站作为氢能产业发展的重要基础设施，已经成为推动氢燃料电池汽车大规模推广应用的关键。

关键词：　加氢站　油氢合建站　建设成本　运营模式

加氢站作为氢能源产业发展的重要基础设施，加快推进加氢基础设施建设对促进氢燃料电池汽车的推广与应用具有积极作用。自 2019 年我国提出“推进充电、加氢等设施建设”以来，各地氢能等相关规划陆续出台，氢能产业快速发展。随着氢能与燃料电池汽车产业快速发展，进入 2021 年，地方政府和央企在氢能产业的布局不断加快，加氢基础设施建设快速推进。

一　我国加氢基础设施建设整体情况

加氢站建设数量快速增加。截至 2021 年 6 月底，国内累计建成加氢站

* 刘光辉，中汽数据有限公司氢能源研究室工程师；孟子厚，中汽数据有限公司氢能源研究室工程师。

124座，加氢站网络覆盖全国20个省市，其中广东、江苏、上海、山东等省份建成加氢站数量占全国加氢站总数的一半以上。宁夏、海南、湖南、重庆多个省份实现加氢基础设施“零”突破。2021年5月，宁夏首座商用加氢站——宁东化工园区的宝廷加氢站正式投运。宝廷加氢站同时也是西北地区首座集充装与加氢于一体的氢气子母站。该站具备2500标方/小时为鱼雷管束车充装的能力，同时每天可为50辆氢燃料电池重卡车加注氢气，日加注量达到500kg。2021年4月，中国石化琼海博鳌银丰加氢站开业仪式举行，标志着海南省首座商用加氢站正式运营，琼海博鳌银丰加氢站采用撬装模式，配备了卸氢、增压、加氢、氮气等系统，以及氢气管束车停车位等配套设施，日供氢能力达500kg。为2021年博鳌亚洲论坛年会期间进行展示和示范运行的氢燃料电池客车提供氢能保障。

国内加氢站建站规模不断突破。2021年5月，全球规模最大的加氢站北京大兴国际氢能示范区加氢示范站开始试运营，该站单日氢气加注量可达4.8吨，共有8台加氢机、16把加氢枪，可同时为16台燃料电池汽车提供加注服务，日服务车辆可达600辆。随着钢铁企业双碳目标的推进，泰钢集团正式投运了山东省内首个加氢母站。该加氢母站是当前山东省规模最大、功能最全的加氢站，12小时加注能力达1200kg，充装能力945kg，远期供氢能力可提升至1.9万吨/年。

加氢站建设运营主体不断丰富。中石化、中石油等传统能源服务商，东方锅炉、派瑞华氢等加氢设备提供商，华润燃气、佛燃集团、淄博华本燃气等城市燃气企业以及泰山钢铁等企业纷纷投资建设加氢基础设施。2021年5月，江苏省首座加气加氢合建站——无锡华润燃气堰裕路加气加氢站正式投运。该加气加氢站由无锡华润燃气有限公司投建，总投资3500万元，占地3924m^2，建筑面积为761m^2。该合建站加氢能力为550kg/天，可满足每天20~30辆氢燃料电池公交车加注需求。

加氢站建设成本快速下降。我国加氢站建设主要以外供氢加氢站为主，随着加氢站核心设备国产化替代的加速，加氢站建设主体越来越多的考虑选择我国自主研发的储氢装置、压缩设备、加注设备以及站控系统，加氢站建设成本快速下降。2021 年 6 月，厚普股份公告显示，目前我国日加注量 1000kg 的加氢站总建设费用约为 1200 万元，其中不含土地成本，总设备费用占加氢站总建设费用的比例接近 80%。加氢站设备可分为压缩机、储氢装置、加注系统、控制系统及安装等部分，其中压缩机部分占总设备费用的 35%左右，储氢装置部分占总设备费用的 30%左右，加注系统占总建设费用的 15%左右，控制系统及安装约占总建设费用的 20%。部分城市加氢站建设基本情况如表 1 所示。

表 1　部分城市加氢站建设基本情况

所在地	建站方式	占地面积（m^2）	总储氢量（kg）	投资额（万元）	压缩机（个）	加氢机（个）	建设时间（年）
淮北市	新建站	6665	690	1750	2	4	2021
佛山市	加油站扩建	1760	755	501	2	2	2021
岳阳市	加油站扩建	3800	1000	1424	2	2	2021
云浮市	油氢合建站	6364	620	1100	2	1	2021

资料来源：根据公开资料整理。

加氢基础设施建设规划纷纷出台。2020 年下半年以来，北京、广东、四川、福建等多个省份发布氢能产业相关规划与加氢站建设支持政策。据不完全统计，“十四五”期间，各地规划建设加氢站数量超过 1000 座，其中，广东省计划建设各类加氢站 200 座、山东省计划建设 100 座、河南省计划建设 76 座、河北省计划建设 50 座、四川省计划建设 60 座、上海市计划建设 50 座、北京市计划建设 37 座。

二　我国加氢基础设施建设运营模式

独立站运营困难。虽然我国加氢站建设数量与规模不断扩大，但是我国燃料电池汽车保有量仅 7000 辆左右（截至 2021 年 6 月底），现阶段功能单一的加氢站盈利仍面临较大挑战。为分担企业运营成本，提升建设主体建站意愿，同时减少加氢站对运营补贴政策的依赖，部分地区采取加氢站和加油站捆绑建设模式，即企业在该地投资一座加氢站，可以获批一座加油站，以加油站盈利补贴加氢站运营，推动地区加氢站建设。油氢合建、气氢合建站可以不用变更土地属性，可有效解决加氢站建设城市内用地审批难问题，土地成本优势明显，审批取证难度相对较低，加氢站建设速度快。此外，通过加氢加气站的良好经营，可以提前进行加氢站业务布局，大幅降低加氢业务运营成本。

油氢油气合建站成为主流。“以油养氢，油氢共建”已经成为现阶段加氢站建设运营的主要模式。自 2019 年 7 月，国内首座油氢合建站——中石化佛山樟坑油氢合建站正式建成投运以来，油氢、气氢合建站建设快速推进。在 2019 年国内建成加氢站中，油氢合建站占比约 20%，2020 年油氢合建站占比已达到 50% 左右，仅中石化就在全国共布局了近 40 座油氢合建站。2021 年上半年，南京高淳城北科技新城油氢合建站、无锡华润燃气堰裕路加气加氢站、六盘水市双红油氢综合能源站、大连盛港综合能源服务站、淄博市闫家气氢电混合站、广州开泰北油氢合建站、东莞东发油氢合建站、岳阳市云港路加油加氢合建站等一批油氢、气氢合建站正式投入运营。此外，中石油重庆销售公司两江新区双溪综合能源站、鱼嘴综合能源站和中石化重庆石油分公司九龙坡区半山环道综合能源站、上海市平霄路油氢合建站、张家口中油新能源有限公司崇礼北油氢合建站等一批油氢、气氢合建站开工建设。根据《上海市加快新能源汽车产业发展实施计划（2021—2025 年）》，到 2025 年上海市计划新增加氢站 69 座，在新增站点中油氢合建站 46 座，油氢合建站占比近 70%，油氢、气氢合建站成为加氢站建设主流。

多种建站模式积极探索。随着氢能及燃料电池汽车产业的快速发展，站内制氢供氢加氢站、液氢储氢加氢站等加氢站建站模式也在积极的探索中。站内制氢加氢站可避免氢气远距离运输，大大降低氢气成本。但由于当前国内相关法规对制氢场地的限制比较严格，这极大地阻碍了站内制氢加氢站在国内的发展。2021 年 7 月 28 日，佛燃能源集团股份有限公司投资建设的南庄制氢加氢加气一体化站启动试运行，该加氢站是国内首个站内天然气制氢加氢一体站，采用撬装式天然气制氢装备，具备生产纯度超99.999%氢气的条件，可实现天然气制氢能力500标方/小时，电解水制氢能力50标方/小时，日制氢加氢能力达到1100kg。液氢加氢站由于占地面积小，大规模建设的建造成本更具优势，同时液氢运输可以大大提高氢气运输效率，降低氢气运输成本，但出于技术、设备以及成本等原因，液氢加氢站目前尚处于起步阶段，国内仅北京航天试验技术研究所（101所）建成1座液氢试验用加氢站。在《加氢站技术规范》《汽车加油加气加氢站技术标准》中均加入了液氢站等相关内容，相关标准的发布将大大促进我国加氢站建设工作，规范加氢站建设与管理。

三　我国加氢基础设施建设管理政策

加氢站是氢能产业上游制氢与下游用户的联系枢纽，是产业链的重要环节，为促进燃料电池汽车产业的发展，各地方政府出台了一系列加氢站建设审批、运营管理、加氢站建设补贴等支持政策，极大地推动了我国加氢基础设施的建设与发展。

建设审批与运营管理。为了加快推动加氢站建设，规范加氢站审批及运营管理工作，保障加氢站安全运行，促进氢能产业健康持续发展，各地方政府和行业机构出台了多项管理办法与行业标准（见表2）。2020年12月，海南省发布了国内首个省级加氢站建设审批流程管理办法《海南省加氢站建设审批流程（试行）》，明确了海南省内加氢站项目（含新建站和合建站）的报建、施工、验收、运营等环节的审批部门、审批流程、审批时限等，海南省新发布的试行审批流程解决了加氢站建设的审批主管部门不明确、审批时间过长等普遍问题，为海南省氢能经济的发展打下了良好基础。2020年7月，山东省市场监督管理局发布了全国首个省级加氢站运营管理规范《车用加氢站运营管理规范》，该规范是国内首个对加氢站运营管理工作提出具体工作标准的省级标准，规定了车用加氢站运营管理工作的基本要求、人员管理、设备管理、氢气质量管理、现场安全管理、运行检查、应急管理、档案管理与数据记录、经营管理等主要内容。

表 2　各地方政府和行业机构出台的加氢站管理办法与行业标准

省份	市(区)	发布单位	发布时间	文件名称
山东省	—	山东省市场监督管理局	2020 年 7 月	《车用加氢站运营管理规范》
四川省	成都市	成都市经济和信息化局	2021 年 3 月	《成都市加氢站建设运营管理办法(试行)》
山西省	长治市	长治市人民政府办公室	2021 年 7 月	《长治市加氢站建设运营管理实施意见(试行)》
贵州省	贵阳市	贵阳市商务局	2021 年 5 月	《贵阳市汽车加氢站建设运营管理办法(试行)》
辽宁省	大连市	大连市住建局、发改委等 12 部门	2021 年 2 月	《大连市加氢站管理暂行办法》
福建省	福州市	福州市人民政府办公厅	2020 年 11 月	《福州市加氢站建设及经营管理暂行办法》
湖南省	岳阳市	岳阳市城管局	2020 年 12 月	《岳阳市加氢站建设管理暂行办法》
吉林省	长春市	长春市人民政府	2020 年 10 月	《长春市汽车加氢站管理暂行办法》
河南省	郑州市	郑州市城市管理局	2021 年 7 月	《郑州市加氢站管理办法(征求意见稿)》
海南省	—	海南省住建厅交通运输厅等 7 部门	2020 年 12 月	《海南省加氢站建设审批流程(试行)》

加氢站建设补贴。为促进区域氢能产业发展，加快加氢基础设施建设，扩大燃料电池汽车示范应用规模，多个地方政府出台了相关支持政策，给予加氢站建设补贴。2020 年 11 月，广东省发展改革委等 7 部门联合印发《广东省加快氢燃料电池汽车产业发展实施方案》（粤发改产业函〔2020〕2055 号），提出自政策发布日起，按照“总量控制，先建先得”的补贴原则，省

财政对2022年前建成并投用，且日加氢能力（按照压缩机每日工作12小时的加气能力计算）达到500kg及以上的加氢站给予补贴。其中，属于油、氢、气、电一体化综合能源补给站，每站补助250万元；独立占地固定式加氢站，每站补助200万元；撬装式加氢站，每站补助150万元。

2020年12月，福州市工业和信息化局等8部门联合发布《福州市促进氢能源产业发展扶持办法》，提出对于加氢能力达到500kg/d的35MPa加氢站，按加氢站设备投入金额的30%补助，最高不超过300万元；对于加氢能力达到500kg/d的70MPa加氢站或者1000kg/d的35MPa加氢站，按加氢站设备投入金额的30%补助，最高不超过500万元。同时，该政策还提到为加快加氢站的应用示范，对加氢站建设补贴标准涉及的各加氢站类别的首座加氢站，在补贴标准基础上追加50%补助。

2020年10月，张家港市人民政府发布《张家港市鼓励氢能产业发展的有关意见》，提出对加氢能力达到500kg/d的35MPa加氢站或加氢能力达到200kg/d的70MPa加氢站，按加氢站设备投入金额的30%补贴，最高不超过300万元；对加氢能力达到1000kg/d的35MPa加氢站或加氢能力达到400kg/d的70MPa加氢站，按加氢设备投入金额的30%补贴，最高不超过500万元"。同时，张家港市对加氢站运营采取逐步退坡的运营补贴政策，对加氢站2020年度氢气补贴为20元/kg，2021年度氢气补贴为14元/kg，2022年度氢气补贴为9元/kg。每年每座加氢站氢气补贴不超过200万元。2020年7月~2021年6月各省市加氢站建设运营补贴政策汇总（见表3）。

四 我国加氢基础设施建设面临的问题

虽然当前各地布局加氢站速度不断加快，但现阶段加氢站建设和运营成本较高，投资回收周期长，加之当前国内氢燃料电池汽车保有量和新增量对加氢站大规模布局形成制约等一系列因素都给加氢基础设施发展带来一定的阻力。加氢站建设和运营已经成为现阶段制约行业发展的主要瓶颈之一。

表 3　2020 年 7 月 ~2021 年 6 月各省市加氢站建设运营补贴政策汇总

省份	市(区)	发布时间	文件名称	主要内容
四川	成都	2020 年 7 月	《关于促进氢能产业高质量发展的若干意见》	对新建、改建、扩建日加氢能力不低于 500kg 的固定式建设标准加氢站，按建设实际投资(不含土地费用)的 30% 给予最高 500 万元的一次性补贴；对于符合条件的临时加氢站建设给予不高于 100 万元的一次性补贴。对日加氢能力不低于 500kg 且销售价格不高于 40 元/kg 的加氢站，按照年度累计加氢量，给予 20 元/kg、最高 500 万元的运营补贴。
上海市	青浦区	2021 年 6 月	《关于组织申报 2021 年度氢能补贴扶持资金项目的通知》	加氢压力 ≥35MPa，日加氢能力 200kg ≤ Q < 500kg，给予 50 万 ~100 万元补贴；日加氢能力 500kg ≤ Q < 1000kg，给予 80 万 ~150 万元补贴；日加氢能力大于 1000kg 的，给予 100 万 ~200 万元补贴。
浙江	嘉兴	2021 年 5 月	《嘉兴市 2021 年度省级新能源汽车推广应用奖补资金使用操作细则》	对加氢站(固定式)按实际设备投资额的 20% 进行补助，金额最高不超于 400 万元
广东	黄埔区	2021 年 6 月	《广州市黄埔区广州开发区促进氢能产业发展办法实施细则》	对于独立占地固定式加氢站，每站可补助 200 万元；对于撬装式加氢站，每站可补助 50 万元；对于油、氢、气、电一体化综合能源补给站，每站可补助 250 万元
山东	青岛	2021 年 5 月	《青岛西海岸新区汽车加氢站规划建设和运营管理暂行办法》	固定式加氢站。日加氢能力 ≥500kg，2020 年 12 月 31 日(含)前建成的新建站补贴 900 万元，改建站补贴 600 万元；2021 年 1 月 1 日 ~2021 年 12 月 31 日(含)建成的新建站补贴 700 万元，改建站补贴 500 万元。日加氢能力 < 500kg，2020 年 12 月 31 日(含)前建成的新建站补贴 700 万元，改建站补贴 500 万元；2021 年 1 月 1 日 ~2021 年 12 月 31 日(含)建成的新建站补贴 500 万元，改建站补贴 400 万元 撬装式加氢站。日加氢能力 ≥350kg，2020 年 12 月 31 日(含)前建成的新建站补贴 400 万元，改建站补贴 300 万元；2021 年 1 月 1 日 ~2021 年 12 月 31 日(含)建成的新建站补贴 300 万元，改建站补贴 200 万元

续表

省份	市(区)	发布时间	文件名称	主要内容
浙江	湖州	2020 年 10 月	《湖州市本级新能源汽车推广应用地方补助实施办法》	对日加氢能力达到 500kg 及以上的固定式加氢站,一次性给予 350 万元补助;对日加氢能力 350kg≤Q<500kg 的固定式加氢站,一次性给予 200 万元补助。补助资金不超过加氢站造价的 60%
辽宁	大连	2020 年 10 月	《大连市氢能产业发展专项资金管理办法》	对日加氢能力 500kg 以上(含)新建加氢站项目,根据项目建设进度及实际设备投资额按比例予以一次性补助。2020 年度建设完成投入使用的,按不超过投资比例的 50%,最高不超过 900 万元予以一次性补助;2021 年度建设完成投入使用的,按不超过投资比例的 45%,最高不超过 800 万元予以一次性补助;2022 年度建设完成投入使用的,按不超过投资比例的 40%,最高不超过 700 万元予以一次性补助;2023 年后建设完成投入使用的,按不超过投资比例的 30%,最高不超过 600 万元予以一次性补 对利用现有加油(气)站改扩建形成加氢能力项目,根据项目建设进度及实际设备投资额按比例予以一次性补助。2020 年度建设完成投入使用的,按不超过新增投资比例的 50%,最高不超过 700 万元予以一次性补助;2021 年度建设完成投入使用的,按不超过新增投资比例的 40%,最高不超过 600 万元予以一次性补助;2022 年后建设完成投入使用的,按不超过新增投资比例的 30%,最高不超过 500 万元予以一次性补助

加氢站安全运营监管体系不完善。目前我国现行加氢站建设、运营安全的相关标准规范主要有《加氢站技术规范》、《汽车加油加气加氢站技术标准》和《加氢站安全技术规范》，相关标准的颁布对国内加氢站设计、建设起到了积极的指导作用，但涉及具体安全要求、操作流程等细节还有待完善。在运营过程中，加氢站运营的资质要求、车用氢气的品质检测认证、加氢站核心设备的安全监测、加氢站安全运营管理等具体实施步骤还处于探索阶段，尚无统一规范的标准流程。

国内对加氢站建设审批验收缺乏标准体系。虽然各地政府鼓励和支持加氢站的建设，在加氢站的建设过程中，规划、立项、审批等相关方面的制度不够健全，各地审批流程繁复且不一致，各地审批牵头部门也不一致，且大多按照危化品流程审批，涉及规划、安全、消防等多部门协作，审批周期较长，实施后在验收环节困难重重。表4是典型加氢站建设审批流程。

表4　典型加氢站建设审批流程

流程	审批事项	A市主管部门/机构	B市主管部门/机构
立项阶段	项目选址	住建	规划、发改、消防、住建、交通
	用地程序	国土	国土
	项目立项	发改	发改
	建设用地规划许可	规划	规划
	安全预评价、安全设施审查	—	应急
报建阶段	环保审查	环保	环保
	人防报建	人防	人防
	施方图	图审	图审
	图审备案	住建	住建
	特种设备	质检	质检
	消防设备	消防	消防
	防雷装置	气象	气象
	节能审查	发改	发改
报建阶段	保险缴纳	—	人社
	质量报建	—	质检
	工程、监理合同备案	—	住建
	施工许可证	—	住建
验收/投产	联合验收	住建牵头、消防、质监、安监、气象、人防等多部门参与	发改委牵头，组织相关部门联合验收
	加氢站经营许可	住建	—
	危化品经营许可	—	行政审批局
	气瓶充装许可	质监	质监

加氢站核心设备依赖进口，建设成本高昂。虽然目前加氢站建设成本较前几年有较大幅度下降，日加注量1000kg的加氢站建设费用仍约为1200万

元。根据厚普股份2021年6月发布的《投资者关系活动记录表》，在厚普股份建设的加氢站中，加氢机（包括加氢枪，质量流量计）、站控系统及其他核心零部件均为公司自研自制产品，还有液氢真空绝热低温管、压缩氢气加气机检定装置、车载液氢储供系统也是自主研发。目前公司建设一座加氢站，自研自制产品的最大承担是占比30%～35%。由此可见，加氢站设备中依然有很大一部分的设备依靠进口。这也是加氢站建设成本高昂的重要原因之一。

加氢站运营商业模式仍不成熟，单纯加氢业务处于亏损状态。目前国内制氢企业分布不均，车用氢提纯企业相对较少，且产量供应不足，导致车用高纯氢来源有限且价格高，加之目前我国氢气运输均采用长管拖车或管束集装箱车辆运输，氢气运输压力仅20MPa，受运输量小、运输效率低，经济运输距离短等因素制约，氢气运输成本高昂。高昂的氢气成本造成目前加氢站运营成本较高，氢气成本占加氢站运营成本的70%左右。同时，由于燃料电池汽车保有量较小，能有效加氢的燃料电池汽车数量及频率有限，供氢应用场景有限，无法维持加氢站正常运营，加氢站商业化运营亏损较严重。

五　我国加氢基础设施建设发展建议

加氢站作为发展氢能产业的重要基础设施，是氢能推广应用必不可少的环节，若未来不能形成一定规模，将很难支撑燃料电池汽车的普及与大规模应用。因此，加氢站选址落地难、审批流程繁复、建设运营成本高等加氢站发展的“老问题”急需取得新的突破。

完善安全监管体系，提升加氢站立项审批效率。建议制订符合我国国情的加氢站审批建设、运营管理、安全监管等方面的国家强制性标准，规范加氢站站内操作流程，提升氢气安全检测能力，确保储氢用氢安全；设立统一的运营管理及安全监管体系。同时充分借鉴当前地方已有的加氢站审批流程，出台全国统一的加氢站审批流程，精简审批环节及职责部门，对于具有相同性质的受理环节合并精简。充分利用现有加油站、加气站网络，解决加氢站选址困难问题，强化加氢站建设的顶层设计，建立推进协调机制，明确分工，积极推进加氢站选址与建设。

加强自主创新能力，提高核心设备国产化率。积极引导加氢站核心设备产业链优质企业强强联合，构建产业联合攻关、解决制约产业发展的“卡脖子”技术难题，加快推动科技成果转化、加大对“揭榜挂帅”项目支持力度，综合运用专项资金等支持手段，鼓励支持企业加大加氢站设备的研发力度，重点突破加氢站隔膜式氢气压缩机研发与生产，不断提高加氢站装备国产化比例，降低加氢站建设成本。

积极探索加氢站运营商业模式，降低加氢站运营成本。充分利用现有加油站、加气站网络，借鉴中石化等企业油氢合建站模式，引导有条件的加油站、加气站改建、扩展加氢站，由传统的加油站向综合能源补给站方向发展。优化以制氢企业为中心的加氢站布局，转换“先车后站”的建设模式，结合车辆落地运营的市场需求，兼顾土地供应、交通便利等条件，车站同步落地，提高加氢站利用率，有效降低运营成本。

政 策 篇

Policy Reports

B.9

中国车用氢能标准动态与展望

杨燕梅　林　翎　鲍　威*

摘　要：　标准是氢能产业高质量发展的基础支撑。本文系统梳理了与车用氢能产业直接相关的氢能标准现状、进展和在研标准情况。整理了主要省份已发布的加氢站建设审批管理办法，加氢站建设审批流程大致分为五个阶段：用地规划许可阶段、工程建设许可阶段、施工许可阶段、竣工验收阶段和投入运营阶段。基于"碳达峰、碳中和"愿景，对车用氢能标准化工作提出了建议。

关键词：　车用氢能标准　燃料电池汽车　加氢站建设

* 杨燕梅，博士，中国标准化研究院副研究员；林翎，研究员，中国标准化研究院资源环境研究分院副院长；鲍威，中国标准化研究院高级工程师。

2020 年 9 月，国家能源局、国家标准化管理委员会发布《关于加快能源领域新型标准体系建设的指导意见》，要求“在氢能等新兴领域，率先推进新型标准体系建设，发挥示范带动作用”。财政部、工业和信息化部、科技部等五部门联合发布了《关于开展燃料电池汽车示范应用的通知》，要求“开展燃料电池汽车新技术、新车型的示范应用，推动建立并完善相关技术指标体系和测试评价标准”“要运用信息化平台，实现燃料电池汽车示范全过程、全链条监管，积累车辆运行数据，完善燃料电池汽车和氢能相关技术指标、测试标准”“要明确氢的能源定位，建立健全安全标准及监管模式”。2021 年 4 月，国家标准化管理委员会印发《2021 年全国标准化工作要点》强调要“加快氢能标准研制”。2021 年 6 月，工信部发布《2021 年汽车标准化工作要点》，要求“聚焦燃料电池电动汽车使用环节，推动燃料电池电动汽车能耗及续驶里程、低温冷启动、动力性能、车载氢系统、加氢枪等标准制修订”。氢能标准化工作越来越受到关注和重视。

标准对产业发展具有规范引领作用，对于新兴产业尤为重要。随着氢能产业的快速发展，标准的支撑作用日益显著。2008 年以来，国家标准化管理委员会先后批准成立了全国氢能标准化技术委员会（SAC/TC309）、全国燃料电池及液流电池标准化技术委员会（SAC/TC342）、全国气瓶标准化技术委员会（SAC/TC31）等专业标准化技术委员会，稳步推动车用氢能标准化工作。

一　我国车用氢能标准进展

经过十余年的发展，我国已初步构建了氢能全产业链标准体系，截至 2021 年 7 月，已发布的现行有效的氢能领域国家标准 99 项，行业标准 35 项，涵盖了制、储、运、加燃料电池、燃料电池应用等产业链环节。

（一）车用氢能标准概况

车用氢能标准体系是氢能标准体系的组成部分（见图 1），包括：基础通用、氢安全、氢制备与提纯、氢储存与运输、氢加注、燃料电池、燃料电池汽车等方面。在我国已发布的氢能国家标准中，与车用氢能直接相关的国家标准共计 78 项。

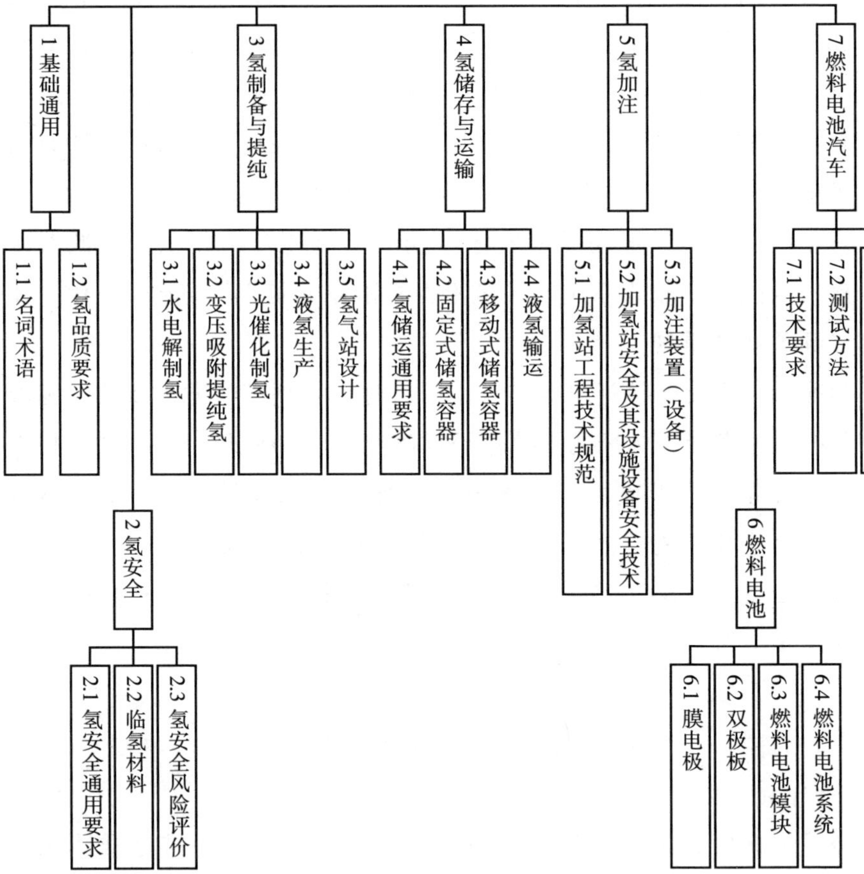

图 1　车用氢能标准体系

1. 基础通用

基础通用方面的标准共 7 项，如表 1 所示，其中，名词术语标准 4 项、氢品质要求标准 3 项。

表 1　基础通用方面的国家标准

序号	标准号	标准名称
1	GB/T 20042. 1 –2017	《质子交换膜燃料电池第 1 部分:术语》
2	GB/T 24499 –2009	《氢气、氢能与氢能系统术语》
3	GB/T 24548 –2009	《燃料电池电动汽车术语》
4	GB/T 28816 –2020	《燃料电池术语》
5	GB/T 37244 –2018	《质子交换膜燃料电池汽车用燃料　氢气》
6	GB/T 40045 –2021	《氢能汽车用燃料　液氢》
7	GB/T 34537 –2017	《车用压缩氢气天然气混合　燃气》

2. 氢安全

氢安全方面的标准 11 项，如表 2 所示，其中，氢安全通用要求标准 2 项、临氢材料标准 9 项。

表 2　氢安全方面的国家标准

序号	标准号	标准名称
1	GB 4962 –2008	《氢气使用安全技术规程》
2	GB/T 29729 –2013	《氢系统安全的基本要求》
3	GB/T 13322 –91	《金属覆盖层　低氢脆镉钛电镀层》
4	GB/T 19349 –2012	《金属和其他无机覆盖层为减少氢脆危险的钢铁预处理》
5	GB/T 19350 –2012	《金属和其他无机覆盖层为减少氢脆危险的涂覆后钢铁的处理》
6	GB/T 23606 –2009	《铜氢脆检验方法》
7	GB/T 24185 –2009	《逐级加力法测定钢中氢脆临界值试验方法》
8	GB/T 26107 –2010	《金属与其他无机覆盖层镀覆和未覆金属的外螺纹和螺杆的残余氢脆试验斜楔法》
9	GB/T 3098. 17 –2000	《紧固件机械性能检查氢脆用预载荷试验平行支承面法》
10	GB/T 34542. 2 –2018	《氢气储存输送系统　第 2 部分:金属材料与氢环境相容性试验方法》
11	GB/T 34542. 3 –2018	《氢气储存输送系统　第 3 部分:金属材料氢脆敏感度试验方法》

3. 氢制备与提纯

氢制备与提纯方面的标准 13 项，如表 3 所示，其中，水电解制氢标准 6 项、变压吸附提纯氢标准 3 项、光催化制氢标准 2 项、液氢生产标准 1 项、氢气站设计标准 1 项。

表 3　氢制备与提纯方面的国家标准

序号	标准号	标准名称
1	GB/T 19774 - 2005	《水电解制氢系统技术要求》
2	GB/T 29411 - 2012	《水电解氢氧发生器技术要求》
3	GB 32311 - 2015	《水电解制氢系统能效限定值及能效等级》
4	GB/T 34539 - 2017	《氢氧发生器安全技术要求》
5	GB/T 37562 - 2019	《压力型水电解制氢系统技术条件》
6	GB/T 37563 - 2019	《压力型水电解制氢系统安全要求》
7	GB/T 19773 - 2005	《变压吸附提纯氢系统技术要求》
8	GB/T 29412 - 2012	《变压吸附提纯氢用吸附器》
9	GB/T 34540 - 2017	《甲醇转化变压吸附制氢系统技术要求》
10	GB/T 26915 - 2011	《太阳能光催化分解水制氢体系的能量转化效率与量子产率计算》
11	GB/T 39359 - 2020	《积分球法测量悬浮式液固光催化制氢反应》
12	GB 50177 - 2005	《氢气站设计规范》
13	GB/T 40061 - 2021	《液氢生产系统技术规范》

4. 氢储存与运输

氢储存与运输方面的标准 9 项，如表 4 所示，其中，氢储运通用要求标准 2 项、固定式储氢容器标准 2 项、移动式储氢容器标准 4 项、液氢输运标准 1 项。

表 4　氢储存与运输方面的国家标准

序号	标准号	标准名称
1	GB/T 34542. 1 - 2017	《氢气储存输送系统第 1 部分:通用要求》
2	GB/T 33291 - 2016	《氢化物可逆吸放氢压力 - 组成 - 等温线(P - C - T)测试方法》
3	GB/T 26466 - 2011	《固定式高压储氢用钢带错绕式容器》

续表

序号	标准号	标准名称
4	GB/T 34583 - 2017	《加氢站用储氢装置安全技术要求》
5	GB/T 34544 - 2017	《小型燃料电池车用低压储氢装置安全试验方法》
6	GB/T 26990 - 2011	《燃料电池电动汽车　车载氢系统　技术条件》
7	GB/T 29126 - 2012	《燃料电池电动汽车　车载氢系统　试验方法》
8	GB/T 35544 - 2017	《车用压缩氢气铝内胆碳纤维全缠绕气瓶》
9	GB/T 40060 - 2021	《液氢贮存和运输技术要求》

5. 氢加注

氢加注方面的标准 10 项，如表 5 所示，其中，加氢站工程技术规范标准 2 项、加氢站安全及其设施设备安全技术标准 3 项、加注装置（设备）标准 5 项。

表 5　氢加注方面的国家标准

序号	标准号	标准名称
1	GB 50516 - 2021	《加氢站技术规范》
2	GB 50156 - 2021	《汽车加油加气加氢站技术标准》
3	GB/T 29124 - 2012	《氢燃料电池电动汽车示范运行配套设施规范》
4	GB/T 30718 - 2014	《压缩氢气车辆加注连接装置》
5	GB/T 30719 - 2014	《液氢车辆燃料加注系统接口》
6	GB/T 31138 - 2014	《汽车用压缩氢气加气机》
7	GB/T 31139 - 2014	《移动式加氢设施安全技术规范》
8	GB/T 34425 - 2017	《燃料电池电动汽车　加氢枪》
9	GB/T 34584 - 2017	《加氢站安全技术规范》
10	GB/Z 34541 - 2017	《氢能车辆加氢设施安全运行管理规程》

6. 燃料电池

燃料电池方面的标准 16 项，如表 6 所示，其中，技术要求标准 5 项、测试评价标准 11 项。

表 6　燃料电池方面的国家标准

序号	标准号	标准名称
1	GB/T 20042. 2 – 2008	《质子交换膜燃料电池　电池堆通用技术条件》
2	GB/T 20042. 3 – 2009	《质子交换膜燃料电池　第 3 部分:质子交换膜测试方法》
3	GB/T 20042. 4 – 2009	《质子交换膜燃料电池　第 4 部分:电催化剂测试方法》
4	GB/T 20042. 5 – 2009	《质子交换膜燃料电池　第 5 部分:膜电极测试方法》
5	GB/T 20042. 6 – 2011	《质子交换膜燃料电池　第 6 部分:双极板特性测试方法》
6	GB/T 20042. 7 – 2014	《质子交换膜燃料电池　第 7 部分:炭纸特性测试方法》
7	GB/T 28817 – 2012	《聚合物电解质燃料电池单电池测试方法》
8	GB/T 29838 – 2013	《燃料电池 模块》
9	GB/T 31035 – 2014	《质子交换膜燃料电池电堆低温特性试验方法》
10	GB/T 31886. 1 – 2015	《反应气中杂质对质子交换膜燃料电池性能影响的测试方法　第 1 部分:空气中杂质》
11	GB/T 31886. 2 – 2015	《反应气中杂质对质子交换膜燃料电池性能影响的测试方法　第 2 部分:氢气中杂质》
12	GB/T 33978 – 2017	《道路车辆用质子交换膜燃料电池模块》
13	GB/T 34872 – 2017	《质子交换膜燃料电池供氢系统技术要求》
14	GB/T 36288 – 2018	《燃料电池电动汽车　燃料电池堆安全要求》
15	GB/T 38914 – 2020	《车用质子交换膜燃料电池堆使用寿命测试评价方法》
16	GB/Z 27753 – 2011	《质子交换膜燃料电池膜电极工况适应性测试方法》

7. 燃料电池汽车

燃料电池汽车方面的标准 12 项，如表 7 所示，其中，测试方法标准 8 项、技术要求标准 3 项、安全要求标准 1 项。

表 7　燃料电池汽车方面的国家标准

序号	标准号	标准名称
1	GB/T 23645 – 2009	《乘用车用燃料电池发电系统测试方法》
2	GB/T 24549 – 2020	《燃料电池电动汽车　安全要求》
3	GB/T 24554 – 2009	《燃料电池发动机性能试验方法》
4	GB/T 25319 – 2010	《汽车用燃料电池发电系统　技术条件》
5	GB/T 26779 – 2021	《燃料电池电动汽车加氢口》
6	GB/T 26991 – 2011	《燃料电池电动汽车　最高车速试验方法》
7	GB/T 28183 – 2011	《客车用燃料电池发电系统测试方法》

续表

序号	标准号	标准名称
8	GB/T 29123－2012	《示范运行氢燃料电池电动汽车技术规范》
9	GB/T 34593－2017	《燃料电池发动机氢气排放测试方法》
10	GB/T 35178－2017	《燃料电池电动汽车　氢气消耗量　测量方法》
11	GB/T 37154－2018	《燃料电池电动汽车　整车氢气排放测试方法》
12	GB/T 39132－2020	《燃料电池电动汽车定型试验规程》

（二）车用氢能标准新进展

2020年，国家市场监督管理总局批准发布了GB/T 39359－2020《积分球法测量悬浮式液固光催化制氢反应》、GB/T 38954－2020《无人机用氢燃料电池发电系统》、GB/T 38914－2020《车用质子交换膜燃料电池堆使用寿命测试评价方法》、GB/T 39132－2020《燃料电池电动汽车定型试验规程》、GB/T 28816－2020《燃料电池　术语》和GB/T 24549－2020《燃料电池电动汽车　安全要求》等国家标准。

2021年以来，国家市场监督管理总局批准发布了GB/T 40045－2021《氢能汽车用燃料　液氢》、GB/T 40060－2021《液氢贮存和运输技术要求》、GB/T 40061－2021《液氢生产系统技术规范》、GB/T 26779－2021《燃料电池电动汽车加氢口》。三项液氢国家标准规定了液氢生产、贮存、运输技术要求，明确了液氢燃料技术指标要求和测试方法，参考并协调了液氢军用标准中的有关规定，使液氢民用有标可依，填补了液氢方面国家标准的空白，探索了氢能领域军民融合标准化的路径，为促进氢能产业发展提供标准技术支撑。近期，住房和城乡建设部联合国家市场监督管理总局正式发布了新修订的GB 50516－2021《加氢站技术规范》和GB 50156－2021《汽车加油加气加氢站技术标准》，更新了加氢站与建站的设计、施工、验收等要求。

（三）在研氢能标准情况

为贯彻落实习近平总书记提出的“四个革命、一个合作”能源安全新战略和军民融合发展战略，聚焦能源体系绿色低碳转型要求，充分发挥标准化在氢能产业发展中的基础作用，国家市场监督管理总局加快推动氢能标准化工作。

在氢能基础设施方面，全国氢能标准化技术委员会（SAC/TC309）正在修订 GB/T 29729－2013《氢系统安全的基本要求》和 GB/T 31138－2014《汽车用压缩氢气加气机》，正在制定《变压吸附提纯氢气系统安全要求》《移动式金属氢化物可逆储放氢系统》《氢气加氢站第 1 部分：通用要求》《氢气加氢站第 3 部分：阀门的安全要求和测试方法》和《氢燃料电池车辆用加注规范》等国家标准。全国气瓶标准化技术委员会（SAC/TC31）正在修订 GB/T 33145－2016《大容积钢质无缝气瓶》和 GB/T 28053－2011《铝合金内胆碳纤维全缠绕气瓶》，正在制定《车用压缩氢气塑料内胆碳纤维全缠绕气瓶》（Ⅳ型瓶）、《高压储氢气瓶组合阀门》、《高压氢气瓶塑料内胆和氢气相容性试验方法》和《车用压缩氢气纤维全缠绕气瓶定期检验与评定》等国家标准。

在燃料电池方面，全国燃料电池及液流电池标准化技术委员会（SAC/TC342）正在修订 GB/T 28817－2012《聚合物电解质燃料电池单电池测试方法》、GB/T 27748.2－2013《固定式燃料电池发电系统第 2 部分：性能试验方法》、GB/T 20042.3－2009《质子交换膜燃料电池第 3 部分：质子交换膜测试方法》和 GB/T 20042.2－2008《质子交换膜燃料电池 电池堆通用技术条件》等国家标准。《电驱动工业车辆用燃料电池发电系统第 1 部分：安全》和《电驱动工业车辆用燃料电池发电系统第 2 部分：性能试验方法》两项国家标准即将发布。

在燃料电池汽车方面，全国汽车标准化技术委员会燃料电池电动汽车标准工作组正在修订 GB/T 26990－2011 和 GB/T 29126－2012《燃料电池电动汽车 车载氢系统技术条件》、GB/T 24554－2009《燃料电池发动机性能试验方法》、GB/T 34425－2017《燃料电池电动汽车加氢枪》和 GB/T 26991－2011《燃料电池电动汽车动力性能试验方法》，正在制定《燃料电池电动汽车碰撞后安全要求》、《燃料电池电动汽车低温冷起动性能试验方法》和《燃料电池电动汽车能量消耗量及续驶里程测试方法》等国家标准。

二　加氢站建设审批规范

加氢站是保障燃料电池汽车运营的关键基础设施。据统计，截至 2020 年底，全国燃料电池汽车保有量超过 7000 辆，建成运营加氢站 128 座。目前，国家尚未明确氢能主管部门，地方政府现行先试，逐步完善加氢站建设审批流程，规范加氢站审批和运营管理。据统计，截至 2021 年 6 月，全国 15 个省份正式发布了加氢站建设审批规范（见表 8）。

表 8　加氢站建设审批规范

序号	省份	名称	发布部门	发布时间
1	湖北	《武汉经济技术开发区(汉南区)加氢站审批及管理办法》	武汉开发区管委会、汉南区政府	2018 年 4 月
2		《老河口市加氢站管理办法(试行)》	老河口市人民政府	2019 年 7 月
3	内蒙古	《乌海市加氢站管理办法(试行)(2019～2022 年)》	乌海市发展和改革委员会	2020 年 1 月
4	河北	《保定市人民政府办公室关于做好加氢站项目审批管理工作的意见》	保定市人民政府办公室	2020 年 9 月
5	吉林	《长春市汽车加氢站管理暂行办法》	长春市人民政府	2020 年 10 月
6	福建	《福州市人民政府办公厅关于印发福州市加氢站建设及经营管理暂行办法的通知》	福州市人民政府办公厅	2020 年 11 月
7	海南	《海南省加氢站建设审批流程(试行)》	海南省住房和城乡建设厅联合 6 个部门	2020 年 12 月
8	湖南	《岳阳市加氢站建设管理暂行办法》	岳阳市城管局	2020 年 12 月
9	山东	《潍坊市汽车加氢站规划建设运营管理工作意见》	潍坊市人民政府办公室	2019 年 5 月
10		《济宁市加氢站建设管理暂行办法》	济宁市人民政府办公室	2019 年 11 月
11		《青岛西海岸新区汽车加氢站规划建设和运营管理暂行办法》	青岛西海岸新区管委办公室	2020 年 6 月

续表

序号	省份	名称	发布部门	发布时间
12	山西	《长治市加氢站审批和管理暂行办法》	长治市行政审批服务管理局	2020 年 10 月
13	山东	《济南市人民政府办公厅关于推进我市汽车加氢站规划建设运营管理工作的实施意见》	济南市人民政府办公厅	2020 年 11 月
14	辽宁	《大连市加氢站管理暂行办法》	大连市住房和城乡建设局联合 11 个部门	2021 年 2 月
15	四川	《成都市加氢站建设运营管理办法(试行)》	成都市经济和信息化局	2021 年 3 月

由于目前在国家层面上加氢站项目的主管部门不明确，各地方的加氢站项目主管部门有差异，各阶段审批部门有差异。各地方的加氢站建设审批流程相似，以海南省为例，加氢站建设审批流程大致分为五个阶段：用地规划许可阶段、工程建设许可阶段、施工许可阶段、竣工验收阶段和投入运营阶段。海南省加氢站建设审批流程（见图 2）。

三　我国车用氢能标准化工作思考和建议

我国氢能产业正处于发展初期，产业链长、涉及领域广、技术升级快、产品更新快，对标准化工作提出了极高的要求。在“碳达峰、碳中和”愿景下，加快构建以绿氢为基础的车用氢能标准体系，是交通领域实现碳减排、碳中和的重要技术支撑。针对车用氢能标准化工作提出以下思考和建议。

加快顶层设计，完善车用氢能全产业链标准体系。国家层面应尽快明确氢能产业主管部门，统筹规划、系统布局，制定国家层面氢能产业规划，全面指导氢能标准化工作。“十四五”期间，应加快推动可再生能源制氢、高效氢储运技术和装备、加氢站关键装备、燃料电池电动汽车能耗及续驶里程、低温冷启动、动力性能、车载氢系统、加氢枪等标准的修订工作。

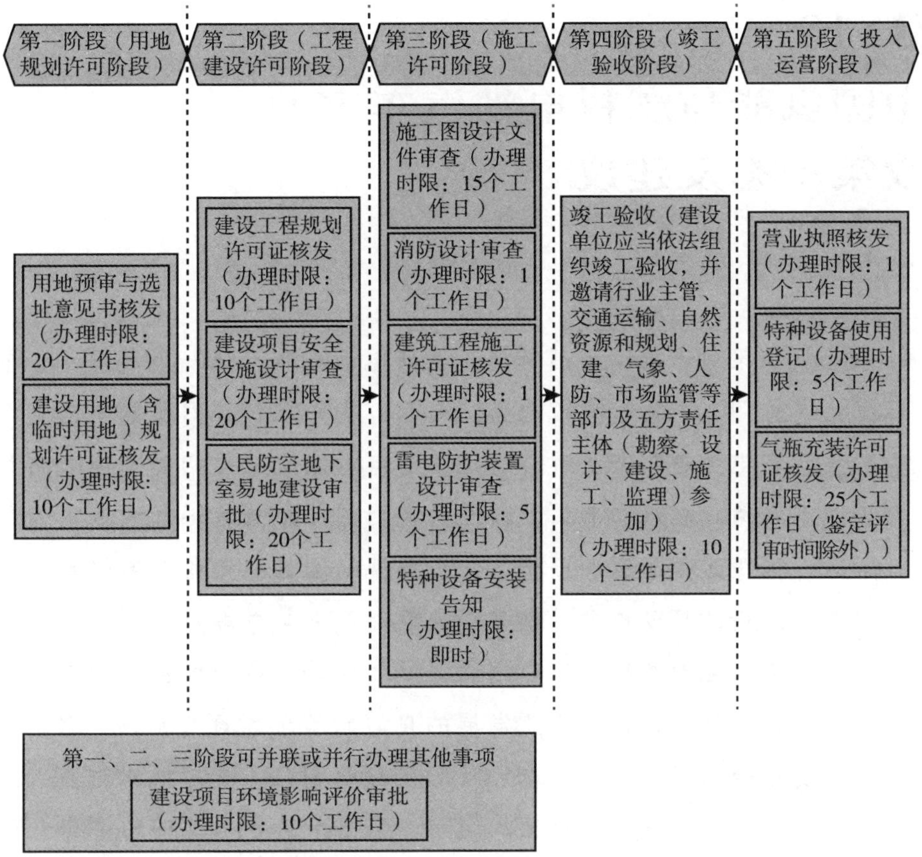

图2　海南省加氢站建设审批流程

强化标准实施应用，健全氢能质量基础设施体系。广泛开展车用氢能全产业链标准的宣贯培训，开展氢能标准试点示范，全面推动氢能标准的实施应用。以标准为抓手，加快完善全产业链检测、认证、计量工作，逐步建立支撑车用氢能产业高质量发展的质量基础设施体系。

深化标准开放合作，积极开展氢能国际标准化工作。对标国际，引进转化一批先进适用的国际标准，不断提高技术和产品水平。鼓励和支持国内研究院所、龙头企业、高等院校等积极参与国际标准化工作，通过培训、参会等形式，熟悉国际标准化工作流程，逐步推动我国主导氢能领域 ISO、IEC 标准。

B.10
中国氢能与燃料电池汽车产业政策动态及建议

王建建　吕　旺　管　宇*

摘　要：　政策对于推动我国氢能与燃料电池汽车产业发展发挥了重要作用，本文系统梳理了2020年10月~2021年8月我国氢能与燃料电池汽车产业政策进展，重点对国家层面相关发展战略和政策、地方省市“十四五”规划、氢能与燃料电池汽车专题政策进行了深入分析，分析发现我国氢能产业发展得到各级政府的高度重视，政策引导氢能产业与关联产业融合发展，燃料电池汽车示范应用政策趋于明确，各地加强产业专项支持力度，有利于产业发展的良好政策环境逐步形成。最后，结合政策现状和动向，从明确战略引领、支持技术创新、细化配套政策、扩大示范应用、强化运营安全管理与信息化管理等方面对我国氢能与燃料电池汽车发展提出政策建议。

关键词：　氢能　燃料电池汽车　新能源汽车

近年，我国氢能与燃料电池汽车产业发展成效显著，自主可控的产业链初步成型，产品技术水平持显著提高，燃料电池商用车示范应用规模全球领

---

* 王建建，中汽数据有限公司氢能源研究室高级工程师，研究方向为氢能与燃料电池汽车产业；吕旺，中汽数据有限公司清洁能源研究室高级工程师，研究方向为车用清洁能源产业；管宇，中汽数据有限公司清洁能源研究室主任，高级工程师。

先，国家“双碳”战略目标提出后，我国氢能产业发展按下快速键，发展氢能产业的意义被提升到新的战略高度。在产业快速发展过程中，政策对于我国氢能与燃料电池汽车技术创新、产业培育和示范应用起到了重要的引领和推动作用。

一　国家氢能与燃料电池汽车产业发展战略与政策支持

2020 年 10 月以来，氢能及燃料电池汽车相继在国家“十四五”规划、重点研发计划、新能源汽车产业规划、外商投资目录、绿色低碳循环发展、能源工作指导意见、自贸区生态环境保护、新型储能产业等十余项政策中体现，氢能与汽车、能源、储能等产业深度融合、协同发展，被认为是战略性新兴产业发展的重要方向，成为推动能源体系绿色低碳转型的重要方向。

2020 年 11 月，国务院办公厅发布《新能源汽车产业发展规划（2021 ~ 2035 年）》，提出力争经过 15 年的持续努力，燃料电池汽车实现商业化应用，氢燃料供给体系建设稳步推进，有效促进节能减排水平和社会运行效率的提高。提高氢燃料制储运经济性，因地制宜开展工业副产氢及可再生能源制氢技术应用，加快推进先进适用储氢材料产业化。开展高压气态、深冷气态、低温液态及固态等多种形式储运技术示范应用，探索建设氢燃料运输管道，逐步降低氢燃料储运成本。健全氢燃料制储运、加注等标准体系。加强氢燃料安全研究，强化全链条安全监管。推进加氢基础设施建设。建立完善加氢基础设施的管理规范。引导企业根据氢燃料供给、消费需求等合理布局加氢基础设施，提高安全运行水平。支持利用现有场地和设施，开展油、气、氢、电综合供给服务。

2021 年 2 月，国务院发布《关于加快建立健全绿色低碳循环发展经济体系的指导意见》，提出在推动能源体系绿色低碳转型方面，大力推动风电、光伏发电发展，因地制宜发展水能、地热能、海洋能、氢能、生物质能、光热发电，提高其利用比例；并要提高交通基础设施绿色发展水平，加强加氢配套基础设施建设。

2021 年 3 月，国务院发布《中华人民共和国国民经济和社会发展第十四个五年规划和 2035 年远景目标纲要》，指出在发展壮大战略性新兴产业中，氢能被列为未来产业，组织实施产业孵化与加速计划，进行谋划布局，氢能产业战略定位被提升到新的高度，这一战略定位对于各级政府制定产业引导政策、配套支持政策起到了重要的顶层指引作用。

2021 年 4 月，国家能源局在《2021 年能源工作指导意见》中指出，结合氢能、储能和数字化与能源融合发展等新兴领域、产业发展急需的重要领域，研究增设若干创新平台。开展氢能产业试点示范，探索多种技术发展路线和应用路径。加强技术交流与合作，深化中欧智慧能源、氢能、风电、储能等能源技术创新合作。国家氢能与燃料电池汽车相关政策详见表 1 。

表 1　国家氢能与燃料电池汽车相关政策

发布部门	政策名称	时间	氢能与燃料电池汽车相关政策要点
科技部	《关于国家重点研发计划“可再生能源与氢能技术”重点专项 2020 年度项目安排公示的通知》	2020. 10	车用耐高温低湿质子膜及成膜聚合物批量制备技术、碱性离子交换膜制备技术及应用、公路运输用高压、大容量管束集装箱氢气储存技术、液氢制取、储运与加注关键装备及安全性研究等 14 个氢能与燃料电池项目入选
国务院办公厅	《新能源汽车产业发展规划(2021～2035 年)》	2020. 11	力争经过 15 年的持续努力，燃料电池汽车实现商业化应用，氢燃料供给体系建设稳步推进，有效促进节能减排水平和社会运行效率的提高
国家发改委、商务部	《鼓励外商投资产业目录》(2020 年版)	2020. 12	鼓励外商投资产业目录涉及氢能与燃料电池的内容包括：氢燃料生产、储存、运输、液化；氢能制备与储运设备及检查系统制造；新能源汽车关键零部件研发、制造，包括燃料电池系统、燃料电池堆、膜电极、质子交换膜、双极板、低铂催化剂、碳纸、空气压缩机、氢气循环泵、氢气引射器、增湿器、燃料电池控制系统、升压 DC/DC、70MPa 氢瓶、车载氢气浓度传感器等；加氢站建设、经营

续表

发布部门	政策名称	时间	氢能与燃料电池汽车相关政策要点
海关总署	《国务院关税税则委员会关于2021年关税调整方案的通知》	2020.12	自2021年1月1日起，国家将对部分商品的进口关税进行调整；在氢燃料方面，关税方案增加了燃料电池增压器84148049（5%）、燃料电池循环泵84148090（2%）、燃料电池用碳电极片85451900（5%）、铂载催化剂38151200（4%）的暂定优惠税率
国家发改委	《西部地区鼓励类产业目录（2020年本）》	2021.1	西部地区新增鼓励类氢能产业如下，贵州省：氢加工制造、氢能燃料电池制造、输氢管道和加氢站建设；陕西省：风电、光伏、氢能、地热等新能源及相关装置制造产业及运营服务，煤层气燃气电站、箱式移动电站等新能源装备研制；内蒙古自治区：氢加工制造、氢能燃料电池制造、输氢管道和加氢站建设
国务院办公厅	《关于加快建立健全绿色低碳循环发展经济体系的指导意见》	2021.2	提高可再生能源利用比例，大力推动风电、光伏发电发展，因地制宜发展水能、地热能、海洋能、氢能、生物质能、光热发电。加强新能源汽车充换电、加氢等配套基础设施建设
国家能源局	《2021年能源工作指导意见》	2021.4	结合氢能、储能和数字化与能源融合发展等新兴领域、产业发展亟须的重要领域，研究增设若干创新平台。开展氢能产业试点示范，探索多种技术发展路线和应用路径。加强技术交流与合作，深化中欧智慧能源、氢能、风电、储能等能源技术创新合作
科技部	《国家重点研发计划"信息光子技术"等"十四五"重点专项2021年度项目申报指南的通知》	2021.5	重点专项包括氢能技术、新能源汽车等八项重点技术，其中，氢能技术专项申报指南围绕氢能绿色制取与规模转存体系、氢能安全存储与快速输配体系、氢能便捷改质与高效动力系统及"氢进万家"综合示范等4个技术方向
生态环境部等八部门	《关于加强自由贸易试验区生态环境保护推动高质量发展的指导意见》	2021.5	开展绿色能源供应模式试点，在确保安全的前提下，研究试点建设一批兼具天然气、储能、氢能、快速充换电等功能的综合站点；鼓励老旧车辆和非道路移动机械替换为清洁能源车辆，公交、物流配送等领域新增或更新车辆，鼓励使用新能源或清洁能源汽车

续表

发布部门	政策名称	时间	氢能与燃料电池汽车相关政策要点
国资委	《中央企业科技创新成果推荐目录(2020 年版)》	2021.5	安全高效储氢材料与固态储氢技术、35MPa 加氢机及加氢站工艺控制系统、3000 吨级浆态床渣油加氢反应器、氢燃料电池发动机、80kW 燃料电池电堆/65kW 燃料电池系统 5 个氢能与燃料电池项目入选
国家能源局	《关于组织开展“十四五”第一批国家能源研发创新平台认定工作》	2021.6	聚焦能源安全、“碳达峰、碳中和”目标等重大需求,围绕以新能源为主体的新型电力系统、新型储能、氢能与燃料电池、碳捕集利用与封存(CCUS)、能源系统数字化智能化、能源系统安全等重点领域,开展国家能源研发创新平台(包括国家能源研发中心和国家能源重点实验室)的认定工作。氢能及燃料电池技术方向研究内容(包含但不限于):高效氢气制备、储运、加注和燃料电池关键技术、氢能与可再生能源协同发展关键技术
国家发改委、国家能源局	《关于加快推动新型储能发展的指导意见》	2021.7	推动技术进步,壮大储能产业体系,坚持储能技术多元化,以需求为导向,探索开展储氢、储热及其他创新储能技术的研究和示范应用

资料来源：根据政府网站公开资料整理。

二　燃料电池汽车示范应用政策分析与进展

示范应用类政策对产业发展起到了重要的推动作用，从电动汽车发展历程来看，以示范应用带动产业发展的政策引导思路取得了显著成效。2020年9月，财政部、国家发改委、工信部、科技部、国家能源局五部门发布了《关于开展燃料电池汽车示范应用的通知》，将对燃料电池汽车的购置补贴政策调整为“以奖代补”方式，对符合条件的城市群开展燃料电池汽车关键零部件产业化攻关和示范应用给予奖励，示范期暂定四年，中央财政对示范城市群按照示范目标完成情况给予奖励，奖励资金由地方和企业统筹用于燃料电池汽车核心技术产业化、人才引进及团队建设，以及新车型、新技术的示范应用等。

此项燃料电池汽车示范应用政策是我国新能源汽车推广应用财政补贴政策的创新之举，明确了燃料电汽车的政策支持方向，目的为形成产业链条各环节环环相扣、强强联合态势，协同推进核心技术研发和产业化。该政策发布以来，引起了具备产业基础的地方政府、产业链各环节企业的高度关注，国内多个省市打破行政区域限制，在全国范围内选择产业链上的优秀企业所在城市进行联合，积极组队申报示范城市群。2021 年 8 月 11 日，财政部在回复全国人大代表关心的氢燃料电池汽车示范推广的建议中提到，目前，财政部正在会同有关部门，对燃料电池汽车示范城市群实施方案进行综合评审，方案成熟一个实施一个，重点支持基础好、资金落实到位、计划目标明确、应用场景清晰、政策制度有保障的城市群。

京津冀燃料电池汽车示范城市群：自 2020 年 9 月起，北京市财政局、大兴区政府牵头积极开展京津冀燃料电池汽车示范城市群申报工作，大兴区联合海淀、昌平等北京市 6 个区，以及天津市滨海新区、河北省保定市、唐山市、山东省滨州市、淄博市等共 12 个城市（区）组成京津冀燃料电池汽车示范城市群。2021 年 8 月 24 日，北京市财政局官网发布信息，由北京市牵头申报的京津冀燃料电池汽车示范城市群被财政部等国家五部门联合批准为首批示范城市群。下一步，北京市将按照国家燃料电池汽车示范应用有关政策要求，持续优化政策体系，规范做好国家奖励资金的分配及使用，更多地发挥财政资金撬动作用，引导带动产业基金，吸引更多社会资金参与城市群氢燃料电池汽车的生态系统建设，推进氢能产业发展。

上海燃料电池汽车示范应用城市群：2021 年 8 月 26 日，上海市经济和信息化委员会发布信息，财政部等国家五部门正式批复燃料电池汽车示范应用上海城市群为首批示范城市群。上海市依托良好产业发展基础，牵头积极开展燃料电池汽车示范应用城市群申报工作，联合浙江省嘉兴市、江苏省苏州市、南通市、山东省淄博市、宁夏宁东能源化工基地、内蒙古自治区鄂尔多斯市等 6 个城市（区域）共同组建“1 + 6”上海城市群，形成长三角联动、产业链协同、“中长途 + 中重载”应用场景聚焦的燃料电池汽车城市群示范新模式，聚焦突破一批核心部件、推出一批高端产品、形成一批中国标准，打造产业规模最大、体制环境最优、整体竞争力最强的燃料电池汽车产业集群。未来，上海城市群将全力把握国家燃料电池汽车示范应用发展契机，聚焦关键零部件技术全面突破、整车推广规模引领、加氢站适当超前布局、奖补资金加大力度等方面，加快研究制定有关支持政策，积极开展燃料电池汽车示范应用，有力支撑汽车产业转型升级。

广东燃料电池汽车示范城市群：2021 年 9 月 2 日，广东省发展和改革委员会发布消息，财政部等国家五部门正式批复燃料电池汽车示范应用广东城市群为首批示范城市群。广东省立足产业发展实际，确定由佛山市牵头，联合广州、深圳、珠海、东莞、中山、阳江、云浮、福州、淄博、包头和六安等城市，积极申报组建燃料电池汽车示范应用广东城市群，以佛山、广州、深圳、淄博、六安和包头六大燃料电池技术创新和产业高地为引擎，联动东莞、中山、云浮等关键材料、技术及装备研发制造基地，依托珠海、阳江、福州等氢源供应基地，推动示范应用，全面实现示范城市群跨越式发展。未来，广东城市群坚持区域协同发展理念，充分发挥产业布局先发优势，在技术创新、产业链建设、氢能供给、车辆推广、政策制定等方面加强统筹协调，探索构建统一的政策和市场体系，整合产业优势资源，加强全国范围内产业链协同联动，培育壮大龙头企业，聚焦核心技术自主创新和产业化，补齐产业短板，为我国燃料电池汽车产业高质量发展提供有力支撑。

三　地方氢能与燃料电池汽车产业政策进展与动向

地方政府是我国氢能与燃料电池汽车发展的积极推动者，产业推进积极性持续高涨，围绕技术创新、产业发展和示范应用，出台了系列支持配套政策，并将氢能与燃料电池汽车产业作为本地传统产业结构调整、经济增长新动能、落实双碳战略目标的重要方向，大力支持和鼓励发展。2020 年 10 月 ~ 2021 年 8 月，近 24 个省，38 个城市出台了 110 余项氢能与燃料电池汽车相关政策，除氢能与燃料电池汽车专题政策外，还有部分氢能相关政策内容在各省市“十四五”规划、战略性新兴产业发展规划、新能源汽车产业发展与推广应用、制造业高质量发展规划、绿色低碳发展、应对气候变化、能源工作指导意见、新型基础设施建设实施方案等政策中体现。

（一）地方“十四五”规划中的氢能产业政策动向

2021 年 2 月 ~6 月是国内各省份相继发布“十四五”规划的密集期。据收集整理，国内有 30 个省份发布《国民经济和社会发展第十四个五年规划和 2035 年远景目标纲要》，普遍提到支持发展氢能产业，主要体现在科技创新攻关、重点发展产业、区域协调发展、绿色低碳能源保障、现代基础设施体系、绿色生态文明发展等规划内容中。其中，北京市提出推动京津冀规模化、协同化布局氢能产业，以氢能全链条创新为突破，聚焦新能源技术装备产业化，打造绿色智慧能源产业集群。上海、广东、山东、四川、江苏等省市明确把出氢能作为未来产业的重要方向之一，重点鼓励发展，加快产业布局和项目落地。河北、浙江、内蒙古、宁夏、青海等在“十四五”规划中，提到积极开展氢能技术创新应用，发展规模化风光制氢，建设绿氢生产基地，提高新能源消纳和存储能力，进一步扩大可再生能源应用规模，构建绿色低碳的现代能源体系，全面提升能源安全保障能力。典型省份《国民经济和社会发展第十四个五年规划和 2035 年远景目标纲要》中氢能与燃料电池汽车相关政策内容如表 2 所示。

表 2　典型省份《国民经济和社会发展第十四个五年规划和 2035 年远景目标纲要》中氢能与燃料电池汽车相关政策内容

省区市	氢能与燃料电池汽车相关政策要点
北京	推动京津冀规模化、协同化布局氢能产业。建设创业投资集聚区，对氢能、光伏、先进储能、能源互联网等领域采取“负面限制清单 + 正面鼓励清单”管理模式。以智慧能源为范式，以氢能全链条创新为突破，聚焦新能源技术装备产业化，打造绿色智慧能源产业集群。围绕燃料电池产业链上下游，探索构建电氢能源体系，加快推进先进适用储氢材料产业化。以重大示范场景应用为牵引，规划一批氢能储运、加氢站，促进氢燃料电池汽车规模化推广应用。建设氢能高端装备产业园、燃料电池发动机生产基地和国际氢能示范区。推动公交（通勤）、环卫、出租、渣土以及市内邮政、快递、旅游等车辆基本实现纯电动或氢燃料电池汽车替代。优化充换电基础设施布局，加快推进氢能源汽车加氢站规划建设

续表

省区市	氢能与燃料电池汽车相关政策要点
上海	在第六代通信、下一代光子器件、脑机融合、氢能源、干细胞与再生医学、合成生物学、新型海洋经济等方面，加强科技攻关与前瞻谋划，为未来产业发展奠定基础。加快发展新能源汽车，形成动力电池、驱动电机、电控及燃料电池电堆系统等关键总成的产业链条，加快燃料电池汽车推广应用
广东	前瞻布局战略性新兴产业，加快培育氢能产业，建设燃料电池汽车示范城市群，突破燃料电池关键零部件核心技术，打造多渠道、多元化氢能供给体系。拓展氢源渠道，推进丙烷脱氢、谷电及清洁能源制氢，扩大氢能利用规模。探索开展近海深水区海上风电柔直送出、漂浮式海上风电、海洋波浪能、氢能、储能等创新示范
河北	在人工智能、新一代通信技术、生物技术、前沿新材料、氢能、冰雪产业等领域建设一批高含金量应用场景，吸引全球新技术成果首发首试。加速氢能产业规模化、商业化进程，打造全国氢能产业发展高地，重点建设张家口市可再生能源示范区和氢能示范城市、邯郸氢能装备等产业示范基地，形成集装备制造、能源生产、应用示范于一体的新能源产业集群。围绕类脑智能、量子信息、基因技术、未来网络、氢能与储能等前沿科技和产业变革领域，实施产业跨界融合示范工程。加快建设冀北清洁能源基地，以推进张家口市可再生能源示范区建设为契机，加快新能源制氢，合理布局加氢站、输氢管线，推进坝上地区氢能基地建设。支持张家口、承德等地区发展可再生能源电力制氢产业
河南	完善能源输配网络，统筹布局加油、加气、充（换）电、加氢等设施，示范推广氢电油气综合能源站。优化省内能源结构，加强氢能技术研发应用，提高工业副产氢纯化水平，开展可再生能源电解水制氢示范，培育氢能产储运用全产业链
山东	以核电、氢能、智能电网及储能等为支撑的新能源产业成为重要支柱产业。重大创新平台：产业创新平台：燃料电池国家技术创新中心。建设未来产业重要策源地，聚焦氢能与储能、量子信息、类脑智能、基因技术、深海极地、空天信息、极端环境新材料、未来网络等前沿领域，加强技术多路径探索、交叉融合，组织实施产业孵化与加速计划。积极探索光伏、风电等可再生能源制氢和低谷电力制氢，推动燃料电池分布式电源和热电联供系统示范应用，培育“光伏＋氢储能”一体化应用新模式，建设国家氢能产业发展高地，打造山东半岛“氢动走廊”
四川	面向产业技术前沿和新兴市场需求，重点培育人工智能、精准医疗、前沿新材料、核技术应用、高性能机器人、高端航空航天装备、氢能及燃料电池等产业，打造一批新兴产业未来增长引擎
天津	新增、更换港口作业机械和运输车辆优先使用电能、氢能、天然气等清洁能源。建设氢能协同创新平台等重大产业创新服务平台。推动核心技术攻关，新能源领域：大功率风电、高转化率太阳能电池、高安全长寿命低成本储能、氢能等技术；汽车工业领域：新体系动力电池、氢燃料电池发动机、驱动电机、车联网等技术。优化创新空间布局，培育“氢能小镇”等一批主导产业突出的创新标志区。培育壮大新兴产业，加快氢能产业布局，打造全国新能源产业高地。加快公交站点和充电、加氢、停车换乘等配套设施建设。推动氢能产业高质量发展，加快制氢、加氢设施建设，拓展示范应用场景，打造氢能产业高地

续表

省区市	氢能与燃料电池汽车相关政策要点
山西	拓展智能制造、绿色制造、大数据、氢能、先进能源等技术创新试点示范。打造国家级优势装备产业基地，培育氢燃料电池汽车产业。培育战略性新兴产业集群，建设电动汽车产业集群、氢燃料电池汽车产业集群和区域智能网联汽车产业集聚区。推动新能源和可再生能源高比例发展，发挥焦炉煤气制氢等工艺技术低成本优势，有序布局制、储、加、运、输、用氢全产业链发展
浙江	构建绿色低碳的现代能源体系，全面提升能源安全保障能力。大力发展可再生能源，安全高效发展核电，鼓励发展天然气分布式能源、分布式光伏发电，有序推进抽水蓄能电站和海上风电布局建设，加快储能、氢能发展，到 2025 年清洁能源电力装机占比超过 57%，高水平建成国家清洁能源示范省
江苏	实施未来产业培育计划，前瞻布局第三代半导体、基因技术、空天与海洋开发、量子科技、氢能与储能等领域，积极开发商业化应用场景，抢占产业竞争发展制高点。提高产业链供应链现代化水平“531”产业链目录:50 条重点产业链:动力电池、新能源汽车充电桩、氢燃料电池汽车等
内蒙古	推动黄河流域高质量发展，统筹推进风光氢储等新能源开发利用，建设千万千瓦级风光电基地。构建多元化能源供应方式，依托鄂尔多斯和乌海燃料电池汽车示范城市建设，发展规模化风光制氢，探索氢能供电供热商业模式，建设绿氢生产基地。加强能源安全保障，建设内蒙古综合能源交易中心，开展煤炭、电力、石油、天然气、氢能等多种能源产品和碳汇、碳排放权、排污权、水权、可再生能源配额、电力辅助服务等指标交易

资料来源：根据政府网站公开资料整理。

（二）地方氢能与燃料电池汽车专题政策分析

为抢抓新兴产业发展机遇，国内发布氢能与燃料电池汽车产业政策的省份进一步增多，根据中汽数据氢能源研究团队不完全统计，截至 2021 年 8 月底，北京、上海、广东、天津、山东、河北、四川、浙江、江苏、山西等十余个省份已发布了氢能与燃料电池汽车产业规划、指导意见、实施方案、行动方案等政策。

2020 年 10 月 ~2021 年 8 月，国内各地共计发布氢能与燃料电池汽车专项政策 37 余项，主要覆盖培育或推动氢能产业发展、燃料电池汽车产业发展和示范应用等方面内容。从地方氢能与燃料电池汽车产业支持政策发布类型来看，产业规划、具体支持措施、推动氢能产业发展的实施意见和方案等专项政策开始增多，反映了地方政府高度重视氢能与燃料电池汽车产业发展，制定发展目标，明确发展方向和重点工程，积极开展场景化示范应用，强化政策支持力度，着力于解决本地产业发展和车辆示范应用存在的难题和企业诉求，打造有利产业发展的良好政策环境。地方氢能与燃料电池汽车专项政策如表3所示。

表3　地方氢能与燃料电池汽车专项政策

省区市	发布部门	政策名称	发布时间
北京市	北京市经信局	《北京市氢燃料电池汽车产业发展规划(2020～2025年)》	2020.10
	大兴区政府	《大兴区促进氢能产业发展暂行办法》	2020.12
	北京市经信局	《北京市氢能产业发展实施方案(2021～2025年)》	2021.8
上海市	上海市经信委、发改委等	《上海市燃料电池汽车产业创新发展实施计划》	2020.11
	上海市经信委、发改委等	《关于支持本市燃料电池汽车产业发展若干政策》	2020.12
	青浦区经济委员会	《上海市青浦区氢能及燃料电池产业发展规划》	2020.10
广东省	省发改委	《广东省加快氢燃料电池汽车产业发展实施方案》	2020.11
	广州市黄埔区人民政府　广州开发区管理委员会	《广州市黄埔区广州开发区促进氢能产业发展办法》	2021.6
	广州市黄埔区发展和改革局　广州开发区发展和改革局	《广州市黄埔区　广州开发区促进氢能产业发展办法实施细则》	2021.6
	青岛市发改委	《青岛市氢能产业发展规划(2020～2030年)》	2020.12
	淄博市发改委	《关于支持氢能产业发展的若干政策(征求意见稿)》	2021.7
	泰安市政府	《泰安市人民政府办公室关于加快推进氢能产业发展的实施意见》	2021.1
	潍坊市氢能产业发展工作专班	《潍坊市“氢进万家”科技示范工程工作推进方案》	2021.7
河北省	河北省能源局	《河北省氢能产业发展“十四五”规划》	2021.7
	定州市政府	《定州市氢能产业发展规划(2021～2023年)》	2021.7
	保定市政府	《保定市氢燃料电池汽车产业发展三年行动方案(2020～2022年)》	2020.10

续表

省区市	发布部门	政策名称	发布时间
山西省	长治市政府	长治市氢能产业发展规划(2020～2030年)	2020. 10
	长治市政府	长治市氢能与燃料电池汽车产业发展行动计划(2020～2023年)	2020. 10
	长治市交通运输局	长治市燃料电池汽车交通运输暂行管理办法	2020. 10
	长治市财政局	长治市燃料电池汽车推广应用财政补助实施细则	2020. 10
	内江市经信局	内江市推进氢能产业发展八项举措	2020. 11
浙江省	浙江省发改委	浙江省加快培育氢燃料电池汽车产业发展实施方案(征求意见稿)	2021. 7
	平湖市市政府	平湖市人民政府关于印发平湖市加快推进氢能产业发展和示范应用实施意见的通知	2020. 12
	嘉兴市政府	关于加快推动氢能产业发展的实施意见	2021. 4
	舟山市政府	舟山市加快培育氢能产业发展的指导意见	2020. 12
江苏省	常熟市政府	2021年常熟市氢燃料电池产业发展工作要点	2021. 3
辽宁省	大连市政府	大连市加快培育氢能产业发展的指导意见	2020. 10
	大连市政府	大连市氢能产业发展规划(2020～2035年)	2020. 11
	大连市发改委	2020年“大连市氢能综合利用示范工程”项目公示	2021. 5
	大连市发改委	大连市氢能产业发展专项资金管理办法	2020. 12
内蒙古自治区	自治区能源局	内蒙古自治区促进氢能产业发展若干政策(试行)》(征求意见稿)	2021. 7
	自治区能源局	内蒙古自治区促进燃料电池汽车产业发展若干措施(试行)(征求意见稿)	2020. 12
	呼和浩特市政府	呼和浩特市人民政府关于推进氢能产业高质量发展的实施意见(征求意见稿)	2020. 11
湖北省	黄冈市政府	黄冈市人民政府办公室关于推进黄冈市氢能产业发展的实施意见	2020. 11
湖南省	岳阳市发改委	岳阳氢能城市建设及氢能产业发展规划(2020～2035年)	2020. 10
福建省	福州市工信局	福州市促进氢能源产业发展扶持办法	2021. 1
贵州省	贵阳市商务局	贵阳市汽车加氢站建设运营管理办法(试行)(征求意见稿)	2021. 5

资料来源：根据政府网站公开资料整理。

（三）地方加氢站专题政策分析

加氢站对于促进和保障燃料电池汽车示范应用具有重要的支撑作用，为加快推进加氢站建设工作，2020 年 10 月 ~2021 年 8 月，海南省、内蒙古自治区、保定市、济南市、长春市、大连市、成都市等 13 个省份发布了 13 项加氢站管理专题政策（3 项为征求意见稿），明确政府部门在加氢站审批、建设、运营管理各环节的职责，规范加氢站建设与管理，强化安全和应急管理措施。

目前，国家法律、法规对汽车加氢站的行业主管部门、经营许可等问题没有明确，国内相关城市做法也不尽相同。其中，济南市明确市住房和城乡建设局统筹负责全市汽车加氢站监督管理工作，在国家出台汽车加氢站经营管理有关规定前，经营单位无须办理经营许可，相关部门不得将经营许可作为为其办理营业执照的前置条件。成都市明确市经信局为本市加氢站项目行业管理部门，提出在本市从事加氢站经营活动，须向市应急局申请办理《危险化学品经营许可证》，在国家明确加氢站经营管理办法前，对制氢加氢一体站建设项目中的加氢项目核发《危险化学品经营许可证》。2021 年 8 月 9 日，苏州市发布了国内首个加氢站安全管理规定，提出应急管理部门负责加氢站安全监督管理以及事故调查处理工作，明确了加氢站主体责任落实要求，有助于指导企业进一步完善安全制度，强化人员管理，优化应急处置，保障加氢站安全稳定运营。

目前，国内部分城市在加氢站建设和运营管理方面进行了一些先行先试，但我国氢气一直作为危险化学品管理，在能源法定属性尚未明确前，管理缺乏上位依据，政府主管部门和相关管理政策、法规体系仍不明确。行业仍然缺乏统一的、规范的、高效的加氢站建设和运营管理审批政策、工作流程，在国内一些省市仍然存在加氢站建设难的问题。地方加氢站相关政策如表 4 所示。

表 4　地方加氢站相关政策

省区市	发布部门	政策名称	时间
保定市	政府办公室	《关于做好加氢站项目审批管理工作的意见》	2020. 10
长治市	市行政审批服务管理局	长治市加氢站审批和管理暂行办法	2020. 10

续表

省区市	发布部门	政策名称	时间
长春市	市政府	长春市汽车加氢站管理暂行办法	2020. 10
济南市	市政府办公厅	关于推进我市汽车加氢站规划建设运营管理工作的实施意见	2020. 11
福州市	市政府办公厅	福州市加氢站建设及经营管理暂行办法	2020. 11
海南省	海南省住建厅	海南省加氢站建设审批流程(试行)	2021. 1
大连市	市住建局	大连市加氢站管理暂行办法	2021. 2
成都市	市经信局	成都市加氢站建设运营管理办法(试行)	2021. 3
常熟市	市政府办公室	常熟市加氢站布局规划(2021～2025 年)	2021. 3
贵阳市	市商务局	贵阳市汽车加氢站建设运营管理办法(试行)(征求意见稿)	2021. 5
郑州市	市城管局	郑州市加氢站管理办法(征求意见稿)	2021. 7
内蒙古	自治区能源局	内蒙古自治区加氢站管理暂行办法(征求意见稿)	2021. 7
苏州市	市政府	苏州市加氢站安全管理暂行规定	2021. 8

资料来源：根据政府网站公开资料整理。

四　氢能与燃料电池汽车产业政策建议

明确顶层设计和战略引领。我国已将氢能写入《2019 年国务院政府工作报告》、“十四五”规划、《2021 年能源工作指导意见》。但截至 2021 年 8 月底，国家层面尚未出台氢能产业专项发展规划。建议以落实“碳达峰、碳中和”战略目标为原则，加快推进能源革命和绿色低碳发展，明确氢能作为能源的法定属性和在现代能源体系中的定位，破解制约氢产业发展的源头问题。国家相关主管部门尽快研究制定国家层面氢能产业发展战略、产业发展规划、路线图等引导性文件，明确氢能产业发展战略定位和政策方向，设定阶段性发展目标，为地方氢能产业发展提供战略指向和政策引导，防止产业过热和产能过剩等风险，推动产业健康有序发展。

支持核心技术创新。以科技创新推动产业高质量发展，致力于解决行业关键零部件和核心材料短板，破解企业自主研发创新意识和能力不强等共性问题，构建自主可控的燃料电池汽车产业体系。围绕氢能关键设备、燃料电池核心材料等方面的关键技术，布局开展研发攻关，推动技术创新成果落地。发挥地方战略性新兴产业专项、科技创新专项、制造业高质量发展专项等政策支持作用，支持氢能产业链关键装备、燃料电池汽车核心零部件研发、测试装备等企业加强关键技术攻关，吸引社会资本以股权投资、技术投资等方式参与氢能与燃料电池汽车产业链各环节技术创新。

完善配套支持政策。建议各城市群尽快明确燃料电池汽车示范应用方案，制定发布城市群奖补政策重点支持范围、资金分配机制和实施细则，加快落实加氢站建设、车辆示范运营、重点项目、创新平台等的政策支持，构建完善的配套政策支撑体系，为产业发展提供了较好的政策环境。建议各市进一步明确加氢站行政主管部门职责和涉及部门职责分工，开展政策创新，上下协同突破现有政策瓶颈，形成高效的加氢站审批、建设和运营管理流程。加大力度支持氢能供应体系建设，按照适度超前原则推进加氢站规划建设，对加氢网络建设用地在立项、规划、用地等环节给予支持。支持绿色低碳氢供给，对于可再生能源电解水制氢、燃料电池汽车专用制氢站项目给予电价优惠，降低绿氢供应成本。地方政府积极探索碳交易、碳核查等产业创新型配套政策，推动氢能与燃料电池汽车产业发展。

适时扩大燃料电池汽车示范区域范围。在燃料电池汽车示范城市群基础上，稳步推进燃料电池汽车示范应用，建议结合示范应用的实施效果和燃料电池汽车产业发展基础条件等情况，统筹研究考虑重视氢能及燃料电池汽车产业发展、积极性高的、产业基础好的城市，适时扩大燃料电池汽车示范应用区域，助力市场进程由区域性的示范应用向大规模的推广应用迈进，推动燃料电池汽车尽早实现商业化应用。

强化车辆与加氢站运营安全管理。建议各地方城市完善燃料电池汽车示范相关的氢能制储运加用全链条安全保障和应急管理机制与体系。加强氢能供给环节应急处置能力建设，研究制定切实可行、处置高效的突发事件应急处理预案。引导燃料电池汽车和加氢站运营单位建立健全安全管理制度、操作规程和应急预案，强化运营安全管理和应急管理培训，制氢、储运、燃料电池汽车和系统生产制造单位对应急管理部门、加氢站运营单位进行培训。

开展氢燃料电池汽车全过程信息化运营监管。构建覆盖氢能制、储、运、加以及终端应用各环节的氢燃料电池汽车大数据监管平台，实现车用氢气流通可追踪、安全高效调配、品质实时监控、碳排放可追溯，燃料电池汽车运行在线安全监控，为地方政府主管部门高效监管车用氢能供给和燃料电池汽车运行提供在线信息化管理平台和决策依据，为清洁氢认证与核算服务、车用氢气溯源与管理提供可视化平台，为城市群示范奖补资金核算和发放提供数据支撑。

B.11

中国燃料电池电动汽车标准化工作进展

郝维健　兰　昊　何云堂*

摘　要：　燃料电池汽车作为新能源汽车的重要组成部分，目前正进入快速发展期。产业的发展需要标准的引领和规范。全国汽车标准化技术委员会电动车辆分技术委员会积极致力于燃料电池电动汽车标准化工作，自2009年以来先后已发布15项燃料电池汽车国家、行业标准，涵盖基础通用、整车、关键系统和零部件、接口、设施等多个领域，形成了相对完善的燃料电池电动汽车标准体系。本文主要介绍了燃料电池电动汽车中国和国际标准法规最新进展以及未来展望。

关键词：　燃料电池汽车　燃料电池系统　国际法规

目前，新能源汽车已成为全球汽车产业转型发展的主要方向和促进世界经济持续增长的重要引擎。其中，燃料电池电动汽车以其零排放、效率高、能源可再生等多重优势，被视为新能源汽车发展的重要方向。我国政府高度重视燃料电池电动汽车发展，2020 年 9 月，财政部等国家五部门发布了

---

* 郝维健，博士，工程师，中国汽车技术研究中心有限公司汽车技术标准化研究所；兰昊，硕士，工程师，中国汽车技术研究中心有限公司汽车技术标准化研究所；何云堂，中国汽车技术研究中心教授级高工，同济大学兼职教授，全国汽车标准化技术委员会灯光分委会（SAC/TC114/SC21）副主任委员，全国汽车标准化技术委员会电动车辆分委会（SAC/TC27）委员，全国燃料电池标准化技术委员会（SAC/TC342）委员，中国汽车工程学会（C－SAE）灯光分会秘书长。国际标准化组织（ISO）电动汽车注册专家，联合国燃料电池汽车全球技术法规（UN GTR13）中方负责人。国际氢能协会（IAHE）标准和规范专业委员会委员。

《关于开展燃料电池汽车示范应用的通知》，将燃料电池汽车的购置补贴政策调整为燃料电池汽车示范应用支持政策，对符合条件的城市群开展燃料电池汽车核心技术产业化攻关和示范应用给予奖励。该政策发布后，各地区积极申报。2018 年 8 月底，北京、上海、广东等地报送的城市群获批，将启动实施燃料电池汽车示范应用工作。此外，各地区也密集出台各类氢能、燃料电池汽车相关政策，鼓励燃料电池汽车产业发展。在这样的大背景下，燃料电池汽车正进入发展的“快车道”。

标准对产业发展具有规范和引领作用，完善的标准体系是促进产业规范、健康发展的基础。自 2009 年以来，在工业和信息化部、国家标准化管理委员会的支持和指导下，全国汽车标准化技术委员会电动车辆分技术委员会燃料电池电动汽车工作组（简称“工作组”）组织行业开展了燃料电池电动汽车标准研究工作，先后发布了 15 项国家、行业标准（见表 1），涵盖覆盖基础通用、整车、关键系统和零部件、接口、示范运行等多个领域，形成了相对完善的燃料电池电动汽车标准体系。

表 1　燃料电池电动汽车领域已发布国家、行业标准

分类	名称
基础通用	GB/T 24548 – 2009《燃料电池电动汽车　术语》
整车	GB/T 24549 – 2020《燃料电池电动汽车安全要求》
	GB/T 26991 – 2011《燃料电池电动汽车　最高车速试验方法》
	GB/T 35178 – 2017《燃料电池电动汽车　氢气消耗量测量方法》
	GB/T 37154 – 2018《燃料电池电动汽车　整车氢气排放测试方法》
	GB/T 39132 – 2020《燃料电池电动汽车定型试验规程》
关键系统和零部件	GB/T 24554 – 2009《燃料电池发动机　性能试验方法》
	GB/T 34593 – 2017《燃料电池发动机氢气排放测试方法》
	GB/T 26990 – 2011《燃料电池电动汽车　车载氢系统　技术条件》
	GB/T 29126 – 2012《燃料电池电动汽车　车载氢系统　试验方法》
接口	GB/T 26779 – 2021《燃料电池电动汽车　加氢口》
	GB/T 34425 – 2017《燃料电池电动汽车　加氢枪》
	QC/T 816 – 2009《加氢车技术条件》
示范运行	GB/T 29123 – 2012《示范运行氢燃料电池电动汽车技术规范》
	GB/T 29124 – 2012《氢燃料电池电动汽车示范运行配套设施规范》

近期，工作组针对产业需求和标准缺项，积极推进燃料电池电动汽车标准化工作。2021 年 1 ~ 8 月，工作组发布标准 1 项，公开征求意见标准 3 项，6 项标准正在起草过程中，近 10 项标准正在预研过程中。此外，在国际标准法规方面，我国也取得了重要进展，由我国专家担任共同项目负责人（Project Leader，PL）的 ISO 23828《道路车辆 压缩氢燃料电池汽车 能量消耗量》顺利进入起草国际标准（Drafted International Standard，DIS）阶段。本文将介绍本年度国内和国际燃料电池电动汽车标准法规的进展情况。

一　国内燃料电池电动汽车标准工作进展

（一）燃料电池电动汽车低温冷起动性能试验方法

低温冷起动性能是燃料电池电动汽车环境适应性的关键指标之一，也是制约燃料电池汽车大规模、大范围推广应用的主要技术瓶颈之一。然而，目前国内外尚无表征燃料电池电动汽车低温冷起动性能的标准，低温冷起动试验过程中的技术要求、试验方法和判定条件仍不健全，大大延长了企业的研发周期、提高了测试成本。《燃料电池电动汽车低温冷起动性能试验方法》标准制定工作于 2018 年启动，前期经过多次会议讨论，完成了标准草案编制工作。2020 年 11 月国标委下达正式立项计划。本年度工作组在以往工作的基础上，广泛调研行业技术现状，明确了测试方法中的部分关键内容，主要进展如下。

1. 低温浸车方法

该标准中规定以浸车时间为浸车结束的判定条件，规定有效浸车时间不少于 12 小时，以保证燃料电池汽车的温度与环境温度相同，充分浸车。在浸车开始前，允许按照制造商的规定调整可充电储能系统的荷电状态（SOC），以满足不同控制策略的燃料电池汽车的起动需求。在环境温度下降至设定温度的过程中，允许按照制造商的规定对车辆进行一次起动和停机操作，但车辆从起动到停机（不含吹扫过程）完成的总时间不应超过 5min。

2. 低温冷起动测试方法

本标准中提出的燃料电池汽车低温冷起动性能试验方法，是针对安装在整车上的燃料电池动力系统进行的，并规定了燃料电池堆以一定功率输出并维持一定时间，且起动过程中任意连续 3s 内的平均氢气体积浓度应不超过 4%，瞬时氢气体积浓度不超过 8%。对车辆进行起动操作后，可按照制造商的规定开启暖风装置、空调等，以消耗功率。燃料电池堆的输出功率达到 1kW 后，应能够以不低于 1kW 的功率连续运行 10min；或在达到 1kW 后的 20min 内，应能够以不低于 1kW 的功率累计运行 10min。

3. 低温冷起步测试方法

本标准中提出的燃料电池汽车低温起步性能试验方法，明确了车辆道路负荷的设定、驾驶模式的选择、试验方法和起步后的试验工况。车辆驱动系统就绪后，将车辆状态切换到可行驶模式，以全油门运行，直至燃料电池堆的输出功率不低于燃料电池系统额定功率的 50%。此后，挡位保持不变，松开油门踏板，缓慢踩下制动踏板，并在 1min 内完成停车。停车后 3min 内，按照被测车型对应的行驶工况进行工况循环试验。

目前，该标准经过多次会议讨论已较为成熟，已于 2021 年 8 月公开征求意见，下一步，工作组将组织起草组处理收集到的意见，进一步完善草案，预计该标准将于 2022 年初报批。

（二）燃料电池电动汽车能量消耗量及续驶里程试验方法

燃料电池电动汽车的能量消耗量和续驶里程是评估其经济性的重要参考指标。ISO 23828 和 SAE J2572 等国际标准提供了燃料电池汽车能耗和续驶里程的测试方法，但主要针对非插电式燃料电池汽车，对于我国插电式混合动力技术路线的燃料电池汽车并不适用。因此，制定适应我国国情的燃料电池汽车能耗及续驶里程测试方法非常必要。

自 2017 年起，工作组开始组织行业开展标准预研工作，提出了一套适用于不同技术路线燃料电池汽车的能耗及续驶里程测试方法，完成了标准草案的编制工作。2020 年 11 月，国标委下达了该标准立项计划。本年度工作组在之前工作基础上，细化了部分测试流程，完成了本标准的验证试验，主要进展如下。

（1）试验公差要求、道路负荷测定等能耗试验条件与 GB/T 18386.1—2021 等电动汽车能耗测试方法相协调。对草案中的试验环境温度、浸车时间、浸车温度等测试条件进行了进一步修订。

（2）完成了 A 型、B 型车辆的标准验证试验，通过验证试验验证了标准中能耗与续驶里程测试方法的可行性，并完成了氢瓶截止压力测试方法验证试验，并根据试验结果对部分试验条件进行了修订。

目前，该标准经过多次会议讨论已较为成熟，已与 2021 年 8 月公开征求意见，下一步，工作组将组织起草组处理收集到的意见，进一步完善草案，预计该标准将于 2022 年初报批。

（三）燃料电池发动机性能试验方法

燃料电池发动机性能试验方法的现行国家标准为 GB/T 24554—2009《燃料电池发动机性能试验方法》，该标准的实施对我国燃料电池发动机及燃料电池汽车产业的发展起到了重要的推动作用。近年来，我国在燃料电池发动机及相关零部件领域的技术能力不断提升，突破了大功率、低温冷起动等多项关键技术，2009 版标准已无法适应产业发展现状。因此，工作组组织行业在 2016 年启动了 GB/T 24554 的修订工作。本次修订工作在 2009 年标准基础上，主要增加内容如下：

①试验数据采集、计算及功率加载误差要求；

②常温额定功率冷起动测试；

③常温额定功率热起动试验；

④低温冷起动特性试验（包括低温怠速冷起动试验和低温额定功率冷起动试验）；

⑤动态平均效率特性试验；

⑥辅助系统功率规定。

主要修订内容如下：

①绝缘电阻测试；

②质量及质量功率密度测试。

本年度工作组在之前工作基础上，重点研究了燃料电池发动机边界界定问题，经过多次会议讨论，基本达成了一致意见（见图 1），并根据行业需要增加了燃料电池发动机高温运行试验和燃料电池堆体积功率密度测试项目。

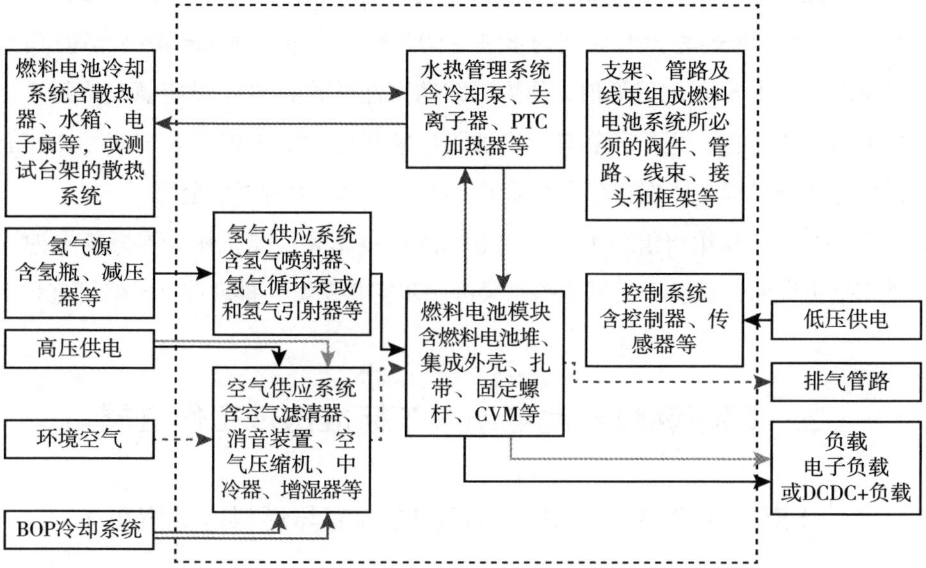

图 1　燃料电池发动机边界界定

目前，该标准经过多次会议讨论已较为成熟，已于 2021 年 8 月公开征求意见，下一步，工作组将组织起草组处理收集到的意见，进一步完善草案，预计该标准将于 2022 年初报批。

（四）燃料电池电动汽车动力性能试验方法

燃料电池电动汽车动力性能试验方法现行国家标准为 GB/T 26991—2011《燃料电池电动汽车 最高车速试验方法》，该标准仅包含最高车速试验方法，缺少其他动力性能指标。针对燃料电池汽车动力性测试需求，工作组提出将 GB/T 26991 修订为《燃料电池电动汽车 动力性能试验方法》，该标准将提供一套可以适用于插电式、全功率式等不同能量来源类型的燃料电池电动汽车的动力性评价方法。

本年度工作组进一步完善了该标准草案框架，在试验条件方面，除燃料电池电动汽车特殊性条件之外，保持与正在修订的 GB/T 18385《电动汽车动力性能试验方法》、GB/T 19752《混合动力电动汽车动力性能试验方法》两项动力性标准相协调。动力性测试方法方面，按照厂家规定的要求对车辆的 RESS 进行充电，使 RESS 的 SOC 区间为 40% ~60% 后，先进行 30min 最高车速试验，记录试验过程中 SOC 的最低值，作为后续动力性试验的 SOC 设定值，从而考查燃料电池系统能力。此外，草案中增加了厂家推荐模式下的最高车速、加速能力试验作为选做项，体现整车全部动力性能，使标准内容更加全面。

下一步，工作组将组织相关燃料电池汽车整车和检测机构开展燃料电池汽车整车动力性验证试验，根据试验结果进一步完善草案，推动该标准修订进程。

二 国际燃料电池电动汽车标准法规工作进展

（一）联合国全球技术法规 GTR 13《氢与燃料电池汽车》

联合国全球技术法规 GTR 13《氢与燃料电池汽车》目前正处于二阶段，二阶段重点研究内容包括法规范围扩大、商用车的台车试验、TPRD 喷射方向、火烧试验、材料兼容性、气瓶循环寿命试验等内容。我国作为副主席国积极参与 GTR 13 法规协调，并被任命为 TF1（Task force 1）联合组长。在本年度的 GTR 13 法规协调工作中，在我国专家组织下，TF1 研究小组提出并推动了多项提案研究，主要内容有以下几个方面。

1. 法规范围

GTR 13 一阶段法规适用范围为总质量小于等于 4536kg 的 1 -1 类和 1 -2 类氢燃料电池汽车，在 GTR 13 二阶段中，计划将适用范围参照 GTR 20 的法规适用范围进行修改，具体内容如下。

（1）本法规适用于最大设计时速超过 25km/h 的 1 类和 2 类氢燃料电池

车辆。

（2）该法规包括以下两组要求，缔约方可以根据车辆的类别和车辆总质量（GVM）进行选择：对于所有1－1类车辆以及GVM为4536kg或以下1－2类和2类车辆，第5和6部分的要求应按照第4部分规定的一般要求适用；对于GVM超过3500kg的1－2类和2类车辆，第7和第8部分的要求应按照第4部分规定的一般要求适用。

（3）缔约方可以将以下车辆排除在本法规的适用范围之外：

①不包括牵引电池的质量时，空载质量不超过350kg的四轮或四轮以上车辆，最大设计车速不超过45km/h；电机最大持续额定功率不超过4kW的车辆；

②除上述①项外，具有四个或更多车轮，不包括牵引电池的空载质量不超过450kg（对于载货车辆是650kg）和其最大连续额定功率不超过15kW的车辆。

2. 台车试验

增加台车试验，主要内容取自UN R134《氢能和燃料电池车辆》，其中加速度按照如下规定设置：

（1）车辆总质量（GVM）不超过3500kg的1－1、1－2和2类车辆的加速度：行驶方向（向前或向后）为26g，垂直于行驶方向（左右方向）为12g；

（2）总质量（GVM）为3501kg至5000kg 1－1类和1－2类车辆，以及车辆总质量（GVM）至少为3501kg至12000kg的2类车辆的加速度：行驶方向（向前或向后）为10g，垂直于行驶方向（左右方向）为8g；

（3）总质量（GVM）至少为5001kg的1－1类和1－2类车辆以及总质量（GVM）至少12001kg的2类车辆的加速度：行驶方向（向前或向后）为10g，垂直于行驶方向（左右方向）为8g。

3. TPRD喷射方向

（1）TPRD在高温下打开并释放氢气。在GTR13一阶段中，对于TPRD的喷射方向有如下要求。

TPRD的喷射不应：

①流入封闭空间或半封闭空间；

②流入或流向任何车轮罩；

③朝向储氢气瓶；

④朝车辆前进方向，或者后面或侧面的水平方向（平行于道路）释放。

然而，上述部分内容在实际执行过程中发现了一些问题，例如车辆为了满足 TPRD 不能“朝车辆前进方向，或者后面或侧面的水平方向（平行于道路）释放”的要求，使 TPRD 喷射方向更加不合理，此外“后面”“侧面”等表述也在实际执行层面容易被错误理解。因此，TF1 提出了对于 TPRD 喷射方向的如下修订提案。

TPRD 的喷射方向应当在向上垂直方向的 20°以内或向下垂直方向的 45°以内。此外，TPRD 的喷射不应：

①流入封闭空间或半封闭空间；

②流入或流向任何车轮罩；

③朝向储氢气瓶；

④朝车辆前进方向；

⑤朝向车辆的可充电储能系统。

目前，以上提案均已提交 GTR 13 非正式工作组会议讨论。

（二）国际标准化组织 ISO 23828《燃料电池道路车辆－能量消耗量测试－压缩氢车辆》

ISO 23828《燃料电池道路车辆－能量消耗量测试－压缩氢车辆》现行版本为 ISO 23828：2013，主要规定了非插电式燃料电池电动汽车能耗测试方法。近年来，随着我国以插电式为主的燃料电池电动汽车产业快速发展，为推动我国燃料电池汽车产品“走出去”，结合同类国家标准的研究基础，我国专家向秘书处提交修订 ISO 23828 的提案并成功立项，并担任共同项目负责人（Project Leader，PL），该标准主要修订内容如下：

①增加燃料电池汽车续驶里程测试方法；

②增加插电式燃料电池电动汽车的能耗测试方法。

目前，该标准已进入国际标准草案 DIS 阶段，本次修订在范围中增加了插电式混合动力燃料电池电动汽车这一我国燃料电池汽车主流技术路线，并充分借鉴了我国标准的起草经验，一方面体现了我国标准“走出去”，另一方面将有力助推我国燃料电池汽车产品“走出去”。

三　燃料电池电动汽车标准法规未来展望

下一步，我国将继续加速燃料电池电动汽车国家标准和国际标准法规研究，充分发挥标准在便利经贸往来、支撑产业发展、促进科技进步、规范社会治理中的重要作用。

在国内标准方面，工作组下阶段主要工作包括以下内容。

（1）归纳并处理行业内燃料电池电动汽车能耗及续驶里程试验方法、低温冷起动性能试验方法、燃料电池发动机性能试验方法三项标准的意见，力争在 2022 年初完成标准报批工作。

（2）加快燃料电池电动汽车动力性能试验方法、车载氢系统技术条件、加氢枪、碰撞后安全要求、加氢通信协议，燃料电池发动机耐久性试验方法等多项燃料电池汽车整车标准的制修订进程，组织行业完善标准草案，完成验证试验。

（3）开展燃料电池发动机用空气压缩机、空气滤清器、氢气循环泵、氢气喷射器、冷却水泵等多项行业标准的预研工作，组织行业内整车、系统、零部件企业、科研院所、检测机构成立起草组，推进上述标准的立项程序。

在国际标准法规协调方面，我国将继续深度参与联合国全球技术法规 GTR 和国际标准化组织 ISO 中燃料电池电动汽车相关标准法规的研究工作，利用我国在燃料电池电动汽车领域的技术积累，结合我国燃料电池汽车国家标准制定过程中的宝贵经验，为燃料电池汽车国际标准法规协调贡献“中国智慧”。

B.12
车用氢安全及燃料电池测试评价

张妍懿　郝 冬　马明辉　吴 浩　王仁广*

摘 要：随着燃料电池汽车技术的快速发展，行业内对氢燃料电池汽车的测试及评价技术的需求也不断提高。本文从试验角度对GB/T 24549－2020《燃料电池电动汽车 安全要求》和TCSAE 183－2021《燃料电池堆及系统基本性能试验方法》进行了分析，对下一步工作进行了展望，以期为行业提供燃料电池汽车及相关系统的测评技术信息。

关键词：燃料电池汽车　车用氢安全　测试评价

近年来，中国高度重视燃料电池电动汽车产业的发展，《中国制造2025》《能源技术革命创新行动计划（2016～2030年）》《新能源汽车产业发展规划（2021～2035年）》等顶层规划中都明确了其战略性地位，并将发展氢能和燃料电池技术列为重点任务。中国的燃料电池电动汽车产业取得迅速发展，逐步形成了从整车到关键部件的综合研发和测试能力，已有多款燃料电池电动汽车正式投入运营。这里主要对新修订的GB/T 24549－2020《燃料电池电动汽车 安全要求》和中国汽车技术研究中心燃料电池室主持开

* 张妍懿，高级工程师，中汽研新能源汽车检验中心（天津）有限公司燃料电池部副部长；郝冬，技术总监、燃料电池领域首席专家，博士，高级工程师，中汽研新能源汽车检验中心（天津）有限公司；马明辉，工程师，中汽研新能源汽车检验中心（天津）有限公司；吴浩，中汽研新能源汽车检验中心（天津）有限公司；王仁广，博士，教授级高工，中汽研新能源汽车检验中心（天津）有限公司。

发的《燃料电池堆及系统的基本性能试验方法》两大部分内容进行详细分析，并通过下一步工作及测试评价展望给出燃料电池汽车及其关键零部件的测试评价方法研究重点。

一　GB/T24549 -2020《燃料电池电动汽车安全要求》分析

由于燃料电池电动汽车主要以压缩氢气作为燃料，因此在整车氢安全方面需要提出一些针对性要求。针对燃料电池电动汽车安全性要求，中国于2009年10月30日发布了GB/T 24549 - 2009《燃料电池电动汽车 安全要求》（简称“2009版标准”），该标准规定了燃料电池电动汽车整车和关键零部件的一般安全要求，为促进燃料电池电动汽车产业的发展做出了突出的贡献。但随着技术的发展，目前该标准已不足以适应新的产业发展形势。为此，中国汽车技术研究中心有限公司联合高校、企业和科研院所，对2009版标准进行了修订。2020年9月29日，GB/T 24549 - 2020《燃料电池电动汽车 安全要求》（简称“2020版标准”）正式发布。本文将重点分析2020版标准的主要技术内容，并将其与2009版标准进行对比分析。

2020版标准主要内容包括范围、规范性引用文件、术语和定义、安全要求、手册要求，这里对其中的关键内容进行分析。

（一）整车安全要求

针对整车安全要求，标准规定了整车氢气排放、整车氢气泄漏、氢气低剩余量提醒、电安全四个方面的要求。

1. 整车氢气排放要求

本部分规定按照GB/T 37154 - 2018中6.1节规定的方法测试样车在进行正常操作时尾排管处的氢气浓度。测试过程需重点关注两个方面：一是从燃料电池发动机启动开始进行氢气排放相对体积浓度测量，直至发动机完全停机；二是测量点规定为在排气口几何中心线延长线上距排气口外100 mm

处。标准要求测试过程中任意连续3s内的平均氢气体积浓度不超过4%，且瞬时氢气体积浓度不超过8%。

2. 整车氢气泄漏要求

该部分包括车内要求和车外要求两个方面。

针对车辆自身范围内的氢气泄漏，要求如下。一是氢系统泄漏或渗透的氢气，不应直接排到乘客舱、行李舱/货舱，或者车辆中任何有潜在火源风险的封闭或半封闭空间。二是在安装氢系统的封闭或半封闭空间的上方，应至少安装一个氢气泄漏探测传感器。三是在驾驶员易识别的区域应安装氢气泄漏报警装置。四是当封闭或半封闭空间中氢气体积浓度达到或超过2.0% ±1.0%时，应发出警告。五是当封闭或半封闭空间中氢气体积浓度达到或超过3.0% ±1.0%时，应立即自动关断氢气供应，如果有多个储氢气瓶，允许仅关断有氢泄漏部分的氢气供应。此处2.0% ±1.0%和3.0% ±1.0%的规定，目的是为制造商提供一定的设计自由度，例如制造商可以规定大于1.0%的氢气浓度发出警告，大于2.0%氢气浓度关断氢供应；也可以规定大于3.0%的氢气浓度发出警告，大于4.0%氢气浓度关断氢供应。尽管规定的数值范围存在重叠，但是对于单一车辆而言，并不矛盾，具有可操作性。六是当氢气泄漏探测传感器发生故障时，应能向驾驶员发出故障警告信号。

针对车辆向环境中的氢气泄漏，标准也作出了规定。如果燃料电池电动汽车氢气泄漏超标，当其停在通风不良的场所时，就可能引起氢积聚的风险。考虑到一般只有M1类车辆才会停放在诸如地下停车场、私家车库等通风不良的场所，因此标准只对M1类车辆进行了规定。该试验是为了检验车辆停放在无机械通风的密闭空间（每小时空气交换率不大于0.03）内的氢气泄漏情况。标准要求M1型车辆在密闭空间内进行氢气泄漏试验，应满足任意时刻测得的氢气体积浓度不超过1.0%。

3. 氢气低剩余量提醒要求

本部分规定指示储氢气瓶氢气压力或氢气剩余量的仪表应安装在驾驶员易观察的区域，如果氢气的剩余量过低，应通过一个明显的信号向驾驶员发出提示。

4. 电安全要求

燃料电池电动汽车对电气系统的安全要求与纯电动汽车或混合动力汽车基本相似，本部分未展开电安全要求的详细内容，而是要求燃料电池电动汽车电安全应符合 GB18384－2020《电动汽车安全要求》的规定。

（二）系统安全要求

在该部分，标准规定了储氢气瓶和管路的安装与保护、泄压系统、加氢及加氢口、燃料管路氢气泄漏及检测、氢气泄漏报警装置功能、燃料的排出六个方面的要求。

1. 储氢气瓶和管路要求

本部分的要求有三个方面。一是对储氢气瓶和管路的安装位置作出要求，管路接头不应位于完全密封的空间内；储氢气瓶和管路一般不应装在乘客舱、行李舱或其他通风不良的地方，但如果不可避免要安装在通风不良的地方时，应采取措施，将可能泄漏的氢气及时排出；储氢气瓶应避免直接暴露在阳光下。二是对于可能受排气管、消声器等热源影响的储氢气瓶、管路等应有热绝缘保护。三是高压管路及部件（含加氢口）应可靠接地的要求。

2. 泄压系统要求

泄压系统的要求可以划分为两个方面。

一是释放管路的出口处要有保护措施的要求。标准规定在温度驱动安全泄压装置（TPRD）和安全泄压装置（PRD）释放管路的出口处应采取保护措施，防止出口在使用过程中被异物堵塞。

二是释放氢气的流向要求。通过 TPRD 释放的氢气，不应流入封闭空间或半封闭空间；不应流入或流向任一汽车轮罩；不应流向储氢气瓶；不应朝车辆前进方向释放；不应流向应急出口（如有）。通过 PRD 释放的氢气，不应流向裸露的电气端子、电气开关或其他引火源；不应流入封闭空间或半封闭空间；不应流入或流向任一汽车轮罩；不应流向储氢气瓶；不应流向应急出口（如有）。

3. 加氢及加氢口要求

燃料加注时，车辆应不能通过其自身的驱动系统移动。加氢口应具有防尘盖，防尘盖旁边应注明加氢口的燃料类型、公称工作压力和储氢气瓶终止使用期限。

4. 燃料管路氢气泄漏及检测要求

标准规定要对燃料管路的可接近部分进行氢气泄漏检测，并对接头部位进行重点检测。标准将燃料管路划分为两种：对于储氢气瓶与燃料电池堆之间的管路，泄漏检测压力为实际工作压力；对于加氢口至储氢气瓶之间的管路，泄漏检测压力为1.25NWP。

5. 氢气泄漏报警装置功能要求

氢气泄漏报警装置应通过声响报警、警告灯或文字显示对驾驶员发出警告。坐在驾驶座位的驾驶员应能够看到警告，不受天气和时间的影响。报警装置故障时报警应为黄色；满足整车氢气泄漏车内要求部分规定的任意一级报警条件时，警告应为红色。在车辆运行过程中或启动过程中，当氢气浓度达到或超过2.0% ±1.0%时，应发出警告。当氢气浓度达到或超过3.0% ±1.0%时，只有在下次燃料电池系统启动时才能复位报警状态到正常状态。

6. 燃料排出要求

考虑到车辆在投入使用后，有对氢系统进行维修保养等需求，为了安全，车辆应具有安全排出剩余燃料的功能。

二　TCSAE 183 -2021《燃料电池堆及系统基本性能试验方法》分析

目前，燃料电池堆及系统的基本性能测试还缺乏统一方法，不同厂家大多根据企业制定的测试和计算方法得出燃料电池堆及系统的一些性能参数指标。对同一产品的同一参数采用不同测试和计算方法得出的结果，容易导致用户和行业内的一些认知偏差。为了给不同厂家的燃料电池产品提供一个统一的比较基础，需要明确规定燃料电池堆及系统基本性能试验方法。尤其是车用质子交换膜燃料电池堆及系统，其中一些关键参数可能直接涉及产业政策的推广和执行。因此本文给出一种燃料电池堆及系统的基本性能试验方法，供行业内测试和计算使用，下面简要从概念、试验条件、试验方法三个主要方面进行详细讨论。

（一）几个关键概念

为了便于比较，这里首先给出几个常用概念的具体定义，实际上这几个概念在行业内也有一些基本认知，这里的描述仅是为了给下面描述的测试和计算方法提供明确的概念基础。

燃料电池系统额定功率（fuel cell system rated power），制造厂规定的燃料电池系统在特定工况条件下能够持续工作的净输出功率。

燃料电池堆额定功率（fuel cell stack rated power），制造厂规定的燃料电池堆在特定工况条件下能够持续工作的功率。

燃料电池系统质量功率密度（fuel cell system mass specific power），燃料电池系统输出功率和其质量的比值。

燃料电池堆体积功率密度（fuel cell stack volume specific power），燃料电池堆输出功率和其体积的比值。

燃料电池辅助系统（balance of plant，BOP），包括：空气处理系统、氢气燃料处理系统、水/热管理系统、控制系统、安全保障系统等。

（二）试验条件

1. 燃料电池系统要求

燃料电池系统应满足以下要求：

①保持燃料电池系统出厂时的外形结构和技术参数；

②燃料电池系统各系统要完整；

③燃料电池系统要有可靠的安全保障系统；

④燃料电池系统的绝缘性能、气密性等相关的安全性能应符合 GB/T 24554《燃料电池发动机性能试验方法》的要求。

2. 试验前燃料电池系统状态规定

试验前燃料电池系统状态应满足以下规定：

①冷却液加注完成；

②燃料电池系统准备工作完成，接收指令即可起动。

3. 试验平台及使用氢气要求

试验平台及使用氢气应满足以下要求：

①试验过程中燃料电池系统的辅助系统可采用外部电源供给的方式，试验平台应满足所需的供电要求；

②试验平台应提供满足燃料电池系统所需的散热要求；

③试验用氢气燃料质量应符合 GB/T 37244《质子交换膜燃料电池汽车用燃料氢气》的规定；

④试验设备应具备氢气浓度监测报警装置。

4. 辅助系统功率规定

辅助系统（BOP）功率包括空气压缩机、氢气循环泵、散热水泵、控制器等部件所消耗的功率；散热器风扇的功率不计入辅助系统功率内。

5. 试验数据采集、计算要求

试验数据采集、计算应满足以下要求：

①试验数据采样频率不低于 5 Hz；

②在功率、体积、功率密度、能量等参数计算中，采用四舍五入的方法，保留小数点后 2 位有效数字，特殊说明除外。

（三）试验方法

1. 燃料电池系统额定功率

（1）试验方法

燃料电池系统额定功率试验按照以下方法进行：

①按照 GB/T 24554《燃料电池发动机性能试验方法》规定的方法进行热机，试验过程应自动进行，不能进行人工干预，热机结束后，回到怠速状态运行 10s；

②按照制造厂规定方法进行燃料电池系统加载；

③加载到制造厂规定功率后持续稳定运行 60min，燃料电池系统的输出

功率应始终处于 60min 平均功率的 97% ~103%，燃料电池系统输出的 60min 平均功率应不低于申报值，且单电池平均电压不低于 0.60V；

④以 60min 输出功率的平均值作为燃料电池系统的额定功率，向下取整后作为额定功率的标称值。

（2）数据采集

试验中需要采集的数据如下：

①燃料电池堆的电压（V）和电流（A）；

②各个辅助系统的电压（V）和电流（A）；

③氢气流量（g/s）。

（3）计算方法

燃料电池系统的额定功率 P_{FCE} 按式（1）计算：

$$P_{FCE} = \frac{\int_0^{3600} (P_{Stack} - P_{BOP}) \cdot dt}{3600} \tag{1}$$

式（1）中：P_{FCE} 为燃料电池系统额定功率，单位为千瓦（kW）；P_{Stack} 为燃料电池堆功率，单位为千瓦（kW）；P_{BOP} 为燃料电池辅助系统功率之和，单位为千瓦（kW）。

2. 燃料电池系统质量功率密度

（1）燃料电池系统质量

按照 GB/T 24554《燃料电池发动机性能试验方法》规定测量燃料电池系统的质量 m，测量时应按照尽可能保证被测系统完整性的原则，应确保被称重的燃料电池系统在连接氢气源和散热器的条件下即可正常工作，称重范围包括燃料电池系统边界内的所有部分，如图 1 所示，单位为 kg，具体包括：

①燃料电池模块，包括燃料电池堆、集成外壳、轧带、固定螺杆、单电池电压巡检（CVM）等；

②氢气供应系统，包括氢气循环泵和/或氢气引射器等；

③空气供应系统，包括空气滤清器、消音装置、空气压缩机、中冷器、增湿器等；

④水热管理系统，包括冷却泵、去离子器、电加热器等，不包括辅助散热组件、散热器总成、水箱、冷却液及加湿用水；

⑤控制系统，包括控制器、传感器等；

⑥组成燃料电池系统所必需的阀件、管路、线束、接头和框架等。

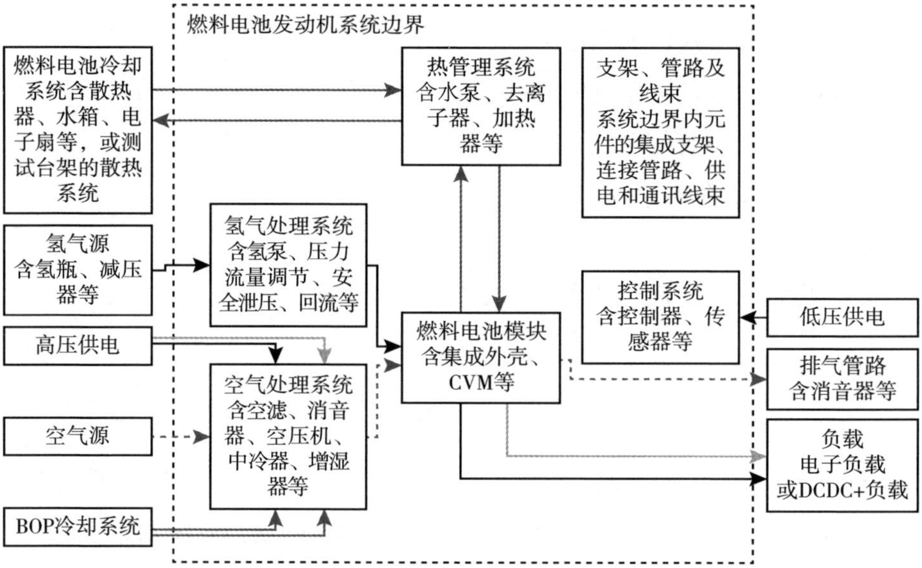

图1　燃料电池系统边界

（2）燃料电池系统质量功率密度

燃料电池系统质量功率密度按照式（2）进行计算：

$$MSP_{FCE} = 1000 \times P_{FCE}/m \quad (2)$$

式（2）中：MSP_{FCE}为燃料电池系统质量功率密度，单位为瓦每千克（W/kg）；m为燃料电池系统质量，单位为千克（kg）。

3. 燃料电池堆体积功率密度

（1）燃料电池系统额定功率对应的燃料电池堆功率

在进行6.1试验过程中，对应的燃料电池堆60min平均功率按照式（3）计算：

$$P_{\text{Stack\_60}} = \frac{\int_0^{3600} (U_{\text{Stack}} \times I_{\text{Stack}}) \cdot \mathrm{d}t}{1000 \times 3600} \tag{3}$$

式（3）中：$P_{\text{Stack_ 60}}$为燃料电池堆60min平均功率，单位为千瓦（kW）；U_{Stack}为燃料电池堆电压，单位为伏（V）；I_{Stack}为燃料电池堆电流，单位为安（A）。

（2）燃料电池堆体积

完成燃料电池系统性能试验后，制造厂应对被测的燃料电池系统进行必要的拆解，以便对燃料电池堆的体积进行测量。燃料电池堆体积测量示意图如图2所示，根据式（4）计算，单位为L。

$$V_{\text{Stack}} = (l \times h - S_{\text{A}}) \times w/10^6 \tag{4}$$

式（4）中：V_{Stack}为燃料电池堆体积，单位为升（L）；l为双极板外轮廓长度，单位为毫米（mm）；h为双极板外轮廓高度，单位为毫米（mm）；S_{A}为不小于双极板外轮廓面积4%的连续空白区域面积之和，单位为平方毫米（mm^2）；w为两个端板之间的宽度，单位为毫米（mm）。

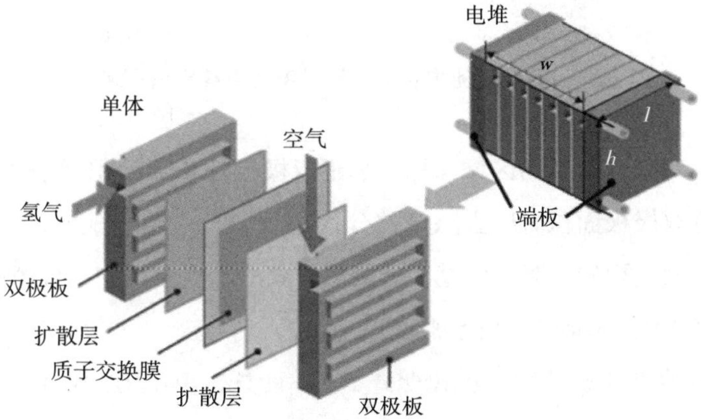

图2　燃料电池堆体积测量位置

双极板外轮廓长度应测量燃料电池堆双极板长度方向的最远外轮廓尺寸，单位为mm；双极板外轮廓高度应测量燃料电池堆双极板高度方向的最远外轮廓尺寸，单位为mm，图3枚举了可能的测量场景，其他测量场景应参考执行。

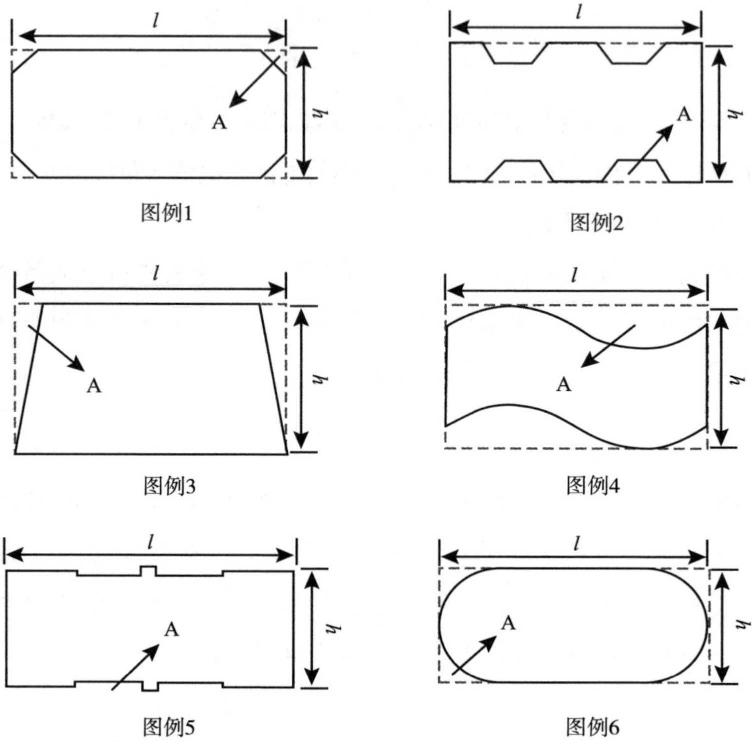

图3　燃料电池堆长宽测量（A 为连续空白区域）

其中，对于连续空白区域面积不小于双极板外轮廓面积（$l \times h$）$\times 4\%$ 的部分，计算双极板面积时应去除该部分面积（氢气、空气、水路通道除外）。连续空白区域面积的计算，应基于被测试对象的双极板实物进行测量计算。

（3）燃料电池堆体积功率密度

燃料电池堆体积功率密度按照式（5）计算，单位为 kW/L。

$$VSP_{Stack} = P_{Stack\_60}/V_{Stack} \qquad (5)$$

式（5）中：VSP_{Stack} 为燃料电池堆体积功率密度，单位为千瓦每升（kW/L）。

4. 燃料电池系统低温冷起动

（1）浸机方法

燃料电池系统应按照以下方法浸机：

①试验开始前，燃料电池系统应处于冷机状态；

②将燃料电池系统置于环境舱内，并加注冷却液；

③浸机开始前，燃料电池系统应起动至怠速状态，持续时间（含起动）不超过3min，然后立即关闭燃料电池系统；

④设定环境舱温度为-30℃或更低温度，环境舱的温度应控制在设定温度的±2℃内，当环境温度达到设定温度后开始计时，有效浸机时间不小于12h，浸机过程中不应有人工干预、加热保温及外接热源等措施。

（2）低温冷起动试验方法

低温冷起动试验方法按照以下步骤进行：

①浸机过程结束后，由测试平台向燃料电池系统发送起动指令；

②测试平台向燃料电池系统发送加载指令，加载到制造厂规定功率后持续稳定运行10min，燃料电池系统的输出功率应始终处在10min平均功率的97%～103%，且燃料电池系统输出的10min平均功率应不低于申报值，然后测试平台发送关机指令，完成关机操作；

③记录从测试平台发送起动指令开始至燃料电池系统达到额定功率的时间 t（见图4）、氢气消耗量 m_{H_2} 及外加电能消耗量 Q_E。

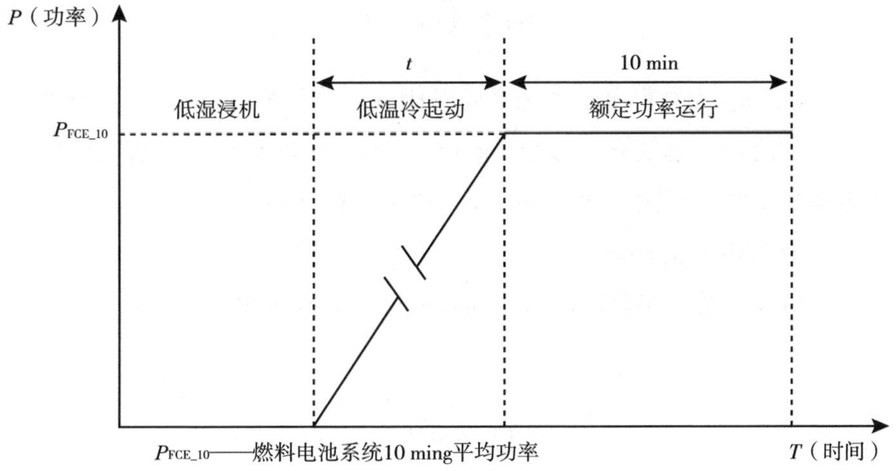

图4　低温冷起动时间 t

(3) 数据采集

试验中需要采集的数据如下:

①环境温度(℃);

②有效浸机时间(h);

③燃料电池堆的电压(V)和电流(A);

④各个辅助系统的电压(V)和电流(A);

⑤各个外加电源的供电电压(V)和电流(A);

⑥氢气流量(g/s)。

(4) 燃料电池系统10min平均功率

燃料电池系统10min平均功率P_{FCE_10}按式(6)计算:

$$P_{FCE\_10} = \frac{\int_0^{600} (P_{Stack} - P_{BOP}) \cdot dt}{600} \quad (6)$$

式(6)中:P_{FCE_10}为燃料电池系统10min平均功率,单位为千瓦(kW)。

(5) 氢气消耗量

燃料电池系统从接收起动指令到起动成功的氢气消耗量按式(7)计算:

$$m_{H_2} = \int_0^t q_{H_2} \cdot dt \quad (7)$$

式(7)中:m_{H2}为燃料电池系统氢气消耗量,单位为克(g);q_{H2}为燃料电池系统氢气流量,单位为克每秒(g/s);t为从测试平台发送起动指令开始至燃料电池系统达到额定功率的时间,单位为秒(s)。

(6) 外加电能消耗量

燃料电池系统从接收起动指令到起动成功的外加电能消耗量按式(8)、式(9)计算:

$$Q_E = \sum_{i=1}^{n} Q_{E,i} \quad (8)$$

$$Q_{E,i} = \int_0^t V_{A,i} \cdot I_{A,i} \cdot dt/3600000 \quad (9)$$

式（8）、（9）中：Q_E为燃料电池系统总外加电能消耗量，单位为千瓦时（kWh）；n 为外加电源个数；$Q_{E,i}$为燃料电池系统第 i 个外加电源的供电量，单位为千瓦时（kWh）；$V_{A,i}$为燃料电池系统第 i 个外加电源的供电电压，单位为伏（V）；$I_{A,i}$为燃料电池系统第 i 个外加电源的供电电流，单位为安（A）。

（四）小结

方法从基本概念定义开始，明确规定了燃料电池系统要求、试验前燃料电池系统状态规定、试验平台及使用氢气要求、辅助系统功率规定、试验数据采集、计算要求等试验测试条件，明确了测试对象的试验条件。在统一的测试条件下，详细描述了燃料电池系统额定功率、燃料电池系统质量功率密度、燃料电池堆体积功率密度、燃料电池系统低温冷起动的测试方法、数据采集和评价参数计算等内容，为燃料电池堆及系统的基本性能测试提供了统一的标准依据。

三　下一步工作及测试评价

由于燃料电池汽车行业发展较快，导致燃料电池汽车及其关键零部件的测试方法及标准无法系统满足行业需求。目前，在燃料电池堆耐久性、系统故障诊断、空压机、氢泵、空气滤清器、加湿器等方面不断有一些地标和行标制订发布，在一定程度上填补了一些基本需求。在燃料电池汽车的能耗（氢耗 + 电耗）、续驶里程、动力性、低温冷起动等测试评价技术方面，还需开展大量工作。

应 用 篇

Application Reports

B.13

中国燃料电池汽车市场分析及展望

任海波　魏长河　王　超　丁克耘*

摘　要：　目前我国燃料电池汽车市场仍处于产业发展初期，2021年1～7月，我国共销售燃料电池汽车765辆，同比下降14%。随着燃料电池汽车政策逐步明朗，产业链各环节企业供给格局持续优化，燃料电池汽车经济性逐步提高，燃料电池汽车关键技术持续突破及车型更加丰富，用车环境加快成熟，未来几年燃料电池汽车将保持平稳快速增长，优先在部分重点区域聚集发展。预计2021年燃料电池汽车销量将超过2000辆，2022年将超过6000辆。

关键词：　燃料电池汽车市场　市场影响因素　汽车销量

* 任海波，中汽数据有限公司氢能源研究室，高级工程师，研究方向为燃料电池汽车市场研究；魏长河，博士，福田汽车集团工程研究总院新能源研究院副院长；王超，福田汽车集团燃料电池系统研发经理，主任工程师；丁克耘，中汽数据有限公司清洁能源研究室高级工程师。

一　中国燃料电池汽车市场现状

（一）燃料电池汽车销量走势

1. 燃料电池汽车市场仍处于产业发展初期

目前我国燃料电池汽车市场仍处于产业发展初期。2009～2016年，燃料电池汽车长期享有与纯电动汽车相当的补贴政策，2017～2020年，燃料电池汽车补贴显著高于纯电动汽车，但受技术、经济性等不足的影响，2016年前仅有数十辆燃料电池汽车小规模示范。2016年以来，随着地方政府大力支持，国外技术加快引入，多方资本加快转入燃料电池汽车市场，带动市场持续增长。从销量数据来看，燃料电池汽车从2016年29辆增长到2019年的3190辆，年均复合增长率达到379%。2020年以来，相关部门调整燃料电池汽车补贴政策，但政策迟迟未落地，导致2020年燃料电池汽车销量同比下降53%，2021年1～7月，燃料电池汽车销量同比下降14%，仅为765辆。图1是2016～2021年燃料电池汽车销量走势。

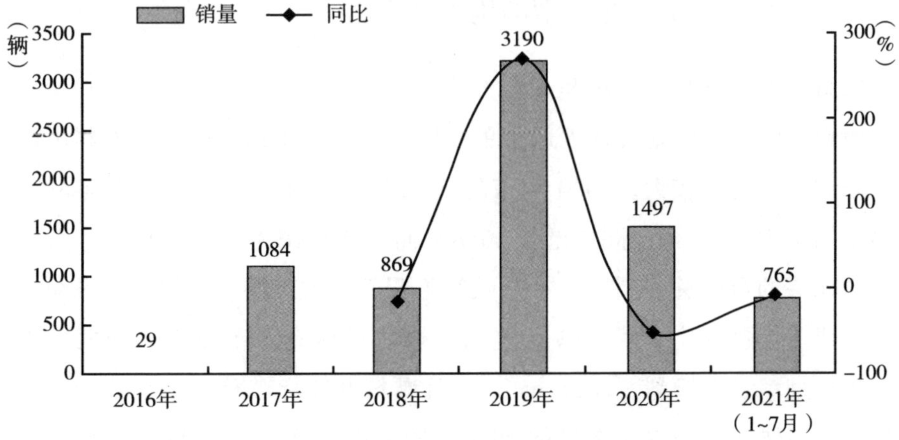

图1　2016～2021年燃料电池汽车销量走势

资料来源：中汽数据终端销量数据，下同。

2020 年 4 月 23 日，财政部等四部门联合发布《关于调整完善新能源汽车推广应用财政补贴政策的通知》，对燃料电池汽车补贴政策做出重大调整，但截至 2021 年 7 月具体政策仍未出台，影响了一部分地方政府推广燃料电池汽车的积极性和企业的投资决策行为，进而影响了近两年的市场表现。2020 年 9 月 21 日，财政部、工信部等五部门发布《关于开展燃料电池汽车示范应用的通知》，随着示范政策开始实施，燃料电池汽车市场将迎来持续快速发展。

2. 燃料电池汽车销量主要集中在年初、年中和年底

受政策调整时间节点影响，目前我国燃料电池汽车销量主要集中在年初、年中和年底。2019 年 3 月发布补贴政策，提出 2019 年 3 月 26 日至 2019 年 6 月 25 日为燃料电池汽车补贴过渡期，燃料电池汽车补贴按 2018 年的 0.8 倍执行，销量在过渡期大幅增加。2019 年底燃料电池汽车补贴新政策未发布，2019 年 6 月 25 日以后的补贴政策仍不明确，车企为避免 2020 年补贴政策发生重大变化，在 2019 年底集中销售。2020 年 4 月后，示范城市推广的具体政策不明确，影响了部分地方政府和企业的积极性，给市场带来一定的不确定性，导致近两年燃料电池汽车市场销量一直较低。2016 年 12 月至 2021 年 7 月燃料电池汽车销量月度走势如图 2 所示。

（二）燃料电池汽车车型结构不断丰富

1. 燃料电池汽车以客车和货车为主

燃料电池客车受地方政府政策的影响较大，由于地方政府对燃料电池公交车采购支持力度较大，2020 年市场表现出一定的平稳性，2020 年燃料电池客车销量为 1351 辆，同比增长 15%。而物流车作为运营工具，其营利性是用户购买的重要关注因素，补贴政策不明朗导致市场呈大幅下滑态势，燃料电池货车销量同比下降 89%。随着燃料电池汽车示范政策的导向向中远途、中重型载货车倾斜，2021 年 1 ~7 月燃料电池货车及专用车销量占比大幅提升，占燃料电池汽车销量的 49%，燃料电池客车占燃料电池汽车销量的 50%，此外，还有 10 辆燃料电池乘用车投入运营。2016 ~2021 年燃料电池汽车车型结构如图 3 所示。

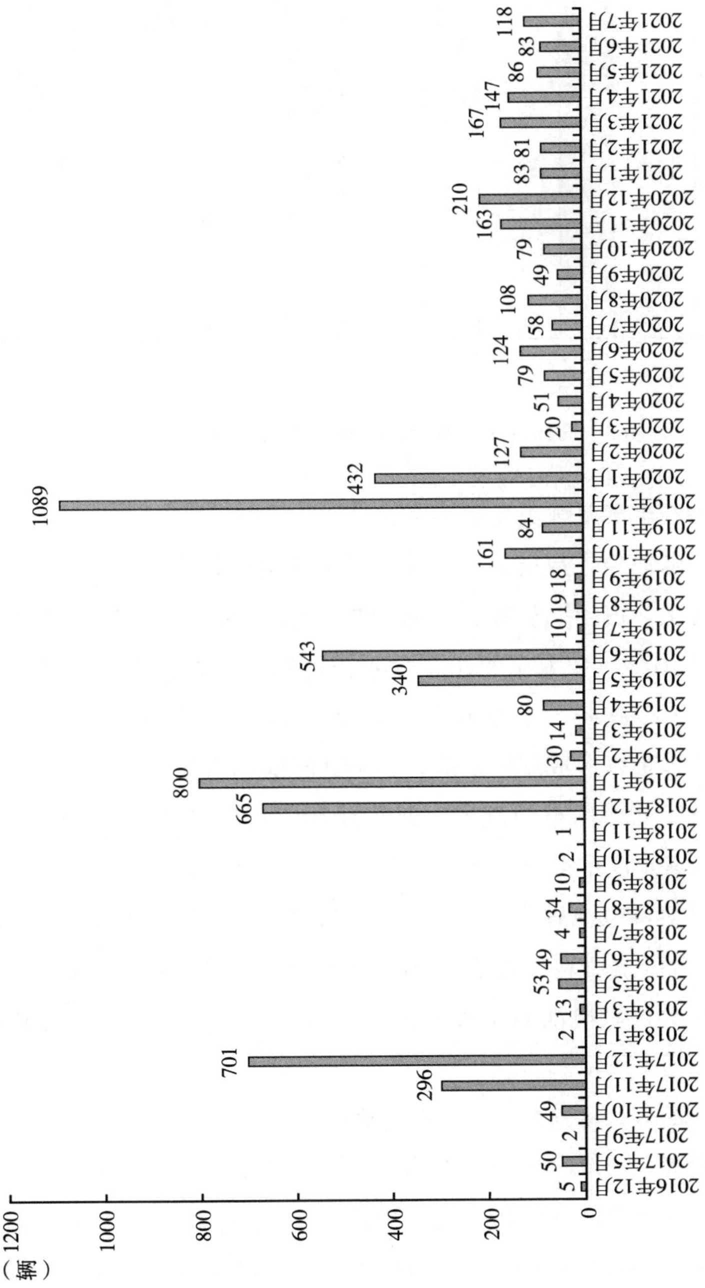

图 2　2016 年 12 月至 2021 年 7 月燃料电池汽车销量月度走势

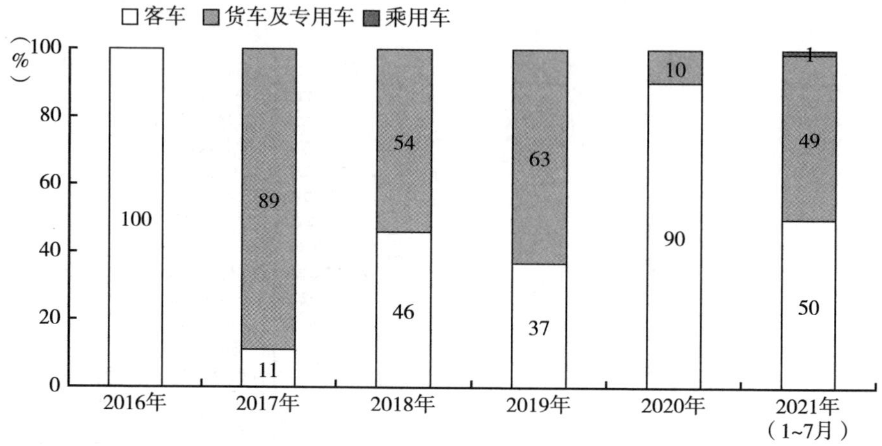

图 3　2016～2021 年燃料电池汽车车型结构

2. 燃料电池汽车车型种类更加丰富

近年来燃料电池公告数量显著增加，车型种类日益丰富。目前燃料电池公告仍以客车为主，占当期有效公告数量的 65%，货车公告数占当期有效公告的 25%。乘用车、环卫车等车型公告占比明显提升，总公告数量占到 10%。另外，目前多款公告车型未实际生产，公告车型的平均销量仅为 22 辆，单款公告车型难以形成规模效应，车企面临前期研发投入较高、盈利难的压力。325－345 批燃料电池汽车公告车型结构如图 4 所示。

3. 燃料电池客车以中型车为主，大型客车占比持续增加

近年来我国燃料电池客车以中型车为主，各细分车型不断丰富。2021 年 1～7 月，10 米以上燃料电池客车销量占比已超过 98%，12 米以上燃料电池客车占 18%，燃料电池客车大型化趋势明显。2016～2021 年燃料电池客车车型结构如图 5 所示。

4. 燃料电池货车以重型为主，重型化进程加快

受燃料电池汽车示范政策鼓励中远途、中重型商用车的影响，近两年我国燃料电池货车重型化进程明显加快。2021 年 1～7 月，燃料电池货车以 31 吨为主，31 吨燃料电池货车销量为 184 辆，占燃料电池货车销量的 49%，25～31 吨燃料电池货车销量为 99 辆，占燃料电池货车销量的 27%，18～25

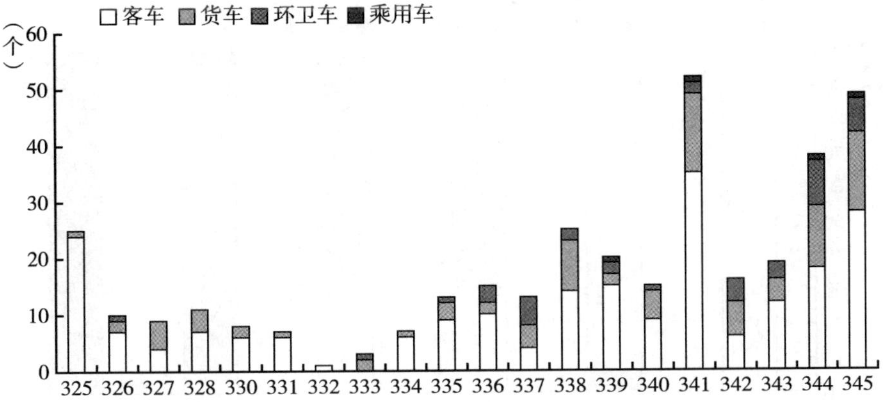

图 4　325－345 批燃料电池汽车公告车型结构

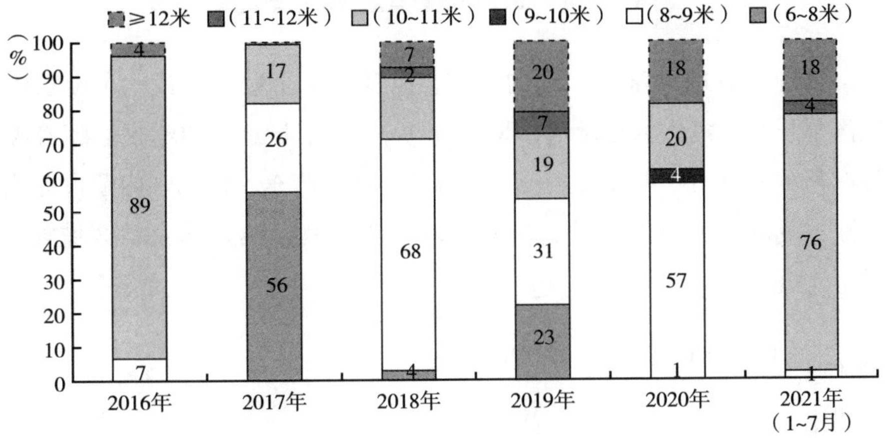

图 5　2016～2021 年燃料电池客车车型结构

吨燃料电池货车销量为 69 辆，占燃料电池货车销量的 18%。2016～2021 年燃料电池货车车型结构如图 6 所示。

（三）燃料电池汽车主销区域较为集中

燃料电池汽车市场呈现重点区域聚集性发展的态势。2021 年 1～7 月，燃料电池汽车主销区域包括山东、北京、内蒙古、河北、上海、广东等。

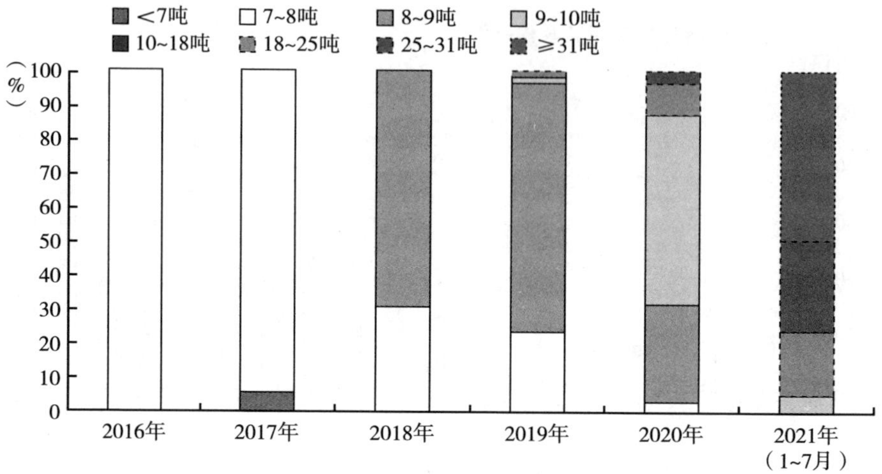

图6　2016～2021年燃料电池货车车型结构

随着山东省“氢进万家”工程的实施，以及龙头企业大力投入，山东燃料电池汽车开始规模化示范运营，2021年1～7月销量达到307辆。随着燃料电池汽车示范应用政策即将实施，北京、上海、广东、河北、内蒙古等地燃料电池示范进程正加快推进。2020～2021年燃料电池汽车主销区域如图7所示。

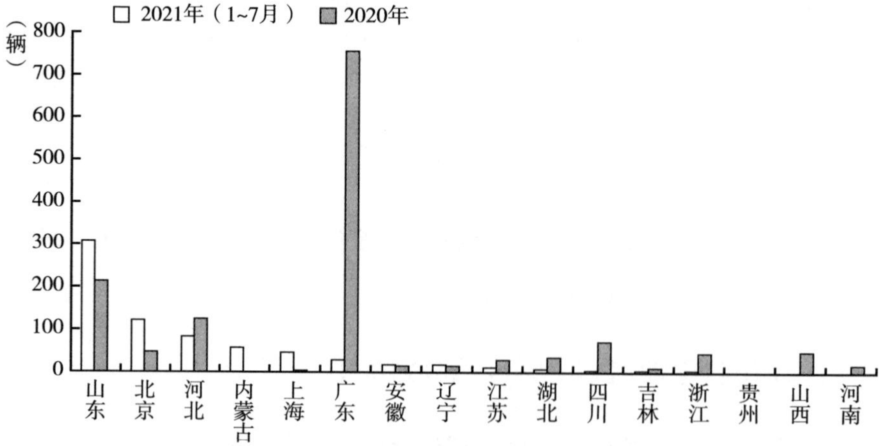

图7　2020～2021年燃料电池汽车主销区域

（四）燃料电池汽车市场供给格局快速变化

1. 燃料电池汽车市场格局不断变化

目前我国燃料电池汽车市场格局仍在快速变化中，2021 年 1 ~7 月南京金龙、北汽福田加速发力，销量分别为 213 辆和 121 辆，位居行业第一、第二，佛山飞驰销量为 72 辆，位居行业第三。目前行业前五名企业市场份额达到 67.7%，行业前十名企业市场份额达到 88.1%。2020 ~2021 年燃料电池汽车市场格局如图 8 所示。

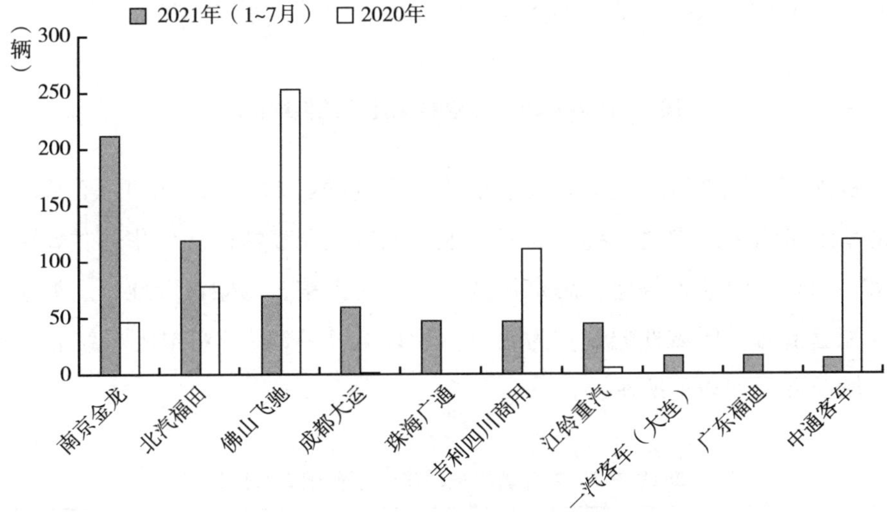

图 8　2020 ~2021 年燃料电池汽车市场格局

2. 燃料电池系统供给区域聚集明显

随着燃料电池系统供给企业数量不断增加、系统功率持续提高、系统技术水平不断提高，燃料电池系统竞争格局持续快速变化，海卓动力、鸿力氢动等企业快速发力。2021 年 1 ~7 月亿华通、海卓科技、广东鸿力氢动、上海杰宁、上燃动力配套率位居前五，前五名企业市场份额达到 77%。未来市场份额将进一步向优势头部企业集中，市场集中度不断提高。2020 ~2021 年燃料电池系统供给格局如图 9 所示。

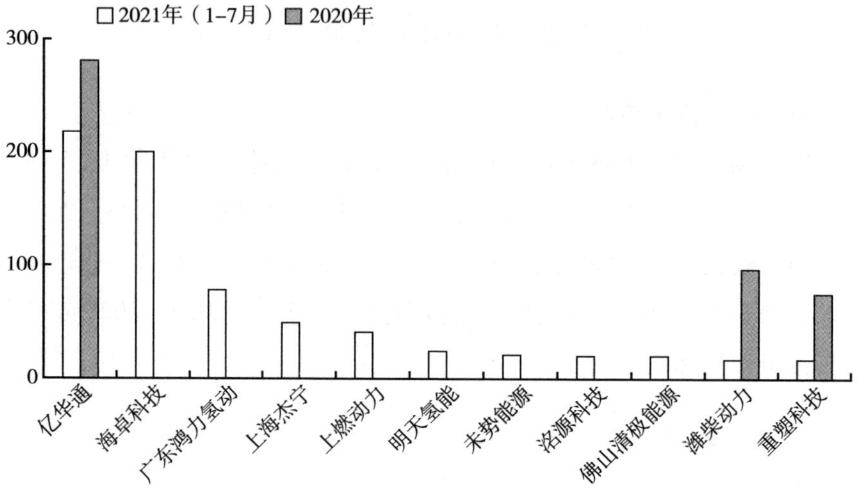

图 9　2020～2021 年燃料电池系统供给格局

从配套区域来看，受地方政府本地化采购的影响，2021 年 1～7 月燃料电池系统供给主要围绕系统厂商所在地呈区域性配套特征。亿华通主要配套北京、山东、内蒙古等地，海卓科技主要配套山东、内蒙古等地，上海杰宁主要配套上海，区域性配套较为明显。2021 年 1～7 月燃料电池系统企业配套区域及数量如表 1 所示。

表 1　2021 年 1～7 月燃料电池系统企业配套区域及数量

系统企业名称	省区市	配套量
亿华通	北京	118
	山东	50
	内蒙古	50
海卓科技	山东	190
	内蒙古	10
广东鸿力氢动	山东	50
	江苏	11
	河北	10
	北京	5
	广东	1
	浙江	1

续表

系统企业名称	省区市	配套量
上海杰宁	上海	49
上燃动力	河北	41
明天氢能	安徽	24
洺源科技	辽宁	20
佛山清极	广东	20
未势能源	河北	19
潍柴动力	山东	17
重塑科技	湖北	10
	江苏	4
	上海	2
	贵州	1

（五）燃料电池汽车技术水平快速提高

1. 燃料电池汽车系统功率逐年提高

近年来，我国燃料电池系统额定功率逐年大幅提高，2019 年额定功率 40kW 以下的燃料电池汽车占 57%，而 2020 年额定功率 40kW 以下的燃料电池汽车占比不足 3%，2021 年 1 ~7 月，系统功率 80 ~110kW 的占比为 29%，110kW 以上占比已达到 44%。2018 ~2021 年燃料电池系统功率结构如图 10 所示。

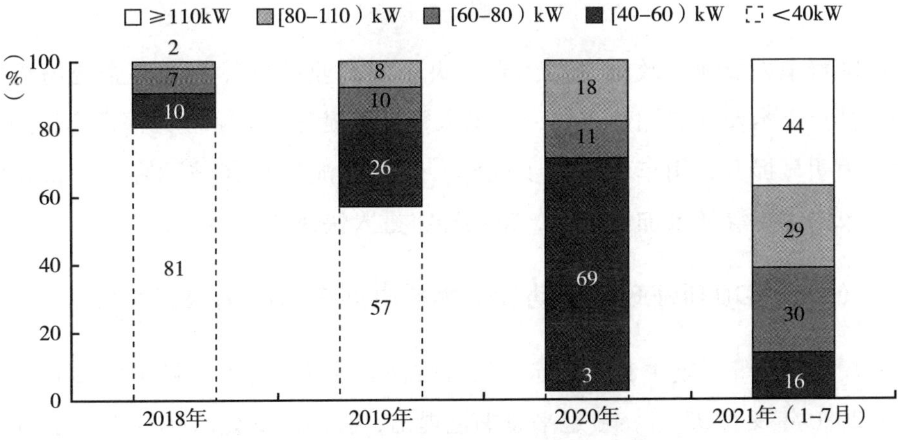

图 10　2018 ~2021 年燃料电池系统功率结构

2. 燃料电池汽车系统功率结构将持续优化

近几批燃料电池公告中的系统功率结构持续优化，80kW 以上燃料电池系统占比明显增加。2020 年底至今，多款燃料电池系统达到 110kW 以上的车型公告开始出现，随着这些车型陆续投放市场，未来一段时间燃料电池汽车系统功率将进一步提升。图 11 是燃料电池系统额定功率结构。

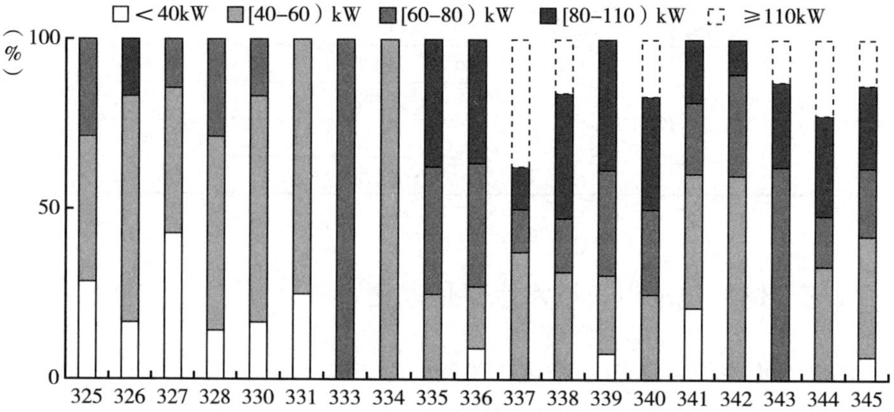

图 11　燃料电池系统额定功率结构

二　燃料电池汽车市场影响因素

随着中央及地方政策密集出台，央企及产业链各环节龙头企业纷纷入场，社会资本及外资加快布局，技术水平显著提升，经济性大幅提高，产品竞争力明显提升，用车环境逐步成熟，燃料电池汽车在城际客运、长途物流、市内出行等场景加快拓展，市场即将进入快速增长期。

（一）多项利好政策推动我国燃料电池汽车市场快速发展

1. “碳达峰、碳中和”目标为我国燃料电池汽车发展提供了战略引领

2020 年 9 月 22 日，习近平总书记提出，我国二氧化碳排放力争于 2030 年前达到峰值，努力争取 2060 年前实现碳中和。《中华人民共和国国民经济

和社会发展第十四个五年规划和2035年远景目标纲要》支持有条件的地方先达到碳排放峰值，制定2030年前碳排放达峰行动方案。燃料电池汽车的推广应用对双碳目标实现有重要意义，根据中汽数据测算，如果使用风电电解水制氢，燃料电池重卡生命周期碳排放可低至8gCO_2e/t·km，远低于柴油重卡的40.2gCO_2e/t·km和纯电动重卡的24.9gCO_2e/t·km，减排效果非常显著。

未来中重型商用车将是道路交通领域碳减排的重点。中重型商用车在我国汽车保有量中占5%左右，而中重型商用车颗粒排放物占68%，氮氧化合物占90%，从消耗成品油的比例来看，二氧化碳排放占50%左右。氢能是中重型新能源商用车的重要技术路径，中重型燃料电池商用车续驶里程长、加注时间短、装载量大、温度适宜性强，在长途和重载交通领域有较大的应用潜力，是长途和重载交通领域实现“碳达峰、碳中和”目标的重要路径。

为落实双碳目标，多家企业大力发展氢能及燃料电池汽车。一汽、东风、上汽、长城等车企加快燃料电池汽车研发推广力度，推出多款公告产品并实现销售。宝武钢、河钢、泰钢等钢铁企业加快示范应用燃料电池重卡。交通物流运输环节，雄安新区在建设中积极应用燃料电池重卡进行建材等运输。燃料电池汽车推广应用正成为多个地方政府和龙头企业落实双碳目标的重要方向。

2. 示范应用政策推动燃料电池汽车产业聚集发展

2020年9月21日，财政部、工信部等五部门发布《关于开展燃料电池汽车示范应用的通知》（简称《通知》）。根据《通知》，五部门将采取新的激励措施，即“以奖代补”方式，对入围的城市群按照其示范应用目标完成情况给予奖励，示范期暂定为四年。

示范政策致力于打破区域间的产品、技术等要素流动的藩篱，推动产业链上下游有机衔接，促进国内统一市场的形成和发展。示范政策赋予示范城市尤其是牵头城市更大自主权，对其产业管理和服务水平提出更高要求。示范政策将实现扶优扶强，预计到示范期末，我国将初步建成有较强竞争力的车用氢能及燃料电池汽车产业链，形成一批龙头企业，市场集中度将明显提高。示范政策有利于关键技术快速突破，预计各领域关键技术突破时间将快于预期。示范政策将推动燃料电池大客、重卡规模化应用，清洁低碳氢气将实现商业化应用，燃料电池汽车应用种类和场景将更加丰富，商业模式创新将层出不穷。

3. 国家部委大力支持氢能及燃料电池汽车技术突破

中央层面持续多年出台研发支持政策，针对关键材料、燃料电池系统、储氢等制约产业发展的薄弱环节，给予技术研发资金支持，助力关键瓶颈技术突破。科技部连续多年将氢能及燃料电池汽车列入重点专项年度项目申报指南中，2021 年 5 月，科技部发布“氢能技术重点专项”2021 年度项目申报指南，提出到 2025 年实现我国氢能技术研发水平进入国际先进行列，指南围绕 4 个技术方向，启动 18 个项目，拟安排国拨经费 7.95 亿元，支持能绿色制取与规模转存体系、氢能安全存储与快速输配体系、氢能便捷改质与高效动力系统、“氢进万家”综合示范 4 个技术方向的技术突破；在“新能源汽车”重点专项 2021 年度项目申报指南中，支持车用固体氧化物燃料电池关键技术、高密度大容量气氢车载储供系统设计及关键部件研制等燃料电池汽车关键技术。未来几年国家层面研发计划将持续支持产业链关键薄弱环节，促进各“卡脖子”环节的技术突破，加快实现国产化替代，大幅降低全产业链成本，确保全产业链自主可控。

4. 标准体系将更好支撑前沿技术和产品的应用

目前中国已出台各项氢能技术相关国家和行业标准 130 余项，全面覆盖产业链各个环节。但我国氢能标准主要是以产业化应用为基础，Ⅳ型瓶等尚未产业化应用的产品，仍未出台国家标准。近两年，《氢能汽车用燃料　液氢》《液氢生产系统技术规范》《液氢贮存和运输安全技术要求》《加氢站技术规范》等标准纷纷征求意见，《车用质子交换膜燃料电池堆使用寿命测试评价方法》、《燃料电池术语》等国家标准及Ⅳ型瓶等团体标准正式发布。

国家氢能及燃料电池汽车标准体系正加快完善。2021 年将有一批标准逐步落地实施，2021 年 4 月 30 日，市场监管总局（国家标准委）批准发布 3 项液氢国家标准，GB/T40045－2021《氢能汽车用燃料　液氢》、GB/T40061－2021《液氢生产系统技术规范》、GB/T40060－2021《液氢贮存和运输技术要求》于2021年11月1日起实施。住建部发布国家标准《加氢站技术规范》局部修订公告，于2021年5月1日实施。工信部发布2021年工业和信息化标准工作要点，明确指出要大力开展燃料电池汽车等标准的研究与制定。各项氢能及燃料电池汽车标准正加快制定和完善，逐步破解各环节前沿产品和技术应用的标准体系制约因素。

5. 地方政府正成为燃料电池汽车产业发展的最大推动力

目前已有多个地方政府出台氢能及燃料电池汽车支持政策，覆盖产业规划、推广应用、技术创新、购车补贴、加氢站建设及运营补贴等产业链各环节。从推广应用规划目标来看，在2025年之前，各类氢燃料电池汽车推广数量将超过8万辆，各地加氢站建设规划将超过500座。加氢站建设和运营方面，目前已有河南、重庆、济南、广州、佛山、潍坊、济宁、六安、中山等多地出台加氢站建设和氢气价格补贴。地方政府正成为产业发展的最大推动力，在多城市的大力支持、广泛探索和创新中，我国燃料电池汽车产业将形成良性竞争格局，产业发展进程进一步加快。各地不同时期的燃料电池汽车推广与加氢站建设目标如表2所示。

表2　各地燃料电池汽车推广目标与加氢站建设目标

单位：辆，座

省区市	城市	燃料电池汽车推广目标			加氢站建设目标		
		2022年	2023年	2025年	2022年	2023年	2025年
北京	—	—	3000	>10000	—	37	74
上海	—	—	10000	—	—	>30	70
广东	广州	≥3000	—	公交、环卫等占比>30%	≥30	—	≥50
	佛山	—	—	10000	—	—	43
河北	—	2500	—	10000	20	—	50
河南	—	—	≥3000	>5000	—	50	≥80
天津	—	≥1000	—	—	≥10	—	
内蒙古（征求意见）	—	—	3830	10000	—	60	90
山东	—	3000	—	10000	30	—	100

续表

省区市	城市	燃料电池汽车推广目标			加氢站建设目标		
		2022 年	2023 年	2025 年	2022 年	2023 年	2025 年
山西	大同	—	1000	6300	—	17	50
	长治	—	3000	5000	—	70	80
辽宁	大连	—	—	≥1000	—	—	>10
江苏	苏州	—	—	3000	—	—	20
浙江	—	1000	—	—	≥30	—	—
四川	—	—	—	6000	—	—	60
湖北	武汉	—	≥3000	—	—	≥15	—
湖南	岳阳	—	—	1000	—	—	15
重庆	—	800	—	1500	10	—	15

（二）燃料电池汽车产业链加快完善

1. 多家央企加快布局

目前已有超过三分之一的中央企业已经在制定包括制氢、储氢、加氢、用氢等产业链布局，主要是能源和相关装备类央企，取得了一批技术研发和示范应用成果。尤其是大批央企大力开展可再生能源制氢示范和建设运营加氢站，为产业发展提供了强大氢能供给保障。

在制氢和储运氢环节，国家电投于 2017 年成立了氢能科技发展有限公司，在多地广泛布局制氢、储运氢和加氢等项目，尤其是推进可再生能源制氢、探索天然气管道掺氢等。国家能源集团将氢能作为重要新兴产业加快发展，在可再生能源制氢、加氢等全产业链进行布局。国家电网、大唐集团、中国能建、华能集团等央企明确“碳达峰、碳中和”目标，开展可再生能源制氢项目试点，在全国多地进行布局，为氢能和燃料电池汽车产业发展提供保障。

在加氢站建设运营环节，中石化提出“十四五”期间规划 1000 座加氢站或油氢合建站，推动氢源由灰氢向蓝氢、绿氢转变。中石油已建成多座加氢站，规划建设国内最长氢气管道，在黑龙江建设氢生态示范区，并将适时开展可再生能源制氢项目。

在燃料电池汽车环节，一汽、东风、中车推出多款燃料电池汽车公告，并加快推广应用。一汽解放加快全国布局，东风推出全功率燃料电池乘用车，中车燃料电池有轨电车已投入示范运营。

在关键零部件研发生产环节，东方电气、中国建材、国家电投、中船重工等多家装备类央企瞄准燃料电池系统、电堆及关键材料、储氢瓶、电解水装备、气体分析仪器等，加大研发投入，取得一批标志性产品。

在燃料电池汽车运营环节，宝武钢已开始应用燃料电池重卡，开展氢能在物流行业的应用探所，未来将与上汽共同建设国家级氢能产业示范区。钢铁企业应用燃料电池重卡能满足相关政策要求，充分发挥钢铁企业氢气资源的优势，形成一定的用车经济性优势，并实现碳减排。

2. 各环节龙头企业大力投入

国内多家车企制定燃料电池汽车发展规划，持续推出燃料电池汽车产品。上汽于2020年9月宣布我国汽车行业首个“氢战略”，2025年前，实现“十款、百亿、千人、万辆”四大目标：推出至少十款燃料电池整车产品，捷氢科技达到百亿级市值，建立起千人以上燃料电池研发运营团队，形成万辆级燃料电池整车产销规模，市场占有率在10%以上；正式发布全球首款燃料电池MPV上汽大通MAXUS EUNIQ7，推出4×2、6×4、8×4三种驱动形式氢燃料电池系列重卡，覆盖专用车、牵引车、工程车等细分领域，并适用于城市环卫、城市渣土、城配物流、城际物流、冷链物流、零担运输、钢厂短驳、煤炭短驳、港口集运等多种应用场景。2021年5月28日，捷氢科技上海新园区落成，增设全球首条万台级“卷对卷”膜电极生产线。长城汽车于2021年3月举办长城汽车氢能战略全球发布会，提出将通过3个阶段实现氢能战略终极目标——构建永续美好的氢能社会，构建“制-储-运-加-应用”国际级一体化供应链生态，2025年剑指全球氢能市场占有率前三，燃料电池系统实现批量化销售。

多家汽车零部件和化工企业加大燃料电池关键零部件和材料研发生产力度。潍柴动力持续延伸燃料电池产业链布局，提高其燃料电池动力总成的竞争力，布局燃料电池空压机业务，与瑞士飞速集团进行战略合作，投资入股其燃料电池空压机业务并在中国设立合资公司，投资巴拉德、锡里斯，且均为第一大股东。东岳150万平米质子交换膜生产线一期工程投产。未势能源首款70MPa车用高压瓶阀将量产，推出百千瓦级全功率“单引射器”氢循环模块。国富氢能开建国内最大四型氢瓶智能化生产线。

3. 大量初创企业快速发展

随着氢能及燃料电池汽车发展前景向好，各方资本加快布局我国氢能及燃料电池领域，涌现出一批初创企业。根据企查查数据，截至2021年7月我国共有氢能相关企业2469家。2021年1～7月新增注册402家，新增企业数量已接近2020年全年新增注册量水平，截至2021年7月我国燃料电池相关企业共有8459家，2021年1～7月新增注册燃料电池相关企业820家，新增注册数量超2020年全年数量。

多家燃料电池系统、零部件及材料领域的初创企业加快成长，推动国内产业链初步完善。多家燃料电池电堆企业推出150kW及以上燃料电池电堆，济平催化剂技术持续突破，首次实现出口，通用氢能气体扩散层等加快突破，上海治臻全球最大金属极板产线投产，大量初创企业快速发展，填补了多项产业链薄弱环节，使我国燃料电池汽车产业链加快完善。

4. 外资企业纷纷进入中国市场

国外燃料电池汽车及系统、零部件企业加快布局中国市场。丰田汽车联合亿华通、北汽、一汽、东风及广汽成立了燃料电池研发中心，现代在广州建设氢燃料电池工厂，液空与中石化合作建设加氢站，挪威HEXAGON与中集成立合资企业，加快生产车载储氢系统。我国燃料电池汽车产业在发展初期即迎来外资巨头的直接竞争。

（三）燃料电池汽车竞争力逐步形成

燃料电池全生命周期成本下降潜力较大。近年来，燃料电池系统成本比五年前下降60%。预计2021～2022年，随着燃料电池汽车开始规模化示范运营，燃料电池关键零部件和材料国产化率持续提高，燃料电池汽车及关键零部件、材料的成本将持续大幅下降。随着国家五部门启动燃料电池汽车示范应用工作，国内终端氢气价格也将明显下降，近两年可降至35元/kg。我国燃料电池汽车，特别是燃料电池商用车全生命周期经济性将显著提升。

燃料电池汽车技术水平将有较大提升空间。预计2021～2022年，燃料电池系统功率在150kW以上的燃料电池汽车将开始投放运营，使用寿命达到1万～1.5万小时，续驶里程将普遍超过300公里。燃料电池重卡在钢铁企业场内短倒等场景开始形成经济性优势，燃料电池汽车在低温性能、续驶里程、氢气加注时间等方面的优势将充分发挥。预计70MPa车载储氢系统将逐步开始应用，燃料电池汽车续驶里程将进一步提升。燃料电池汽车产品竞争力将进一步提升，成为重载、长途、钢铁企业场内、矿山等高排放运输领域实现节能环保的有效路径。

（四）燃料电池汽车用车环境日趋成熟

清洁、经济的制氢体系加快建立。目前我国仍以化石能源制氢为主，规模化清洁低碳氢能供给体系有待建立。我国电解水制氢成本较高，工业副产氢市场化定价机制有待建立，制氢成本有待降低。多地正积极探索突破制氢管理等政策，张家口、佛山等地制氢项目需要突破进入化工园区的限制，多家央企和地方城市开始示范可再生能源制氢等制氢方式，清洁、高效、低成本制氢体系正加快建立。

高效储运氢方式逐步突破。目前我国运氢以20MPa长管拖车运氢为主，单车运氢仅300kg左右，运氢效率较低，运氢成本偏高。目前我国管道运氢总里程仍然较短，与国外有较大差距。多地探索突破30MPa及以上压力运氢长管拖车，液氢运输国家标准即将应用，以及氢进万家示范项目即将开启，氢气储运经济性和效率将大幅提升。

加氢基础设施逐步完善。目前我国加氢站数量仍然偏少，与即将到来的燃料电池汽车规模化示范应用不匹配，部分地区存在有车无氢的情况。住建部发布国家标准《加氢站技术规范》并于2021年5月1日实施，上海等地发布加氢站建设方案，明确目标及布局，佛山、保定、潍坊、大连等纷纷出台加氢站管理办法，为加氢站建设和运营提供制度支撑。中石化等企业开始大规模建设油氢合建站，佛山开始运营制氢加氢一体化站，更大加氢能力加氢站不断投放，“车、站、氢”协同运营等模式不断涌现，我国加氢基础设施正逐步完善。

（五）燃料电池汽车应用场景全面拓展

目前北京、广东、山东、河北、四川等多地燃料电池重卡开始投入运营，用于城市货运配送、城际冷链运输、建筑材料运输、钢厂内短途倒转、渣土车运输、环卫作业等场景，燃料电池重卡示范应用进程加快。上海、广东等地开始投放燃料电池乘用车试点运营，探索城市内出租及公务用车场景。多地燃料电池公路客运和通勤客车开始投放运营，行驶里程不断提升，示范应用成效显著。

三　中国燃料电池汽车市场展望

（一）燃料电池汽车市场将迎来快速增长

随着中央层面产业支持政策逐步落地，地方政府大力推进燃料电池汽车示范运行，2021 年我国燃料电池汽车产品竞争力持续优化，加氢站建设运营规模持续增加，我国燃料电池汽车示范应用进程将加快推进，我国燃料电池汽车进入快速发展期。预计 2021 年我国燃料电池汽车销量将超过 2000 辆，2022 年燃料电池汽车销量将超过 6000 辆。燃料电池汽车销量预测如图 12 所示。

（二）燃料电池汽车车型结构更加丰富

燃料电池汽车车型种类不断拓展，客车、货车、环卫车、出租车等车型呈多元化应用态势。客车以城市公交为主，城际、通勤、旅游、机场等场景加快应用，与纯电动客车形成互补。货车以城市物流为主，物流园区、冷

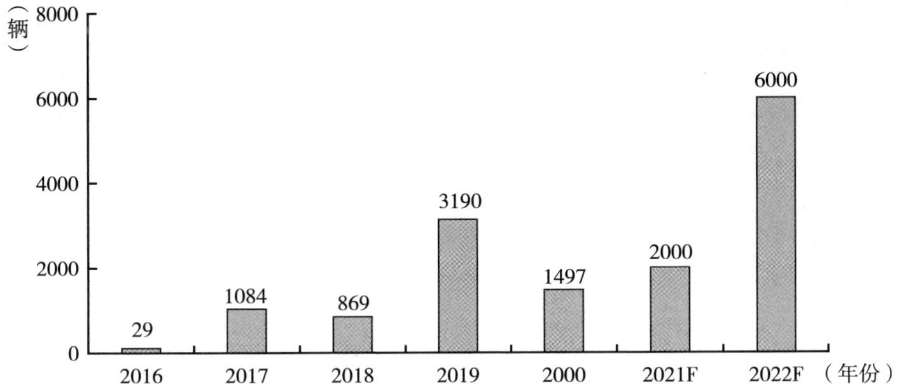

图 12　年燃料电池汽车销量预测

链、港口等场景积极应用，重型车应用进程加快。渣土运输车、垃圾运输车、扫路车等环卫领域成为推广应用新方向，商业模式加快探索。广东、上海等地将积极开展燃料电池乘用车开始小规模示范。

（三）燃料电池汽车技术水平和经济性快速提升

2021～2022 年，随着各级政府及企业高度重视关键技术突破，燃料电池汽车及关键零部件技术水平将取得积极进展。燃料电池系统效率将快速提升，燃料电池汽车车型续驶里程将持续提高。大功率燃料电池系统加快应用，150kW 以上的燃料电池系统应用比例明显提升。燃料电池系统成本及燃料电池汽车成本持续下降，到 2021 年年底燃料电池系统成本有望降至 5000 元/kW，2022 年有望降至 4000 元/kW 以内，助力燃料电池汽车经济性快速提升。

（四）燃料电池汽车产业呈区域聚集性发展

2021～2022 年，受国家燃料电池汽车示范应用政策、“氢进万家”科技示范工程等利好，燃料电池汽车主要在北京、上海、广东、河北、山东等重点区域聚集性发展，通过这些地区地方政府统筹配置资源、要素，形成政策、技术、市场的有效协同，推动产业快速发展。此外，在内蒙古、四川、宁夏等氢气或可再生能源富足的地区，有望依托供应丰富、成本较低的氢气资源，实现燃料电池汽车规模化应用，带动氢气制备、储运氢装备等关键环节协同发展。

B.14

中国燃料电池重卡示范进展及应用场景分析

任海波　马唯杰　刘效磊*

摘　要：近年来，我国政府鼓励燃料电池汽车在中远途、中重型领域的应用，我国燃料电池重卡示范运营进程加快。2021年1～7月，燃料电池重卡共销售353辆，主要应用于冷链运输、钢材运输、建材运输、渣土运输等。典型的燃料电池应用场景包括普通货物长途干线运输、冷链货物长途运输、短倒运输、渣土运输、城市环卫场景。同时，燃料电池重卡公告产品不断增加，可初步满足各场景示范应用需求。长远来看，燃料电池重卡应用具备较强的经济性可行性和技术可行性，具备较强的发展潜力。未来应加快突破燃料电池重卡关键技术、持续提高经济性、加快创新商业模式、完善加氢基础设施、强化政策支持，使燃料电池重卡的经济性和技术潜力加快实现，推动燃料电池重卡在各典型应用场景的替代率持续提升。

关键词：燃料电池重卡　经济性　技术可行性

* 任海波，中汽数据有限公司氢能源研究室高级工程师，研究方向：燃料电池汽车市场与应用场景研究；马唯杰，中汽数据有限公司清洁能源研究室工程师；刘效磊，中汽数据有限公司工程师。

一　燃料电池重卡推广应用进程加快

（一）燃料电池重卡销量走势

2020 年 9 月，财政部、工信部等五部门发布《关于开展燃料电池汽车示范应用的通知》，鼓励燃料电池汽车在中远途、中重型商用车领域的产业化应用，我国燃料电池重卡应用进程加快。2021 年 1 ~7 月，燃料电池重卡销量为 353 辆，其中燃料电池自卸车 184 辆，燃料电池半挂牵引车 149 辆，燃料电池保温车等专用车 20 辆，燃料电池汽车示范应用政策对于燃料电池重卡市场增长起到了重要的推动作用。2020 年至 2021 年 7 月燃料电池重卡销量走势如图 1 所示。

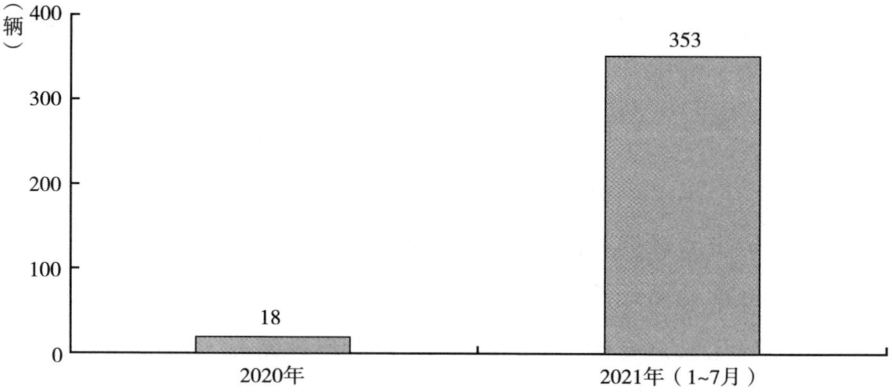

图 1　2020 年至 2021 年 7 月燃料电池重卡销量走势

注：本文重卡的定义依据《关于开展燃料电池汽车示范应用的通知》附件 1 燃料电池汽车城市群示范目标和积分评价体系，指 12 吨（含）以上货车及专用车。

资料来源：中汽数据（下同）。

（二）燃料电池重卡市场格局

目前燃料电池重卡企业主要是南京金龙、成都大运、江铃重汽、佛山飞驰等，2021 年 1 ~7 月销量分别是 202 辆、62 辆、49 辆和 17 辆，主要是在山东、河北、上海等重点区域的示范应用。燃料电池系统企业主要包括海卓科技、上海杰宁等企业，重卡燃料电池系统市场集中度较高。燃料电池车企及配套系统企业的销量如表 1 所示。

表 1　2021 年 1 ~ 7 月燃料电池系统企业配套区域及数量

单位：辆

车企	系统企业	系统销量	燃料电池重卡销量
南京金龙	海卓科技	184	202
	金华氢途;雄川氢能科技（广州）	18	
成都大运	上燃动力	41	62
	未势能源	21	
江铃重汽	上海杰宁	49	49
佛山飞驰	广东鸿力氢动	17	17
上海万象	海卓科技	16	16
一汽	重塑科技	2	2
上汽依维柯红岩	上海捷氢	2	2
中联重科	湖北海亿	1	1
华晨兴达(大连)		1	1
东风汽车集团	深圳氢时代	1	1

（三）燃料电池重卡主销区域

2021 年 1 ~7 月，山东、河北、上海等地加快燃料电池重卡示范，销量分别为 190 辆、87 辆和 51 辆。山东示范运营的燃料电池重卡，主要是在青岛、临沂等地。河北 2021 年投入运营的燃料电池重卡，主要是雄安新区“容易线”建材等运输，以及唐山市的河钢 10 辆燃料电池自卸车运营。上海 2021 年投入运营的燃料电池重卡主要是中国宝武用于钢材运输的半挂牵引车。2021 年 1 ~7 月燃料电池重卡销售区域分布如图 2 所示。

（四）燃料电池重卡车型公告

受政策导向影响，主流重卡企业纷纷加快布局燃料电池重卡，产品公告

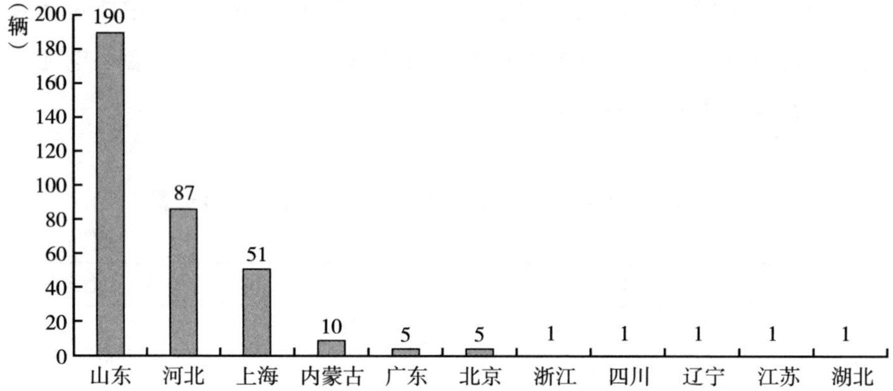

图 2　2021 年 1 ~ 7 月燃料电池重卡销售区域分布

数量持续增加，344 批公告中，燃料电池重卡公告数量已达到 14 款，主要是燃料电池渣土运输车和牵引车等，燃料电池重卡市场供给日趋丰富。图 3 是各批次公告燃料电池重卡产品车型分布。

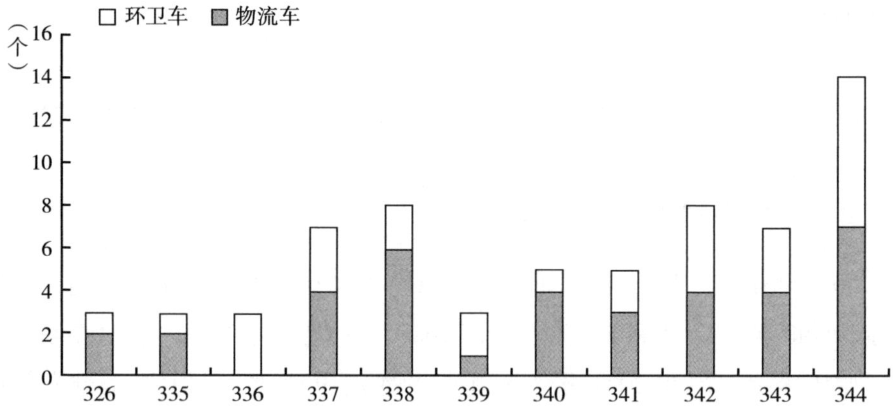

图 3　各批次公告燃料电池重卡产品车型分布

（五）燃料电池重卡技术水平

近年来我国燃料电池重卡技术水平持续提高。2021 年 1 ~ 7 月，系统功率超过 110kW 的燃料电池重卡销量为 283 辆，占比超过 80%。从产品的功率满足情况来看，2021 年 1 ~7 月销售的燃料电池重卡，驱动电机功率 230kW 以上的车型占比超 95%，目前 110kW 的燃料电池系统功率仍然偏低。预计 2021 ~2022 年将有 150kW 的更大功率产品开始应用，110kW 以上功率的车辆销售占比还将继续增加。从续驶里程来看，我国燃料电池重卡等速法续驶里程均已超 300 公里，等速法 400 ~500 公里的重卡产品不断增加，基本满足各典型场景的示范应用需求。2021 年1 ~7月我国推广应用的燃料电池重卡技术水平如表 2 所示。

表 2　2021 年 1 ~7 月我国推广应用的燃料电池重卡技术水平

车辆名称	企业名称	总质量（吨）	燃料电池系统额定功率(kW)	驱动形式	电机峰值功率(kW)	等速法续驶里程（公里）	销量（辆）
自卸汽车	南京金龙	31	110	8 ×4	320	450	184
牵引车	成都大运	49	111	6 ×4	255	60(氢系统不工作)/ 430(氢系统工作)	62
牵引车	江铃重汽	42	95	4 ×2	250	401	49
牵引车	南京金龙	49	100;110. 5;120	6 ×4	320	390	18
牵引车	佛山飞驰	49	110	6 ×4	355	450	15
牵引车	上汽依维柯红岩	49	110. 5;120;100	6 ×4	360	390	2
牵引车	一汽	49	112	6 ×4	350	115(氢系统不工作)/ 450(氢系统工作)	2
牵引车	东风	42	60	4 ×2	230	320	1
保温车	上海万象	18	90	4 ×2	185	450	16
厢式运输车	佛山飞驰	12	110	4 ×2	185	500	1
		18	110	4 ×2	185	480	1
抑尘车	中联重科	18	63	4 ×2	160	400	1
车辆运输车	华晨兴达特种车	18	—	4 ×2	250	—	1

二　前期燃料电池重卡应用主要围绕五大场景

从市场终端应用来看，典型燃料电池重卡应用场景包括普通货物长途干线运输、冷链货物长途干线运输、短倒运输、渣土运输和城市环卫等领域，目前我国燃料电池重卡技术水平已基本满足示范需求，开始批量化使用。

（一）普通货物长途干线运输场景

1. 用车场景及车辆需求

长途干线运输主要是利用公路干线进行长距离、大运量的运输，一般跨越省市，运输距离较长。运输货物主要是快递快运、大件运输、工业原材料等。载重要求方面，运输重量较重，可达 20 吨以上甚至更高，载货容量要求大，可达 60 立方米以上。运输路线主要运行于高速公路和国道、省道上，具有单边运距长、时效性高等特点。根据北京中交兴路信息科技有限公司发布的《中国公路运输大数据报告》数据，从运营距离范围的分布来看，54.2% 的重卡运营距离在 200 公里以内，20.4% 的重卡运营距离在 200 ~ 500 公里，13.8% 的重卡运营距离在 500 ~ 1000 公里，8.7% 的重卡运营距离在 1000 ~ 2000 公里，此外还有 2.9% 的重卡运营距离在 2000 公里以上。

初期燃料电池重卡可优先应用于运营距离 200 公里左右的运输场景，这一场景可覆盖 54% 的场景需求。长途干线运输场景对车辆的续驶里程、经济性、寿命、可靠性等要求较高。典型的推广车辆包括 49 吨、42 吨燃料电池牵引车，18 吨燃料电池厢式运输车、仓栅式运输车等。

2. 市场供给现状

截至 2021 年 7 月底，燃料电池牵引车市场供给方面，国内已有成都大运、南京金龙、北汽福田等 11 家汽车企业推出 49 吨、42 吨牵引车，共有公告车型 16 款，车辆种类较为丰富。燃料电池重型厢式运输车方面，上汽大通、佛山飞驰等企业推出 4 款公告，车辆总质量包括 12 吨和 18 吨，产品数量仍然偏少。

以国内某款典型 6 × 4 燃料电池牵引车来看，燃料电池系统功率达到 110kW 以上，储氢 30 公斤左右，动力电池电量约 100kWh，续驶里程约 300 公里。产品初步满足示范应用的需求，但是续驶里程、使用寿命、整车轻量化等主要技术水平与传统燃料牵引车仍有较大差距，需要通过规模化示范应用持续优化。国内某款 49 吨燃料电池牵引车参数如表 3 所示。

表 3　国内某款 49 吨燃料电池牵引车参数

项目	参数
整备质量	13 吨
车辆总质量	49 吨
燃料电池系统功率	120kW
驱动电机额定功率	220kW
供氢系统	35MPa 储氢瓶，140L * 9
动力电池电量	95. 5kWh
续驶里程	300 公里

3. 实际应用情况

目前我国城际高速公路沿线加氢基础设施仍不完善，国内尚无长途干线运输的重型牵引车示范运营案例。多地正加快推进燃料电池重卡在长途干线运输场景的应用，如北京燃料电池汽车示范政策中提出，将在京津冀区域，往返于各港口至北京的运输线路、重点企业物流专线和以农副产品为重点的生活必需品运输线路上，构建京津冀燃料电池重卡货运走廊，实现氢燃料电池牵引车和载货车的分阶段替换，并将给予一定的市级财政补助支持，预计 2021 ~2022 年燃料电池重卡长途运输应用将取得积极进展。

（二）冷链货物长途物流运输场景

1. 用车场景及车辆需求

长途冷链运输场景的运输货物种类多样化，包括蔬菜、水果、肉类、水产品、乳制品、速冻食品等。运输路线主要是产地到销地批发市场、农产品水产品物流园、冷库、加工厂等地的冷链运输，主要用货厢长 9. 6 米和 7. 6 米的冷藏车和保温车。车辆主要行驶路况是高速公路和国道、省道上，具有单边运距长、时效性高等特点。运输距离方面，不同省份间运输的运行距离差异较大，可达 200 公里到上千公里。

前期长途运输燃料电池车主要适用于运输半径 200 公里左右的路线。车辆厢体需良好的密封性及隔热保温性能，货厢的冷藏保温需要较高的能耗。车辆对可靠性、续驶里程、经济性、寿命、功率要求较高。

2. 市场供给现状

燃料电池重型冷藏保温车方面，目前国内已有上海万象、苏州金龙、青岛奥扬、厦门金旅4家车企推出13.5吨、18吨燃料电池保温车，共有公告车型6款。河南松川和上汽大通两家车企推出13.5吨、18吨燃料电池冷藏车，车型数量仅为2款。目前燃料电池冷藏保温车数量明显偏少，无法有效满足市场供应。

3. 实际应用情况

随着科技部“氢进万家”工程开始实施，山东临沂投放了十余辆18吨燃料电池保温车，用于临沂与青岛间城际冷链运输。多个燃料电池汽车示范城市提出发展燃料电池汽车冷链运输，预计2021～2022年燃料电池汽车长途冷链运输示范项目将陆续开始运营。

（三）短倒运输场景运输场景

1. 用车场景及车辆需求

短倒运输场景主要是往返于物流园区、制造企业与港口、火车站等物流枢纽之间的短途运输，行驶路线固定。运输货物主要是汽车及零部件、煤炭、钢材、生活必需品、建筑材料等大宗货物。车辆载重要求较高，一般是25吨以上，部分钢铁企业场内运输场景超70吨，载货容量要求大。运输范围一般在50～100公里，平均车速30～60km/h，有些运输场景需多次往返，运输时间长。

短倒运输对车辆的成本、寿命、可靠性等要求较高，前期续驶里程可较短，通过在场内或沿线配套建设加氢站保证车辆长时间运行。氢能产业发展前期，可重点在氢源丰富、氢气价格低的场景重点推广49吨、42吨燃料电池牵引车。

2. 市场供给现状

目前燃料电池牵引车市场供给方面国内已有成都大运、南京金龙、北汽福田等11家汽车企业推出49吨、42吨牵引车，共有公告车型16款，车辆种类较为丰富，可初步满足示范应用的产品供给。

3. 实际应用情况

目前短倒运输是国内燃料电池重卡的重要应用场景。中国宝武、荣程钢铁、河钢、泰钢等钢铁企业充分利用富足的工业副产氢优势，在企业场内或厂区到港口等物流枢纽之间示范运营燃料电池半挂牵引车。河北雄安新区投放燃料电池半挂牵引车用于承担雄安新区建设所需砂石骨料等物料运输需求，车辆往返的“容易线”全长59公里，其中建材运输区间主要是南水北调徐水调蓄库至容城，距离43公里。四川成都在成渝氢走廊中心投放运营燃料电池重型牵引车，主要运输矿石、矿渣、钢材等各类大宗物资。国内已示范运营的燃料电池重卡典型应用案例如表4所示。

表4　国内已示范运营的燃料电池重卡典型应用案例

地区	应用场景	车辆类型	数量
上海	钢材运输	6×4燃料电池半挂牵引车	60辆
天津	荣程厂区往返天津港运输线路,运输各类大宗物料	6×4燃料电池半挂牵引车	首批5辆
山东济南	泰钢大宗物品运输	6×4燃料电池半挂牵引车	首批10辆
河北保定	承担“容易线”所需砂石骨料等物料运输需求,全长59公里,其中建材运输区间主要是南水北调徐水调蓄库至容城,距离43公里	6×4燃料电池半挂牵引车	100辆
河北唐山	河钢的钢材等大宗物资运输,行驶于京唐港(海港区)至唐钢(乐亭县)的氢能运输专线,初期每天承运3000吨左右的货物运输	6×4燃料电池半挂牵引车	首批30辆
四川成都	示范线项目位于成渝氢走廊中心,主要应用于川威集团矿石、矿渣、钢材等原材料运输	6×4燃料电池半挂牵引车	预计2021年投入7辆

（四）渣土运输场景

1. 用车场景及车辆需求

渣土运输主要是往返于城市内及周边的市政工程工地、各建筑工程场地与城市周边卸土场、砂石骨料堆放地之间，运输各类城市建筑垃圾、砂石骨料等。渣土运输车辆主要行驶于市内到城市周边的道路，不同线路运输的运行距离差异较大，一般单程路线10~50公里，车辆运行速度40~50km/h，每天需多次往返，单日运距 150～300 公里。北京中交兴路信息科技有限公司发布的《中国公路运输大数据报告》数据显示，从自卸车的运营距离分布来看，94.8%的自卸车运营距离在 200 公里以内，3.4%的自卸车运营距离在 200～500 公里，运营距离在 500 公里以上的自卸车占比为 1.8%。此外，燃料电池渣土运输车通行受政策影响大，多个地方政府已出台政策，对渣土运输车通行时间做出明确要求。

前期燃料电池自卸车可优先应用于 200 公里以内的场景，可以满足 94.8%的场景需求。车型需求方面，主要是 31 吨自卸汽车，厢体需良好的密封性。基础设施配套方面，需统筹车辆运营和加氢站建设运营，保障氢气规模化稳定供应。车辆要求方面，对可靠性、续驶里程、经济性、寿命、功率等要求高。

2. 市场供给现状

目前，国内已有南京金龙、华菱汽车、三一汽车、佛山飞驰 4 家车企推出 31 吨燃料电池自卸车，共有公告车型 7 款。从产品情况来看，基本可以满足燃料电池渣土运输场景的示范应用需求，为验证燃料电池渣土运输的技术可行性和经济性奠定基础。

3. 实际应用情况

目前渣土运输是燃料电池重卡的重要应用场景。广州黄埔区、广州开发区先期已投放 500 辆 31 吨燃料电池自卸车，用于城市渣土运输，未来三年内，广州黄埔区、广州开发区还将投入运营 3000 辆氢燃料电池自卸车。山东青岛先期投放 200 辆 31 吨燃料电池自卸车，用于城市渣土运输。多个城市也在城市渣土运输场景提出燃料电池自卸车替代计划，未来燃料电池自卸车推广应用规模将不断扩大。国内已示范运营的燃料电池重卡典型应用案例如表 5 所示。

表 5　国内已示范运营的燃料电池重卡典型应用案例

单位：辆

地区	时间	应用场景	车辆类型	数量
广东广州	2021 年 8 月	黄埔区渣土运输	31 吨燃料电池自卸车	首批计划 500
山东青岛	2021 年 6 月	渣土运输	31 吨燃料电池自卸车	首批计划 200

（五）城市环卫场景

1. 用车场景及车辆需求

环卫用车场景主要是在城市道路上进行扫路、清洗、垃圾运输等各类环卫作业，作业类型多样化，车型数量较多，吨位从轻型到重型分布较广。不同场景每天作业里程差距较大，扫路车等作业类车辆速度慢、行驶里程较短，垃圾运输车等行驶里程相对较长。平均每日行驶里程 50～200 公里，车辆运行速度较慢，运行速度 10～50km/h。

燃料电池车主要替代中重型环卫车，部分作业类车型上装耗电量较大，对车辆的可靠性、噪声、污染、续驶里程、寿命、功率、经济性等要求较高。

2. 实际供给现状

目前国内多家企业推出燃料电池环卫车，但具体到细分车型来看，公告数量明显偏少，广州广日专用车和广州环境卫生机械推出 4 款燃料电池自卸式垃圾车，北京天路通、中联重科、福龙马推出 4 款燃料电池洗扫车公告，福龙马、重庆凯瑞特种车、中联重科推出 4 款燃料电池清洗车，福龙马和京环装备推出 3 款燃料电池扫路车，航天晨光和北京华林特装推出 2 款燃料电池压缩式垃圾车，广州环卫机械推出 2 款燃料电池洒水车，中联重科推出 1 款燃料电池多功能抑尘车，南京金龙推出 1 款燃料电池车厢可卸式垃圾车。可以看出，多款产品公告企业仅有 1～4 家，且车型较为分散，无法有效满足市场规模化供应。燃料电池环卫车公告企业及数量如表 6 所示。

表 6　燃料电池环卫车公告企业及数量

单位：款，吨

车辆类型	企业名称	公告数量	总质量
燃料电池自卸式垃圾车	广州广日专用车	3	25;31
	广州环卫机械	1	31
燃料电池洗扫车	北京天路通	2	18
	中联重科	1	18
	福龙马	1	18

续表

车辆类型	企业名称	公告数量	总质量
燃料电池清洗车	福龙马	2	18
	重庆凯瑞特种车	1	18
	中联重科	1	18
燃料电池扫路车	福龙马	2	12.5;18
	京环装备	1	12.5
燃料电池压缩式垃圾车	航天晨光	1	18
	北京华林特装	1	18
燃料电池洒水车	广州环卫机械	2	18
燃料电池吸粪车	航天晨光	1	12.5
燃料电池多功能抑尘车	中联重科	1	18
燃料电池车厢可卸式垃圾车	南京金龙	1	31

3. 市场应用情况

目前，国内燃料电池重型环卫车应用仍然较少。湖北襄阳示范应用 18 吨燃料电池抑尘车，用于城市道路抑尘作业场景。北京等多个燃料电池汽车示范城市提出将加快在环卫车等公共服务领域推广应用燃料电池汽车，未来燃料电池环卫车示范应用进程将加快推进。

三　目前燃料电池重卡应用存在一系列问题，但远期可取得突破

经济性和技术水平不足仍是当前制约燃料电池重卡应用的关键因素。长远来看，燃料电池重卡的经济性和技术水平提升潜力较大，可很好的解决燃料电池重卡的经济性和技术制约因素，具备规模化发展的潜力。

（一）燃料电池重卡推广应用存在的问题

燃料电池重卡经济性不如燃油重卡和纯电动重卡。目前，由于燃料电池重卡的规模效应尚未显现，以及部分关键零部件和材料国产化率不高，燃料电池重卡购车价格是燃油车购车价格的 3 倍以上，明显高于纯电动重卡价

格。此外，由于目前氢气价格仍然较高，燃料电池重卡的氢耗仍然偏高，燃料电池重卡的运营成本远高于纯电动重卡和柴油重卡。

燃料电池重卡技术水平与燃油重卡、纯电动重卡相比仍有差距。目前燃料电池重卡的续驶里程仍然偏低，与燃油重卡相比存在较大差距。燃料电池重卡的整车自重偏高，导致载重量偏低，制约其运营经济性。此外，我国燃料电池重卡的系统功率仍然有待进一步提高，氢耗有待继续下降。

车用氢能供给有待提升。目前我国车用氢气提纯企业相对较少，可再生能源制氢仍处于起步阶段，导致部分地区车用氢气供应不足且价格较高。同时，我国加氢站建设运营数量仍然偏少，无法满足跨城际长途运输、城市内环卫作业等场景的需求。

（二）长远来看燃料电池重卡应用存在的问题可取得突破

1. 未来燃料电池重卡可具备经济性优势

目前，燃料电池重卡在钢厂内短倒运输场景已形成一定的经济性优势，未来随着燃料电池系统发电效率进一步提升，加氢站关键装备成本进一步下降，燃料电池重卡将逐步形成一定的经济性优势。

（1）长途干线运输场景中燃料电池牵引车具备经济性潜力

在长途干线运输场景，以 6×4 牵引车为例，目前燃料电池牵引车购置成本在 150 万元以上，远高于纯电动牵引车和柴油牵引车。根据示范政策要求，多地终端氢气价格可达到 35 元/kg，燃料电池牵引车年燃料费用为 29.4 万元，高于纯电动和柴油牵引车。

从长远降成本潜力来看，燃料电池牵引车成本可大幅降低，略高于柴油车，优于纯电动车。远期来看，随着燃料电池系统发电效率持续提升，燃料电池牵引车氢耗可降至 9kg/100km；随着加氢站关键设备国产化率提升，油氢合建站加快推进，终端氢气价格有望降至 24 元，届时燃料电池牵引车经济性可与柴油重卡相当。长途运输场景三种动力类型 6×4 牵引车经济性对比如表 7 所示。

表 7 长途运输场景三种动力类型 6×4 牵引车经济性对比

指标	纯电动	柴油车	燃料电池(现状)	燃料电池(未来潜力)
购车价格	120 万元	42 万元	150 万元以上	45 万元
燃料消耗量	160kWh/100km	35L/100km	10.5kg/100km	9kg/100km
燃料价格	1.2 元/kWh	6.2 元/L	35 元/kg(部分地区)	24 元/kg
百公里燃料成本	192 元/100km	217 元/100km	367.5 元/100km	216 元/100km
年运输距离	8 万公里	8 万公里	8 万公里	8 万公里
年燃料费用	15.36 万元	17.36 万元	29.4 万元	17.2 万元

（2）在钢厂等短倒运输场景，燃料电池重卡已具备运营经济性

以钢厂内短倒运输为例，主要采用 6×4 牵引车，总重量可达 90 吨。目前，燃料电池牵引车购置成本在 150 万元以上，远高于纯电动牵引车和柴油牵引车。钢厂有较为充足的工业副产氢，考虑加氢站建设和运营成本，氢气价格可以较为容易的做到 18 元/kg 以下，燃料电池运营成本可与纯电动相当。

从长远燃料电池汽车降成本潜力来看，燃料电池牵引车成本可大幅降低，略高于柴油车，优于纯电动车。随着燃料电池系统发电效率持续提升，钢厂内燃料电池牵引车氢耗可降至 16kg/100km，此外，加氢站关键设备国产化率提升以及规模化生产，加氢站建设运营成本可大幅下降，届时，钢厂内氢气价格可降至 15 元/kg，燃料电池牵引车经济性可显著优于柴油牵引车。钢厂短倒运输场景三种动力类型 6×4 牵引车经济性对比如表 8 所示。

表 8 钢厂短倒运输场景三种动力类型 6×4 牵引车经济性对比

指标	纯电动	柴油车	燃料电池(现状)	燃料电池(未来潜力)
购车价格	120 万元	42 万元	150 万元以上	45 万元
燃料消耗量	270kWh/100km	75L/100km	18kg/100km	16kg/100km
燃料价格	1.2 元/kWh	6.2 元/L	18 元/kg(钢厂内)	15 元/kg
百公里燃料成本	324 元	465 元/100km	324 元	240 元
年运输距离	7.2 万 km	7.2 万 km	7.2 万 km	7.2 万 km
年燃料费用	23.33 万元	33.48 万元	23.33 万元	17.2 万元

（3）在渣土运输场景，燃料电池重卡具备经济性潜力

以城市渣土运输场景典型车辆 31 吨自卸车为例，目前，燃料电池渣土车购置成本在 110 万元左右，远高于柴油渣土车，与纯电动渣土车相当。根据示范政策要求，多地终端氢气价格可达到 35 元/kg，燃料电池自卸车年燃料费用为 25 万元，高于纯电动和柴油自卸车。

从长远燃料电池汽车降成本潜力来看，燃料电池自卸成本可大幅降低，略高于柴油车，优于纯电动车。随着燃料电池系统发电效率持续提升，燃料电池自卸车氢耗可降至 10kg/100km，届时，氢气价格有望降至 24 元，燃料电池渣土车经济性可优于柴油车。

此外，渣土运输场景受政策影响较大，多地政府明确规定了渣土运输车的通行时间。部分城市对燃料电池渣土运输车给予一定的通行支持，在政策助力下，可加快形成经济性优势。渣土运输场景三种动力类型 31 吨自卸车经济性对比如表 9 所示。

表 9　渣土运输场景三种动力类型 31 吨自卸车经济性对比

指标	纯电动	柴油车	燃料电池（现状）	燃料电池（未来潜力）
购车价格	115 万元	30 万元	110 万元（部分招标）	35 万元
燃料消耗量	180kWh/100km	50L/100km	12kg/100km	10kg/100km
燃料价格	1.2 元/kWh	6.2 元/L	35 元/kg	24 元/kg
百公里燃料成本	216 元	310 元	420 元	240 元
年运输距离	6 万 km	6 万 km	6 万 km	6 万 km
年燃料费用	13 万元	18.6 万元	25.2 万元	14.4 万元

2. 未来燃料电池重卡在特定场景可具备一定的技术优势

未来燃料电池重卡系统功率可满足大多数工况的使用需求。燃料电池重卡对系统功率有较高要求，2021 年 1～7 月销售的燃料电池重卡的功率中，车辆电机功率 230kW 以上的车型占比超 95%。根据示范城市群政策，燃料电池系统的额定功率与驱动电机的额定功率比值不低于 50%。预计到 2021～2022 年，燃料电池系统功率可进一步提升至 150kW，2030 年左右，燃料电池系统功率可达到 250kW 以上，可以满足大多数工况使用需求。

燃料电池重卡使用寿命可满足多数用车场景的需求。目前，用于长途干线运输的燃油重卡全生命周期行驶里程可达到150万公里以上，这要求燃料电池系统寿命达到3万小时。根据《节能与新能源汽车技术路线图》评估，预计2030～2035年，燃料电池商用车系统寿命可超过3万小时，基本能满足绝大多数用车场景的需求。

燃料电池重卡续驶里程可持续提高。目前49吨燃料电池牵引车的35MPa，配套10个210L的储氢瓶，可行驶约400km，短期内通过整车功耗的降低，续驶里程有望提升到500km，如应用70MPa储氢瓶，续驶里程可进一步大幅提升。此外，液态储氢密度远高于气态储氢，更适合重型商用车，未来使用液氢的燃料电池重卡续驶里程可在1000km以上，有望于2030年实现产业化。

燃料电池重卡温度适宜性较强。燃料电池重卡低温性能较为优越，可实现－30℃良好运行，未来可实现－40℃良好运行，在北方地区具备明显的优势，在低温性能方面，燃料电池重卡比纯电动重卡有一定的优势。

燃料电池重卡补能时间具备优势。49吨燃料电池牵引车，氢气加注时间15～20分钟左右，补能时间显著低于纯电动牵引车，具备明显优势。

四　燃料电池重卡推广应用应注重各要素协同推进

为加快突破燃料电池重卡应用存在的问题，应注重全面统筹发展燃料电池重卡的各要素，形成技术、市场和政策的有效协同，推动燃料电池重卡在五大场景加快应用。

（一）提高燃料电池重卡产品技术水平和可靠性

以满足市场终端应用需求为导向，对标燃油重卡和纯电动重卡关键技术指标，提升燃料电池重卡技术水平，到2022年底力争实现燃料电池系统寿命超过1.5万小时，短期内通过整车功耗的降低，加快降低整车能耗，加快70MPa车载储氢系统应用，力争使燃料电池重卡续驶里程提升至500公里，使燃料电池重卡产品竞争力加快提升，满足更多应用场景的用车需求。加快关键材料技术攻关，持续提升质子交换膜、催化剂、碳纸、双极板等关键材料的技术水平和生产一致性，提高燃料电池重卡的产品质量和可靠性，持续降低故障率，确保推广应用中的出勤率。以燃料电池汽车示范城市群政策为契机，加强燃料电池重卡终端应用企业、整车企业、系统及电堆企业、关键材料企业合作，提高膜电极、质子交换膜、催化剂、碳纸、双极板等关键材料的国产化替代率，确保产业链稳定可控，使产业发展满足规模化示范应用的需求。

（二）提高燃料电池重卡全生命周期经济性

在产业发展初期，各级政府应结合市场价格，给予一定购车资金支持。根据燃料电池汽车示范政策的目标，结合产业技术进步及成本下降实际进展，引导车企及关键零部件加快推进成本下降。加快加氢站关键设备国产化替代，持续降低加氢站建设运营成本。根据氢气来源是否清洁低碳，给予相应额度的用氢补贴，降低燃料电池汽车运营成本。

（三）持续创新商业模式

调动行业各方积极性，开展商业模式创新，如“车－站－氢”一体化运营、运营企业融资支持、平台租赁模式、运营企业与车企等上下游合作共建等。优先在钢厂内短倒运输等可短期内实现经济性优势的场景，引导钢铁企业、燃料电池系统企业、燃料电池汽车企业、加氢站建设和运营企业等加强合作，加大燃料电池重卡推广力度，验证钢厂内使用自有氢气的经济性，为后期规模化推广奠定基础。引导各类机构成立氢能及燃料电池汽车发展基金，为产业发展初期提供资金支持。

（四）完善加氢基础设施

加强央企和地方政府合作，积极发展可再生能源制氢，高效利用本地工业副产氢，保障氢气稳定、经济、清洁供应。鼓励根据用车场景，统筹燃料电池汽车、氢气、加氢站的运营，完善加氢站布局。围绕燃料电池重卡示范运输路线，在沿线高速公路依托现有加油站、加气站，建设油气氢电一体化综合能源站，提高加氢站盈利能力。探索创新制氢加氢一体化站，验证一体化站经济可行性。

（五）强化政策支持

探索燃料电池牵引车的路权和高速通行优惠等支持，探索对燃料电池重卡长途物流给予高速通行费减免支持，对燃料电池渣土运输车适度延长通行时长。先进地区探索开展碳排放研究与验证，分析燃料电池重卡的碳排放水平，与柴油车和纯电动车进行对比，并适时纳入碳交易体系。

B.15

纯电动与燃料电池汽车分场景经济性比较与展望

赵冬昶　禹如杰　任焕焕　陈　川*

摘　要：成本高是制约我国新能源汽车发展的重要因素之一。本报告构建了纯电动和燃料电池汽车经济性综合分析比较模型。基于新能源汽车各关键零部件的学习率曲线，对纯电动和燃料电池乘用车、客车和货车的未来制造成本趋势进行了分析和比较。同时结合中国私家车、出租车、公交车和物流车四个应用场景，对各场景下纯电动和燃料电池汽车使用成本进行了分析。最后比较了未来不同时点两种技术路线下的总成本差异。研究发现，全功率燃料电池乘用车到2030年后可与纯电动乘用车制造成本接近，当前应加快燃料电池产业化能力、加快推广并降低成本。

关键词：燃料电池汽车　纯电动汽车　新能源汽车

全球范围内，交通领域碳排放约占总排放量的25%，其中道路交通碳排放约占交通领域总排放量的75%。为控制交通领域碳排放，2015 年零排

---

* 赵冬昶，博士，中国汽车技术研究中心有限公司首席专家，中汽数据有限公司副总工程师；禹如杰，高级工程师，中汽数据有限公司节能战略研究室；任焕焕，中汽数据有限公司低碳业务部部长；陈川，中汽数据有限公司节能战略研究室室主任。本报告主要内容引自作者发表于《汽车工程》2021 年第 2 期的论文《基于学习率的纯电动与燃料电池汽车分场景经济性比较研究》，作者邱彬、禹如杰、刘勇、赵冬昶、宋健。

放汽车联盟发布声明，到2050年仅销售零排放汽车（ZEV）。ZEV包括插电式混合动力汽车（PHEV）、纯电动汽车（BEV）和燃料电池汽车（FCEV）。中国通过财税补贴、双积分等政策推动新能源汽车（NEV）发展，已初步形成了相对完善的新能源汽车政策推广体系。

在各种政策的推动下，我国新能源汽车市场规模快速增长，详见图1。目前NEV市场中仍以BEV为主。2020年BEV市场销量在NEV中的占比达80%，其中商用车中BEV占NEV的比例高达96%。FCEV尚处于产业发展初期，年销量在1000辆左右。

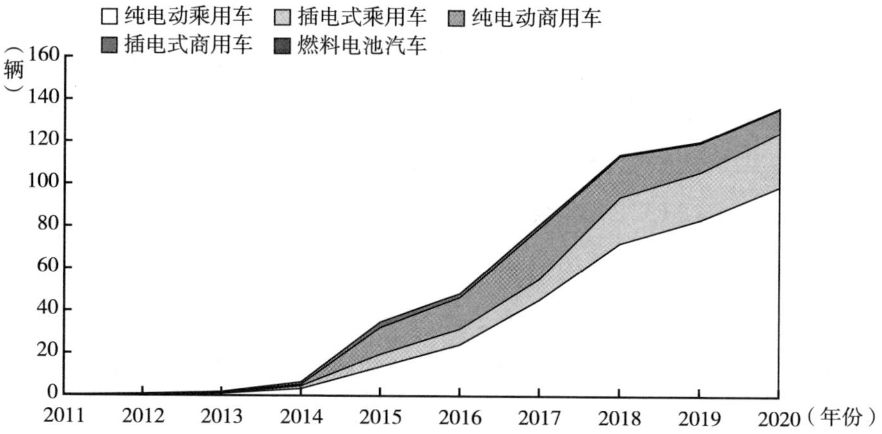

图1　中国新能源汽车年销量趋势

作为较新的技术型式，FCEV成本被普遍认为具有较大下降空间。Ruffini等学者认为，在美国加州，FCEV总成本（包含购买和10年使用成本）在2025年前可比传统内燃机汽车（ICEV）更有优势，但高于BEV。Cano等学者对FCEV和BEV成本拆解后，认为到2040年高续驶里程车型FCEV制造成本优势更大，低续驶里程车型BEV制造成本仍优于FCEV。由此可见，车辆的制造成本受车辆类型和属性影响，使用成本与车辆使用场景相关性大。因此，本报告将在不同应用场景下，针对不同车辆类型，分析BEV与FCEV未来的成本变化趋势，为政府制定NEV推广政策以及企业选择技术路线提供参考。

一　分析框架

FCEV 成本中，燃料电池系统（包含燃料电池堆、空气供应子系统、加湿器和水回收子系统、高温和低温冷却液管理子系统、燃料供应子系统以及燃料电池系统控制器等）和储氢瓶成本占比近 50%，规模效应和技术积累会使这些关键零部件成本逐步下降。BEV 的成本同样有较大下降空间。本报告在对 FCEV、BEV 经济性成本变化趋势的比较中，重点考虑燃料电池系统、储氢瓶、电池、电机等关键部件成本变化趋势。由于车身成本在同级别车辆中差异较小，本报告将 FCEV 和 BEV 的车身成本设定为相同的固定值。关于 FCEV 和 BEV 整车经济性趋势预测的框架如图 2 所示。本报告将针对私家车、出租车、城市公交、物流车四个场景对 FCEV、BEV 经济性进行比较分析。

二　分析方法

（一）BEV 单车成本分析框架

BEV 各车辆属性之间的量化关系如式（1）～（2）所示。

$$R_t = \frac{Q_t}{W_t \cdot BCR_t} \cdot 100 \tag{1}$$

其中：

$$W_t = W_0 + \frac{Q_t}{\rho_t} \tag{2}$$

式（1）～（2）中：R_t 为 t 年时 BEV 的纯电续驶里程（km）；Q_t 为 t 年时储能装置总电量（kW・h）；W_t 为 t 年时整车整备质量（t）；BCR_t 表示 BEV 的单位重量电能消耗率，即（kW・h）/100km/t，随着技术的不断进步，本报告假

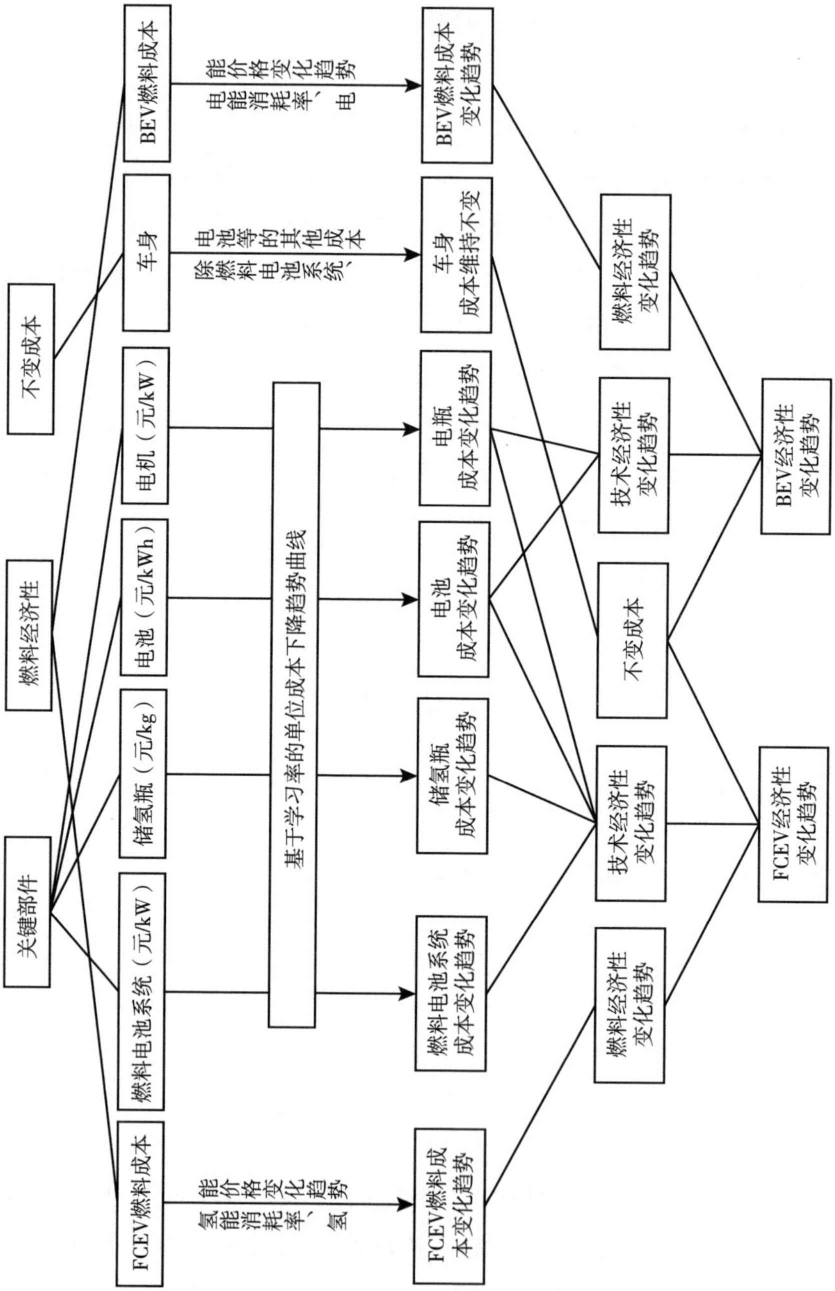

图2 BEV 和 FCEV 经济性分析框架

定 BCR_t 每年下降 1%；ρ_t 表示 t 年时电池系统能量密度，则 Q_t/ρ_t 表示电池系统质量；W_0 表示除电池系统以外部分的车身质量，在本报告中忽略 W_0 随时间的变化。

电池系统能量密度 ρ_t 是 BEV 技术性能趋势预测的重要变量，本文参考《节能与新能源汽车技术路线图》（简称“路线图”）中 ρ_t 的提升速度，以 2017 年为基准，设定未来的 ρ_t 变化趋势，如图 3 所示。

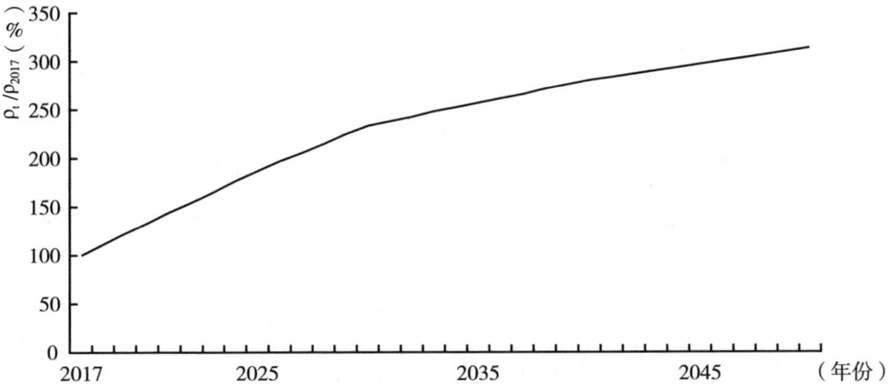

图 3　ρ_t/ρ_{2017} 发展趋势设定

BEV 的整车成本可表示为

$$C_t = C_0 + C_{Bt}Q_t + C_{Dt}MP \tag{3}$$

式（3）中：C_0 为除电池、电驱动系统以外部分的车身成本（元）；C_{Bt} 为 t 年时电池包单位电量成本［元/（kW・h）］；C_{Dt} 为驱动电机单位成本（元/kW）；MP 为驱动电机额定功率（kW）。

（二）FCEV 单车成本分析框架

FCEV 可分为全功率型（大电堆小电池）和增程式（小电堆大电池）两类。以丰田 Mirai 为代表的车型为全功率类型，其燃料电池系统功率为 114kW，动力电池容量仅 1.5kW・h。以荣威 950 为代表的部分车型采用小功率电堆搭配大容量电池的增程式技术，其燃料电池系统额定功率 36kW，搭载 11.8kW · h 的电池提供辅助动力。

全功率 FCEV 的续驶里程为：

$$R = \frac{W_H}{W_t \cdot HCR_t} \times 100 \tag{4}$$

其中 FCEV 整备质量为：

$$W_t = W_0 + \frac{Q_t}{\rho_t} + \frac{1}{2} W_H + \rho_{Ft} \cdot P + W_T \tag{5}$$

式（4）～（5）中：W_H 为储氢瓶储氢质量，以储氢质量的一半计算行驶中氢的质量（kg）；W_t 为 t 年时整车整备质量；HCR_t 为氢能消耗率，kg/100km/t；W_0 为除系统以外的车身质量，在本报告中忽略 W_0 随时间的变化；Q_t 为 t 年时动力电池总电量，kW · h；ρ_t 为 t 年时动力电池系统能量密度，kW · h/kg；P 为燃料电池系统功率，kW；ρ_{Ft} 为燃料电池系统质量功率密度，kg/kW；$\rho_{Ft} \cdot P$ 为燃料电池系统的质量单位 t；W_T 为储氢瓶质量。

增程式 FCEV 的续驶里程与能耗的关系为：

$$R = \frac{W_H}{W_t \cdot HCR_t} + \frac{Q_t}{W_t \cdot BCR_t} \tag{6}$$

两种 FCEV 技术路线下的整车成本可以采用同一公式表示，如式（7）所示：

$$C_t = C_0 + C_{Bt} Q_t + C_{Dt} MP_t + C_{Ft} P + C_{Ht} W_H \tag{7}$$

式（7）中：C_{Ft} 为 t 年时燃料电池系统单位成本，元/kW；C_{Ht} 为 t 年时储氢瓶单位储氢成本，元/kg。

（三）燃料成本

本报告进一步探讨不同使用场景下燃料使用成本，如式（8）。

$$CoF_t = k \cdot VKT \cdot FUEL_t \cdot P_t \tag{8}$$

式（8）中：CoF_t 为 t 年时燃料成本；VKT 为年均行驶里程；$FUEL_t$ 为 t 年时燃料消耗率；P_t 为 t 年时单位燃料价格；k 为折现系数。

$$k = \sum_{i=1}^{n} \frac{1}{(1 + dr)^{i-1}} \tag{9}$$

式（9）中：dr 为折现率；n 为车辆使用时间。

由于中国电价近年来无明显变化，因此本文中电能价格按0.8 元/（kW·h）计算，并保持不变。氢能成本包括制氢成本、储运成本和终端加氢成本三部分。基于相关研究成果，2017 年我国氢能价格设定为 55 元/kg，2050 年约为 35 元/kg，中间年份本文采用线性插值的方法计算取值。

（四）学习率曲线

学习率曲线根据历史经验预测未来成本变化趋势，可以规避技术突破时间节点不确定性等干扰因素。1936 年，美国学者 Wright 指出飞机装配过程中，产量每增大一倍，劳动时间约降低 20%，提出“经验曲线”的概念。生产成本与累计产量存在相关性。Yelle 以“学习曲线”定义“经验曲线”，给出学习曲线表达式：

$$C_t = C_0 \left(\frac{N_t}{N_0}\right)^{\alpha} \tag{10}$$

式（10）中：N_0 和 N_t 分别为基准时刻和 t 时刻累计产量；C_0 和 C_t 分别为基准时刻和 t 时刻成本；$\alpha(\alpha < 0)$ 为学习系数，计算方法如式（11）。定义：

$$\alpha = \frac{logr}{log2} \tag{11}$$

r 为进步率，学习率 R 满足下式：

$$R = 1 - r \tag{12}$$

由式（10）~（11）可推知

$$C_t = C_0 \, r^{\log_2 \frac{N_t}{N_0}} \tag{13}$$

Mattsson 等较早用学习率研究燃料电池系统成本，类比光伏太阳能电池等技术的发展将学习率设为 0.13。Sano 等对 FCEV 成本趋势分析时，考虑了最低成本，并将 FCEV 成本分为燃料电池系统、储氢瓶和电机电控三部分。

Matteson 和 Wei 等分别对电池和燃料电池系统不同材料体系进行研究。Matteson 的研究中，铅酸电池学习率为 0.19～0.23，锂离子电池学习率为 0.22，二者学习率接近。据此初步判断，政策推动下，动力电池学习率受材料种类变化影响可能比较有限。因此本报告中，对于种类繁多的动力电池材料，拟采用统一的学习率展开分析。

根据相关研究，设定 FCEV 和 BEV 关键部件学习率及基准年成本，详见表 1。

表 1　FCEV、BEV 关键部件学习率设定

项目	燃料电池系统	储氢瓶	动力电池包	电机
学习率	18%	15%	16%	15%
基准成本	1600 元/kW	1500 元/kg	1600 元/(kW · h)	70 元/kW

（五）分析案例与应用场景选取

增程式 FCEV 和 BEV 主要以国产为主，因此报告在选取典型车辆性能参数时，将选取国产典型车辆作为参考。全功率 FCEV 技术路线以国际先进水平为参照。

具体来看，乘用车中，以丰田 Mirai 和荣威 950 分别作为全功率和增程式 FCEV 的典型车型。以北汽福田 BJ6123FCEVCH－1 和 BJ6851EVCA－16 作为城市公交基准车型。货车方面，国内东风汽车同时开发了增程式 FCEV 和 BEV 中型货车，因此基准车型选择东风汽车的 EQ5081XXYTFCEV1 和 DFD5070XXYFBEV 车型。

FCEV 和 BEV 基准车型技术参数如表 2 和表 3 所示。

本报告以北京为例，讨论 FCEV 和 BEV 在不同使用场景的经济性差异。具体如表 4 所示。

表 2　FCEV 基准车辆性能

车辆类型	技术路线	系统功率（kW）	储氢瓶容量（kg）	电池电量（kW·h）	电机功率（kW）	行驶里程含氢(km)	整备质量（kg）	氢能消耗量(kg/100km)
乘用车	全功率	113	5	1.6	110	502	1850	1
	增程式	36	5	11.8	50	350	1800	—
客车	全功率	228	18	3.2	220	—	—	—
	增程式	60	25	41.44	150	450	12700	5.6
货车	全功率	151	19	2.5	151	365	—	—
	增程式	30	8	47.5	130	385	4350	2.1

注：乘用车和出租车续驶里程按 NEDC 工况计算，城市公交、物流车续驶里程按 60km/h 等速工况计算。

表 3　BEV 基准年车辆性能

车辆类型	电池电量（kW·h）	电机功率（kW）	纯电续驶里程（km）	整备质量（kg）	电池质量（kg）	电能消耗量（kW·h/100km）
乘用车	62.3	135	352	1900	389	17.4
客车	115.92	160	180	12700	2485	64.4
货车	161.3	150	450	4720	1374	35.8

表 4　使用场景特征

使用用途	车辆类型	年行驶里程(万公里)	生命周期(年)	车身成本(万元)
私家车	乘用车	1.85	12	15
出租车	乘用车	6.7	8	15
城市公交	客车	5.9	7	30
物流车	货车	7.3	8	18

三　BEV 与 FCEV 关键零部件及综合成本展望

（一）关键部件成本下降趋势

2020 年、2025 年和 2030 年，中国规划动力电池系统成本至将分别降至 1、0.9 和 0.8 元/（W·h）。日本发布的《NEDO 二次电池技术研发路线图 2013》，希望 2020 年 BEV 动力电池系统成本降至 2 万日元/（kW·h）以下

[约 1200 元/（kW·h）]，2030 年降至 1 万日元/（kW·h）以下，之后降至 5000 日元/（kW·h）以下。本报告中，BEV 动力电池系统成本及其与中、日两国目标的对比如图 4 所示。

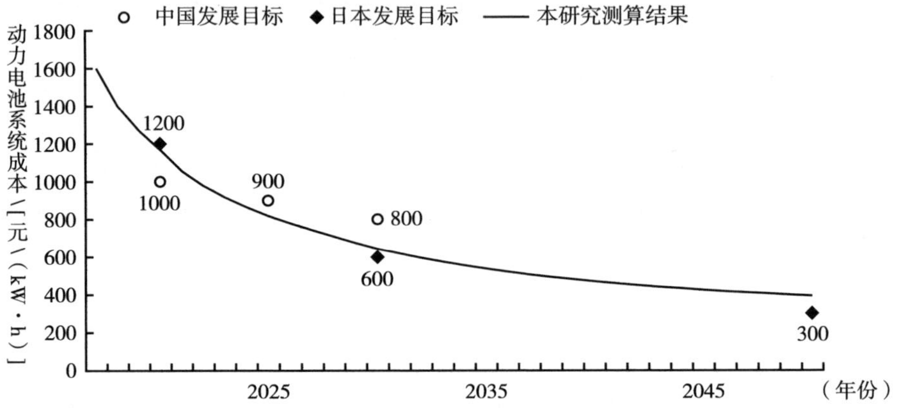

图 4　BEV 动力电池系统成本下降趋势

路线图中，乘用车燃料电池系统成本 2020 年、2025 年和 2030 年分别降至 1500 元/kW、800 元/kW 和 200 元/kW。美国能源部的研究认为，年产 50 万套 80kW 燃料电池系统规模下，燃料电池系统成本可在 2025 年降至 40 美元/kW（约 280 元/kW），最终降至 30 美元/kW（约 210 元/kW）。本报告设定 FCEV 燃料电池系统成本趋势以及其与中、美两国目标的对比，如图 5 所示。

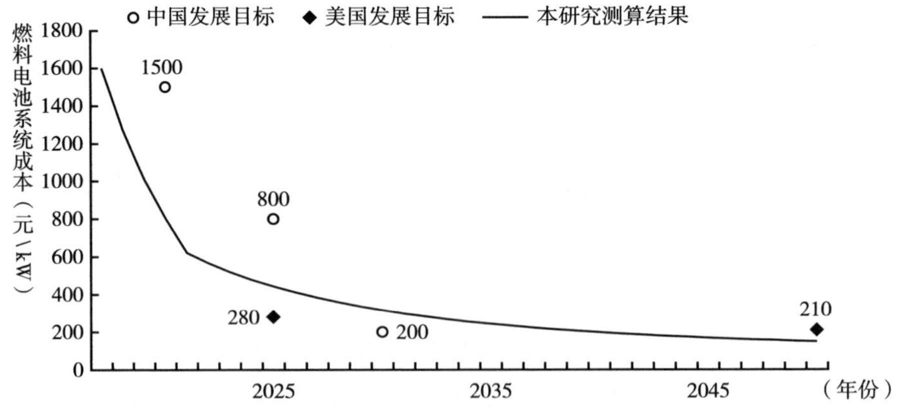

图 5　FCEV 燃料电池系统单位成本下降趋势

（二）BEV 与 FCEV 制造成本趋势预测与对比

图 6 为得到典型车型未来成本趋势。如果续驶里程保持与基准年份不变的情况下，增程式 FCEV 乘用车制造成本将长期低于 BEV，BEV 乘用车制造成本也将长期低于全功率 FCEV；增程式 FCEV 客车制造成本将长期高于 BEV，在 2030 年后将与 BEV 客车接近，二者差异保持在 1 万元以内，全功

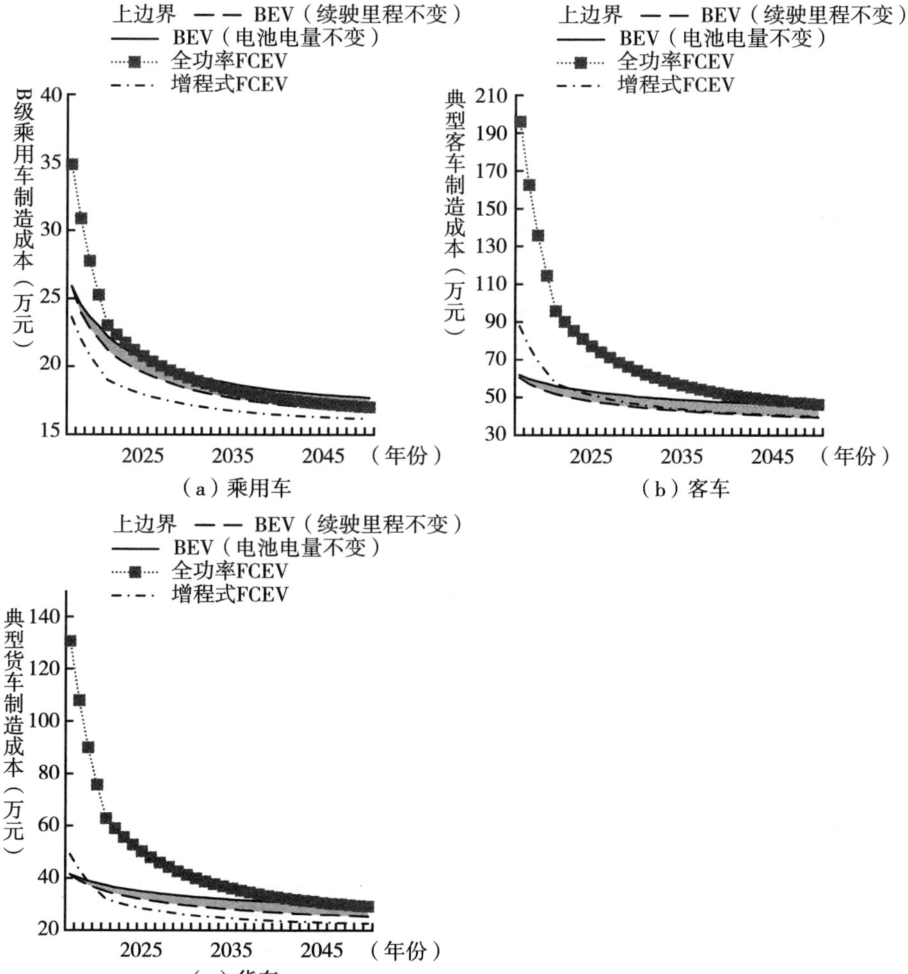

（c）货车

图 6　典型乘用车、客车和货车制造成本变化趋势

率 FCEV 客车制造成本长期高于 BEV 客车，差异到 2050 年可缩小至约 6.4 万元；增程式 FCEV 货车制造成本在 2020 年可低于 BEV 货车，随后与 BEV 货车差异保持在 3 万左右。全功率 FCEV 货车制造成本长期高于 BEV 货车，与 BEV 差异到 2050 年缩至约 3.8 万元。

（三）BEV 与 FCEV 分场景综合成本趋势预测与对比

在制造成本基础上，对 BEV 和 FCEV 各类型应用场景的综合成本进一步进行了分析，其结果见图 7。

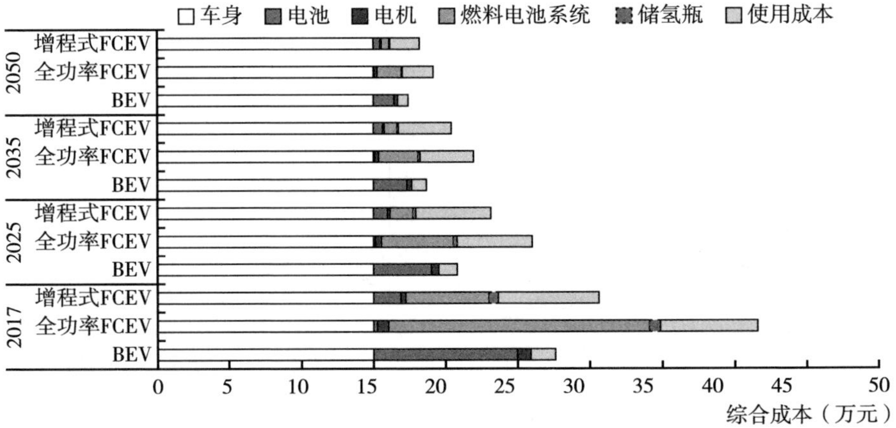

（a）私家车

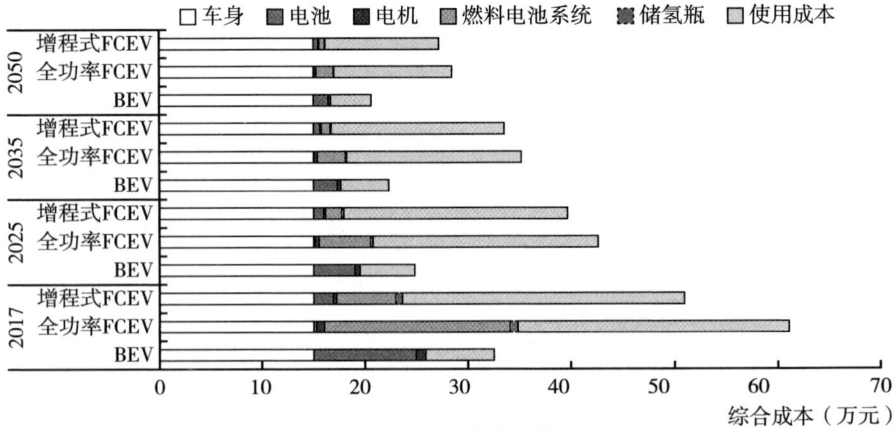

（b）出租车

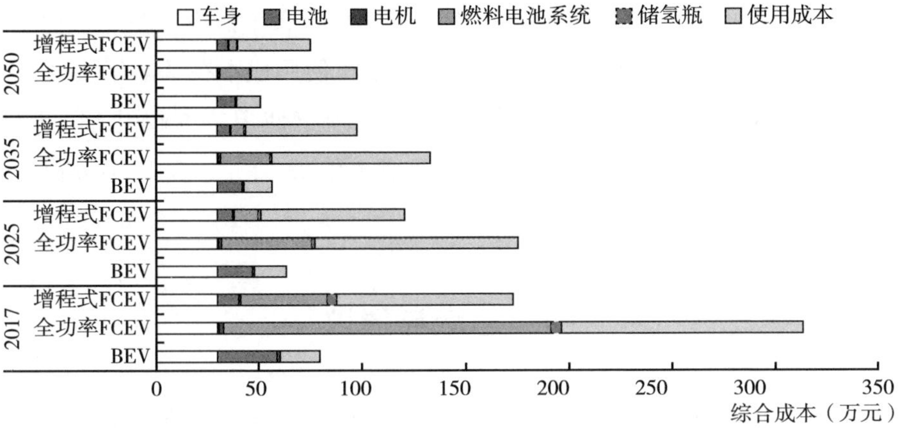

（c）公交车

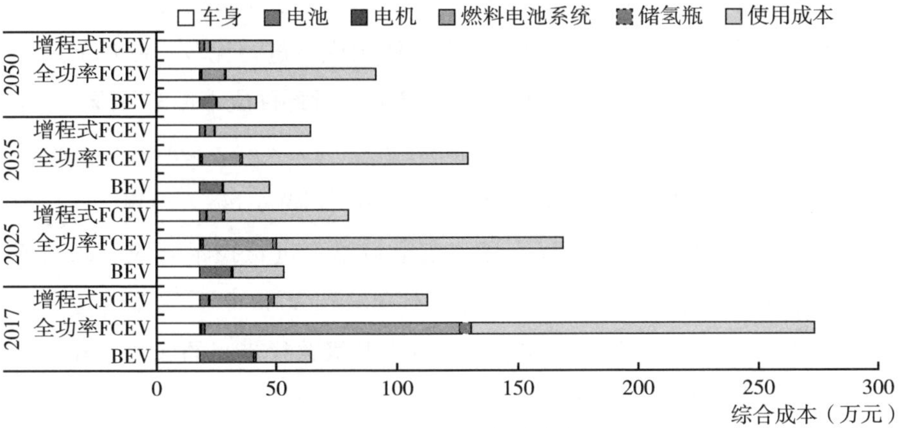

（d）物流车

图7　不同场景下BEV与FCEV技术经济性综合对比（BEV成本按续驶里程不变测算，折现率按3%计算）

从使用成本看，BEV有较强竞争力。BEV使用成本明显低于FCEV，增程式FCEV制造成本优势被高使用成本抵消。BEV私家车综合成本（含制造成本和使用成本）长期低于增程式FCEV和全功率FCEV。出租车、物流车、公交车作为运营车辆，年行驶里程长，使用成本增加明显。具体来看，基准年2017年，北京FCEV出租车使用成本达26万元，到2050年将降至10万元左右。BEV出租车基准年使用成本仅6.6万元，随能耗水平改善，

2050 年可降至 4 万元。基准年 2017 年，FCEV 公交车使用成本超过 100 万元，到 2050 年可降至 51 万元，而 BEV 公交车使用成本在基准年仅为 19.2 万元，到 2050 年降至约 11.5 万元。FCEV 物流车使用成本超过 142 万元，到 2050 年仍达 62 万元，BEV 物流车使用成本仅 23 万元，到 2050 年降至约 16.5 万元。

四 总结与建议

本报告以学习率为载体，针对乘用车、客车、货车，分析了 BEV、增程式 FCEV、全功率 FCEV 三条技术路线的技术经济性发展趋势，并分私家车、出租车、公交车、物流车四个场景对使用成本进行比较，结论如下。

（1）随着技术革新和生产规模扩大，NEV 关键部件成本逐渐下降。动力电池系统成本 2030 年、2050 年可分别降至 643 元/（kW·h）、393 元/（kW·h）。燃料电池系统成本 2030、2050 年可分别降至 316 元/kW、148 元/kW。

（2）典型 BEV 按续驶里程不变和按电量不变进行技术升级，制造成本变化趋势差异明显。乘用车按续驶里程不变，到 2020 年后比按电量不变制造成本低 1 万元左右。客车和货车两种技术升级路径带来的成本差异都将逐渐增大。

（3）以国际先进制造水平为参考，增程式 FCEV 比全功率 FCEV 制造成本更有竞争力，尤其是在乘用车方面，增程式 FCEV 制造成本可低于同级别 BEV 乘用车，增程式 FCEV 货车可在 2025 年后低于同级别 BEV，增程式 FCEV 客车 2025 年后与 BEV 客车制造成本接近。

（4）全功率 FCEV 乘用车到 2030 年后可与 BEV 乘用车制造成本比较接近，全功率 FCEV 客车和货车在 2050 年前，制造成本都将高于 BEV。

（5）从燃料成本角度看，BEV 有较大的成本优势，使得 BEV 总成本（含制造成本和使用成本）持续低于增程式 FCEV 和全功率 FCEV。在运营车辆方面，BEV 燃料成本优势更加明显。

基于本报告的研究结果，提出以下建议。

（1）保障氢能供给，降低氢能成本。为保障和促进我国燃料电池汽车产业发展，一是要加快氢气储、运等关键技术的研发，引导工业制氢、氢气纯化等技术向燃料电池用氢技术转化，提升氢能装备水平。二是加强加氢设备产业化技术研发，降低加氢设备成本，丰富加氢基础设施建设，进而整体降低用户加氢成本。

（2）加快燃料电池产业化能力，加快示范推广进一步降低成本。燃料电池最主要的瓶颈是成本与寿命。一是加强我国燃料电池技术在核心技术能力、关键装备、标准体系等方面的建设。二是扩大燃料电池汽车的示范推广规模，通过规模效应，快速降低燃料电池成本，加速产业化进程。

（3）依据适用场景，科学制定燃料电池汽车推进路线及目标。不同技术类型的燃料电池汽车在不同车型和场景下，其经济性与纯电动汽车及传统燃油车存在显著差异。基于科学的量化指标，制定燃料电池汽车推进路线及目标，有助于实现我国传统燃油车节能、纯电动汽车和燃料电池汽车协调发展。

区域篇

Regional Reports

B.16
京津冀燃料电池汽车示范推广与氢能产业一体化发展动态与展望

肖昊玮　王聘玺　管城熠　薛　晴　杨　军*

摘　要：燃料电池汽车是未来构建以清洁能源为主的多元能源体系的重要载体，是新一轮世界能源技术变革的重要方向，事关我国能源战略发展、生态文明建设以及战略新兴产业布局。京津冀地区研发实力雄厚、产业基础厚实、燃料电池汽车产业链条完整、应用市场广阔、氢能供给充足多元，具备发展燃料电池汽车的良好基础。未来，京津冀地区将把握京津冀燃料电池汽车示范城市群发展机遇，落实区域协同发展战略，依托各城市氢能产业基础，发挥科技创新和产业落地双轮驱

* 肖昊玮，中级工程师，北京交研都市交通科技有限公司高级项目经理；王聘玺，高级工程师，北京交通发展研究院节能减排中心副主任；管城熠，中级工程师，北京交通发展研究院节能减排中心高级项目经理；薛晴，工程师，北京交研都市交通科技有限公司项目经理；杨军，教授级高级工程师，北京交研都市交通科技有限公司副总经理。

动的优势，培育京津冀区域燃料电池汽车生产、研发、应用及氢能产业集群，并借助冬奥会等丰富场景，全面推广塑造燃料电池汽车全球品牌，同步构建与燃料电池汽车推广规模和实际应用场景相适配以及充足多元、安全经济的氢能保障体系，形成政策引导、资源激励、上下游协同、产业链创新驱动的氢能可持续发展生态。

关键词：　京津冀　燃料电池汽车　氢能　可持续发展

当前，区域协同发展、能源转型、经济高质量发展等国家战略部署正在纵深推进，特别是在“碳达峰、碳中和”背景下，京津冀地区深入贯彻国家发展燃料电池汽车产业、促进能源结构转型、推动区域协调发展等系列决策部署。按照财政部、工业和信息化部、科技部、国家发改委和国家能源局《关于开展燃料电池汽车示范应用的通知》（财建〔2020〕394 号）要求，由北京牵头申报的京津冀燃料电池汽车示范城市群，目前已入围首批示范城市群名单并获得批复。京津冀地区将以此为契机，加快培育和发展氢能产业，着力提升燃料电池汽车技术创新与示范应用，构建自主可控的氢能全产业链，打造“全球领先、国内尖端、区域协同、辐射发展”的氢能产业创新高地。

一　产业发展基础

在“碳达峰、碳中和”战略目标要求下，我国氢能与燃料电池汽车产业发展迎来重大历史性机遇，北京冬奥会这一超高影响力的国际舞台，又为全面展示我国燃料电池汽车领域雄厚实力、支撑我国打造具有国际影响力的燃料电池汽车“中国制造”品牌、塑造全球形象提供了极佳的展示机会。同时，京津冀城市群高寒、高纬的环境特点与燃料电池汽车运行性能高度匹配，加之地缘广阔、人口众多、经济活跃，拥有丰富的石化产业和可再生能源，具备扎实的产业基础和相对完整的产业链条，区域内逐步形成工业副产氢提纯、可再生能源制氢等多元化制氢模式，逐步建立与燃料电池汽车推广规模和实际应用场景相适配的充足多元、安全经济的车用氢气供给保障体系，并通过制定出台一系列激励支持保障政策，构建良好的产业发展环境。

（一）产业基础扎实，产业链条完整

经过十余年深耕，伴随相关核心技术的发展突破，京津冀地区各城市逐步形成以高精尖科研院所和重点企业为主体的氢能与燃料电池汽车产业链，成功培育了一大批优质企业。产业链涵盖氢气制、储、运、加环节，以及燃料电池发动机、整车制造和整车应用。京津冀氢能与燃料电池汽车产业链囊括相关企业近百家，产品关键指标处于国内领先或国内先进水平。例如，北京亿华通科技股份有限公司（简称亿华通）研发的燃料电池系列产品被国内 30 家主流整车企业选用，已应用于包括客车、物流车等在内的多种车型。全国范围内搭载亿华通燃料电池动力系统，并成功投入商业化运营的氢燃料电池汽车规模已超千辆，亿华通发动机公告车型配备比达 20.2%。

（二）整车技术成熟，产品系列完善

京津冀地区拥有北汽福田汽车股份有限公司（简称福田汽车）、北京新能源汽车股份有限公司、长城汽车股份有限公司、中国长安汽车集团有限公司等优质的整车研发制造生产企业。其中，福田汽车作为最早实现燃料电池汽车商业化运营的车企之一，在实现燃料电池商用车领域技术不断突破的同时，已构建形成完善的产品系列及对应生产规划，目前已具备 9～12 米燃料电池客车、4.5 吨和 8 吨燃料电池物流车（含冷链物流车）等车型的生产能力，并在城市公交、旅游客运、定制班车及城市配送等多种场景开展了规模化应用。目前，福田汽车正在开发 31 吨、49 吨重卡，2020 年底已经实现 31 吨重卡的样车生产，目前已经开展小批量示范运营。

（三）氢能储备充足，制取环保经济

北京市、河北省均有满足国家标准《质子交换膜燃料电池汽车用燃料氢气》（GB/T 37244－2018）的车用氢气供应。以2020年为例，北京市车用氢气年产能3513吨、河北省（唐山市和保定市）年产能530吨，氢能储备相对充足。除保障高纯度车用氢气供应外，京津冀地区各制氢企业具备极大的氢能供给潜力，富余氢气产能经高质纯化设备吸附、过滤、提纯后，具备保障燃料电池汽车需求的潜在能力。

车用氢气终端销售价格与其在制、储、运、加四大关键环节的生产成本密切相关，其中制氢环节成本占比>50%。一方面，由于京津冀地区拥有丰富的石化产业基础，工业副产氢产量充足，未来通过升级提纯技术，可进一步降低工业副产氢制氢成本；另一方面，京津冀地区具有丰富的风电、光电等可再生能源，通过使用峰谷电或平价电制氢等措施，未来可促使车用氢气生产成本大幅降低。

在可再生能源制氢领域，河北省张家口市充分发挥国家级可再生能源示范区的作用，能够为京津冀示范城市群的氢源保障提供重要补充。目前张家口市有绿氢项目9个，已运营4个。其中，张家口市桥东区海珀尔新能源科技有限公司电解水制氢项目通过利用张家口市丰富的风、光等可再生能源发电、制氢，是目前国内生产规模较大、技术水平较领先的制氢项目，制氢全程无碳排放。该项目于2017年开工建厂，一期工程氢气产量4吨/日、可满足300辆大巴用氢需求，厂内加氢站加注氢气1.5吨/日、可满足100辆大巴用氢需求；二期工程计划于2021年底投产，氢气产量21吨/日、可满足1500辆大巴用氢需求。

（四）应用场景丰富，配套建设完备

随着燃料电池和整车核心研发技术的不断突破，自2003年起，在全球环境基金（GEF）、联合国开发计划署（UNDP）、科技部和各市级政府部门的共同支持下，燃料电池汽车已在京津冀地区部分城市进行了小规模的商业化推广。截至2020年底，京津冀地区共推广燃料电池汽车680辆，其中公交车309辆、物流车167辆、团体客车200辆、重卡4辆，运行区域主要集中在北京市和唐山市，示范推广情况如表1所示。

表1　京津冀地区燃料电池车辆示范推广情况

<table>
<tr><th>城市</th><th>年份</th><th>车辆类型</th><th>数量(辆)</th><th>区域</th></tr>
<tr><td rowspan="3">北京</td><td>2019</td><td>公交车</td><td>5</td><td>384路</td></tr>
<tr><td>2019</td><td>团体客车</td><td>200</td><td>在沙河高教园、未来科学城等提供通勤服务</td></tr>
<tr><td>2019</td><td>城市物流</td><td>165</td><td>京东、顺丰、菜鸟物流运输</td></tr>
<tr><td rowspan="2">唐山</td><td>2020</td><td>重卡</td><td>4</td><td>河钢内部使用,厂内短倒、周边城市钢材倒运</td></tr>
<tr><td>2020</td><td>物流</td><td>2</td><td>河钢内部使用</td></tr>
<tr><td rowspan="3">张家口</td><td>2018</td><td>公交车</td><td>74</td><td rowspan="3">1路、2路、9路、10路、23路、33路</td></tr>
<tr><td>2019</td><td>公交车</td><td>100</td></tr>
<tr><td>2020</td><td>公交车</td><td>130</td></tr>
<tr><td colspan="3">总计</td><td>680</td><td></td></tr>
</table>

此外，为配合车辆运营，京津冀地区已建成并投运加氢站8座，为680辆燃料电池汽车提供加氢服务，其中北京市4座，唐山市1座，张家口市2座，天津市1座，加注能力均≥500kg/d，能够满足当前车辆加氢需求。京津冀地区加氢站建设情况如表2所示。

表2　京津冀地区加氢站建设情况

序号	建站年份	名称	加注能力(kg/d)	城市
1	2006	永丰加氢站	1000	北京
2	2019	氢能产业园加氢站	500	北京
3	2019	窦店加氢站	500	北京
4	2020	国电投中关村延庆园加氢站	500	北京
5	2020	河钢佳华加氢站	500	唐山

续表

序号	建站年份	名称	加注能力(kg/d)	城市
6	2018	创坝加氢站(改造中)	1500	张家口
7	2020	纬三路加氢站	1500	张家口
8	2021	荣程众合自用加氢站	500	天津

2021 年 8 月 15 日，福田汽车与中国石油携手推动昌平首个加氢站建成、投运。福田加氢站占地面积约 1700m^2，设计规模 500kg/12h，加注能力 600kg/d，可加注氢燃料电池客车 50～60 台，其投入运营不仅将有力地保障福田汽车车用氢能源的供应，为福田汽车打造氢能产业基地奠定坚实基础，也将为中国石油积累加氢站技术、管理、运营模式和市场开发等经验。更为值得关注的是，2021 年初，福田欧辉完美护航“相约北京”系列冬季体育赛事高山滑雪和雪车雪橇等项目比赛，其中在张家口赛区，80 辆福田欧辉氢燃料客车高效运营，开了大批量氢燃料客车服务体育赛事之先河。作为 2022 年北京冬奥会重点配套工程，福田加氢站投入运营代表着冬奥会加氢能力和服务水平以及供氢保障能力的跨越式提升，从而有力保障了冬奥会氢燃料供应，助力福田欧辉氢燃料产品高效运营，为“绿色冬奥”赋能。

（五）政策基础良好，发展环境优质

顶层设计方面，京津冀地区相关城市已出台氢能与燃料电池汽车产业相关支持政策。其中北京市、天津市、河北省均已出台支持燃料电池汽车产业发展的专项规划，面向燃料电池产业技术攻关、车辆推广应用、加氢站建设运营等方面提出未来的发展规划与总体目标，并配备相应的保障措施。

加氢站建设运营方面，京津冀地区相关城市已出台专项管理办法。其中北京市和天津市均制定并发布了加氢站建设管理办法，对加氢站建设、运营、监管等关键环节相关要求予以规范，并明确了审批流程、责任主体、安全生产、监督管理等方面的详细规定，全面完善了加氢站建站标准、审批和监管制度，有效提升能源供给基础设施的建设效率。

产业扶持方面，京津冀地区相关城市已出台科技、人才等相关政策。其中北京市在产业链重点技术创新、产业落地、人才引进、氢能保障和车辆推广应用等方面已制定相关支持政策。

氢能安全保障方面，京津冀地区相关城市已出台监督管理办法。目前氢气在示范城市群中作为危化品类别进行统一管理，北京市、天津市均已出台有关危化品管理的相关办法，针对危险化学品的存储、运输、应急、救援和经营等，已建立相对完善的管理机制和应对方案。

二　现状产业问题

当前，我国氢能与燃料电池汽车产业正处在起步阶段，产业发展亟待政策市场培育，产品研发亟待关键技术引领，但在核心技术创新、产业化能力和商业化进程等方面我国仍存在一定的短板，制约着燃料电池汽车的推广落地和氢能产业一体化的发展。同时，京津冀燃料电池汽车示范城市群作为入围国家燃料电池汽车示范城市群的首批城市群，以其特有的产业结构和政策环境，在氢能产业一体化的发展中，也面临着特殊的问题和挑战。

（一）创新驱动不足，关键技术短板

虽然我国的氢燃料电池产业链已经初具框架，但核心零部件如氢燃料电池电堆、系统等产品的性能和可靠性方面仍与国际先进水平存在一定的差距。氢燃料电池汽车制造所需的长寿命高可靠性质子交换膜、碳纸、催化剂等关键材料和氢气循环泵、高压管阀件等辅助部件仍需要依赖进口。核心零部件的低国产率将会严重制约我国燃料电池汽车产业的发展，必须提升创新能力，以创新驱动产品升级，提升自主研发能力，才能不断推动行业长足发展。

京津冀燃料电池汽车示范城市群虽然在燃料电池汽车整车制造及车用氢能产业方面有一定规模，但是各环节企业当前仍存在一定自主研发驱动力不

足的问题，缺乏针对性的创新激励和政策扶持，在关键技术研发方面相对较弱势，从长远角度来看，不利于在行业发展中把握主动权。

（二）推广成本较高，规模应用受阻

氢燃料电池汽车的购置及使用成本相对较高也是阻碍氢能产业发展、燃料电池汽车规模化应用的关键问题之一。

从车辆购置成本方面来看，目前氢燃料电池汽车购置价格是同级别传统燃油车购置价格的2~5倍，是纯电动汽车购置价格的1.5~2.5倍。究其原因主要是当前我国的燃料电池汽车产业规模小、核心零部件国产化率低，导致整车制造成本偏高，在车辆购置成本上相比其他车型处于劣势地位，加大了氢燃料电池汽车的推广难度。从车辆使用成本方面来看，目前氢气加注及其上游制备和运输环节成本较高，如表3所示，以车用氢气价格30元/kg计算，同一车型氢燃料电池汽车的使用成本是传统燃油车的2~5倍。较高的使用成本进一步提高了氢燃料电池汽车推广落地的门槛，难以实现大规模推广运行。

表3　分车型车辆使用成本对比

车辆类型	对标情况				每公里氢耗（kg）	单价（元/kg）	每公里成本（元）	每公里成本差额（元）
	燃料类型	每公里电/油耗（kWh）/（L）	单价（元/kWh）/（元/L）	每公里成本（元）				
中大型客车	纯电动	1	0.5	0.5	0.075	30	2.25	1.75
轻型货车（普货）	纯电动	0.4	0.5	0.2	0.025	30	0.75	0.55
轻型货车（危冷）	柴油	0.1	6.76	0.676	0.025	30	0.75	0.074
中型货车	柴油	0.2	6.76	1.352	0.075	30	2.25	0.898
重型货车	柴油	0.4	6.76	2.704	0.14	30	4.2	1.496
作业类环卫车辆	柴油	0.2	6.76	1.352	0.06	30	1.8	0.448
作业类环卫车辆	纯电动	1.2	0.5	0.6	0.06	30	1.8	1.2

（三）体系建设缓慢，氢能保障掣肘

推动燃料电池汽车示范推广和氢能产业一体化发展需要构建供给充足、安全高效、立体完善的产业建设体系，保障车用氢能在制储运各环节企业之间高效联动，在保证合法规范、安全生产的前提下，快速响应市场需求。

但从氢气的使用制造过程来看，目前国内对氢气仍按危化品管理，而未参照天然气列入能源管理，对于车用氢能的生产运输等问题缺乏相对宽松的政策环境和针对性的管理措施，这在一定程度上影响着社会资本对车用氢能的关注和投资。同时，目前氢气的制备仍被限制在化工园区，对生产环境和配套设施要求过高，使得当前的车用氢能无法大规模的扩大生产，不利于借助边际效用降低生产成本，从而导致氢气供应体系的建设较为缓慢。从行业标准体系方面来看，随着近年来燃料电池汽车产业的发展以及技术的日新月异，原有的加氢站、油氢/气氢合建站等技术要求标准体系不再适应原有的标准，或缺少相应的新标准，国内针对 70MPa 的Ⅳ型瓶的法规标准有待完善。

此外，由于北京市特殊的政治经济地位，居住人口密度大、安全保障要求高、土地资源紧张、化工行业生产受限，配套建设加氢站的难度也较大，尚未形成规范的行政审批流程，导致加氢站的规划建设难度大、周期长，供氢能力难以满足车辆运行的需求。当前，北京市仅有 3 座加氢站正常运营，站点利用率长期处于过饱和状态，“车等站”的问题也制约着北京市氢燃料电池汽车的推广应用。

（四）协同能力不足，企业联动薄弱

产业链的建设不仅要求各环节的完整性，对于企业之间的协同发展和上下游联动也提出了较高的要求，需要做到信息互通、产品衔接。但是，目前国内各省市氢燃料电池汽车和氢能产业普遍采用单一链条式发展模式，仅在各自链条内部存在资源整合。氢燃料电池汽车产业链和氢能产业链的相关参与主体仅在燃料加注环节交汇，彼此独立，长期处于不协同的状态，经常出

现“车等站”“站等车”等情况。二者较难实现协同发展，使得氢能产业链经济效益低、投资回报期长、建设主体投资意愿低，进一步导致燃料电池汽车产业整体发展进程缓慢，终端市场接受程度较低。

虽然当前燃料电池汽车产业链的构成相对完整，但是仍存在一定的薄弱环节，在核心零部件如质子交换膜、碳纸、催化剂、碳纤维等关键材料和氢气循环泵、高压管阀件等辅助部件方面仍存在薄弱环节，与其他环节的联动不足，需要吸引更多优质企业参与产业链建设，打造各环节实力均衡、企业间协同发展的规模化生产。

三　未来发展计划

京津冀城市群气候条件得天独厚，拥有相对扎实的产业基础和完整的产业链条，具备发展氢能产业一体化的基础和优势。但同时，京津冀城市群也面临着创新驱动不足、体系建设缓慢等问题，不仅需要从微观上细节把握车用氢能制储运各环节产生的隐患与问题，更需要从宏观上明确发展目标，掌握关键技术，为氢能发展构建良好环境。京津冀地区各城市应充分发挥各自区位条件、资源禀赋和优势特点，按照“布局合理、各有侧重、协同推进”要求，立足不同定位分工开展深度合作，推动京津冀区域燃料电池汽车示范运行与氢能产业整体发展。具体工作的开展还需要从技术研发、氢能供给、车辆推广和政策激励四个方面把握，具体计划如下。

（一）关键技术研发取得创新突破实现产业化

通过促进燃料电池汽车产业链与车用氢气供应产业链发展，实现双向协同。以实际应用场景为导向开展核心技术攻关，构建燃料电池汽车及车用氢气制、储、运、加各环节全产业链协同的自主研发产业体系，重点打造具有国际影响力的燃料电池汽车科技创新中心、关键零部件制造中心、整车研发制造中心和高端应用示范推广中心。在商用车大功率发动机耐久性、功率密度和成本方面达到国际先进、国内领先水平，全产业链产值达到百亿级，在燃料电池汽车关键零部件及基础材料研发技术方面取得创新性突破并实现产业化。

一是立足燃料电池汽车应用全流程，构建完整产业链条。综合考虑燃料电池汽车发展需求，面向实际应用场景，构建涵盖车用氢气供应、整车及零部件制造、车辆终端应用服务在内的完整产业链。在车用氢气供应环节，从制、储、运、加各环节进行布局；在整车及零部件制造环节，以整车为引领，以燃料电池发动机系统及相关零部件、基础材料为核心，涵盖车载氢系统进行布局；在终端应用环节，依托覆盖制氢厂、运氢车、加氢站、燃料电池汽车等上下游设备设施的全链条运营和监管数据，为氢气供应保障、政府监管、科研单位和企业的技术开发－运营－管理提供信息化和智能化服务。

二是聚合优质企业资源实现产业链研发制造协同。由政府部门牵头，聚集国内关键零部件优质企业，强强联合，从技术创新、研发生产、推广应用等方面，推动产业链深层次的互动和协作，同时秉持着“开放包容”的产业发展理念，在全国范围内鼓励行业内优质单位及企业参与京津冀地区的燃料电池汽车技术创新及产业链建设，确保技术先进性。

三是深入融合实际应用场景开展技术攻关与突破。技术研发创新以燃料电池汽车产业化和规模化应用为核心，研发创新目标与实际应用场景和推广计划深入融合，以支撑示范期内及未来产业良性发展，以 2022 年北京冬奥会和冬残奥会为关键时间节点，实现需求驱动和科技驱动的双引领，实现氢能产业的跃升式发展。

（二）优化氢能供给保障结构持续提升经济性

在京津冀地区各城市的资源禀赋和产业基础，与燃料电池汽车推广规模目标和实际应用场景相适配的基础上，形成工业副产氢与风电、光电、生物等可再生能源分布式制氢的多元化制氢方式，探索高铁富余电能利用等水电解制氢用电模式，建立安全、经济、优质、可靠的氢能保障体系。

一是氢源保障就近供应，同步促进区域协同互补联动。京津冀地区各城市均有一定的车用氢气供给基础，整体供给保障工作遵循“就近供应、区域协同、开放互补”原则。以北京市为例，房山、延庆、顺义区都保有丰富氢能资源，可满足重大活动或恶劣天气导致运氢车辆无法进京期间的用氢需求；同时从供氢稳定性出发，北京市积极寻求与周边近距离氢源合作，如河北省张家口市、保定市等。同时为构建经济合理、开放有序的车用氢气供给市场考虑，山东省滨州市车用氢气储备丰富，制氢价格相对较低，同样可作为氢供给来源，促进市场良性竞争。

二是立足既有氢源供给，逐步提高可再生能源制氢比例。现阶段京津冀地区既有的制氢方式多以工业副产氢提纯、天然气重整制氢等为主，在确保车用氢气供给充足的基础上，通过挖掘低廉可再生能源利用、强化制氢装备研发、优化制氢工序工艺等方式，逐步降低可再生能源制氢成本、扩大可再生能源制氢规模。

三是滚动机制动态调控，充分利用既有能源加注资源。通过建立规划、编制、跟进、评估、调整多位一体的滚动调控机制，充分结合车辆具体应用场景，合理落实加氢站建设选址。同时统筹协同中石油、中石化等既有加油（气）站土地资源和能源设施，结合灵活的撬装建设模式，优先建设加氢加油（气）合建站，实现供需高效协同和能源供给集约化发展。

四是多途径多模式并行，持续促进氢气价格经济合理。通过提高设备自动化程度、充分利用低廉可再生能源等降低制氢成本；通过提高氢气存储密度、升级运输车辆等降低运氢成本；通过能源集约发展、供需灵活高效协同等降低加氢成本。同时培育成熟的氢能供给产业链商业化合作模式，实现多元降本规模效应与市场优化发展并行，将京津冀地区的车用氢气终端售价严格控制在 30 元/kg 以内。

（三）立足全生命周期打造优质政策激励环境

立足氢能与燃料电池汽车产业发展的全生命周期，以打造国际燃料电池汽车产业发展高地为目标，聚焦技术创新与产业集群建设，协同京津冀产业优势资源和多元化创新资源，面向产业链发展各环节的不同政府部门，构建以顶层设计为引领、技术创新为驱动、产业落地为载体，推广应用为导向、氢能保障为支撑、安全监管为底线的政策机制体系，推动氢能与燃料电池汽车产业健康可持续发展。

顶层设计方面，京津冀地区各城市将以“科学布局与协同发展相结合、自主创新与开放合作相结合、政府引导与市场驱动相结合、安全有序与规范高效相结合”为目标，建立产业生态协同发展的体系框架。北京市、天津市、保定市和唐山市结合各自产业优势和区位特点，已出台或正在研究制定未来 3 ~5 年的氢能产业发展规划或行动方案。

技术创新方面，京津冀地区各城市将以燃料电池汽车及车用氢气制、储、运、加全产业链关键技术的攻关创新为重点，强化关键技术自主研发资金激励，打造创新环境，降低产品成本。

产业落地方面，京津冀地区各城市将以吸引高端人才、优势要素集聚为重点，以提升公共资源服务水平和竞争力为目标，吸引高技术含量、高成长性企业落地。

推广应用方面，京津冀地区各城市将结合环境治理要求，从鼓励新车购置、加快老旧车辆更新、实施路权激励、优先配备运营指标四大方面，加快燃料电池汽车在区域内的规模化推广应用速度。

氢能保障方面，京津冀地区各城市将分别制定各自城市的氢能供应体系建设保障规划、加氢站审批流程、加氢站建设和运营管理办法、加氢站建设和运营补贴政策，确保氢能供给来源稳定、经济可行、安全可靠。

安全监管方面，京津冀地区各城市将建立涵盖车用氢气制、储、运、加全环节的监督管理责任机制，以及包括监测、预警、应急和救援等在内的全链条应急响应预案，并探索利用多源大数据等先进技术手段，对燃料电池汽车示范应用运行效果和安全情况进行跟踪、监督与评价，保障安全运行底线。

B.17
长三角区域车用氢能产业与燃料电池汽车示范运行进展

缪文泉　张焰峰　吴　爽　管清平　乔　丽*

摘　要： 长三角地区是我国氢燃料电池汽车产业发展的重点区域，现阶段已有一定规模，形成了自上游制氢、储运氢、加氢基础设施，中游氢燃料电池电堆、系统核心零部件，到下游氢燃料电池汽车生产和运营的全产业链覆盖。为支持氢燃料电池汽车产业的发展，上海市、江苏省、浙江省、安徽省已发布了一系列地方性发展规划和支持政策。随着产业的加速发展，通过鼓励、支持可再生能源制氢和CCUS技术发展、重点攻关氢气储运环节的技术壁垒、开拓氢燃料电池汽车应用场景，长三角地区将不断完善氢能产业集聚液态，引领我国氢能产业片区发展。

关键词： 长三角地区　氢能　燃料电池汽车

近年来，为了应对全球气候变化，世界各国纷纷开启迈向碳中和的进程，这为氢能产业的发展创造了良好的舆论环境。同时，可再生能源的快速

---

* 缪文泉，上海智能新能源汽车科创功能平台有限公司教授级高工；张焰峰，博士，上海燃料电池汽车商业化促进中心主任、上海长三角氢能科技研究院院长；吴爽，上海燃料电池汽车商业化促进中心战略研究部经理；管清平，上海国际汽车城（集团）有限公司党委委员；乔丽，上海市新能源汽车公共数据采集与监测研究中心主任。

发展和电动汽车产业的蓬勃兴起也提高了市场对于氢能技术应用的关注度。氢燃料电池汽车凭借其零排放、加氢快、行驶里程长等优势，成为氢能产业的重要应用领域。2020 年 10 月，《节能与新能源汽车技术路线图 2.0》正式发布，在全球汽车技术低碳化、信息化、智能化深入融合发展的时期，规划到 2035 年，中国氢燃料电池汽车保有量在 100 万辆左右，商用车实现氢动力转型。目前，中国主要省市相继发布了地方性氢能产业发展规划，对于氢燃料电池汽车和加氢站数量都有明确的目标。基于国家政策的大力支持、氢能产业技术水平的进步、基础设施建设的完善和应用场景的规模化推广，相信氢燃料电池汽车运行数量将远超规划预期。长三角区域作为我国经济发展的重要引擎，凭借其较好的氢能资源禀赋、完备的氢能产业链、实力雄厚的氢能龙头企业和得天独厚的电商物流、长途重载应用场景，在氢燃料电池汽车的带头示范运营方面具有义不容辞的责任。

一　政策支持

中国对发展氢燃料电池汽车保持积极态度，已在多项产业政策中明确提出支持氢燃料电池汽车产业的发展。各地方政府结合本地实际情况，也发布了一系列有适应性和执行性的支持政策，在推动氢燃料电池汽车产业发展的同时，可以吸引更多产业链上的相关企业落户本地，完善产业结构，实现经济效益。长三角地区政策环境优越，且对推动氢燃料电池汽车产业发展已达成基本共识，纷纷出台了相关政策规划，详见表 1。

表 1　近期长三角地区氢燃料电池汽车产业相关重点政策

省份	市(区)	时间	政策名称	相关内容
上海市	—	2020 年 5 月	《上海市推进新型基础设施建设行动方案(2020 - 2022 年)》	适度超前布局燃料电池汽车终端设施,三年内建设 20 个左右加氢站,力争燃料电池汽车商业化率先应用落地

续表

省份	市(区)	时间	政策名称	相关内容
上海市	—	2020 年 11 月	《上海市燃料电池汽车产业创新发展实施计划》	到 2023 年,上海燃料电池汽车产业发展实现"百站、千亿、万辆"总体目标,规划加氢站接近 100 座并建成运行超过 30 座,加氢网络全国最大,形成产出规模约 1000 亿元,发展规模居全国前列,推广燃料电池汽车接近 10000 辆,应用规模全国领先;燃料电池汽车产业整体发展水平达到国际领先,关键技术实现自主掌握
		2021 年 2 月	《上海市加快新能源汽车产业发展实施计划(2021 -2025 年)》	到 2025 年,本地新能源汽车年产量超过 120 万辆;新能源汽车产值突破 3500 亿元,占全市汽车制造业产值 35% 以上 燃料电池汽车应用总量突破 1 万辆。建成并投入使用各类加氢站超过 70 座,实现重点应用区域全覆盖
		2021 年 2 月	《关于上海市 2020 年国民经济和社会发展计划执行情况与 2021 年国民经济和社会发展计划草案的报告》	出台支持燃料电池汽车产业发展政策
		2021 年 7 月	《上海市先进制造业发展"十四五"规划》	建设燃料电池汽车示范应用上海城市群,突破多类型整车产品,电堆、膜电极、双极板等关键零部件实现批量产业化,产业链整体技术水平达到国际领先,推动长三角地区燃料电池汽车产业创新发展
	嘉定区	2019 年 5 月	《嘉定区鼓励氢燃料电池汽车产业发展的有关意见(试行)》	鼓励企业自主开展燃料电池电堆、核心材料、关键零部件等核心技术研发,并给予奖励;鼓励氢燃料电池汽车企业建立企业技术中心、研发中心、联合实验室等技术研发机构,分别给予不同额度的一次性奖励;根据加氢站规划,对建设加氢站给予不同额度补贴

续表

省份	市(区)	时间	政策名称	相关内容
上海市	嘉定区	2020 年 3 月	《嘉定区加氢站布局与选址专项规划公示》	到 2025 年,上海市嘉定区总计拥有 15 座加氢站,其中包括独立加氢站 4 座,油氢混合站 11 座
		2020 年 5 月	《嘉定区关于进一步提升消费能级 释放消费潜力的若干措施》	推广燃料电池汽车、纯电型、混合动力型、增程式等交错互补模式,加大公交、出租等公共领域燃油车置换为新能源汽车工作力度
		2020 年 9 月	《关于开展氢燃料电池汽车产业政策申报工作的通知》	嘉定区氢燃料电池汽车产业政策申报
		2021 年 1 月	《嘉定区安亭镇国民经济和社会发展第十四个五年规划和二〇三五年远景目标纲要》	建设上海氢能与燃料电池检测中心项目,将建设覆盖燃料电池电堆及关键零部件等系统技术实验测试、检测认证和成果转化等功能为一体的氢能第三方研发公共服务平台
	临港新片区	2020 年 5 月	《中国(上海)自由贸易试验区临港新片区综合能源建设三年行动计划(2020 - 2022 年)》	到 2022 年,建成氢燃料电池动力的中运量公共交通线路(T6 线)示范运行,结合燃料电池物流车、燃料电池重卡以及燃料电池大巴(班车),形成燃料电池汽车综合运营平台
		2021 年 2 月	《中国(上海)自由贸易试验区临港新片区综合能源"十四五"规划》	推进建设上海第二 LNG 站线项目,新建 4 座油氢合建站,建成氢燃料电池动力的中运量公共交通线路(T6 线),谋划布局可再生能源制氢、高效低成本氢气储运、加氢站建设等
	青浦区	2020 年 10 月	《青浦区氢能及燃料电池产业规划》	到 2025 年,力争引进国家级检验检测机构和公共服务平台 1 ~ 2 家,建成加氢站 8 座以上。到 2030 年,力争让氢能全产业链企业布局完整、协同发展,氢能运营车辆不少于 2000 辆
		2021 年 6 月	《关于组织申报 2021 年度氢能补贴扶持资金项目的通知》	对 2021 年度建成的加氢站最高补助 500 万元,2021 年度加氢站氢气销售价格不高于 40 元/kg 的,补贴 20 元/kg,补贴逐渐递减
	宝山区	2020 年 7 月	《宝山区推进新型基础设施建设行动方案(2020—2022 年)》	适度超前布局氢能设施,加快打造宝武清能氢能产业园,推动氢能产业应用落地

续表

省份	市(区)	时间	政策名称	相关内容
江苏省		2019年8月	《江苏省氢燃料电池汽车产业发展行动规划》	到2025年,将基本建成完整的氢燃料电池汽车产业体系,力争全省整车产量突破1万辆,加氢站在50座以上,基本形成布局合理的加氢网络
		2021年3月	《江苏省国民经济和社会发展第十四个五年规划和二〇三五年远景目标纲要》	重点发展氢燃料电池汽车产业链
	苏州市	2021年1月	《苏州市氢能及燃料电池产业发展规划》	到2035年,苏州氢能产业将突破千亿元产值,建成加氢站70座;将打造以张家港、常熟为重点的产业核心区,突出先导创新、先行先试
	常熟市	2019年12月	《常熟氢燃料电池汽车产业发展行动计划(2019~2022年)》	到2022年,全市氢燃料电池汽车累计推广量在300辆以上,建成2~3座市场化运营的公共加氢站,推进各种类型氢车示范运营,力争导入3条氢燃料大巴公交线路;鼓励氢燃料电池汽车企业利用互联网、云计算、大数据等工具创新商业模式
		2020年4月	《常熟市关于氢燃料电池产业发展的若干政策措施》	支持示范及应用推广,鼓励本地企业或个人采购氢燃料电池汽车,并给予补贴;支持加氢站建设运营,单个加氢站建设最高补贴额不超过400万元,加氢站运营给予税收返还,氢气售价进行补贴等
		2021年3月	《2021年常熟市氢燃料电池产业发展工作要点》	积极规划建设加氢站,推广氢能公交示范,年内完成16辆氢燃料电池公交车投运,推进7辆氢燃料电池中巴车示范投运
			《常熟市加氢站布局规划(2021-2025年)》	到2025年,新建设加氢站4座,预留备选加氢站3座

续表

省份	市(区)	时间	政策名称	相关内容
江苏省	张家港市	2019年2月	《张家港市氢能产业发展规划》	到2025年,氢燃料电池产值约为300亿元,氢燃料电池汽车产值约为70亿元;引进1~2家氢燃料电池汽车整车企业;扩大氢燃料出租车、私人小汽车、城市物流车等商用车领域的示范,完善城市加氢站网络 到2035年,氢能交通体系和氢能物流运输体系基本完善,氢能社区建设取得较大进展
		2020年10月	《张家港市鼓励氢能产业发展的有关意见》	对我市生产加氢储氢设备、氢燃料电池及其关键零部件和系统的企业,按照相关产品年销售额(不含税)的2%进行补助,最高1000万元,且不超过企业该年度对地方贡献额 扩大氢燃料电池公共服务用车应用;鼓励购置氢燃料电池车辆
浙江省		2019年8月	《浙江省加快培育氢能产业发展的指导意见》	2022年,氢燃料电池整车产能达到1000辆,氢能产业总产值超过100亿元,支持氢燃料电池在多场景的推广应用;建成加氢站(含加氢功能的综合功能站)30座以上,试点区域氢气供应网络初步建成。2025年,基本形成完备的氢能装备和关键零部件产业体系;氢燃料电池核心技术接近国际先进水平
		2021年2月	《浙江省能源发展"十四五"规划(征求意见稿)》	到2025年,推广氢燃料电池汽车1000辆以上
		2021年4月	《浙江省新能源汽车产业发展"十四五"规划》	氢燃料电池汽车在公交、港口、城际物流等领域实现量化推广。到2025年,建成加氢站30座,实现投放燃料电池汽车超过3000辆
		2021年6月	《浙江省空气质量改善"十四五"规划》	加快氢能应用,推动氢燃料电池汽车在城市公交、港口物流等领域的应用
		2021年7月	《浙江省加快培育氢燃料电池汽车产业发展实施方案(征求意见稿)》	2025年,氢燃料电池相关基础材料、关键零部件等核心技术攻关取得积极进展,达到国内先进水平。在公交、港口、城际物流等领域推广应用氢燃料电池汽车接近5000辆,规划建设加氢站接近50座

续表

省份	市(区)	时间	政策名称	相关内容
浙江省	舟山市	2020年12月	《舟山市加快培育氢能产业发展的指导意见》	推进氢燃料电池汽车示范应用。推进氢燃料电池汽车在城市公交领域的应用,优先选择在本岛开通运营5条以上氢能公交示范线路,在普陀山景区试点1~2条氢能公交和观光线路,在六横岛开通1条以上氢能公交示范线路。至2025年,全市累计投入运营50辆以上氢能公交车。根据宁波舟山港口物流需求,试点推进氢燃料电池港区集卡、叉车等氢能商用车应用
		2021年1月	《关于加快新旧动能转换推动氢能产业强势发展的若干意见》	对制氢项目、加氢站建设、加氢站运营等多给予补贴,"绿氢"项目最高补助1000万元
	金华市	2021年1月	《金华市加快氢能产业发展的实施意见(征求意见稿)》	近期目标(2020~2025年):建成加氢站15座以上,推进公交车、物流车示范运营,氢燃料电池汽车运行规模力争达到1000辆;远期目标(2025~2030年):建成制氢厂2家以上、加氢站25座以上,氢燃料电池汽车运行规模力争突破3000辆
	嘉兴市	2020年3月	《关于实施嘉兴新制造"555"行动的若干意见》	打造一条以氢能+整车应用为特色的智能网联车绿色产业链
		2021年4月	《嘉兴市氢能产业发展实施意见(2021-2025年)(征求意见稿)》	到2025年,力争建成加氢站30座,氢能源汽车应用示范突破2500辆,其中燃料电池公交车、物流车(包括冷链物流车、集卡车等)占比在85%以上,并开展氢能环卫车、氢能观光车等试点应用
		2021年5月	《嘉兴市2021年度省级新能源汽车推广应用奖补资金使用操作细则》	燃料电池汽车按不低于中央财政补贴标准的1:1给予地方配套补贴,对加氢站(固定式)按实际设备投资额的20%进行补助,金额最高不超过400万元。燃料电池汽车技术要求参照当年中央财政补贴相关技术要求
	平湖市	2020年12月	《平湖市加快推进氢能产业发展和示范应用实施意见》	2022年,开通氢燃料公交示范线5条以上,氢燃料公交车占新能源公交总保有量的30%以上。全市运行氢能汽车150辆以上,新建加氢站5座以上

续表

省份	市(区)	时间	政策名称	相关内容
浙江省	宁波市	2020 年 4 月	《宁波市新能源汽车产业发展三年行动计划(2020－2022 年)》	到 2022 年,在全市范围内初步形成布局清晰的氢燃料电池产业链;开展高性能氢燃料电池及关键零部件技术研发、产品开发和生产制造;探索推进燃料电池公交车、物流车、港区集卡、叉车等示范应用;加快充换电桩(站)、加氢站等新能源汽车基础设施网络建设,促进基础设施互联互通
		2020 年 12 月	《宁波市人民政府办公厅关于加快氢能产业发展的若干意见》	到 2025 年,形成 10000 套/年氢燃料电池系统和 5000 辆燃料电池汽车的生产能力。建成具有加氢功能的综合供能服务站 20～25 座,各类氢燃料电池车辆运行规模突破 1500 辆,氢燃料电池公交示范线路 2～3 条 到 2035 年,建成独立加氢站和综合供能服务站 25 座,建成具有全球影响力的氢能产业基地
安徽省		2021 年 4 月	《安徽省国民经济和社会发展第十四个五年规划和 2035 年远景目标纲要》	重点研发制氢、储氢及运输;开发氢燃料电池技术;鼓励建设油气电氢综合能源服务设施
	六安市	2020 年 9 月	《六安市氢能产业发展规划(2020 － 2025 年)》	到 2025 年,燃料电池电堆和系统合计产量在每年 8000 台左右;燃料电池汽车累计推广应用规模在 600 辆左右,加氢站数量在 5 座左右 到 2030 年,燃料电池电堆和系统合计产量在每年 20000 台左右;燃料电池汽车累计推广应用规模在 3000 辆左右,加氢站数量在 15 座左右
	铜陵市	2020 年 4 月	《铜陵氢能产业发展规划纲要》	到 2025 年,培育集聚氢能产业链重点企业超过 30 家,氢能相关产业累计产值在 80 亿～100 亿元;到 2030 年,氢产业累计产值达到 300 亿～500 亿元;将铜陵建设成为全国特色氢能产业示范区

资料来源：公开资料整理。

二 长三角区域氢燃料电池汽车产业发展现状

持续加快推进氢能产业发展是推动长三角地区能源供给侧结构性改革的重大战略举措，大力发展氢燃料电池汽车产业是长三角地区汽车产业转型升级的引领工程，也是落实推进长三角区域一体化战略、打造世界级汽车产业中心的重要突破口。以上海市、江苏省、浙江省、安徽省为中心的长三角区域，一直致力于氢燃料电池汽车产业的发展。

（一）上海市

上海市凭借其氢气资源禀赋、先进的研发和装备制造产业基础与加氢站先发优势，积极推动氢能产业向快车道发展。上海市现有氢气来源主要为工业副产氢和天然气重整制氢，可用于车辆加注氢气的年充装能力约为4050吨。到2024年，通过鼓励可再生能源制氢等多源供氢方式互补，预计可用于车辆加注的氢气年产能将提升至7.9万吨。

目前，上海市共建成10座加氢站，其中嘉定区6座、奉贤区3座、宝山区1座（见表2），数量居全国第五位。连续安全运营时间最长的安亭加氢站，全球规模最大、等级最高、国内首个管道输氢的驿蓝金山加氢站，以及上海市第一批获得充装许可证的安智油氢合建站和西上海油氢合建站等对未来上海市乃至全国的加氢站建设及运营管理都有重要意义。

表2 上海市已建成加氢站

编号	名称	区	建成日期	状态	加氢站级别	固定/撬装	合建情况	设计加注量(kg/d)	加注压力(MPa)
1	安亭加氢站	嘉定区	2007	运营	三级	固定	氢电合建	320	35
2	神力加氢站	奉贤区	2010	运营	三级	固定	—	400	35
3	上汽内部加氢站	嘉定区	2017	运营	三级	撬装	—	<100	—

续表

编号	名称	区	建成日期	状态	加氢站级别	固定/撬装	合建情况	设计加注量(kg/d)	加注压力(MPa)
4	江桥加氢站	嘉定区	2018	运营	三级	撬装	—	750	35
5	上海电驱动加氢站	嘉定区	2018	建成未运营	三级	撬装	—	500	35
6	驿蓝金山加氢站	奉贤区	2019	运营	—	固定	—	1920	35/70
7	西上海油氢合建站	嘉定区	2019	运营	二级能源综合站	固定	油氢合建	1000	35/预留 70
8	安智油氢合建站	嘉定区	2019	运营	二级能源综合站	固定	油氢合建	1000	35/预留 70
9	浦江特气加氢站	奉贤区	2019	运营	三级	撬装	—	670	35
10	宝武清科加氢站	宝山区	2020	运营	三级	撬装	—	500	35

上海市现有氢燃料电池关键零部件相关重点企业主要分布在嘉定区和临港新片区。其中以捷氢科技、上海重塑等为代表的燃料电池电堆和系统企业，已推出 130kW 级大功率燃料电池系统单个产品，国产化水平进一步提升；上海唐锋的膜电极和上海治臻的金属双极板已形成批量生产能力，实现完全自主知识产权；上海弘枫的石墨双极板 2020 年累计出货量超 300 万片并远销海外；上海济平独立研发的国产催化剂打破国际技术封锁，2020 年国内市场占有率在 90% 以上；此外，上汽集团与华谊集团签署战略合作协议，将共同攻关质子交换膜关键技术，未来将实现其国产化替代。此外，上海市依托上海氢能与燃料电池检测中心开展燃料电池相关的测试验证与质量检验；依托上海市新能源汽车公共数据采集与监测研究中心建立上海燃料电池汽车及加氢站运行监测平台；2022 年底，上海市首个覆盖燃料电池电堆、发动机及关键零部件等系统技术的氢能第三方检测研发公共服务平台将在嘉定氢能港建成，为氢燃料电池汽车产业发展保驾护航。

上海市氢燃料电池汽车示范运营始于2003年，先后参与了北京奥运会、上海世博会、GEF/UNDP一期、二期、三期等示范项目。2008年，上海市负责开发的首次获得国家汽车产品公告的20辆领驭燃料电池轿车为北京奥运会、残奥会提供交通服务，共计出车970余次，累计行驶里程7.6万km。而后，16辆领驭燃料电池轿车在美国加州参与为期半年的国际化示范运营，累计运行总里程近11万km。2010年上海世博会期间，依托GEF/UNDP二期项目，共有196辆（6辆客车、100辆观光车和90辆轿车）氢燃料电池汽车为会议提供服务，平均单车运行里程为4500~5000km，最长的单车运行里程超过10000km。2016年，GEF/UNDP三期项目启动，其中使用GEF资金采购的6辆氢燃料电池公交车，使用配套资金采购的40辆氢燃料电池轿车、30辆氢燃料电池物流车和10辆氢燃料电池大巴通勤车，累计运行里程超140万km。2018年，上海市首条氢燃料电池公交车线路（6辆嘉定114路）正式上线，截至2021年5月，累计运营里程近50万km。随着氢燃料电池汽车产业前端技术水平的提升、基础设施的完善，越来越多的氢燃料电池汽车参与到示范运营中。上海市新能源汽车数据采集及监测研究中心后台数据显示，截至2021年5月，共有1455辆燃料电池汽车接入平台，累计行驶里程为达到21877292km，其中包括1019辆物流车，累计行驶里程为18723020km；347辆通勤车（FCV80），累计行驶里程为2146137km；81辆乘用车（31辆已停运），累计行驶里程为484434km；8辆公交车，累计行驶里程为523701km。

（二）江苏省

2019年，江苏省发布《江苏省氢燃料电池汽车产业发展行动规划》，从省级战略层面将氢燃料电池汽车产业纳入顶层设计。苏州、南通、南京、无锡、扬州等城市率先发力，促进江苏氢能产业区位布局形成。江苏省氢源主要来自工业副产氢，但苏州竞力、南通安思卓等电解水领域的骨干企业也为绿氢产业的发展奠定了基础。在氢气储运领域，有国内氢液化装置龙头供应商国富氢能，也有国内最大的低温液氢储罐和运输设备生产商中集圣达因。

2020 年，江苏省加快加氢站的建设步伐，截至 2021 年 6 月，已建成并投入运营的加氢站共 14 座，详见表 3。

表 3　江苏省已建成加氢站

编号	市	名称	状态	固定/撬装	设计加注量(kg/d)	加注压力(MPa)
1	常熟	丰田加氢站	运营	固定	300	35/70
2	张家港	东华港城加氢站	运营	固定(撬装改建)	1000	35
3	无锡	上汽大通内部加氢站	运营	固定	—	—
4	如皋	百应能源加氢站	运营	撬装	80	35
5	盐城	创咏加氢站	运营	固定	1000	35
6	如皋	神华加氢站	运营	固定	1000	35/70
7	张家港	华昌化工集约加氢站	运营	撬装	500	35
8	张家港	嘉华氢能港城加氢站	运营	固定	1000	—
9	常熟	常嘉氢加氢站	运营	固定	1000	35(预留 70)
10	常熟	重塑内部加氢站	运营	固定	500	—
11	苏州	平海路加氢站	建成	固定	500	35
12	无锡	硕放加氢站	运营	固定	1000	35
13	南京	高淳城北科技新城油氢合建站	运营	固定	500	35
14	无锡	堰裕路加气加氢站	运营	固定	550	—

在燃料电池电堆、系统等核心零部件方面，有位列国内膜电极装机量前三的擎动科技，拥有自主燃料电池技术和电堆产品的弗尔赛能源，2019 年建成国内首条燃料电池无油空压机中试产线、2020 年市场占有率在 70% 以上的势加透博，以及在常熟落地的丰田研发中心、重塑科技、捷氢能源、苏州治臻等一批龙头氢能企业，为江苏省氢能产业链强链、补链。

在氢燃料电池汽车示范运营方面，截至 2020 年底，新能源汽车国家监管平台已累计接入氢燃料电池汽车 6002 辆，江苏省以 348 辆位居全国第四，且主要以城际和城市内物流配送专线为主，如常熟市的 120 辆氢燃料电池物流车（以 60kW 为主）主要用于常熟至上海专线、苏锡常快运以及常熟市内配送等。在氢燃料电池公交车方面，2018 年，张家港市港城公交采购 15 辆氢燃料电池公交投入运营，这是江苏省，也是华东地区首次批量采用氢燃料电池公交车。2019 年 11 月，江苏省盐城市开沃氢燃料电池公交 K11 上线，这也是“中国燃料电池公共汽车商业化示范项目”样板线路之一。随后，常熟市分两批共投放了 36 辆氢燃料电池公交车；无锡市也于 2021 年 4 月首次投入 5 辆 12 米氢燃料电池公交车，用于 760（空港—火车站）线路的示范运营；张家港市已开辟 5 条氢燃料电池公交线路，共投放 35 辆氢燃料电池公交车；南京金龙（开沃）和 Loop Energy 共同推出南京市首批 11 辆氢燃料电池公交车，截至 2021 年 6 月，在役车辆累计行驶里程已达 7.5 万公里。

（三）浙江省

自 2019 年发布《加快培育氢能产业发展的指导意见》以来，浙江省一直致力于氢能产业的发展，目前正着力打造以嘉兴、杭州、绍兴、宁波为重点，加强与上海、江苏衔接，加快形成长三角氢燃料电池汽车产业集群的“环杭州湾”氢走廊；以金华、宁波、舟山为重点，围绕自由贸易区创新发展，构建“义甬舟”氢走廊。两条氢走廊旨在将浙江省打造为全国氢能产业发展高地之一。

嘉兴市是浙江省内富产氢气的城市之一，目前，全市工业副产氢能约 5 万吨/年，预计 2023 年将达到 10.3 万吨/年，2025 年将达到 15 万吨/年。此外，宁波市作为全国七大石化基地之一，石化产业制氢规模已达 47.63 万吨/年，可外供副产氢约 7.23 万吨/年。按照氢燃料电池物流车百公里耗氢 2.5kg、每年行驶 12 万 km 计算，可供约 2.4 万辆氢燃料电池物流车使用。绍兴市积极布局氢气储运装备，浙江蓝能于 2020 年自主研制出 45MPa 高压储氢瓶式容器组，并继续攻关 100MPa 超高压储氢容器，公司研发的碳纤维缠绕管束式长管拖车大幅提升了氢气运输效率，对我国氢气储运技术突破具有里程碑意义。

加氢站建设方面，截至 2021 年 7 月，浙江省共建成 6 座加氢站，详见表 4。其中镇海炼化加氢站是宁波市首个加氢示范站，仅 3 个月的建设时间创造了国内建设单座加氢站的最快纪录。未来，镇海炼化在加氢示范站的基础上，每日新增充装供氢能力将达到 4000kg，打造浙江省最大的加氢母站。

表 4　浙江省已建成加氢站

编号	市	名称	建成年份	状态	固定/撬装	设计加注量(kg/d)	加注压力(MPa)
1	嘉兴	善通油氢合建站	2019	运营	固定	500	35
2	嘉兴	客运中心东综合供能服务站	2019	运营	固定	500	35
3	嘉兴	港区滨海大道综合能源服务站	2020	运营（加氢站还没开放）	固定	1000	35
4	嘉兴	港区亭桥北综合供能服务站	2021	运营	固定	1000	—
5	宁波	国家电投宁波加氢站	2021	建设	撬装	500	—
6	宁波	镇海炼化加氢站	2021	建成	固定	500	—

在燃料电池电堆、系统等核心零部件方面，爱德曼氢能源已实现了80kW、100kW 和 120kW 电堆及系统国家认证和批量生产；德燃动力发布的10～60kW 级燃料电池系统产品已应用于各种商用车，且公司自主研发空压机和供氢回氢组件等产品；畔星科技开发的 50kW 燃料电池系统已应用于浙江首台氢燃料电池环卫车，80kW 和 120kW 系统有望于 2021 年底推出。此外，杭州云动致力于建设氢燃料电池动力系统运行专用数据监控平台，为反哺研发环节提供了有效数据支持。

在氢燃料电池汽车示范运营方面，2019 年 10 月，浙江省首条氢燃料电池公交线运行首发仪式在嘉善县客运中心举行，首批 10 辆氢燃料电池公交车投入使用，而后嘉兴市又投入了 40 辆氢燃料电池公交车，截至 2020 年底，车辆累计行驶里程已超过 150 万公里。2021 年 7 月，嘉兴港区第一条城际氢能公交线、浙江鸿基石化公司的第一台氢能重卡正式开始示范运行。2019 年，首台搭载国家电投自主研发氢燃料电池电堆的氢能公交车样车在宁波顺利下线。目前，由宁波绿动氢能科技研究院有限公司（所属国家电投）参与研发的首台氢能源公交车样车已处于最后调试阶段，首批 20 辆氢能源公交车预计于 2021 下半年正式在宁波投入运营。2021 年，舟山市首批 2 辆氢燃料电池公交车正式亮相六横，另外 2 辆氢燃料电池公交车也将于

2021 下半年陆续交付投入运营。2021 年，金华市武义县、婺城区签订氢燃料电池汽车项目协议，计划先期示范运行 40 辆氢燃料电池公交车、旅行车。此外，2022 年，以杭州市举办亚运会为契机，在场馆、亚运村、景区等区域将设立氢燃料电池汽车通勤专线，探索重大活动利用氢燃料电池汽车通勤保障的新模式。

（四）安徽省

在氢气制备方面，凭借皖北煤电、淮北矿业和淮南矿业三大集团，安徽省具备丰富的煤制氢资源。此外，六安市金寨县是全国首个高比例可再生能源示范县，为可再生能源制氢奠定了基础；铜陵市拥有中信泰富、六国化工、圣奥化学、铜陵有色等企业，工业副产氢资源丰富。

在加氢站建设方面，截至 2021 年 7 月，安徽省已建成 3 座加氢站（见表 5）。在氢燃料电池核心零部件方面，安徽明天氢能的产品已广泛应用于物流车、乘用车等。

表 5　安徽省已建成加氢站

编号	市	名称	建成年份	状态	固定/撬装	设计加注量（kg/d）	加注压力（MPa）
1	六安	明天金安加氢站	2019	运营	固定	400（预留扩容空间 800～1000）	35
2	铜陵	灵通油气氢电合建站	2020	建成	固定	1000	35
3	马鞍山	华菱汽车内部加氢站	2020	建成	—	60	—

安徽省汽车工业发达，拥有江淮汽车、安凯汽车等企业，这也为氢燃料电池汽车的生产和示范运营创造了条件。2019 年 6 月，六安市人民政府正式规划了首批 10 台氢燃料电池公交车示范运营方案，确定 301 路公交线为“氢能源汽车公交示范运营线路”，并先后采购了 15 台氢燃料电池公交车。2019 年 12 月，首批 2 辆 8.5 米示范运营车辆正式上线。2021 年 2 月，马鞍山市首批氢燃料电池公交车运营仪式正式举行，购置的 14 辆车将分别投入

126 路和 202 路。

长三角区域是我国氢燃料电池汽车产业的发源地，历经 20 多年的探索和实践，已形成了较为完整的产业链，各个环节均有企业卡位，长三角区域氢燃料电池汽车产业链重点企业详见表 6。

表 6　长三角区域氢燃料电池汽车相关重点企业

企业名称	主营产品
上海浦江特种气体有限公司	制氢
宝武清洁能源有限公司	制氢
上海华西化工科技有限公司	制氢、提纯设备
瑞必科净化设备(上海)有限公司	提纯设备
考克利尔竞立(苏州)氢能科技有限公司	碱性水电解设备
南通安思卓新能源有限公司	碱性水电解设备
常州市蓝博净化科技有限公司	甲醇重整制氢设备
浙江巨化股份有限公司	站用储氢罐、质子交换膜
浙江蓝能燃气设备有限公司	氢气长管拖车、站用储氢瓶
南通中集能源装备有限公司	车用储氢瓶及供氢系统
上海瀚氢动力科技有限公司	车载储供氢系统
中复神鹰碳纤维股份有限公司	储氢瓶碳纤维
江苏恒神纤维材料有限公司	储氢瓶碳纤维
江苏国富氢能技术装备股份有限公司	加氢站建设、液氢储运设备
氢储(上海)能源科技有限公司	金属储氢
上海舜华新能源系统有限公司	加氢站建设、运营、加注机
上海氢枫能源技术有限公司	加氢站建设、运营
江苏恒久机械股份有限公司	加氢站压缩机
宁波中科科创新能源科技有限公司	催化剂
苏州擎动动力科技有限公司	催化剂、膜电极
济平新能源科技有限公司	催化剂、气体扩散层
苏州科润新材料股份有限公司	质子交换膜
江苏天鸟高新技术股份有限公司	气体扩散层
上海河森电气有限公司	气体扩散层
上海舵克能源科技有限公司	质子交换膜、催化剂
江苏延长桑莱特新能源有限公司	催化剂、膜电极
南京东焱氢能源科技有限公司	催化剂、膜电极
上海唐锋能源科技有限公司	膜电极
浙江高成绿能科技有限公司	催化剂、膜电极、燃料电池电堆
上海弘枫实业有限公司	石墨双极板
浙江华熔科技有限公司	石墨双极板

续表

企业名称	主营产品
上海弘竣实业有限公司	石墨双极板
上海治臻新能源装备有限公司	金属双极板
德燃(浙江)动力科技有限公司	空压机、燃料电池系统
上海华熵能源科技有限公司	空压机
势加透博洁净动力如皋有限公司	空压机
浙江恒友机电有限公司	空压机
Pdc Machines, Inc. 美国 PDC 机械公司	往复核膜压缩机
苏州瑞驱电动科技有限公司	氢气循环泵
上海磐动电气科技有限公司	DC/DC
上海氢晨新能源科技有限公司	燃料电池电堆
江苏氢璞创能科技有限公司	水冷燃料电池电堆
上海骥翀氢能科技有限公司	燃料电池电堆(金属)
畔星科技(浙江)有限公司	金属水冷燃料电池电堆、系统
爱德曼氢能源装备有限公司	燃料电池电堆、系统
上海捷氢科技有限公司	燃料电池电堆、系统
苏州弗尔赛能源科技股份有限公司	燃料电池电堆、系统
上海神力科技有限公司	燃料电池电堆、系统
上海重塑能源科技有限公司	燃料电池电堆、系统
安徽明天氢能科技股份有限公司	燃料电池电堆、系统
江苏清能新能源技术股份有限公司	燃料电池电堆、系统
浙江高成绿能科技有限公司	燃料电池电堆、系统
未势能源科技有限公司	燃料电池电堆、系统、储氢瓶(阀)
上海杰宁新能源科技发展有限公司	燃料电池系统
上海燃料电池汽车动力系统有限公司	燃料电池系统
上海攀业氢能源科技有限公司	空冷燃料电池电堆、系统、通信基站备电
上海博氢新能源科技有限公司	甲醇燃料电池系统
上汽大通汽车有限公司	燃料电池汽车
上海申沃客车有限公司	燃料电池汽车
开沃新能源汽车集团有限公司	燃料电池汽车
氢车熟路汽车运营(上海)有限公司	车辆运营
嘉氢(上海)实业有限公司	车辆运营
轻程(上海)物联网科技有限公司	车辆运营
上海政飞电子科技有限公司	检测设备
律致新能源科技(上海)有限公司	检测设备
宁波拜特测控技术股份有限公司	检测设备
东风设计研究院有限公司	燃料电池工厂、实验室设计
杭州云动智能汽车技术有限公司	数据监控平台

三　长三角地区氢燃料电池汽车产业发展建议

（一）鼓励、支持绿氢产业发展

现阶段，长三角地区的制氢产业还是主要以工业副产氢提纯和煤制氢为主。在“30/60”背景下，长三角地区应进一步明确氢能产业各阶段的发展重点，鼓励可再生能源制氢和CCUS技术的发展，并对电解水制氢等绿氢产业的增量用电量给予一定的优惠政策。地方传统石油化工企业也应发挥自身控煤、减碳潜力，从传统的制氢工艺逐步向清洁制氢工艺转变，最终实现资源综合利用和循环利用的经济效益。

（二）攻关核心技术，引导企业良性发展

近两年，长三角地区燃料电池电堆、系统相关企业如雨后春笋般涌出，产业基本围绕系统企业展开，赛道严重拥堵。然而，进入长距离氢气储运板块的企业还较少，部分企业也只是基于自身储罐、储箱等领域的技术积累切入氢气的储运环节，受自身业务发展和市场需求的限制，体量较小。因而，长三角地区应正确引导企业良性发展、合理布局。积极整合各地优势资源，鼓励产、学、研、用融合发展，在目前还较为薄弱的长距离氢气储运环节进行技术攻关，解决氢燃料电池汽车产业中的“卡脖子”环节。

（三）开拓氢燃料电池汽车应用场景

目前，氢燃料电池汽车正在鼓励向重型化、长途化的中重型卡车发展，长三角地区具备机场、港口和物流等交通运输应用场景，拥有大量的中重型卡车市场需求。随着国家和地方政府补贴政策的退坡，长三角地区更应着眼于打造新的应用场景，依托市场经济的内外大循环，为整个产业的发展带来新的增长极。

B.18
大湾区车用氢能产业与燃料电池汽车示范进展

刘光辉　王 星　梁晶晶*

摘　要： 作为我国最早开展燃料电池公交示范的地区之一，广东省积极探索市场化机制，推动氢能产业发展与燃料电池汽车规模化应用。目前广东省已经初步形成了氢能与燃料电池汽车产业集群，具备完善的燃料电池汽车产业链，汇聚超过300家产业链相关机构，涵盖了燃料电池电堆、系统、膜电极、双极板、催化剂、碳纸、空压机等关键零部件和材料的研发与制造，同时建立了包括氢安全、氢气品质检测以及长管拖车定检等多项检测配套服务。广东省"十四五"规划提出："引导各地发挥区域优势和特色产业优势，加快培育氢能产业，建设燃料电池汽车示范城市群，突破燃料电池关键零部件核心技术，打造多渠道、多元化氢能供给体系。"未来，大湾区将通过完善政策与管理体系，加快加氢基础设施建设，加大企业创新与研发支持力度，推进大湾区氢能与燃料电池汽车产业高质量发展。

关键词： 氢能产业　燃料电池汽车　加氢基础设施　大湾区

* 刘光辉，工程师，中汽数据有限公司氢能源研究室；王星，工程师，北京卡达克汽车检测技术中心有限公司；梁晶晶，高级工程师，中汽数据有限公司，新能源业务部技术总监。

一　大湾区氢能及燃料电池汽车产业进展

大湾区在氢能及燃料电池汽车产业拥有完整的产业链条，发展氢燃料电池汽车产业优势明显，龙头企业培育初显成效，氢能供给体系逐步确立，车辆示范应用渐成规模，燃料电池汽车产业发展稳步推进，形成了产业链集聚发展的态势。

（一）产业政策

政策体系逐步完善。为推动氢能及燃料电池汽车产业健康有序发展，广东省在核心技术研发及产业化、车辆推广、加氢基础设施建设等环节开展了一系列政策探索。先后发布了《广东省人民政府关于加快新能源汽车产业创新发展的意见》《广东省加快氢燃料电池汽车产业发展实施方案》《广东省推进新型基础设施建设三年实施方案（2020－2022年）》《广东省培育新能源战略性新兴产业集群行动计划（2021－2025年）》《广东省氢燃料电池汽车标准体系与规划路线图（2020－2024年）》等政策文件，为加快构建产业链集群，推进全省燃料电池汽车关键技术研发以及标准体系建设提供政策依据与方向引导。

同时，佛山、云浮作为国内较早布局燃料电池汽车产业的城市，在探索推进产业发展过程中，高度重视顶层设计。佛山市成立了氢能产业发展领导小组，推动燃料电池汽车产业政策体系建设，制定了一系列鼓励、支持氢能与燃料电池汽车产业发展的政策。尤其是在加氢站审批、建设、验收领域，佛山相继制定了《佛山市车用加氢站管理暂行办法》《佛山市加氢站建设审批程序指引》《佛山市车用加氢站建设项目竣工验收备案指引》等配套政策文件，指导各区开展加氢站建设和运营工作，建立起加氢站项目安全评审专家库以及加氢站安全监控智能化平台，为加氢站安全监管提供技术保障。通过实行政府牵头协调、多部门联合审批，专家从安全技术上把关等一系列方式，审批时间长、项目用地难以落实等产业发展面临的实际问题得以克服。

（二）科研创新

区域创新能力全国第一，氢能领域科研资金持续投入。广东省区域创新综合能力连续四年居全国首位，初步形成以广州、深圳为龙头，珠三角地区7市国家高新技术产业开发区为支撑，辐射带动粤东、粤西、粤北地区协同发展的创新格局。全省研发经费支出占地区生产总值比重由2015年的2.41%提高到2020年的2.90%，知识产权综合实力连续8年居全国首位；科技进步贡献率达60%，基本达到创新型地区水平。

近年来，广东省大力推进氢燃料电池汽车研发攻关及产业化，支持燃料电池系统及核心部件技术攻关、工程研究和产品开发。2018年以来，广东省每年从科技创新战略专项和促进经济发展专项中统筹安排资金3亿元对整车、动力电池、电机、电控和智能终端等关键零部件、燃料电池系统和核心部件，以及动力电池电解质、正负极材料等关键材料的重大研发项目予以支持，加速推进新材料、新技术的产业化，力促氢能及燃料电池汽车产业链、供应链自主可控，推动广东省汽车产业集群迈向全球价值链高端。2021年度广东省重点领域研发计划“新能源汽车”重大专项申报指南中继续支持企业开发自主知识产权的90MPa液驱式氢气压缩机，以及长寿命、高可靠、低成本金属双极板等氢能及燃料电池汽车相关领域的研究。同时，佛山、广州、深圳、云浮等城市紧密结合产业布局，以强化产业化目标为导向，与国内外知名高校及科研机构紧密合作，共建了广东省氢能技术重点实验室、广东省燃料电池技术重点实验室、佛山仙湖实验室、哈工大（深圳）氢能与燃料电池研究院、广州氢能源创新中心、佛山（云浮）氢能产业和新材料发展研究院、佛山环境与能源研究院、佛山绿色发展创新研究院、粤港澳大湾区（黄埔）氢能创新中心以及凯豪达氢能源与新南威尔士大学氢能联合实验室等省市级氢能创新机构。佛山市获批建设的国家技术标准创新基地（氢能），依托佛山绿色发展创新研究院，联合了国内近40家氢能行业领军企业，推进国家标准21项、团体标准11项、联盟标准11项，持续强化标准对氢能技术创新和产业发展的引领作用。

在政府引导与科研资金支持下，区域内氢能及燃料电池汽车产业链相关企业围绕产业链核心环节，持续开展关键零部件及材料核心技术攻关和成果转化，燃料电池系统、电堆、膜电极、双极板、催化剂等产品均已实现批量化生产，产品性能大幅提升，技术达到国际先进水平。相关企业在燃料电池系统控制、低温冷启动等关键技术领域具有很强的技术研发能力，为提升燃料电池系统集成度、功率密度、寿命、可靠性等关键指标奠定了基础。鸿基创能科技（广州）有限公司开发了 CCM 阴阳极双面直接涂布技术、膜电极一体化成型技术、膜电极自动化快速封装技术，为膜电极大规模产业化奠定了坚实基础，已建成目前国内产能最大的自主化 CCM 生产线，年产能达 30 万平方米，良品率达到 99.9%，可满足 5 万辆燃料电池汽车的膜电极需求。深圳市通用氢能科技有限公司拥有国内首家具有自主知识产权的卷对卷连续化气体扩散层生产技术，通过对产品配方的改进及工艺升级，产品的均匀性及整体性能得到提升，技术达到国际先进水平。本技术采用一体成型式工艺，首次实现碳纤维－造纸－碳化－疏水－MPL 全品类一体化生产。

（三）生产制造

产业链条构建完整，龙头企业培育成效显著。作为我国汽车制造业大省，广东省新能源汽车产业发展水平和推广应用在国内处于领先地位。广州、深圳、佛山和云浮等城市率先引进培育燃料电池汽车产业，目前产业链已涵盖整车、系统、电堆、膜电极、双极板、质子交换膜、催化剂、碳纸、空压机、氢气循环系统等关键零部件及高端装备制造等环节，汇集了超过 300 家相关企业，年产值超过 100 亿元，涌现了以鸿基创能、国鸿氢能、广东探索、广东韵量、大洋电机、广东济平、通用氢能等为代表的产业链龙头企业。在佛山南海区和高明区、广州黄埔开发区、佛山（云浮）产业转移工业园等地初步形成了骨干企业带动、重大项目支撑、产业链集聚发展的态势，大湾区已经成为全国规模最大的氢能及燃料电池汽车产业集群。表 1 是大湾区氢能及燃料电池汽车产业链重点企业名单。

表1　大湾区氢能及燃料电池汽车产业链重点企业名单

序号	产业链环节	企业名称	所在城市
1	整车	佛山市飞驰汽车科技有限公司	佛山市
2		一汽解放汽车有限公司佛山新能源汽车分公司（拟建）	佛山市
3		广州汽车集团股份有限公司	广州市
4		深圳开沃汽车有限公司	深圳市
5		中兴新能源汽车有限责任公司	深圳市
6		东莞中汽宏远汽车有限公司	东莞市
7		广东晓兰客车有限公司	中山市
6	系统	广东探索汽车有限公司	佛山市
7		佛山市清极能源科技有限公司	佛山市
8		广东泰罗斯汽车动力系统有限公司	佛山市
9		广东清能新能源技术有限公司	佛山市
10		广州雄韬氢恒科技有限公司	广州市
11		洺源科技（广州）有限公司	广州市
12		雄川氢能科技（广州）有限责任公司	广州市
13		深圳市氢雄燃料电池有限公司	深圳市
14		深圳市南科动力科技有限公司	深圳市
15		深圳市氢蓝时代动力科技有限公司	深圳市
16		深圳国氢新能源科技有限公司	深圳市
17		深圳氢时代新能源科技有限公司	深圳市
18		东莞众创新能源科技有限公司	东莞市
19		东莞氢宇新能源科技有限公司	东莞市
20		东莞深科鹏沃科技有限公司	东莞市
21		广东喜玛拉雅氢能科技有限公司	中山市
22		广东国鸿重塑能源科技有限公司	云浮市
23		云浮锐格新能源科技有限公司	云浮市
24	电堆	韵量燃料电池（广东）有限公司	佛山市
25		广东爱德曼氢能源装备有限公司	佛山市
26		佛山市清极能源科技有限公司	佛山市
27		广东清能新能源技术有限公司	佛山市
28		佛山市攀业氢能源科技有限公司	佛山市
29		广东泰罗斯汽车动力系统有限公司	佛山市

续表

序号	产业链环节	企业名称	所在城市
30	电堆	广州雄韬氢恒科技有限公司	广州市
31		深圳市氢雄燃料电池有限公司	深圳市
32		深圳市南科燃料电池有限公司	深圳市
33		东莞众创新能源科技有限公司	东莞市
34		广东氢璞创能科技有限公司	东莞市
35		广东喜玛拉雅氢能科技有限公司	中山市
36		广东国鸿氢能科技有限公司	云浮市
37	膜电极	广东泰极动力科技有限公司	佛山市
38		韵量燃料电池(广东)有限公司	佛山市
39		广东爱德曼氢能源装备有限公司	佛山市
40		广东清能新能源技术有限公司	佛山市
41		佛山市清极能源科技有限公司	佛山市
42		佛山市攀业氢能源科技有限公司	佛山市
43		鸿基创能科技(广州)有限公司	广州市
44		深圳市氢雄燃料电池有限公司	深圳市
45		深圳市南科燃料电池有限公司	深圳市
46		东莞众创新能源科技有限公司	东莞市
47		广东国鸿氢能科技有限公司	云浮市
48	双极板	广东泰极动力科技有限公司	佛山市
49		韵量燃料电池(广东)有限公司	佛山市
50		广东爱德曼氢能源装备有限公司	佛山市
51		广东清能新能源技术有限公司	佛山市
52		佛山市清极能源科技有限公司	佛山市
53		佛山市攀业氢能源科技有限公司	佛山市
54		佛山市南海宝碳石墨制品有限公司	佛山市
55		金亚隆新材料科技(广州)有限公司	广州市
56		深圳市南科燃料电池有限公司	深圳市
57		深圳市氢雄燃料电池有限公司	深圳市
58		东莞市嘉裕碳素制品有限公司	东莞市
59		广东国鸿氢能科技有限公司	云浮市
60	质子交换膜	广州艾蒙特新材料科技有限公司	广州市
61	催化剂	广东济平新能源科技有限公司	佛山市
62		深圳市南科燃料电池有限公司	深圳市
63		深圳市氢雄燃料电池有限公司	深圳市
64		广东喜玛拉雅氢能科技有限公司	中山市

续表

序号	产业链环节	企业名称	所在城市
65	碳纸	深圳市通用氢能科技有限公司	深圳市
66	空压机	广东广顺新能源动力科技有限公司	佛山市
67		稳力(广东)科技有限公司	佛山市
68		广州市昊志机电股份有限公司	广州市
69		中山大洋电机股份有限公司	中山市
70		广东重塑能源科技有限公司	云浮市
71	氢气循环泵	广东广顺新能源动力科技有限公司	佛山市
72		佛山市清极能源科技有限公司	佛山市
73		中山大洋电机股份有限公司	中山市

（四）车辆推广

大湾区燃料电池汽车示范应用全国领先。截至2021年6月30日，广东省燃料电池汽车累计销量达2622辆，占全国燃料电池汽车销量的36%，位居全国第一，其中城市货车1637辆、客车975辆、乘用车10辆。佛山市作为燃料电池汽车全国乃至全球推广量最多的城市，氢燃料电池汽车累计推广1477辆，约占全国燃料电池汽车保有量的20%，累计安全运行里程超过1390万公里。广州黄埔区已投入15辆公交车、102辆物流车示范运行，正加紧推进燃料电池渣土车、环卫洒水车示范。科学城（广州）环保产业投资集团有限公司500辆31吨燃料电池自卸式垃圾车（燃料电池自卸汽车）采购及租赁项目首期成交结果已经公布，该项目由雄川氢能科技（广州）有限责任公司及南京金龙客车制造有限公司联合体以86万元/辆、14670元/（辆·月）中标，这是目前全国最大的燃料电池汽车订单。未来，广东省将推进全省范围内公务、公交、市政、物流、出租、环卫、仓储、矿山、机场、港口等领域新能源化。

大湾区作为我国开放程度高、经济活力强的区域之一，目前在投入运行的燃料电池汽车中，区外品牌占比近70%，包括中通客车、云南五龙、厦门金旅、东风汽车等。图1是广东省燃料电池汽车推广量品牌分布。

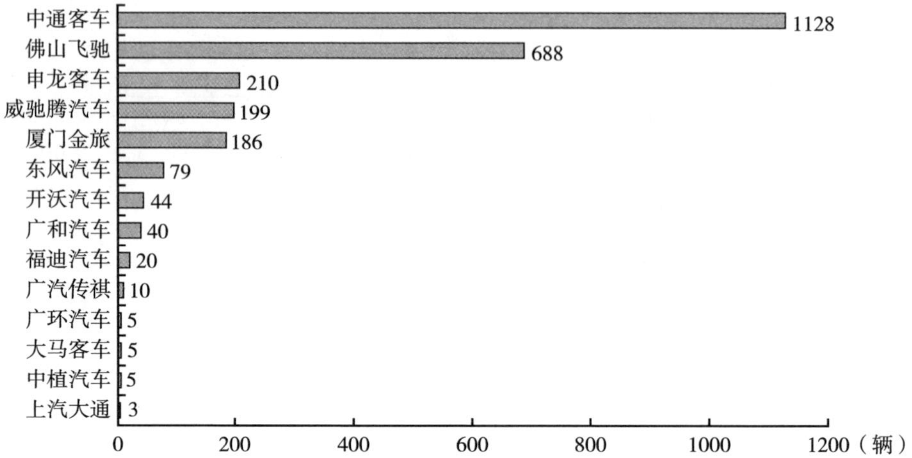

图1　广东省燃料电池汽车推广量品牌分布

截至2021年6月30日，广东省接入燃料电池汽车示范运行监控平台的车辆总计2470辆，占全国燃料电池汽车接入量的37%，其中接入货车1421辆、公交客车1046辆、公路客车3辆，累计行驶里程达到5631万km，行驶里程占全国燃料电池汽车运营里程的33.5%，燃料电池汽车推广量与行驶里程均居全国第一。2020年1～6月，广东省燃料电池汽车接入示范运行监控平台数量125辆，占上半年全国接入量的13%。上半年，广东省燃料电池汽车总行驶里程达到1857万km，其中公交客车累计行驶里程1178万公里，货车行驶里程678万km。

（五）氢源供给

氢能供应体系逐步建立，多渠道供氢格局初步形成。目前广东省车用氢气供给主要依托化石能源制氢及工业副产气提纯，正在探索利用低成本蓄冷电价开展电解水制氢，积极开展可再生能源电解水制氢，已有东莞巨正源、广州石化、普莱克斯、空气化工、广钢气体、江门联悦等氢气供应企业。东莞巨正源丙烷脱氢制聚丙烯一期项目年产氢量为5万吨，二期项目建成后年产氢量最大可达20万吨。珠海市长炼石化120万吨石脑油重整装置已建成年提纯能力1.6万吨的PSA氢气提纯装置（纯度99.999%），依托自身氢气生产能力和成本优势，已投资组建高压氢气运输公司，实现氢气生产、配送一条龙服务并计划建设氢气储存运输中转基地，同时广东省支持电网企业结合可再生能源消纳和调峰需求发展高效电解水制氢技术，通过延长蓄冷电价支持企业开展电解水制氢。

（六）加氢站建设

加氢站建设布局超前，市场机制逐步形成。随着大湾区氢能及燃料电池汽车产业的发展，大湾区加氢基础设施建设也进入快车道。尤其是佛山、云浮两市率先在全国探索建立了国内首个加氢站的审批、建设、验收流程，推进商用加氢站建设，目前已建成国内首个商业化加氢站—瑞晖加氢站、首个油氢合建站—中石化樟坑加油加氢合建站、国内首批高密度商用标准化加氢站、首个天然气制氢加氢一体化站等多项全国之最。佛燃能源投资建设的南庄制氢加氢加气一体化站采用撬装式天然气制氢装备，具备生产纯度超99.999%氢气的条件，可实现天然气制氢能力500标方/小时，电解水制氢能力50标方/小时，日制氢加氢能力达到1100kg。截至2021年6月，广东全省建成加氢站数量39座，建成加氢站10座，加氢站建成数量全国第一，年加氢能力合计超过8万吨，其中佛山建成25座、投入运行运17座。未来，大湾区将加快推进氢燃料电池车辆加氢设施建设，十四五期间计划新建加氢站200座，重点建设广州—深圳、广州—珠海氢能运输走廊。

2020年11月12日，广东省发展改革委、广东省科学技术厅、广东省工业和信息化厅等七部门印发的《广东省加快氢燃料电池汽车产业发展实施方案》中提出："要加快完善加氢站设计、建设及运营的管理体制，由各地市住建部门负责加氢站工程建设审批、消防设计审查验收，市场监管部门负责气瓶/移动式压力容器充装许可证核发。首次从政策层面明确了加氢站建设审批、审查验收等环节牵头负责部门。重点鼓励支持油、氢、气、电一体化综合能源补给站建设，鼓励利用现有加油（气）站改扩建加氢站，现有加油（气）站在红线范围内改扩建加氢站可视为已纳入加氢站布点规划。

依法对加氢站特种设备开展安全监察。支持大型物流园区、大型露天停车场利用自有土地建设撬装式加氢站，简化撬装加氢站建设审批和监管流程，在满足安全规范的前提下，允许以免于规划许可方式办理消防设计审核和充装证。”

同时，实施方案中提出对加氢站建设给予一定补贴。自政策发布日起，按照“总量控制，先建先得”原则进行补贴，省财政对2022年前建成并投用，且日加氢能力（按照压缩机每日工作12小时的加气能力计算）500公斤及以上的加氢站给予补贴。其中，属于油、氢、气、电一体化综合能源补给站，每站补助250万元；独立占地固定式加氢站，每站补助200万元；撬装式加氢站，每站补助150万元。鼓励市区根据实际情况对加氢基础设施建设给予补贴，各级财政补贴合计不超过500万元/站，且不超过加氢站固定资产投资50%，超过部分省级财政补贴作相应扣减。引导社会资本参与加氢站建设和运营，发挥企业市场主体作用，支持运营商企业开展商业模式创新，促进燃料电池汽车落地示范应用。鼓励能源销售企业利用现有加油、加气站点网络，改扩建加氢基础设施，开展加氢/加油、加氢/加气、加氢/充电等合建站模式，提供综合能源补给服务。

二　重点城市氢能及燃料电池汽车发展概况

大湾区燃料电池汽车产业坚持区域协同发展理念，在技术创新、产业链建设、氢能供给、车辆推广、政策制定等方面加强统筹协调。以广州、深圳、佛山三大创新和产业高地为引擎，带动区域内其他城市氢能及燃料电池汽车产业实现跨越式发展。

（一）广州市

近年，广州市积极发展氢燃料电池汽车产业，先后引入培育了一批产业链相关企业，初步形成了涵盖电堆核心材料、燃料电池系统、整车集成及氢基础设施的全链条产业体系雏形，实现了从氢燃料电池汽车关键零部件研发生产、产品检验检测、整车制造等产业链企业布局。黄浦区作为广州市氢能产业发展的核心区域，先后引进培育了鸿基创能、广州鸿力、广州昊志、广州国鸿氢能、广州智氢科技、雄韬氢恒、雄川氢能等以氢能产业为主营业务的企业和重点项目，积极推动氢能及燃料电池汽车产业发展。同时，广州市具有较好的氢气制备条件，资源禀赋良好，年制氢能力超过 10 万吨，目前已有广州石化、普莱克斯、广州发展集团、空气化工、广钢气体等氢资源供应企业，建成广州开发区西区联新加氢站、广州中新知识城新南加氢站等加氢基础设施。目前，广州市投入运行燃料电池公交车 15 辆、物流车 102 辆，正加紧推进燃料电池渣土车、环卫车以及出租车的示范运行。

2020 年《广州市氢能产业发展规划（2019—2030 年）》正式发布，广州市氢能及燃料电池汽车产业发展的顶层设计得以明确。2020 年印发的《广州市推动新能源智能汽车全产业链高质量发展的工作意见（2020—2025 年）》中，针对性地提出了“建设氢燃料电池汽车商业运营示范区”“加快布局建设加氢站”等支持氢能及燃料电池汽车产业发展的措施。

未来，广州市将依托燃料电池汽车关键零部件发展基础和燃料电池汽车企业技术中心、高等院校、科研院所等机构积极开展燃料电池核心材料和关键零部件技术研发，致力于打造大湾区燃料电池汽车创新研发中心和燃料电池系统、电堆、膜电极、空压机、乘用车、专用车等燃料电池整车和关键零部件制造基地，积极在城市客运、物流、港口运输、市政环卫及出租等领域，开展燃料电池汽车规模化示范应用，打造燃料电池汽车示范应用核心区。

（二）深圳市

据统计，目前深圳市现有超过 60 家氢能与燃料电池产业相关企业，氢能与燃料电池汽车产业链已涵盖整车、系统、电堆、膜电极、双极板、催化剂、碳纸等关键核心零部件及高端装备制造等环节。同时，深圳上游装备与制造企业涌现了一批技术和设备在全国甚至在国外处于领先水平的企业，尤其是质子交换膜涂布设备、电堆生产线、燃料电池电源控制器等。此外，深圳企业积极布局关键材料国产化和核心技术突破，如王海江院士带领的南科燃料电池和通用氢能团队，经过多年技术积累与突破，现已进行气体扩散层、膜电极、电堆的自主化生产，凯豪达氢能源有限公司与澳大利亚新南威尔士大学联合开展的新型电解水制氢装置研究项目被列为中澳火炬创新园区中的首批五大入驻项目之一。

未来，深圳作为氢能及燃料电池汽车核心技术自主创新高地，将重点打造国家级氢能产业创新先行示范基地。在催化剂、质子交换膜、气体扩散层、膜电极、双极板、电堆、空压机、氢气循环系统等核心材料及关键零部件国产化的技术创新，并积极探索多元化、高效、低成本的氢气制备与储运技术路线。

（三）珠海市

珠海市致力于打造大湾区氢能供给基地，位于珠海高栏港经济区珠海长炼石化设备有限公司目前已建成每小时两万标准立方的 PSA 氢气提纯装置（纯度 99.999%），将为大湾区各城市提供稳定、可靠的氢能保障，对发展珠三角氢能交通产业和建设氢气储运基地具有十分重要的战略性意义。同时，充分利用现有室内天然气站资源，进行改扩建，加快加氢站建设。“十四五”期间，力争建成示范氢能公交配套加氢站 10 座；社会物流加氢站 5 座。依托氢能供给基地、中兴与银隆汽车和加氢站网络建设基础，在主要中长线路公交、公务、环卫领域积极开展燃料电池汽车示范应用，探索燃料电池汽车运营模式，逐步形成可行的商业运营模式。

（四）佛山市

佛山市作为国内较早布局燃料电池汽车产业的城市，2018 年发布了《佛山市氢能源产业发展规划（2018－2030 年）》，完善了产业发展的顶层设计。为保障加氢基础设施建设运营，佛山市参照天然气管理办法、加氢站安全技术标准等文件，在国内率先建立了加氢站规划审批建设和监管体系，在《佛山市加氢站建设审批程序》（常务会议决定事项〔2016〕159 号）基础上，编制了《加氢站建设审批程序指引（暂行）》、《佛山市车用加氢站建设项目竣工验收备案指引》等配套文件，指导各区开展加氢站建设和运营工作，通过实行政府牵头协调、多部门联合审批，专家从安全技术上把关等一系列方式，克服了审批时间长、项目用地难以落实等困难，极大地推动了加氢站投资建设。同时，为加强加氢站安全管理，佛山市建立了加氢站项目安全评审专家库以及加氢站安全监控智能化平台，为加氢站安全监管提供技术保障。

为鼓励燃料电池汽车示范推广，佛山市先后出台了《佛山市新能源公交车推广应用和配套基础设施建设财政补贴资金管理办法》和《佛山市燃料电池汽车市级财政补贴资金管理办法》，对燃料电池汽车推广提供资金支持。目前佛山市已经成为全国乃至全球燃料电池汽车推广量最多的城市，氢燃料电池汽车累计推广 1477 辆，约占全国燃料电池汽车保有量的 20%，累计安全运行里程超过 1390 万公里。

南海区是佛山氢能产业发展的集聚区，企业涵盖了汽车整车生产、燃料电池及核心部件、制氢、加氢设备、加氢站建设和运营等产业链各个环节。拥有广东探索、韵量、爱德曼、佛山攀业、佛山清极、广东济平、广东广顺等燃料电池关键零部件企业，集聚了广东海德利森、广东华特气体、广东联悦等制氢及加氢设备企业，引入广东省特种设备检测研究院、广东拜特斯特新能源科技有限公司、广东兰氢科技有限公司等氢能产品检测与设备研制企业。

未来，佛山市将围绕燃料电池核心材料、关键零部件和电堆，扎实推进燃料电池技术自主创新能力提升和平台建设，支撑佛山市成为全国领先的技术研发和标准创新高地。同时，发挥南海区、高明区的产业集聚基础优势，逐步完善产业链条，优化产业结构，将佛山打造成为国际领先的燃料电池汽车产业制造高地；满足城市公交、长途物流、市政环卫等应用场景需求，构建国内外领先的燃料电池汽车示范应用先行区。

（五）东莞市

近年来，东莞市通过《东莞市新能源汽车产业发展“十三五”规划》、

《东莞市完善促进消费体制机制实施方案》和《东莞市现代产业体系中长期发展规划纲要（2020－2035年）》等多项政策，从产业规划、推广应用、氢能基础设施建设、关键零部件突破、燃料电池、氢能装备等方面对氢燃料电池汽车做出战略部署。

凭借现代制造业基础和科技创新实力，东莞市在氢燃料电池基础材料和关键零部件、燃料电池整车制造等方面均有所布局，具备一定的竞争力，并初步构建了燃料电池汽车产业链雏形。东莞松山湖国家级高新技术产业开发区围绕广深科技走廊，依托中国散裂中子源、中子科学城以及松山湖材料实验室，聚集了淳华氢能科技股份有限公司、东莞市魔方新能源科技有限公司、东莞海卓能源科技有限公司、东莞众创新能源科技有限公司以及东莞氢宇新能源科技有限公司等一批PEM制氢、电堆以及系统集成初创企业。

未来，东莞市将围绕电堆、双极板等关键零部件，构建广东省燃料电池汽车关键零部件技术研发创新高地，重点突破燃料电池系统、电堆以及石墨双极板、整车轻量化等关键技术，打造燃料电池汽车及关键零部件先进制造基地，利用自身工业副产气资源优势，不断提升车用氢气产能，将东莞建设为大湾区重要的氢源供给基地。

（六）中山市

中山市积极布局氢能产业，目前氢能产业主要企业包括中山大洋电机、中科富海、广东喜马拉雅以及晓兰客车等。中山大洋电机目前拥有燃料电池发动机及其核心零部件的主要技术，已自主开发出氢燃料电池模组、高压DC－DC变换器、空压机、低压汽车电子水泵等一系列氢燃料电池系统核心零部件产品。中科富海围绕着液氢制取、储运与加注关键装备开展相关的技术研发与产业化工作，积极构建全国产业化液氢制取－储运－加氢关键技术与关键装备创新链，带动我国氢液化－储运装备、加氢站等产业跨越式发展，助推氢燃料商用汽车、绿色氢能和航天战略的自主可控发展。

未来，中山市将充分发挥氢气储运装备和“电堆、膜电极、双极板、催化剂、空压机、氢气循环系统”等燃料电池核心零部件研发和产业链基础，打造液氢装备和燃料电池核心零部件特色产业集聚区，形成覆盖全省、面向全国的配套网络。十四五期间，中山市将积极推动新能源装备制造、氢能汽车、动力电池等技术研发突破，推进新能源汽车供能设施建设，规划建设加氢设施，到2025年新建加氢站15座，围绕城市物流、长途物流、港口物流、市政环卫、城市公交等领域开展燃料电池汽车示范运行。

（七）云浮市

云浮市作为国内较早布局燃料电池汽车产业的城市，在探索推进产业发展过程中，高度重视顶层设计。目前云浮市已出台《云浮市推进落实氢能产业发展和推广应用工作方案》、《云浮市推动氢能源产业高质量发展行动方案（2020－2022年）》、《云浮市加氢站建设审批程序》、《云浮市加氢站项目建设验收经营审批办事指引（试行）》和《云浮市加氢站项目建设验收经营审批流程图》，为氢能产业高质量发展提供了制度保障。云浮市已构建了较为完善的氢能与燃料电池产业体系，正加快核心技术研发和产品示范推广。当前，云浮市的氢能源产业集中布局在佛山（云浮）产业转移工业园，已形成了上、中、下游比较完善的氢能源产业链，成为国内“氢能源发展基础最好、发展步伐最快、产业集聚度最高”的专业化园区，至今已有24家涉氢企业落户，部分企业的技术水平已领跑全国。

未来，云浮市将持续发挥氢能与燃料电池汽车产业链基础优势，持续推进佛山（云浮）产业转移园建设，重点发展燃料电池客车、物流车、石墨双极板、电堆及系统等燃料电池关键核心零部件，形成燃料电池汽车高端装备产业集聚区。

（八）阳江市

阳江市作为广东省重要的可再生能源发电基地，核电、风电等可再生能源装机容量大，目前已经建成可再生能源装机容量为821万千瓦，在建装机容量300万千瓦，已规划可再生能源规模1200万千瓦，基于良好的可再生能源基础，阳江市将积极发展绿氢生产，打造广东省可再生能源制氢基地。

为加速阳江市氢能产业发展，加快推动基础设施建设，打破氢能产业的发展瓶颈，阳江市与相关企业已经就电解水制氢工厂建设、加氢站建设运营、燃料电池动力系统研发生产、氢车示范等多方面业务达成战略合作协议。

三　大湾区氢能及燃料电池汽车产业未来计划

十四五期间，大湾区将加快培育氢能产业，建设燃料电池汽车示范城市群，突破燃料电池关键零部件核心技术，围绕产业链核心环节，开展核心技术攻关和成果转化，进一步巩固现有产业优势，尽快补齐产业链短板，通过优化技术创新体制机制，构建公平开放、竞争有序的产业发展环境，推动产业链优势企业紧密合作、协同发展，打造具有国际竞争力的氢能和燃料电池汽车产业集群。

（一）产业链生产制造

推进广州、佛山、云浮等市氢燃料电池汽车产业化基地建设。引导大湾区各城市企业对标国际一流水平，提升和优化产品技术水平，提升自主创新能力。引导优势企业强强联合，推动各环节优势企业开展紧密合作、协同攻关，组建产业攻关联合体，围绕质子交换膜、碳纸、氢气流量计、氢气减压阀、氢气检测仪、氢气压缩机、加氢枪、高性能传感器、高效制氢设备等关键部件，尽快补齐产业短板，构建相对完整、技术先进、自主可控的氢能及燃料电池汽车产业链，在燃料电池汽车整车、系统、电堆、膜电极、双极板、质子交换膜、催化剂、碳纸、空气压缩机、氢气循环系统等领域全面实现核心技术突破和产业化能力建设。

（二）氢源保障与加氢站建设

建设氢源供应基地，支持阳江市打造大湾区可再生能源制氢基地，继续推进东莞工业副产氢提纯能力提升和珠海化石燃料重整制氢，扩展氢气来源和渠道，打造多元氢气供给体系。重点发展高压气态储氢和长管拖车运输，试点开展低温液态运氢、管道运氢等方式，构建多源氢气供应格局和高效经济的氢气储运网络，满足大湾区车辆用氢需求，“十四五”期间力争实现6万吨车用氢气产能建设。

完善加氢站建设和管理。加快完善加氢站管理政策措施和工作机制，完善区域内统一的加氢站建设和运营管理办法，推广先进城市经验做法，规范加氢站审批流程、落实加氢站设计、建设标准规范，破除加氢站建设体制机制障碍，为加氢站建设和运营提供资金支持，确保200座加氢站建设目标顺利完成。

（三）车辆推广与应用

依托大湾区经济发达、货物周转量大、消费需求旺盛、新能源汽车发展基础好的优势，在城际物流、城市物流、市政环卫、钢铁企业清洁运输、港口清洁运输等重点领域推广氢燃料电池汽车，通过创新商业模式、加大政策支持力度等一系列措施，将大湾区打造成为规模领先、场景丰富、绿色低碳的燃料电池汽车示范运行区，“十四五”期间力争实现推广燃料电池汽车超10000辆。

（四）政策体系建设

大湾区将继续坚持区域协同发展理念，在技术创新、产业链建设、氢能供给、车辆推广、政策制定等方面加强统筹协调，开展顶层设计，补齐各环节政策短板，构建城市群有机统一的产业政策环境。加大对产业关键技术环节的政策扶持力度，支持企业关键零部件技术研发和产业化攻关，为企业发展营造良好的政策体系和环境，推动大湾区燃料电池汽车产业持续健康、科学有序发展。

B.19 山东氢能与燃料电池汽车产业发展报告

门军辉　张　淇　潘凤文　赵　强　李乃武*

摘　要：　山东省委省政府高度重视氢能产业,为氢能产业的发展营造了良好的政策环境，推动大型骨干企业牵头国家重点研发计划和实施氢能产业试点示范工程，开展低碳、绿氢供给体系建设、加氢基础设施布局、燃料电池汽车示范应用、氢能商业模式探索等工作，依托科技部“氢进万家”科技示范工程，打造氢能多场景应用样板工程。在产业战略定位方面，氢能产业已经成为山东省新旧动能转换、能源高质量发展的新引擎，同时也将发展氢能作为山东省能源结构优化和调整的关键举措。面向未来，以建设国家燃料电池技术创新中心为创新突破的重要抓手，加大燃料电池车辆示范推广力度，不断拓展氢能综合应用场景，推动“鲁氢经济带”氢能产业不断发展壮大，把山东省建设成为集“氢能技术研发、氢能装备制造、氢能应用”于一体的国家级氢能产业综合示范区。

关键词：　氢能　燃料电池汽车　山东　氢能产业发展

* 门军辉，国家燃料电池技术创新中心政研业务经理；张淇，中国矿业大学（北京）管理学院；潘凤文，博士，国家燃料电池技术创新中心技术创新研究院院长，正高级工程师；赵强，国家燃料电池技术创新中心技术创新研究院高级工程师；李乃武，国家燃料电池技术创新中心技术创新研究院业务经理。

山东作为经济、能源和人口大省，是全国唯一拥有全部 41 个工业大类的省份，2020 年全省 GDP 总量为 73129 亿元，位居全国第三。目前山东省正处于新旧动能转换、经济转型升级的关键阶段，面临着煤炭消费容量、环境容量的严峻挑战和“双碳”目标下经济高质量发展的压力。推动能源消费向高效清洁转型升级对于山东省高质量发展具有重要的现实意义。发展氢能产业能够有效提升煤炭、石油、天然气等化石能源的综合利用效率，提升清洁能源消费比例，有效降低传统能源消耗和碳排放，优化能源结构，保障能源安全，为双碳目标的达成提供路径。同时，有助于形成新的经济增长点，有力支撑经济循环主体，进而推动山东省产业转型升级。

山东省高度重视并积极筹划氢能产业发展，把氢能产业作为抢占新能源技术高点的重要抓手，出台了一系列产业政策强化顶层设计，支持以大型骨干企业为主体，加快形成产业化能力，壮大产业链企业发展，积极参与国家氢能及燃料电池示范区的创建工作，先行先试与科技部共同组织实施“氢进万家”科技示范工程，加大氢能在交通运输、建筑供能、工业等领域的示范应用，实现氢能大规模综合应用，打造可复制可推广的“氢能社会”样板，切实发挥氢能产业在新旧动能转换及能源结构转型的引擎作用。

一　积极的政策环境

2021 年 3 月，科技部批复由潍柴动力牵头建设国家燃料电池技术创新中心。4 月 16 日，科技部、山东省主要领导为国家燃料电池技术创新中心揭牌，并签署共同组织实施“氢进万家”科技示范工程的框架协议，标志着燃料电池领域的国家燃料电池技术创新中心正式落户山东，同时，也标志着山东成为全国唯一的氢能大规模综合应用的氢能产业示范区。国创中心、“氢进万家”先后落户山东，表明了山东省具备氢能产业发展的良好基础和坚定不移推动氢能及燃料电池汽车产业商业化、市场化的决心，并为产业发展提供了新的动力和方向。

为促进山东新旧动能转换进程、能源结构多元化转型，为节能减碳和双碳目标实现提供有效路径，山东省围绕氢能产业发展，超前布局并出台了相对完善的产业发展规划及产业扶持政策，并重视标准规范的建立，为行业健康稳定发展提供良好的政策环境。

在产业政策方面，山东省率先启动省级氢能产业中长期发展规划的编制及发布工作，这也是全国第一个省级的氢能产业规划。潍坊市发布了全国首个地市级汽车加氢站管理办法，为解决加氢站建设审批、经营许可等问题，参考现有天然气汽车加气站的管理办法，制定了汽车加氢站建设管理办法，明确了行业监管部门职责，解决了加氢站行业监管、选址、经营许可、建设运营补助等实际问题，通过先行先试，为全行业加氢站建设审批与行业监管探索了路子。截至 2021 年 8 月底，山东省已研究出台氢能及燃料电池汽车产业发展和“氢进万家”示范工程的针对性政策 27 项（见表 1），其中省级政策 5 项、市级政策 22 项，涵盖产业规划、示范推广、加氢基础设施立项、审批、建设、运营等各个环节，为保障全省氢能及燃料电池汽车产业高质量、高速发展，提供了良好政策环境，为“氢进万家”科技示范工程落地实施提供了有效保障。同时山东正在创新产业政策，研究制定面向燃料电池整车、燃料电池装载机械（搬运设备）、燃料电池船舶、氢能分布式发电、热电联供、备用电源及氢储能示范等的奖补支持政策。

在行业标准方面，山东省积极开展顶层设计，印发了《山东省氢能产业标准体系建设指导意见》，系统分析了氢能产业标准体系框架，明确了氢能产业标准体系建设工作的目标和任务。截至 2021 年 8 月底，《氢燃料电池电动汽车运营规范》《车用加氢站运营管理规范》等 9 项氢能产业地方标准发布实施，《质子交换膜燃料电池空气过滤器通用要求》等 4 项地方标准已完成制定正在征求意见。结合山东省氢燃料电池汽车相关产业布局、发展状况，正在开展山东省氢能燃料电池汽车标准体系和规划路线图的编制工作，通过标准的制定和实施，充分发挥了标准化在氢能产业发展中的支撑和引领作用。

表1　山东省及各地市氢能产业相关政策汇总

省市	时间	政策名称	状态
山东省	2018.9	《山东省新能源产业发展规划(2018－2028年)》	发布
	2020.6	《山东省氢能产业中长期发展规划(2020－2030年)》	发布
	2020.7	《山东省加氢站技术导则》	发布
	2021.2	《2021年全省能源工作指导意见》	发布
	2021.8	《山东省能源发展“十四五”规划》	发布
济南市	2019.4	《济南新旧动能转换先行区促进产业发展十条政策》	发布
	2019.9	《济南新旧动能转换先行区氢能产业发展规划》	发布
	2020.6	《济南市加氢站发展规划》	发布
	2020.6	《关于做好全市汽车加氢站规划建设运营管理工作的意见》	发布
	2020.6	《济南市加氢站建设审批暂行规程》	发布
	2020.7	《济南市氢能产业发展三年行动计划(2020－2022年)》	发布
	2021.6	《关于加快新能源汽车推广应用的若干政策》	发布
青岛市	2019.9	《关于加快新能源汽车产业发展若干政策措施的通知》	发布
	2020.6	《青岛西海岸新区汽车加氢站规划建设和运营管理暂行办法》	发布
	2020.10	《青岛市氢能产业发展规划(2020－2030年)》	发布
潍坊市	2019.3	《关于做好全市汽车加氢站规划建设运营管理工作的意见》	发布
	2019.5	《潍坊市汽车加氢站规划建设运营管理工作意见》	发布
	2020.1	《潍坊市氢能产业发展三年行动计划(2019－2021年)》	发布
	2020.3	《潍坊市促进加氢站建设及运营扶持办法》	发布
	2020.12	《潍坊市氢能产业中长期发展规划(2020－2030年)》	发布
	2021.6	《潍坊市2021年氢能产业发展工作要点》	发布
	2021.7	《“氢进万家”科技示范工程工作推进方案》	发布
济宁市	2019.11	《济宁支持氢能源产业发展意见》	发布
	2019.11	《济宁市加氢站建设管理暂行办法》	发布
泰安市	2020.12	《关于加快推进氢能产业发展的实施意见》	发布
淄博市	2021.9	《关于进一步鼓励氢能产业发展的意见》	发布
	2021.9	《关于支持氢能产业发展的若干政策》	发布

二　发展氢能和燃料电池汽车良好基础与产业优势

山东省氢气资源丰富、产业链相对健全，拥有良好的氢能产业基础和广阔的应用前景，尤其是“氢进万家”科技示范工程落户山东，为山东氢能产业发展注入了新的活力，吸引了一批燃料电池产业链企业在山东投资建设研发基地、分支机构、制造基地等。山东省氢能产业健康快速发展，初步建立涵盖氢源供应、关键零部件研发与制造、系统集成与测试、整车生产与销售、车辆示范运营的氢能产业生态，并探索出燃料电池车辆示范运营的发展模式。

（1）大型骨干企业牵头试点项目助力产业集聚。山东省拥有潍柴集团、中国重汽、东岳集团等氢能及燃料电池行业龙头企业。发挥潍柴集团等龙头企业的产业引领作用，依托潍柴国际配套产业园、中德氢能源产业园等产业园区的建设，吸引了一批省内外优质企业到山东布局落地氢能项目。

截至 2021 年 8 月，根据企查查数据，全国共有 4900 余家燃料电池相关企业，其中山东省 630 余家，位列全国第二，在氢能产业链实施布局的重点骨干企业近 120 家，山东已成为全国氢能产业链最完整的省份之一。山东已建立从氢气供给、关键材料、关键零部件、燃料电池电堆、燃料电池发动机到整车和加氢站的研发、生产体系。在创新平台、装备制造、基础保障、示范应用等关键环节，山东省布局了潍坊燃料电池电堆及发动机研发制造、淄博质子交换膜关键材料研发制造、聊城燃料电池城市公交车辆研发制造、东营可再生能源电解水制氢、济南燃料电池重型载货车、青岛港口机械应用示范等 23 个氢能产业重大示范试点项目，总投资额约 230 亿元。潍柴集团整合国内外优势资源实现了双极板、电堆、空压机等燃料电池关键零部件的核心技术的突破，建成年产 20000 台的燃料电池电堆及发动机的产业化制造基地；建成了覆盖燃料电池关键材料、核心组件、燃料电池发动机、动力系统及整车的试验测评能力；实现了 8～12m 全系列客车、轻中重卡及 200 吨级矿卡等车辆产品配套与批量应用，累计获得 21 款氢燃料电池整车公告；并在内蒙古牙克石试验场，完成了重卡、轻卡、客车等多领域氢燃料电池商用车的全行业首次的寒区试验。兖矿集团 800Nm^3/h 甲醇弛放气制氢项目氢气纯度达到 99.999%。东岳集团建成 150 万平方米质子交换膜和双向拉伸膜智能化生产线，技术水平和生产规模实现全球领先，致力于打造全球最大的质子膜生产基地。济南赛克赛斯研发制造国内首台兆瓦级电解水制氢系统，电流密度与电解效率达到世界领先水平。冰轮环境研制的氢液化领域新型高效氦气螺杆压缩机，列入国家能源领域首台（套）重大技术装备项目。中通客车成功研发公交、客运、物流等十余款燃料电池商用车型，承担的“燃料电池商用车关键技术研究及产业化应用”项目荣获“中国交通运输协会科学技术奖”特等奖。山东高速、山东水发、齐鲁石化等一批省内骨干企业纷纷布局氢能产业，国电投氢能公司、东方电气氢能公司、亿华通、美锦能源、爱德曼、深圳凯豪达、浙江氢途、雄韬股份、安徽明天、氢璞创能、苏州擎动、喜玛拉雅等一批国内氢能企业先后到山东省投建项目、开展合作，产业集聚效应逐步显现。山东氢能产业链重点企业发展情况详见表2。

表2　山东氢能产业链重点企业发展情况

企业名称	企业发展情况
潍柴集团	已累计投入超过40亿元用于新能源产业化工作，建成了“基础材料－单电池－电堆－关键零部件－燃料电池发动机－动力系统－整车”的完整燃料电池检验检测能力，建成了2万套级燃料电池双极板、电堆和发动机的生产制造基地，已推出30～160kW燃料电池发动机，并批量应用配套
东岳集团	拥有燃料电池质子交换膜生产用关键单体、树脂原料生产技术、成膜单体、成膜过程技术、装备技术以及检测技术，构建起从原料、中间体到膜产品完整的产业链
中国重汽	已试制研发10余款氢燃料电池整车，包括公路客车、公交客车、港口牵引车、轻卡（城市垃圾转运车）、重卡牵引车、自卸车等多种燃料电池车型
中通客车	实现8～12米公交车、7米豪华商务车、物流车全覆盖，并在全国实现批量示范运营，连续两年国内燃料电池车辆销售第一，性能指标达国内先进水平
泰山钢铁	泰山钢铁是全流程钢铁企业，是济南市最大的民营企业，拥有丰富的副产氢资源（130万吨焦化、副产焦炉煤气变压吸附制氢，制氢能力约1.9万吨/年）。建成山东省第一座管道供氢的加氢母站，加注能力超过2.1吨/天，可服务周边150km范围
山东海化	已开工建设副产氢纯化项目，实现氢气日供应能力6吨。投资建设潍坊市滨海风光储智慧能源示范基地项目，其中集中式光伏电站2.9GW、风力发电0.1GW
空气化工公司	2020年在潍坊滨海、淄博桓台先后投资建设2个制氢工厂及配套加氢站项目，以支持周边区域燃料电池及工业高纯氢需求

续表

企业名称	企业发展情况
中国石化山东石油分公司	“十四五”期间规划布局加氢站100座,已建成投入运营加氢站2座(济南第58站是全国首座集加油、加气、加氢、换电、光伏发电、汽服、连锁便利、培训基地等多项功能于一体的综合加能站,在建加氢站5座,立项2座
烟台冰轮	已在燃料电池空气压缩机、燃料电池氢气循环泵、高压隔膜氢气压缩机等关键技术的研究和配套推广方面取得了突破

（2）氢能和燃料电池技术创新具备较强优势。山东氢能产业骨干企业联合重点高校和科研院所，充分发挥创新主体作用，在燃料电池关键材料与核心部件研发、燃料电池系统集成及控制、新一代高能效制储运氢与新型质子交换膜燃料电池体系等关键技术方面取得重要进展。潍柴动力牵头承担“燃料电池发动机及商用车产业化技术与应用”“高一致性、长寿命商用车大功率燃料电池堆及批量工艺研发”等多个国家重点研发计划。山东大学牵头承担“车用燃料电池喷射式氢气再循环泵研发”项目，掌握并突破了核心技术。潍柴动力牵头建设国家燃料电池技术创新中心，服务国家燃料电池产业战略需求，推动重大科技成果转化，加快共性关键技术突破、科研条件平台与研发体系建设、成果转化体系建设，助力我国燃料电池及相关行业核心竞争力全面提升。东岳集团建成含氟功能膜材料国家重点实验室，突破并掌握了燃料电池全氟质子膜核心制备技术。山东省能源研究院成立氢能燃料电池功能实验室，全面开展氢能与燃料电池关键技术攻关和示范应用。青岛国际院士港联合清华大学、同济大学等国内一流科研团队，投资10亿元，建成集技术研发、认证检测和产业育成于一体的氢能与燃料电池技术实验室，成功孵化海卓科技、创启时代、同清湖等氢能产业创新公司。

（3）发展氢能产业的资源禀赋优势显著。山东是能源大省、化工大省，具有丰富的副产氢资源，年平均氢气产量在260万吨左右，居全国首位。主要来源包括氯碱、焦化、冶金、石化等行业，其中可利用的高纯度氢气每年约为10万吨的规模，具备大规模纯化再利用的成本优势，可满足12万辆燃料电池车辆运行使用。

目前，化工行业的副产氢企业积极布局，已初步形成了高品质、低成本、稳定可持续供应的本地化氢源。其中泰山钢铁、青岛炼化、齐鲁石化、滨化集团、山东海化、明泉集团等企业，在济南、青岛、淄博、潍坊、滨州等地建设了成熟的氢气制取、储存和利用氢能供应体系。

同时，山东可再生能源的规模化发展也较为迅速。截至 2020 年 12 月底，全省光伏发电装机容量 2272 万 kW，位列全国第一，风电装机容量 1795 万千瓦，位列全国第五。随着省外来电规模不断扩大和省内可再生能源的快速发展，山东面临的电网调峰和可再生能源消纳压力越来越大，发展大规模新能源制氢为电网调峰和可再生能源消纳提供了重要解决方案。在可再生能源制氢方面，山东多市已开展了可再生能源制氢项目。东营依托盐碱滩涂地光伏发电项目和渔光一体生态园光伏发电项目，开展可再生能源发电及电解水制氢试点示范；潍坊市滨海区正在开展 10 万 kW 光伏发电制氢项目；青岛市正在开展深远海 200 万 kW 海上风电融合示范风场项目。

三　氢能及燃料电池汽车示范推广进展情况

1. 氢能基础建设先行，上游企业积极布局氢能

山东充分利用本地化资源优势，开展工业副产氢纯化、可再生能源制氢等项目建设，初步形成了以滨化集团、山东海化、泰山钢铁、青岛炼化为主的工业副产氢供应网络，供应半径覆盖全省。加氢基础设施建设发展加速，中国石化、华润燃气、淄博能源等加氢站建设运营企业积极布局加氢站。

截至 2021 年 8 月底，山东省建成加氢站 20 座，位居全国第二，日供氢能力达 20000kg，具体加氢站建设运营情况详见表 3。其中管道供氢加氢母站 1 座、综合加能站 1 座、气氢合建站 3 座，积极探索加氢母站、综合能源站、管道供氢加氢站的建设运营经验，为行业良性有序发展提供示范借鉴。

表 3　山东加氢站建设运营情况

单位：kg/d

城市	加氢站名称	运营年份	现状	建设单位	加注能力
济南	中国重汽加氢站	2019	建成	中国重汽	500
济南	韩仓济南公交第一加氢站	2021	建成	济南公交	1000
济南	莱芜泰钢加氢母站	2021	建成	泰山钢铁	1200
济南	济南 58 号综合能源站	2021	建成	中国石化	500
青岛	国际院士港科研示范站	2020	建成	青岛国际院士港	500
青岛	美锦桥头堡加氢站	2020	建成	青岛美锦	500
青岛	汉川路习水路格尔加氢站	2021	建成	青岛国际院士港	1000
青岛	青岛石化滨海路贵定路加氢站	2021	建成	中国石化	1000
淄博	空气化工淄博加氢站	2020	建成	空气化工	1000
淄博	淄博能源加气加氢站	2020	建成	淄博能源集团	1000
淄博	淄博新区公交枢纽加氢站	2020	建成	淄博公交	1000
淄博	闫家气氢电混合站	2021	建成	华本燃气	500
潍坊	潍柴加氢站	2019	建成	潍柴集团	1000
潍坊	华润燃气加气加氢合建站	2020	建成	华润燃气	1000
潍坊	诸城综合能源补给站	2021	建成	山东聚金龙	1000
潍坊	联运加氢站	2021	建成	凯豪达	1000
济宁	兖矿综合能源站	2019	建成	兖矿集团	1000
德州	鲍庄村撬装站	2019	建成	海德利森	500
聊城	中通客车加氢站	2018	建成	中通客车	200
临沂	罗庄物流园加氢站	2021	建成	氢装上阵（青岛）	1000

2. 积极拓展氢能多元化应用场景，开展“车－站－港－路”一体化联动示范

截至 2021 年 8 月底，山东省范围内累计推广燃料电池车超过 700 余辆，其中济南、青岛、淄博、潍坊、济宁、聊城等市示范运营燃料电池公交车达 400 辆，开通氢能公交专线近 30 条，累计运营里程已超过 1000 万公里；青岛、临沂、德州等市开展燃料电池物流车、冷链物流车示范运行，通过在青岛、临沂布局建设加氢站和车辆运营，初步实现青岛—临沂氢干线的搭建；

积极开展氢能港口、氢能高速的建设。青岛港自主研发完成轨道吊氢能改造，已布局6座港口氢能轨道吊、3辆港口集卡，实现燃料电池在港口轨道吊全球首次应用，开启了绿色氢能港口的建设序幕，并向潍坊港等港区推广，逐步在港区建设加氢站、热电联供等设施，开展氢能港口设备、港城绿色供能等示范，打造绿色氢能港口。山东高速、山东石油已在济青高速设立济南东、淄博南两个服务区进行高速服务区加氢站的建设，预计将于2021年底建成投运。

3. 积极探索新型商业模式，以终端应用带动产业链发展

山东省各地市和产业链上下游企业正积极通过商业模式创新，探索氢能产业链的市场化运营模式，从而有效带动制氢、加氢、燃料电池及整车等相关产业的发展，实现产业集聚和新的经济增长点。

（1）青岛、淄博、潍坊等市已通过组建车辆运营平台，发挥国有企业产业引领带动作用。以融资租赁等多种形式采购燃料电池公交车、环卫车、物流车、渣土车等车型，供公交公司、环卫园林、商贸物流、建筑施工等相关单位使用，市相关部门给予路权、货源、施工等方面的便利政策鼓励各级党政机关、公共机构和企事业单位采购、使用氢燃料电池车辆、氢燃料电池发电装置，确保氢能车辆的使用。

（2）山东石油、华润燃气积极开展油氢、气氢合建站示范，利用“以油养氢”“以气养氢”的模式，减少行业发展初期“车少、氢贵、运营成本高”造成的亏损问题。华润燃气已在全国范围内的多个省市开展合建站建设，在燃气行业取得了良好的示范效果，为天然气站向氢气站逐步转型提供了借鉴和标杆。

4. 聚焦国家重点项目，省部联动打造“氢进万家”多场景应用样板工程

济南、青岛、淄博、潍坊是实施“氢进万家”科技示范工程的主体城市，按“围绕创新链布局产业链”的总体思路和“边实施、边攻关、边验证、边示范”的工作思路，开展氢能的多场景示范应用。“氢进万家”科技示范工程主要包含“一条氢能高速、二个氢能港口、三个科普基地、四个氢能园区、五个氢能社区”等建设内容。重点围绕氢气制备与纯化、纯

氢管网、氢能高速、氢能港口、加氢母站及热电联供系统利用等环节，开展“氢源－管网－终端”构建与科技攻关示范工作。通过3～5年的实施示范，实现氢能进入工业园区、社区楼宇、交通领域、居民家庭的应用，掌握并验证一批自主核心技术与系统产品，形成一批氢气制储运、工业用能、居民家庭氢能利用的引领性标准法规，培育一批氢能利用的新模式新业态，为全国提供氢能进家入户的示范样本，为更大范围的氢能利用探索有效途径。依托济青高速升级项目，改建氢能零碳服务区2个，打造1条氢能示范高速；围绕山东港口升级港口运载设备，打造2个氢能示范港口，实现“港口－高速－干线物流”的氢能商用车应用示范；在济南、潍坊、青岛等地建设3个氢能科普基地，加强氢能科普宣传力度；围绕工业厂区、物流园区等建设4个氢能应用产业示范园区；因地制宜、就地取氢，建设5个氢能应用社区，实现燃料电池热电联供装机超过1万户，应用覆盖超过10万户的示范规模；通过氢能港口、氢能高速、氢能城市的建设打造，推广应用燃料电池车3000辆，建成覆盖氢能“制－储－输－用”大数据综合管理平台。

四　山东氢能产业发展目标规划与前景描绘

山东省地域广阔、人口众多、综合实力居全国前列。全省交通便利，高速公路路网发达，物流活跃，公路客运和货运规模巨大，氢燃料电池汽车应用场景丰富。同时，山东是装备制造业大省，商用车竞争优势明显，重型柴油发动机、重型卡车、矿山机械和工程机械等装备产业均居全国前列，为氢能和燃料电池应用提供了载体。随着氢能应用技术不断成熟，氢能产业化进程不断加速，燃料电池汽车在山东省内公交、物流、环卫、港口、矿区等诸多领域具有广阔的应用空间和巨大的市场潜力。

2020年6月，山东省发布《山东省氢能产业中长期发展规划（2020－2030年）》。根据规划发展目标，通过10年左右的努力，山东省氢能产业实现突破性发展，通过“氢能高速”“氢能港口”建设，拉动济南－青岛沿线氢能产业发展，培育壮大“鲁氢经济带”，建成集氢能创新研发、装备制造、产品应用、商业运营于一体的国家氢能与燃料电池示范区，成为国内领先、国际知名的氢能产业发展高地。

围绕建设国家氢能与燃料电池示范区，在发展阶段上实施“三步走”方略。2020～2022 年为全面起步阶段，产业发展制度体系逐步建立，工业副产氢纯化、燃料电池发动机、关键材料和动力系统集成等核心技术率先取得突破，达到国内先进水平，加氢基础设施建设有序推进，燃料电池汽车在公交、物流等商用车领域率先示范推广。2023～2025 年为加速发展阶段，产业链条健全完备，燃料电池核心技术接近国际先进水平，制氢、储运、加氢及配套设施网络逐步完善，氢能在商用车、乘用车、船舶、港口机械、分布式能源、储能等应用领域量化推广。在前两个阶段，通过规划明确各市加氢站及燃料电池汽车示范推广应用目标。2026～2030 年为塑造优势阶段，产业规模质量效益全面提升，关键技术综合指标达到世界先进水平，形成一批具有自主知识产权的知名企业和品牌，建立氢能产业与新一代信息技术和新业态深度融合的新型智慧生态体系。通过 10 年左右的努力，建成集创新研发、装备制造、产品应用、商业运营于一体的国家氢能与燃料电池示范区。表 4 为山东省氢能产业发展规划“三步走”目标。

表 4　山东省氢能产业发展规划“三步走”目标

项目	2020～2022 年 产业全面起步期	2023～2025 年 产业加速发展期	2026～2030 年 产业塑造优势期
氢能产业相关企业	聚集 100 家以上的氢能产业相关企业	培育 10 家左右具有核心竞争力和影响力的知名企业	形成一批具有自主知识产权的国内国际知名企业和品牌
燃料电池发动机产能	20000 台	50000 台	—
燃料电池整车产能	5000 辆	20000 辆	—
其他领域布局	加快布局燃料电池轨道交通、港口机械、船舶及分布式发电装备产业	燃料电池轨道交通、港口机械、船舶及分布式发电装备产业实现突破	—
氢能产业总产值规模	200 亿元	1000 亿元	—

续表

项目	2020～2022 年 产业全面起步期	2023～2025 年 产业加速发展期	2026～2030 年 产业塑造优势期
核心技术	工业副产氢纯化、燃料电池发动机、关键材料及动力系统集成等核心技术率先取得突破，达到国内先进水平	燃料电池发动机、关键材料、零部件和动力系统集成等核心技术接近国际先进水平	核心技术取得重大突破，综合指标达到世界先进水平，在氢能领域形成创新引领优势
推广策略	在公交、物流等商用车领域率先示范推广	在商用车、乘用车、船舶、分布式能源、储能等应用领域量化推广	建立氢能产业与大数据、物联网、人工智能等新一代信息技术和共享经济、智慧交通、新型智慧城市等新业态深度融合的新型智慧生态体系
累计建成加氢站	30 座（含与其他能源合建站）	100 座	
燃料电池汽车累计示范推广	3000 辆	10000 辆	

五　推广中存在的困难和需要解决的问题

山东省氢能产业发展基础好、潜力大。在政策、资本的助力下，科学谋划、适度超前建设布局加氢站、加速就近氢源供给等氢能基础设施，氢能制－储－运－加产业链核心技术与装备得到快速发展。氢能及氢燃料电池汽车示范应用成果显著，但氢能产业涵盖能源、交通、电力、新材料、高端制造装备等多个领域，涉及制、储、运、加等多个环节，产业链长，技术复杂，各个环节的发展存在缺乏统一规划引导、政策法规难突破、终端用氢成本高、氢燃料电池制造成本高、产业链协同发展不均衡等瓶颈，目前产业整体处于示范应用阶段。

目前山东省氢能及燃料电池汽车产业发展的主要问题整理如下。

（1）山东省城市群未入选第一批国家燃料电池汽车示范城市群，影响燃料电池车辆的示范推广。目前，燃料电池汽车存在购置成本高、运营贵的现状，需要政府层面各种形式的政策支持和引领。山东未能入选国家燃料电池汽车示范城市群，燃料电池汽车无法获得国家“以奖代补”政策的奖励支持，且不能对燃料电池汽车的推广给予购置补贴，将在一定程度上影响山东省燃料电池车辆的推广和氢能产业的发展。

（2）省级产业规划指导各地市错位发展，但重复投资建设苗头出现，影响产业健康发展。各地对氢能产业拉动经济增长寄予厚望，行业热度持续提升。各地政府未能结合自身产业优势与基础、合理定位布局，在招商引资的过程中出现了一定的盲目性，追求打造全产业链的目标，出现了赶热潮、抢投资、“一哄而上”、产业链布局趋同、低水平的重复建设和投资换市场的“小散乱”状况，造成政策落实“撒芝麻盐”、行业资源浪费，影响氢能产业健康快速发展。

（3）氢、站、车协同不够，上下游相互制约，掣肘产业健康发展。山东省燃料电池车辆主要集中在济南、青岛、淄博、潍坊等地，但汽车用氢气尚未完全实现本地化氢源供应，大多是跨城市通过20MPa高压管束车运输，运输环节效率低且大幅提高氢气到站价格。燃料电池车辆推广尚未形成规模，导致车用氢气的需求量小，无法消纳规模化制备或纯化的大量氢气，而副产氢纯化设备、可再生能源制氢设备等初期投资大、回报周期长，导致制氢端投资意愿低。加氢站运营企业受制于氢气成本高、燃料电池车辆运营数量较少，不能实现商业化运营，难以实现市场化运作，普遍存在亏损现象。氢能产业链短期内无法通过规模化效应实现盈亏平衡，行业出现“车少不上氢、没氢不买车、没车不建站”相互制约的状况。

（4）车用氢气的燃料属性不明确，未纳入能源范围，且现场制氢政策突破难。2020年4月，国家能源局发布《中华人民共和国能源法（征求意见稿）》，对“能源”一词的含义进行阐释，将氢能明确纳入能源范围，但正式立法到颁布仍需要一个过程。《国务院安委会办公室关于进一步加强危险化学品安全生产工作的指导意见》（安委办〔2008〕26号）规定“新的化工建设项目必须进入产业集中区或化工园区，逐步推动现有化工企业进区入园。”《山东省危险化学品安全管理办法》要求，除加油站、加气站以及为其他行业企业配套项目或者港区建设项目外，新建、扩建危险化学品建设项目应当按照有关危险化学品生产、储存布局规划，在化工园区（集中区）内设立。山东省光伏、风电等可再生能源发电充足、工业副产氢资源丰富，但多数可再生能源发电项目和加氢站、储能用制氢项目不在化工园区。受车用氢气的燃料属性不明确以及危化品属性的限制，现场制氢项目难以立项，制约了氢源就近制备和供应，不利于降低用氢成本，也成为制约当前我国氢能及氢燃料电池汽车产业发展的关键瓶颈。

（5）燃料电池汽车应用场景单一，亟须扩大示范场景与数量。目前山东省燃料电池汽车以公交车为主，百辆级示范应用规模样本仍比较少，尤其是示范场景比较单一，需发挥燃料电池在中长途、中重型商用车应用领域的优势，结合“氢进万家”科技示范工程关于车辆在多场景中的示范需求，进一步扩大示范规模，挖掘城市配送、市政环卫、渣土运输、港口－高速和矿山短倒运输等新的示范场景需求，提升燃料电池汽车多场景示范应用效果。

（6）人才匮乏，产业链上下游缺少高素质、高技能专业人才。作为战略性新兴产业，氢能产业的健康持续发展，亟须高精尖技术领军人才，同样需要一大批具备操作技能的复合型人才包括试验、生产制造、市场服务一线的高素质高技能人才。目前，全省乃至全国尚未建立起多层次、专业性强的氢能人才培养体系，缺乏一支高素质、专业化、稳定的氢能产业人才队伍，人才引进和本土化培育需求极为迫切。

六　有关建议

氢能及燃料电池汽车产业整体处于发展初期阶段，山东省要将氢能及燃料电池汽车产业做大做强，需要从战略目标、产业布局、科技突破、财政扶持等多个方面给予支持引导，鼓励市场主体积极参与产业发展，确保氢能及燃料电池汽车产业健康有序发展。具体如下。

（1）发挥龙头带动作用，强化氢能顶层设计。省级层面从全产业链系统谋划，充分结合资源禀赋与协同发展的优势，整合优势资源，统筹上下游及产业链进行产业合理布局，引导产业协调发展。聚焦各地产业基础及区域特色，因地制宜发展产业，以区域合作为重心，推动产业协同发展，瞄准氢能及燃料电池产业链的缺失环节和关键环节，加快产业集群建设，形成优势互补、错位发展格局，扶优扶强，分层次、有重点地开展全产业链的产业布局，避免各地产业趋同，盲目发展，重复投资，造成产业资源浪费。

（2）创新奖补政策，鼓励多场景应用示范。创新性出台山东省燃料电池汽车使用及运营奖励政策，建立以整车车型和行驶里程为主的燃料电池汽车运营补贴机制。对燃料电池装载机械（搬运设备）、燃料电池船舶、燃料电池分布式发电、热电联供、备用电源及氢电耦合储能示范等探索建立以产品购置、电堆功率和耗氢量为主的政策补贴机制。给予特殊路权政策，发放氢燃料电池车辆专用号牌，专用号牌车辆省内通行免收高速通行费、过路过桥费，重污染天气不限行。通过政策奖补引导氢能综合利用，拓展燃料电池的多场景示范。

（3）实施氢源补贴，拓展输运方式，科学规划布局加氢网络。出台副产氢纯化、可再生能源制氢的扶持政策，简化技改及新增纯化、灌充设施的立项、审批流程，对于氢能产业链各环节的建设及技术改造项目给予审批绿色通道及政策资金扶持。通过政策引领，提高工业副产氢企业、可再生能源发电企业投资制氢积极性，扩大氢气来源，通过氢源地就近建站，并支持通过30～52MPa的高压气态大容量管束车氢气输运、鼓励建设纯氢管道、开展天然气管道掺氢示范等多种方式实现氢气配送，构建布局合理、覆盖广泛、外通内畅、安全高效的氢能供给体系。

（4）先行先试、合理突破，探索氢能发展路径。围绕现场制氢、纯氢管网建设、社区楼宇热电联供系统等领域的标准、法规缺失和制约，出台政策，制定相应标准、法规，为“氢进万家”科技示范工程实施提供政策法规依据。探索示范在非化工园区，如光伏场站、风电场站、发电厂、燃料电池产业园区、加氢站、港口等特定场所，适度有序开展燃料电池用氢现场制备及制氢加氢一体站的应用示范，通过现场制氢减少运输环节，扩大氢气来源，实现高品质、低成本、可持续的氢气供应。

（5）政府采购优先，引导氢能消费，拓展氢能应用。将燃料电池汽车纳入政府采购范围，省级及各市党政机关、公共机构和企事业单位应带头使用燃料电池车辆，扩大燃料电池车辆配备比例，新购置或更换的商务用车、环卫车、渣土车、公交车、邮政快递、机场港口场内用车等公共领域车辆优先选用燃料电池汽车。依托“氢进万家”重大科技示范工程，在济南、青岛、淄博、潍坊等市推进氢能社区建设，鼓励在厂区、机关、学校、医院以及居民小区等开展燃料电池热电联供试点示范。通过推动氢能在交通运输、工业和家庭用能等终端领域应用，为氢能开辟多元化应用场景，打通整个产业链条，推动技术创新和规模化应用，提高氢燃料制 - 储 - 运 - 加全链条经济性，加速商业化推广进程。

（6）充分发挥国家燃料电池技术创新中心重大创新平台作用，积聚全球高端人才，实现核心关键技术成果突破。发挥核心技术攻关举国体制的优势，按照新型研发机构体制机制进行建设，创新经营管理模式，鼓励政府投资平台、产业基金与创新中心共同出资设立产业孵化基金，支持中心的成果转化。从国家部委到地方政府在科研项目、建设用地、人才引进、配套政策等方面给予切实保障，支持中心引进高层次人才团队，吸引相关领域专家学者。整合行业优势资源，通过中心组织产业链龙头企业进行联合攻关，避免分散研发、重复建设，造成科研资源浪费，孵化创新型企业，为氢能及燃料电池产业关键材料提供产业自主可控的替代产品。

B.20

四川省氢能及燃料电池汽车产业发展报告

刘 珂　李 妍　龚玉斌　鲍 航*

摘　要：四川省积极布局氢能和燃料电池产业发展，2020年9月至2021年9月，四川省出台10余项氢能与燃料电池汽车支持政策，覆盖顶层设计、推广应用、研发支持、加氢站建设及运营、补贴政策等各环节。四川省是全国第2个、西部第1个开通氢燃料电池公交示范线和氢燃料电池重卡示范线的省份，在西部地区首先建成加氢站，燃料电池汽车示范应用初具规模。同时，有丰富的制氢来源，完善的氢能产业链，并积极建设氢能产业园，加快发展氢能产业进程。未来，四川省将继续突破关键技术、提升产品性能、扩大示范应用、构建安全标准体系，优化全省氢能及燃料电池汽车产业链。

关键词：四川　氢能　燃料电池汽车

氢燃料电池汽车是未来汽车产业技术竞争的制高点，被视为新能源汽车发展的终极解决方案，对保障能源安全、优化能源结构、引领产业转型、实现“碳达峰、碳中和”目标有重要作用。近年来，四川以氢燃料电池研发为突破口，通过汽车示范运行带动氢气制备、储存、运输以及氢燃料电池汽车发动机、整车、加氢站基础设施建设以及关键零部件和相关材料领域的创新发展，发挥示范引领作用，为氢燃料电池汽车研发成果产业化打下坚实基础，受到国家有关领导、有关部委、有关省市及行业广泛关注。

---

* 刘珂、李妍、龚玉斌、鲍航，四川省经济和信息化厅。

一 政策体系不断完善

2020年9月至2021年9月，四川省出台10余项氢能与燃料电池汽车相关支持政策，覆盖顶层设计、推广应用、研发支持、加氢站建设及运营、补贴政策等各环节，详见表1。四川省制定发布了《四川省氢能产业发展规划（2021—2025年）》，编制四川省氢能及燃料电池产业链全景图，先后出台支持新能源与智能汽车产业发展若干政策措施、氢能源及智能汽车实施方案等政策文件，并与重庆联合发布《成渝地区双城经济圈汽车产业高质量协同发展实施方案》，共同打造成渝氢走廊。成都、内江、资阳等多地也出台多项配套政策，大力支持氢能与燃料电池汽车产业发展。

表1 四川省氢能与燃料电池汽车产业相关支持政策

序号	政策名称	时间	主要内容
1	《四川省氢能产业发展规划(2021—2025年)》	2020.9	明确示范目标:到2025年,燃料电池汽车应用规模达6000辆,建成多种类型加氢站60座;实现热电联供(含氢能发电和分布式能源)、轨道交通、无人机等领域示范应用,建设氢能分布式能源站和备用电源项目5座,氢储能电站2座
2	《成渝地区双城经济圈汽车产业高质量协同发展实施方案》	2020.6	共同推进氢燃料电池汽车示范运营,明确提出探索开通成渝地区氢燃料电池汽车省(市)际示范线,加快氢燃料电池汽车商业化进程
3	《关于印发四川省支持新能源与智能汽车产业发展若干政策措施的通知》	2020.10	对省内氢燃料电池汽车产业研发项目的开发、推广给予政策指导,并明确具体奖励措施。其中,对省内企业新开发的氢燃料电池汽车产品,满足条件的,按照每个车型100万元给予开发生产企业一次性奖励,单个企业奖励最高不超过500万元。将氢燃料电池产品纳入四川省重大技术装备首台(套)支持范围,根据成套设备和单台设备的单价和实际销售总额按一定比例给予研制单位和用户单位一次性奖励,最高不超过500万元。氢燃料电池企业年供货量首次达到10MW的,给予最高不超过500万元一次性奖励。氢燃料电池企业获得奖励后的下一年度,年供货量同比增长达到20%的,分别给予最高不超过200万元、100万元一次性奖励

续表

序号	政策名称	时间	主要内容
4	《关于组织开展2020年成都市氢能产业高质量发展项目资金申报工作的通知》	2020.9	对专门从事能源用高压氢气/液氢存储的企业,按设备投资的20%给予企业最高500万元的一次性补贴而针对新建、改建、扩建日加氢能力不低于500千克的“氢(35MPa/70MPa)-油-气-电”综合能源站,按加氢功能部分实际投资(不含土地费用)的30%给予最高500万元/1000万元的一次性补贴
5	《关于做好新能源与智能汽车相关政策奖励申报工作的通知》	2020.11	将支持四川省内企业新开发的氢燃料电池汽车产品;支持有条件的市(州)重点在公共交通、物流等领域开展氢燃料电池汽车示范。申报市(州)应投入氢燃料电池汽车10辆及以上,并配套建设加氢基础设施。鼓励省内动力电池、氢燃料电池生产企业提升产品竞争力,加大与整车企业配套力度。申报企业氢燃料电池2020年供货量应达到10MW
6	《四川省国民经济和社会发展第十四个五年规划和二〇三五年远景目标纲要》	2021.3	面向产业技术前沿和新兴市场需求,重点培育氢能及燃料电池等产业,打造一批新兴产业未来增长引擎
7	《成都市加氢站建设运营管理办法(试行)》	2021.3	明确了加氢站的供地原则、标准规范、建设类型、鼓励方向等
8	《关于征集2022年度高新技术领域重点研发项目需求的通知》	2021.4	涉及氢能产业的共有5类:氢燃料电池设计制造、高性能燃料电池商用车、70MPa级氢能基础设施关键零部件及系统、碳达峰碳中和重点技术装备、低压固态储/运氢技术用电安全及其事故防治技术
9	《资阳市工业经济高质量发展政策措施(征求意见稿)》	2021.7	市内企业新开发的氢燃料电池汽车产品,满足条件的,单个企业奖励最高不超过100万元; 新建加氢站最高给予100万补助; 运营的加氢站,按照年度累计加氢量,给予每千克10元、最高100万元的运营补贴

二 示范应用初具规模

示范应用方面，四川是全国第2个、西部第1个开通氢燃料电池公交示范线和氢燃料电池重卡示范线的省份，在西部地区首先建成加氢站。目前，全省已累计推广应用氢燃料电池汽车400辆，建成加氢站8座。分车型来看，燃料电池客车293辆，燃料电池货车137辆。分地区来看，成都投入运营370辆车、3座加氢站，其中郫都区1座、龙泉2座；内江投入运营10辆车、2座加氢站，其中市中区和威远县各1座；凉山投入运营10辆车、1座加氢站，位于西昌市；德阳投入运营10辆车、1座加氢站，位于旌阳区；自贡1座加氢站，位于自流井区。

四川省燃料电池汽车示范运营形成一定特色化。一是在国内率先在高原地区投入燃料电池汽车运行。2021年1月26日，由东方电气集团所属东方电气（成都）氢燃料电池科技有限公司自主研制的全国首批“高原”燃料电池发动机正式交付装车，该批燃料电池发动机是东方氢能为四川省西昌市燃料电池公交示范线“量身定制”的“动力模块”，是国内第一批为高原地区自主研发设计的燃料电池发动机，能够在空气稀薄的高原地区长期稳定运行。二是开展“西部首条氢燃料电池重卡示范线”，由川威集团、亿华通、大运汽车联手打造西部成渝氢走廊中心，投入燃料电池重卡应用于川威集团矿石、矿渣、钢材等原材料运输，到2021年，将建成氢燃料电池绿色城际物流示范线，计划推广应用至少7辆氢燃料电池重卡，并配套建成3座日供氢能力500kg以上的“油电气氢”综合能源站。

此外，四川还率先开展氢燃料电池的热电联供和储能示范，进一步拓展氢能的应用范围。通过示范应用，四川在氢能领域形成了包括国内首套自主研发100千瓦等级氢燃料电池供能系统等一批具有自主知识产权和较强市场竞争力的核心技术和产品，四川作为氢能产业基地、示范应用特色区域和绿氢输出基地的影响力持续增加。

三　产业发展进程加快

（一）氢气来源丰富，可再生能源制氢加快推进

四川氢气来源多样，包括可再生能源制氢、工业副产氢和化石能源制氢

等多种制氢途径。其中，可再生能源制氢是制氢发展终极方向。

四川省依托丰富的可再生能源，加快推进可再生能源制氢项目。四川是全国最大的水电开发基地，截至2020年底水电装机容量8082万千瓦，还可再开发约6500万千瓦，其中2020年调峰弃水电量达75.8亿千瓦时，装机弃水电量170亿千瓦时，此外还有大量风电、光伏发电资源待开发，电解水制氢潜力巨大。中国华能拟在成都选址建设水电解制氢示范项目，这是西部首个规模化水电解制氢项目，规模为6000Nm3/h，分两期建设，建成后，项目年产氢气4286吨，年产氧气34286吨，年用电2.52亿千瓦时。

四川省发展工业副产氢和化石能源制氢潜力较大。四川拥有相关领域规模以上企业45家，每年工业副产氢规模超20万吨。化石能源制氢方面，可通过丰富的天然气或页岩气重整制氢。四川天然气资源储量超39.5万亿立方米，页岩气累计探明地质储量约1.2万亿立方米，可用于发展无碳排放的等离子体裂解制氢。

（二）产业链条基本打通，核心技术取得突破

四川现有从事氢能产业的企业及科研院所超100家，覆盖氢气制备、储运、加注、燃料电池、整车制造等全产业链主要环节，形成一批龙头企业，多项核心技术取得突破。

1. 燃料电池及关键材料

燃料电池方面，东方电气、成都亿华通等国内领先企业掌握燃料电池全套关键技术并实现100%国产化，技术安全可控，材料自主供应，达到国内领先、国际同步水平。东方电气开发的高性能膜电极产品，最高功率密度1.4W/cm^2；研制出40～110kW多等级燃料电池系统产品及配套电堆，其产品已配套超过100辆燃料电池汽车，先期示范的100台氢燃料电池公交车累计运营里程超过620万公里；研制的国内首套自主研制的100kW级商用氢燃料电池冷热电联供系统已开始应用，系统发电效率大于52%，热电联供总效率超过90%。成都亿华通目前正在建设年产10000台级的氢燃料电池发动机生产基地，其产品功率覆盖从30～120kW，最高效率达到55%，实

现－30℃启动、－40℃储存，产品轻量化、智能化、国产化水平进一步提升，并具备更强的高海拔、高低温环境适应能力。

关键材料方面，东材科技质子交换膜和中自环保催化剂产业化进程加快。东材科技已实现对燃料电池关键材料质子交换膜的核心技术研发并建成实验生产线，将在广东投资建设“年产 50 万平方米质子交换膜项目”，致力于电解水制氢、燃料电池等领域用质子交换膜的研发和制造。中自环保已建成千克级生产线，其 M@ Pt/C 催化剂百克级，以及抗反极/抗中毒催化剂十克级，其 SEC110 系列产品，实现炭载体功能化前处理，提高与催化剂相互作用，已完成百克级放大，千克级生产线正在建设中。

2. 燃料电池汽车

整车制造领域，四川省汇聚了成都客车、南充吉利、四川一汽丰田、现代商用车、中植一客等整车企业，氢燃料电池汽车研发生产能力居国内前列。

成都大运汽车与亿华通联合开发的 49 吨氢燃料电池重型牵引车，具有完全自主知识产权，整车额定功率 220kW，峰值功率 355kW，燃料电池功率可达 200kW，续航可达 450 公里，具备环保无污染、续航里程长、负荷载重大、加氢时间短等特点，处于国内行业领先水平。成都大运 2021 年 1 ~7 月已累计销售 6 ×4 燃料电池牵引车 62 辆，全国领先。

韩国现代将在四川资阳投资制造燃料电池汽车。2021 年 2 月 24 日，国内首家外商独资商用车企业现代商用汽车（中国）有限公司宣布将投资 22.3 亿元改造现有的四川资阳生产线，增加研发、试验、生产和检测等设备设施，使工厂具备燃料电池汽车等车型的生产能力。

3. 制氢、储运氢及加氢设备

氢气制备领域，四川省拥有天一科技、亚联高科等先进企业。亚联高科自主开发设计了国内首套一体化天然气制氢装置，冷态开车到出产品气时间为 6h，同时具有热备机功能，热备机状态下开机到出产品气时间可缩短到 2 ~3h。

在氢气储运领域，东方锅炉研制的固定式高压储氢瓶有效实现国产化替代，广泛应用于国内多个加氢站。中材科技研发了国内最大容积 320L 燃料电池氢气瓶，开发取证燃料电池车用及无人机用35MPa氢气瓶20余种规格，成功掌握70MPa铝内胆碳纤维复合氢气瓶关键技术。中材科技形成成都、苏州、九江3个生产基地，氢气瓶产能3万只/年。成都中材的35MPa储氢瓶已与陕重汽、江铃重卡、中通客车、上海申龙、成都客车等企业建立合作，70MPa燃料电池乘用车车载储氢瓶已与长城汽车、东风乘用车、一汽红旗、一汽大众等企业建立合作。成都深冷液化设备股份有限公司已完成了5t/d氢液化整体工艺包设计、设备设计，正处于项目落地阶段，液氢储槽即将完成研发并进行试制。同时公司与美国PDC形成战略合作，试制生产加氢站样机。

氢气加注领域，四川金星、厚普股份等企业在加氢机、撬装加氢站等关键装备上取得突破，多项氢能加注核心部件打破国际垄断。厚普股份完成了中国电力延庆园加氢站二期项目冬奥会配套加氢站（70MPa）、日加注量达4800kg的北京大兴氢能科技园加氢站、宁夏宝廷子母加氢站等站的建设并投入使用。厚普自主研发的100MPa氢气质量流量计、70MPa加氢机、70MPa加氢枪成功推向市场。此外，公司正在研究开发的低压固态储氢装备已完成小批量试制，活塞式氢气压缩机目前也已通过了1000小时的连续运行测试。

四川能投集团与中石化集团注资10亿元组建的四川省天然气投资有限责任公司与二重（德阳）重型装备有限公司、四川川油天然气科技股份有限公司联合开展加氢站用高压储氢罐研发制造。同时，四川能投正积极开展加氢站建设运营。

（三）积极建设氢能产业园，加快打造氢能产业集群

成都经开区将建设西部氢能源产业园。2021年6月18日，中国（四川）自由贸易试验区工作办公室公布了《中国（四川）自由贸易试验区成都经开区协同改革先行区建设总体方案（征求意见稿）》等5个文件，明确将建设西部氢能源产业园。2021年8月25日，成都经开区宣布建立氢能产业等8个招商专班。氢能产业专班将围绕成都氢能产业“五园一城一都”

规划，对氢能研发、装备制造、关键零部件、系统集成、燃料电池汽车等领域进行项目招引。

东方氢能产业园加快建设。东方电气集团东方锅炉股份有限公司、东方电气集团国际投资有限公司、东方电气（成都）氢燃料电池科技有限公司共同投资建设东方氢能产业园，规划总投资金额 15 亿元，占地 87 亩，一体推进氢能产业全产业链发展，构建氢能科技创新中心、生产制造中心、科普中心、大数据中心、应用示范中心的“五个中心”。通过引入产业上下游企业，构建燃料电池核心原材料及核心零部件企业集群，覆盖制氢、储运氢、加氢、氢能综合利用全产业链，充分发挥产学研合作、技术渗透、资源集聚、示范带动的作用，打造氢能全产业链生态圈。

四　未来发展路径基本明确

未来，四川将把氢能及燃料电池汽车作为构建全省“5 + 1”现代产业体系的抓手之一，坚持以市场化为导向，坚持安全、绿色、经济发展方向，以创新合作为重点，突破关键技术、提升产品性能、扩大示范应用、构建安全标准体系，优化全省氢能及燃料电池汽车产业链。

（一）开展核心技术攻关

四川在省级科技计划中设立实施了氢能源与智能汽车重大科技专项，支持重点企业、高校和科研院所进行产业链协同创新，联合开展电解水制氢、氢燃料电池系统、氢能装备关键零部件和高性能氢燃料电池汽车研发攻关。同时，以东方电气、成都亿华通为核心，整合各方资源，开展产业链协同创新，力争在关键零部件和原材料领域实现国产化替代。

（二）完善上下游产业链

按照强链补链的思路，推动企业强核心、补短板、提价值。鼓励氢燃料电池制造企业、氢能基础设施设备制造企业及氢能终端产品企业提高产品竞争力，培育一批国际知名、国内领先的龙头企业。瞄准氢能产业链核心原材料及关键零部件等短板环节，加大招商引资力度，引进一批具有带动作用的氢能产业链优势企业，不断完善氢能及燃料电池汽车产业链。

（三）构建互联互通的氢能基础设施体系

充分发挥四川自然资源禀赋及现有氢能相关产业基础优势，按照“资源化利用、商业化运行”原则，优化配置加氢基础设施建设，构建互联互通的氢能基础设施网络。以成都—重庆主轴线为中心，合理布局制氢站和加氢站，基于氢储能技术，开展“氢—油—气”综合能源站、“制氢—加氢”一体站等新型商业模式探索，采取多元合作模式，有序发展、合理配置，实现“氢、站、车”协同发展。

（四）推动氢能多领域示范应用

进一步加快氢能在交通、储能、发电、供热、冶金等领域的应用，探索氢气制备、储运、综合利用等多领域综合示范，为新装备、新技术提供验证场所，加快产业化进程。抢抓成渝地区双城经济圈建设机遇，打造成渝氢走廊，共同推进氢燃料电池汽车示范运营，加快氢燃料电池汽车商业化进程，并组成成渝地区双城经济圈氢燃料电池汽车示范应用城市群，积极向国家有关部门申报，争取进入第二批氢燃料电池汽车应用示范范围。

碳中和篇

Carbon Neutral Reports

B.21

中国车用氢能产业碳减排效益分析

钱 冰 薛兴宇 孙 锌 卢兵兵 余 意*

摘 要： 氢燃料电池汽车对实现我国汽车工业、交通运输业碳达峰、碳中和具有重要战略意义。本文应用生命周期评价方法，对车用氢能供给环节、氢燃料电池公交车车辆周期和燃料周期进行了全球增温潜势的量化评价，比较了其与柴油公交车和纯电动公交车在2025～2050年的碳减排效益，并面向我国双碳目标提出了氢燃料商用车低碳发展相关的政策建议。结果表明，氢燃料电池公交车具备较高的碳减排潜力，随着氢能制取方式逐步由化石能源制氢转向可再生能源电解水制氢，其碳减排效益愈加显著。未来，建议我国在电力清洁化发

* 钱冰，中汽数据有限公司工程师，研究方向为生命周期评价、能源风险与能源战略；薛兴宇，交通战略部部长，研究方向为先进车辆动力总成技术、发动机技术、低碳燃料、全生命周期评价等；孙锌，高级工程师，中汽数据有限公司，研究方向为生命周期评价、低碳技术与政策研究、资源效率分析等；卢兵兵，高级工程师，上海捷氢科技有限公司，研究方向为燃料电池；余意，上海捷氢科技有限公司高级工程师，研究方向为燃料电池。

展、电池低碳生产及回收技术研发创新、低碳燃料标准和政策、氢燃料基础设施建设等方面提供相应的政策支持。

关键词： 车用氢能 氢燃料电池公交车 温室气体排放 生命周期评价

一 氢能供给环节碳排放分析

在“碳达峰、碳中和”目标下，能源结构的转型和替代至关重要。氢能是一种清洁脱碳、应用场景丰富的二次能源，具有储量丰富、热值高、可存储、来源广泛等优点，有望在推动能源转型及提高能源系统灵活性方面发挥关键作用。氢能同时也是化石能源和可再生能源之间过渡和转换的桥梁。一方面，氢燃料电池在交通行业的应用有望实现车辆运行阶段的零碳排放；另一方面，由于可再生能源存在时间密度不均的问题，利用富余可再生能源电解水制氢可有效解决可再生能源的储存和再分配问题，提高能源的利用率。氢气产业链包含上游制氢、中游运氢和下游储氢及终端应用。此章节将系统分析氢气供给环节的全生命周期碳排放因子。图 1 展示了本研究车用氢能全生命周期的系统边界。

（一）不同技术路线下制氢的碳排放

氢气是理想的清洁能源。虽然氢是地球上最多的元素，但自然状态下的游离态氢却较为匮乏，因此需要一定的制氢技术将氢气从含氢原料中大规模制备出来，以满足日益增长的氢气需求。中国目前最常见的制氢方式是以煤炭、天然气为主的化石能源重整制氢和以焦炉煤气、氯碱尾气为代表的工业副产气制氢。我国电解水制氢规模处于兆瓦级，规模经济效应尚未发挥。生物质制氢仍处于实验和开发阶段，尚未达到工业规模制氢要求。

本研究中选取了 6 种主流的制氢方式，依据各方权威机构的相关研究以

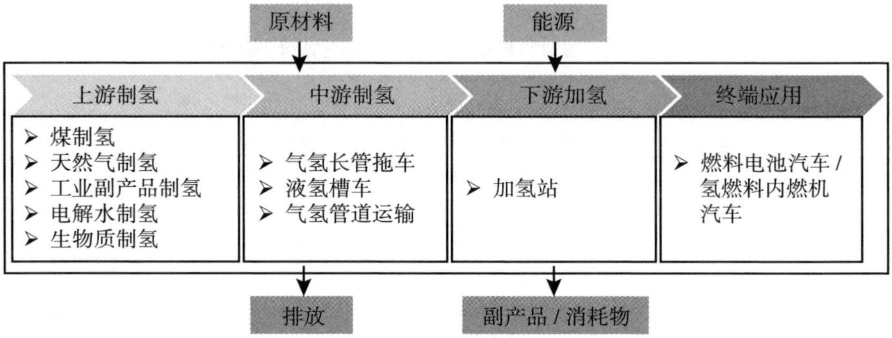

图1　车用氢能全生命周期系统边界

及 GABI2020 全生命周期数据库，推算出我国不同技术路线下制氢的碳排放因子。其计算方法如下：

$$CI_e = \sum_i \sum_j ECI_{ij}(EF_{dir} + EF_{indir}) \quad (1)$$

式中，CI_e 表示氢生产的碳排放因子，kg CO_2e/kg H_2；ECI_{ij} 表示制氢工艺步骤 i 中第 j 种一次能源消耗量，kgfuel/kg H_2；EF_{dir} 和 EF_{indir} 分别为一次能源全生命周期的直接碳排放和间接碳排放，g CO_2e/kgfuel。

我国当前煤化工发展成熟，煤制氢产量大且分布广泛，是目前最主要的制氢方式（62%）。煤制氢是通过气化技术将煤炭转化为合成气，再经水煤气变换分离处理提取氢气。煤制氢过程会产生大量直接和间接的碳排放，而其中气化技术是煤制氢效率的关键。本研究采用了目前最主流的 Fluidized bed（FB）技术，碳排放因子可达到 30 kg CO_2e/kg H_2。

蒸汽甲烷重整制氢（SMR）是天然气制氢技术的主流方式。将天然气压缩，脱硫后与一定压强的水蒸气在转化炉内通过催化剂反应制氢，在现阶段占比约为 19%。其反应过程中需要吸收大量的热，能耗较高。目前我国天然气蒸汽重整制氢的效率约为 73%。根据 GABI2020LCA 模型计算，碳排放因子为 11kg CO_2e/kg H_2。

工业副产氢气主要是在化工行业生产化工产品的同时得到氢气，主要包含焦炉煤气，氯碱化工，合成氨合成甲醇等工业副产氢。其中焦炉煤气和氯碱化工为主要的副产制氢应用。每一吨焦炭可生产 350 ~ 450Nm^3 的焦炉煤气，氢气含量占 54% ~ 59%。远高于煤气的氢含量。因此碳排放也相对较低（13.7 kg CO_2e/kg H_2）。氯碱行业的离子膜烧碱装置每生产 1 吨烧碱可副产 280Nm^3 氢气，是一种非常清洁的产氢方式（1.1 kg CO_2e/kg H_2）。工业副产提纯制氢能够避免尾气中的氢气浪费，实现氢气的高效利用，但从长远看无法作为大规模集中化的氢能供应来源。

生物制氢是通过生物质（农作物，藻类）气化和微生物催化脱氢的方法制氢，其缺点为氢含量较低且技术尚未成熟。本研究选用玉米秸秆作为原材料制取氢气，根据 Li et. al. 的研究，其碳排放因子为 5.2kg CO_2e/kg H_2。

目前我们电解水制氢比例仅有 1%。碱性电解水制氢最具商业化。根据中国氢能联盟，可再生能源电解水制氢纯度高、杂质少，其碳排放接近于零（GABI2020LCA 数据库），将是我国未来最具潜力的绿色氢能供应方式。

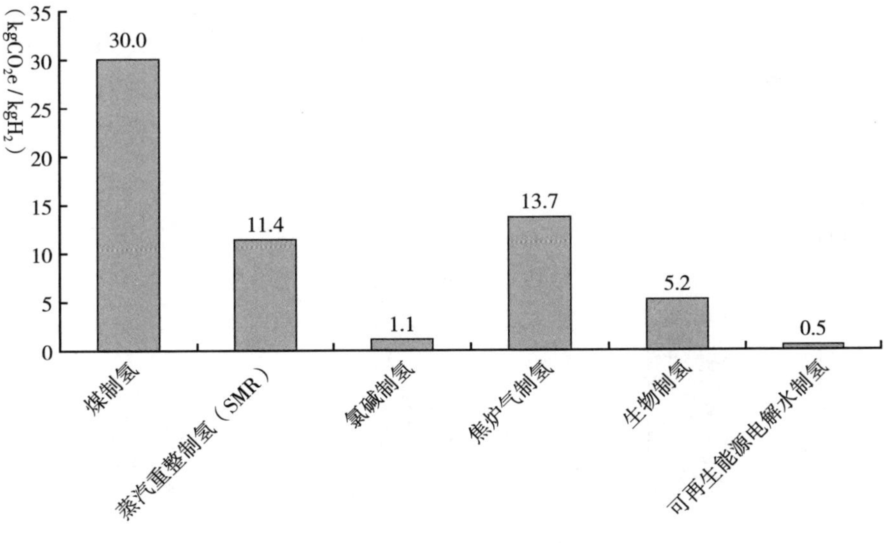

图 2　不同技术路线下制氢的碳排放

（二）不同技术路线下氢气储运的碳排放

氢气的运输方式与氢气的储存方式类似，可以分为气态、液态和固体运输 3 种方式。气态运输又可以分为长管拖车和管道运输 2 种方式。目前我国以 20MPa 长管拖车为主要运氢模式。依据我国当前的柴油长管拖车油耗（~20 L/100km）和氢气储运距离（150 ±50km），气氢长管拖车运氢的碳排放因子为 6.6 ±0.3kg CO_2e/kg H_2。

气态管道运输在氢气规模较大、运输距离较长时有明显优势，并且能耗较小、成本较低。我国已有多条输氢管道在运行，其碳排放因子约为 2.6kg CO_2e/kg H_2。

液态氢运输国内目前仅用于航天及军事领域，液氢槽车的单车运氢能力是气氢的 10 倍以上。但该运输方式增加了氢气液化深冷过程，对能源的需求更高。在与长管拖车相同的柴油车辆油耗和运输距离的条件下，液氢槽车的碳排放因子为 12.4 ±0.5kg CO_2e/kg H_2。

当前我国的加氢站主要以 35MPa 为主，以 20MPa 长管拖车运输的氢气需要经过二次加压，根据加氢站调研数据，其碳排放因子为 0.3*kg* $CO_2e/kg\ H_2$。

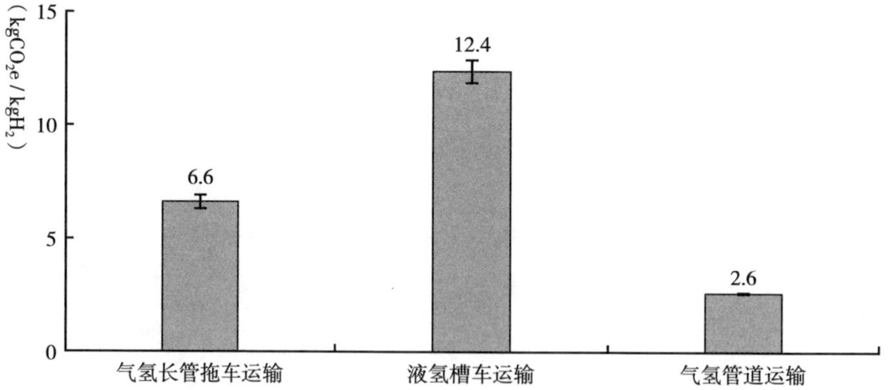

图 3　不同技术路线下运氢的碳排放

（三）不同技术路线下氢能供给环节碳排放现状及预测

目前我国氢能产业尚处于市场导入阶段，不同地区须依据其资源禀赋进行选择。在市场发展初期（2020～2030 年），工业副产气制氢因成本较低，且接近消费市场，将成为有效供氢主体。在市场发展中期和远期，氢能结构将从传统化石能源为主转向以可再生能源电解水制氢为主的多元格局。化石能源制氢和生物制氢等技术将成为有效补充。根据中国氢能联盟的预测，到 2050 年化石能源制氢、生物制氢，以及可再生能源电解水制氢占比分别为 20%、10%、70%。氢的运输将以高压、液态氢罐和管道运输共同完成。

依据我国未来氢能结构预测以及不同技术路线制氢运氢的碳排放，本研究推导出了行业平均氢供给的碳排放因子以及不确定范围。系统边界包括了氢气的制备、运输以及加氢站存储。由于氢气生产结构中并未罗列出化石能源制氢和工业副产品制氢的构成，我们根据现阶段氢气生产结构，假设煤制氢在化石能源制氢中占比为 75% ±5%，氯碱制氢和焦炉气制氢各占工业副产制氢的 50% ±30%。气氢长管拖车运输设定为未来默认的运氢方式，运氢的碳排放不确定范围覆盖了气氢管道运输和液氢槽车运输。

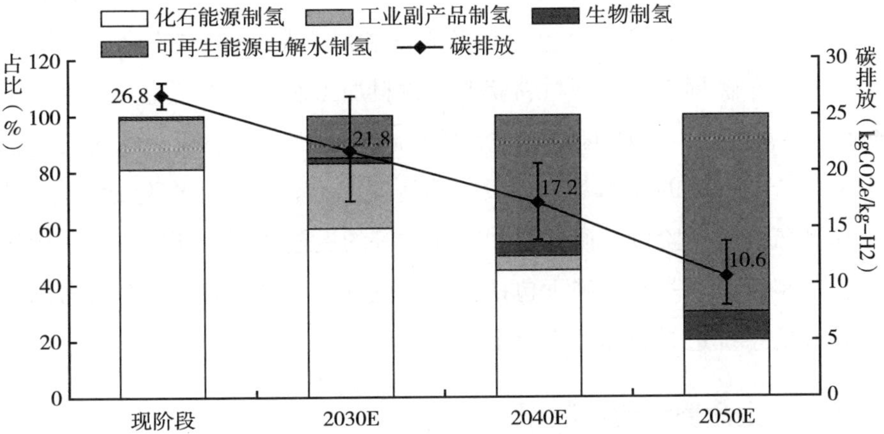

图 4　中国氢气生产结构及碳排放预测

二　商用车生命周期碳排放核算方法

本部分应用生命周期评价（Life Cycle Assessment，LCA）方法核算了氢燃料商用车生命周期碳（温室气体）排放。生命周期评价是对一个产品系统的生命周期中输入、输出及其潜在环境影响的汇编和评价，本研究根据 IPCC 国家温室气体清单指南，碳排放的核算对象包括二氧化碳、甲烷、氧化亚氮、氢氟碳化物、全氟碳化物、六氟化硫和三氟化氮在内的温室气体排放。

本章节依据中汽数据有限公司开发的中国汽车生命周期数据库（China Automotive Life Cycle Database，CALCD），汽车生命周期评价模型（China Automotive Life Cycle Assessment Model，CALCM），在前序氢能供给环节分析基础上，对某款氢燃料公交车进行生命周期碳排放核算。

（一）目的和范围的确定

本报告选定氢燃料公交车的功能单位为一辆氢燃料公交车生命周期内载 1 人行驶 1 km 提供的运输服务。生命周期行驶里程使用《机动车强制报废标准规定》中的推荐报废行驶里程，即 40 万公里。本研究所评价的氢燃料商用车的生命周期系统边界包括车辆周期和燃料周期在内的全生命周期阶段。其中，车辆周期包括原材料获取、材料加工制造、整车生产、维修保养（轮胎、铅蓄电池、液体的更换以及制冷剂的逸散）等阶段；燃料周期包括燃料的生产和燃料的使用两个阶段。本研究中，燃料的生产包括制氢阶段，但未包括氢的储运阶段。原材料和零部件等的运输过程、商用车生产用设备制造、厂房建设等基础设施不包括在边界范围内。氢燃料商用车生命周期碳排放核算的系统边界图如图 5 所示。

（二）生命周期清单数据

1. 车辆周期清单数据

本报告中车辆周期直接核算材料的碳排放。车辆周期共核算 21 种材料：

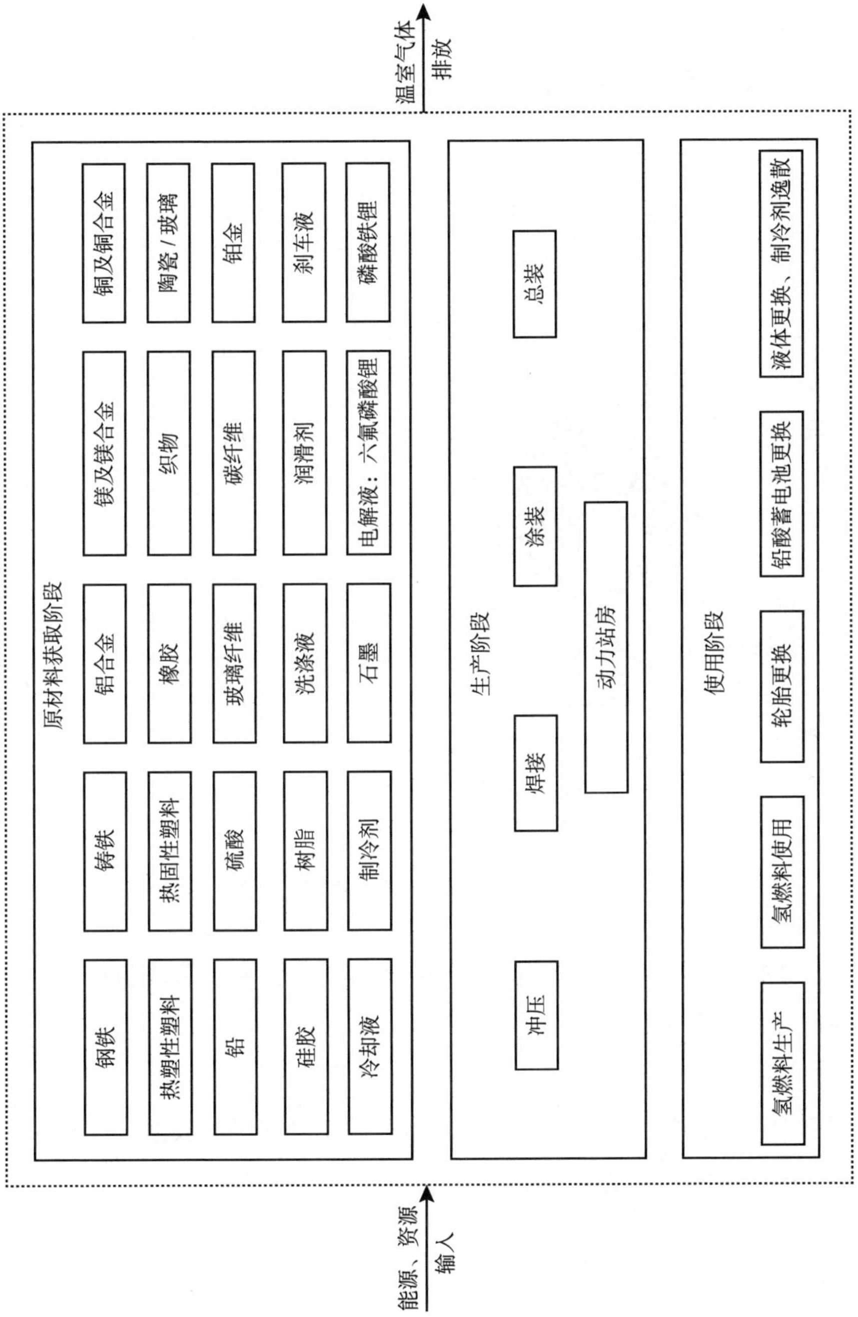

图5　氢燃料公交车生命周期碳排放核算系统边界

钢铁、铸铁、铝及铝合金、镁合金、铜及铜合金、热塑性塑料、热固性塑料、橡胶、织物、涂料、玻璃、铅、硫酸、石墨、磷酸铁锂、六氟磷酸锂、铂金、树脂、玻璃纤维、碳纤维、硅胶，各材料用量占比如图6。

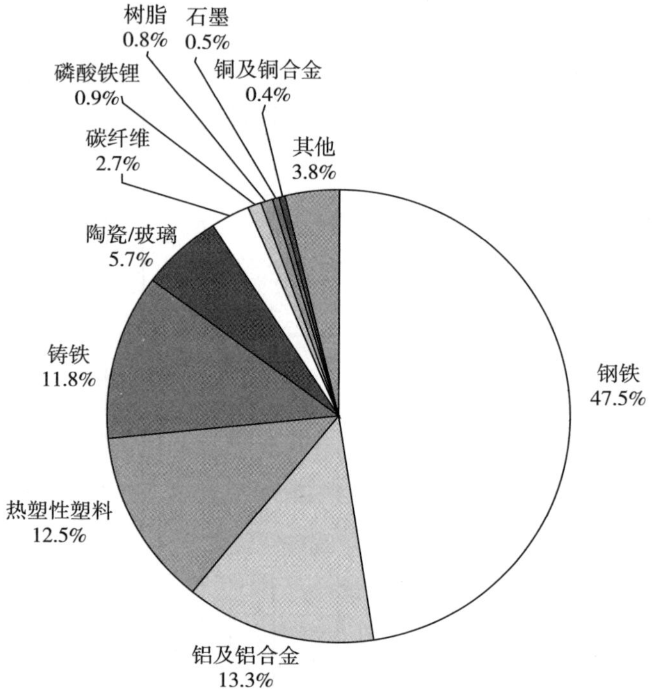

图6　氢燃料公交材料重量占比

此外，本报告中车辆周期核算整车冲压、焊接、涂装、总装和动力站房等整车制造过程的碳排放。

2. 燃料周期清单数据

本研究中氢燃料公交车的氢燃料消耗量来源于具体场地数据，氢燃料生产的碳排放因子来源于本文第一章的计算结果。

（三）单车碳排放核算方法

氢燃料公交车生命周期单位行驶里程碳排放量按式（1）进行计算：

$$C = (C_{\text{Materials}} + C_{\text{Production}} + C_{\text{Use}})/L \times 1000 \quad (1)$$

式中：

C——商用车生命周期单位行驶里程的碳排放量，单位为克二氧化碳当量每千米（gCO_2e/km）；

$C_{\text{Materials}}$——原材料获取阶段碳排放量，单位为千克二氧化碳当量（$kgCO_2e$）；

$C_{\text{Production}}$——整车生产阶段碳排放量，单位为千克二氧化碳当量（$kgCO_2e$）；

C_{Use}——使用阶段碳排放量，单位为千克二氧化碳当量（$kgCO_2e$）；

L——氢燃料公交车生命周期行驶里程，单位为千米（km）。

1. 原材料获取阶段

原材料获取阶段包括部件材料、燃料电池系统、铅酸蓄电池、锂离子动力蓄电池、轮胎和液体 6 个部分。原材料获取阶段碳排放量应按式（2）进行计算：

$$C_{\text{Materials}} = C_{\text{Parts}} + C_{\text{Lead acid battery}} + C_{\text{Li-ion battery}} + C_{\text{fuel cell system}} + C_{\text{Tyres}} + C_{\text{Fluids}} \quad (2)$$

式中：

C_{Material}——原材料获取阶段的碳排放量，单位为千克二氧化碳当量（$kgCO_2e$）；

C_{Parts}——部件碳排放量，单位为千克二氧化碳当量（$kgCO_2e$）；

$C_{\text{Lead acid battery}}$——铅酸蓄电池碳排放量，单位为千克二氧化碳当量（$kgCO_2e$）；

$C_{\text{Li - ion battery}}$——锂离子电池碳排放量，单位为千克二氧化碳当量（$kgCO_2e$）；

$C_{\text{fuel cell system}}$——燃料电池系统碳排放量，单位为千克二氧化碳当量（$kgCO_2e$）；

C_{Tyres}——轮胎碳排放量，单位为千克二氧化碳当量（$kgCO_2e$）；

C_{Fluids}——液体碳排放量，单位为千克二氧化碳当量（$kgCO_2e$）。

汽车部件（整车除去燃料电池系统、锂离子动力蓄电池、铅酸蓄电池、轮胎和液体的部分）碳排放量应按式（3）进行计算：

$$C_{Parts} = \sum (M_{Partmateriali} \times CEF_{Partmateriali}) \tag{3}$$

式中：

C_{Parts}——部件碳排放量，单位为千克二氧化碳当量（$kgCO_2e$）；

$M_{Part\ material\ i}$——部件材料 i 的重量，单位为千克（kg）；

$CEF_{Part\ material\ i}$——部件材料 i 的碳排放因子，单位为千克二氧化碳当量每千克（$kgCO_2e/kg$）。

燃料电池系统碳排放量计算公式如式（4）所示：

$$C_{fuelcellsystem} = \sum (M_{fuelcellsystemmateriali} \times CEF_{fuelcellsystemmateriali}) \tag{4}$$

$C_{fuelcellsystem}$——燃料电池系统碳排放量，单位为千克二氧化碳当量（$kgCO_2e$）；

$M_{fuelcellsystemmateriali}$——燃料电池系统材料 i 的重量，单位为千克（kg）；

$CEF_{fuelcellsystemmateriali}$——燃料电池系统材料 i 的碳排放因子，单位为千克二氧化碳当量每千克（$kgCO_2e/kg$）。

轮胎碳排放量计算公式如式（5）所示：

$$C_{Tyres} = \sum (M_{Tyremateriali} \times CEF_{Tyremateriali}) \tag{5}$$

式中：

C_{Tyres}——轮胎碳排放量，单位为千克二氧化碳当量（$kgCO_2e$）；

$M_{Tyre\ material\ i}$——轮胎（含 1 条备胎）材料 i 的重量，单位为千克（kg）；

$CEF_{Tyre\ material\ i}$——轮胎材料 i 的碳排放因子，单位为千克二氧化碳当量每千克（$kgCO_2e/kg$）。

液体碳排放量计算公式如式（6）所示：

$$C_{Fluids} = \sum (M_{Fluidmateriali} \times CEF_{Fluidmateriali}) \tag{6}$$

式中：

C_{Fluids}——液体碳排放量，单位为千克二氧化碳当量（$kgCO_2e$）；

$M_{Fluid\ material\ i}$——液体材料 i 的重量，单位为千克（kg）；

$CEF_{Fluid\ material\ i}$——液体材料 i 的碳排放因子，单位为千克二氧化碳当量每千克（$kgCO_2e/kg$）。

铅酸蓄电池碳排放量计算公式如式（7）所示：

$$C_{Leadacidbattery} = \sum (M_{Leadacidbatterymateriali} \times CEF_{Leadacidbatterymateriali}) \tag{7}$$

式中：

$C_{Lead\ acid\ battery}$——铅酸蓄电池碳排放量，单位为千克二氧化碳当量（$kgCO_2e$）；

$M_{Lead\ acid\ battery\ material\ i}$——铅酸蓄电池材料 i 的重量，单位为千克（kg）；

$CEF_{Lead\ acid\ battery\ material\ i}$——铅酸蓄电池材料 i 的碳排放因子，单位为千克二氧化碳当量每千克（$kgCO_2e/kg$）。

锂离子动力蓄电池碳排放量计算公式如式（8）所示：

$$C_{Li-ionbattery} = \sum (M_{Li-ionbatterymateriali} \times CEF_{Li-ionbatterymateriali}) \tag{8}$$

式中：

$C_{Li-ion\ battery}$——锂离子电池碳排放量，单位为千克二氧化碳当量（$kgCO_2e$）；

$M_{Li-ion\ battery\ material\ i}$——锂离子电池材料 i 的重量，单位为千克（kg）；

$CEF_{Li-ion\ battery\ material\ i}$——锂离子电池材料 i 的碳排放因子，单位为千克二氧化碳当量每千克（$kgCO_2e/kg$）。

2. 整车制造阶段碳排放

整车生产阶段碳排放量按式（9）进行计算：

$$C_{Production} = \sum (E_r \times CEF_r + E_r \times NCV_r \times CEF'_r) + M_{CO_2} \quad (9)$$

式中：

$C_{Production}$——整车生产阶段碳排放量，单位为千克二氧化碳当量（$kgCO_2e$）；

E_r——能源或燃料 r 的外购量，单位为千瓦时（kWh）、立方米（m^3）或千克（kg）等；

CEF_r——能源或燃料 r 生产的碳排放因子，单位为千克二氧化碳当量每千瓦时（$kgCO_2e/kWh$）、千克二氧化碳当量每立方米（$kgCO_2e/m^3$）或千克二氧化碳当量每千克（$kgCO_2e/kg$）；

CEF'_r——能源或燃料 r 使用的碳排放因子，单位为吨二氧化碳当量每吉焦（tCO_2e/GJ）；

NCV_r——能源或燃料 r 的平均低位发热量。单位为吉焦每吨（GJ/t）、吉焦每万立方米（$GJ/10^4m^3$）；

M_{CO_2}——焊接过程中产生的 CO_2 逸散的量，单位为千克二氧化碳当量（$kgCO_2e$）。

3. 使用阶段碳排放

使用阶段碳排放量按式（10）进行计算：

$$C_{Use} = C_{Fuelproduction} + C_{Fueluse} + C_{Tyresr} + C_{Leadacidbatteryr} \quad (10)$$

式中：

C_{Use}——使用阶段碳排放量，单位为千克二氧化碳当量（$kgCO_2e$）；

$C_{Fuel\ production}$——氢燃料生产的排放量，单位为千克二氧化碳当量（$kgCO_2e$）；

$C_{Fuel\ use}$——氢燃料使用过程的碳排放量，单位为千克二氧化碳当量（$kgCO_2e$）；

$C_{Tyres\ r}$——使用阶段由于轮胎更换产生的碳排放量，单位为千克二氧化碳当量（$kgCO_2e$）；

$C_{Lead\ acid\ battery\ r}$——使用阶段由于铅酸蓄电池更换产生的碳排放量，单位为千克二氧化碳当量（$kgCO_2e$）；

氢燃料商用车燃料生产的碳排放量按式（11）进行计算：

$$C_{Fuelproduction} = FC \times CEF_{Fuel} \times L/100 \quad (11)$$

式中：

$C_{Fuel\ production}$——氢燃料生产的排放量，单位为千克二氧化碳当量（$kgCO_2e$）；

FC——氢燃料消耗量，单位为千克每百公里（kg/100km）；

CEF_{Fuel}——氢燃料生产的碳排放因子，单位为千克二氧化碳当量每千克（$kgCO_2e/kg$）；

L——氢燃料商用车生命周期行驶里程。

使用阶段由于轮胎更换（10×10^4km 更换 1 次）产生的碳排放量按式（12）进行计算：

$$C_{Tyresr} = \sum (M_{Tyrematerialri} \times CEF_{Tyremateriali}) \times R_{Tyre} \quad (12)$$

式中：

$C_{Tyres\ r}$——使用阶段由于轮胎（4 条）更换产生的碳排放量，单位为千克二氧化碳当量（$kgCO_2e$）；

$M_{Tyre\ material\ r\ i}$——更换轮胎（4 条）材料 i 的重量，单位为千克（kg）；

$CEF_{Tyre\ material\ i}$——轮胎材料 i 的碳排放因子，单位为千克二氧化碳当量每千克（$kgCO_2e/kg$）；

R_{Tyre}——轮胎更换次数。

使用阶段由于铅酸蓄电池更换（10×10^4km 更换 1 次）产生的碳排放量按式（13）进行计算：

$$C_{Leadacidbattery} = \sum (M_{Leadacidbatterymateriali} \times CEF_{Leadacidbatterymateriali}) \times R_{Leadbattery} \quad (13)$$

式中：

$C_{Lead\ acid\ battery}$——使用阶段由于铅酸蓄电池更换产生的碳排放量，单位为千克二氧化碳当量（$kgCO_2e$）；

$M_{Lead\ acid\ battery\ material\ i}$——铅酸蓄电池材料 i 的重量，单位为千克（kg）；

$CEF_{Lead\ acid\ battery\ material\ i}$——铅酸蓄电池材料 i 的碳排放因子，单位为千克二氧化碳当量每千克（$kgCO_2e/kg$）；

$R_{Lead\ battery}$——铅酸蓄电池更换次数。

三　氢燃料商用车单车生命周期碳排放分析

本章依据上一章节 2.1 选定的系统边界，应用 2.2 的计算方法，计算了氢燃料公交车的生命周期碳排放。计算结果分为车辆周期与燃料周期两个阶段，车辆周期包括原材料获取、材料加工制造、整车生产、维修保养四个阶段，燃料周期包括燃料的生产和燃料的使用两个阶段。在原材料获取阶段重点考虑了氢燃料公交车的核心部件，即燃料电池系统。

（一）氢燃料商用车全生命周期碳排放量

如图 7 所示，氢燃料商用车全生命周期碳排放量与氢能的供应环节关系密切。在化石燃料制氢技术路线下，碳排放较高：在煤制氢技术路线下，全生命周期共排放 1028727.81$kgCO_2e$，其燃料周期占全生命周期的 93.32%；在焦炉气制氢技术路线下，共排放 507127.81$kgCO_2e$，其燃料周期占全生命周期的 86.44%；在氯碱工业副产氢技术路线下，共排放 103927.81$kgCO_2e$，其燃料周期占全生命周期的 33.87%；在可再生能源电解水制氢技术路线下，共排放 80417.55$kgCO_2e$，其燃料周期占全生命周期的 19.90%。

（二）氢燃料商用车车辆周期碳排放量

如图 8 所示，氢燃料公交车车辆周期共排放 68727.80$kgCO_2e$。从碳排放构成来看，部件材料的碳排放占整个车辆周期碳排放的 59.37%。这一明

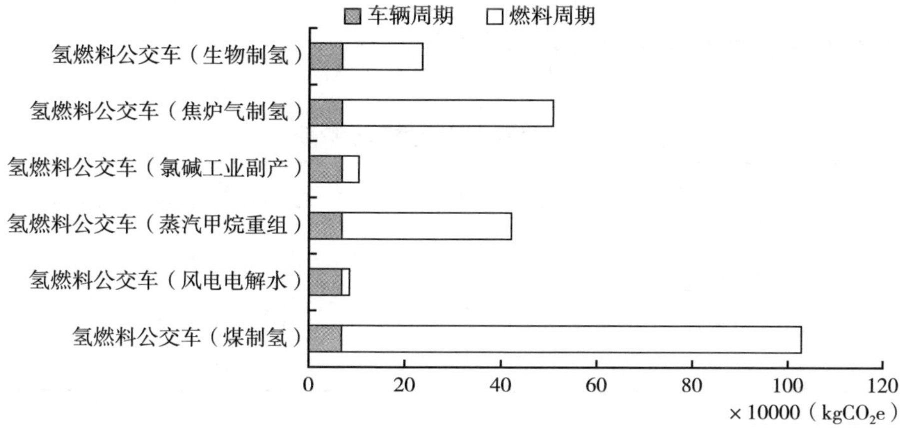

图7　氢燃料商用车全生命周期碳排放量

显特征与商用车为了保证结构稳定和承载能力而使用的大量钢铁和铝合金有关。燃料电池系统重量约占整备质量的7%，但其碳排放占车辆周期碳排放的22.72%，这与其使用了大量的铝合金和碳纤维有关，这两种物质的碳排放因子较高。同时，氢燃料公交车搭载的锂离子动力蓄电池碳排放占比6.27%，是不可忽略的碳排放来源。

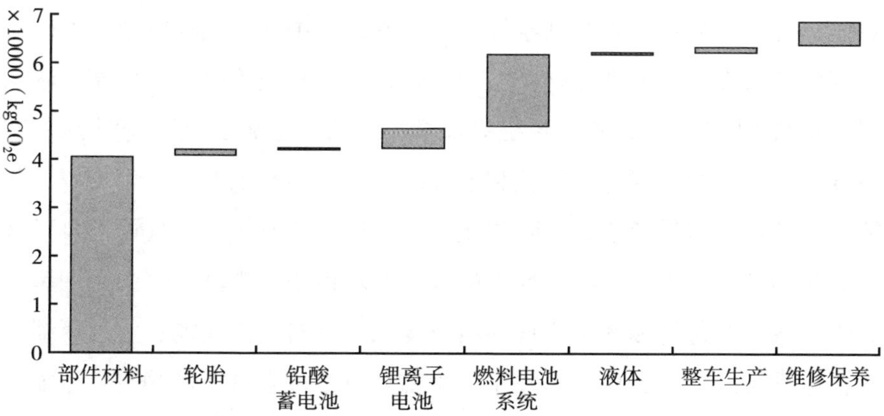

图8　氢燃料公交车车辆周期碳排放量

对氢燃料商用车的核心部件，即燃料电池系统的碳排放做了分解。所选取的燃料电池系统基本参数如表1~2。

表1 燃料电池电堆基本参数

基本参数	数值
电堆功率,kW	130
体积功率密度,kW/L	3.8
产品尺寸,mm	639×540×268
耐久性,hrs	10000

表2 燃料电池系统基本参数

基本参数	数值
系统功率,kW	98
最高效率,%	60
产品尺寸,mm	790×598×820
耐久性,hrs	10000

燃料电池系统主要包括燃料电池堆、空气供给系统、氢气供给系统、冷却系统、配电管理系统和控制器等组成，本研究中计入燃料电池系统碳排放量的部件有双极板、电堆外壳、氢气循环泵、空气压缩机、高压储氢罐、中冷器、车载DC/DC变换器、系统集成框架、去离子器，其余部件并入部件材料计算。双极板与膜电极层叠装配成电堆，在燃料电池中起到支撑、收集电流、为冷却液提供通道、分隔氧化剂和还原剂等作用；氢气循环泵是氢气供应系统的核心组件，其将未反应的氢气循环使用，提高氢气的利用率，同时，将生成的水进行循环，实现燃料电池系统的自增湿功能；空气压缩机是空气供应系统的核心组件，其作用是将燃料电池堆发电所需的空气压缩后输入电堆，在低流量时采用低压压缩，高流量时采用高压压缩，以提高效率；高压储氢罐是燃料电池车上用来储存氢气的器件；车载DC/DC变换器功能为从车载动力电池取电，给车载12V或24V低压电池充电，并为整车提供

全部的低压供电。在本研究中选取的双极板主要以不锈钢为基材，以铂贵金属为镀层，在本研究对象中共使用双极片 400 个；在本研究中选取的高压储氢罐以铝合金、碳纤维为主体，有部分玻璃纤维，在本研究对象中共使用 8 个。

计算结果如图 9 所示。车辆周期中燃料电池系统共排放 15612.46 $kgCO_2e$，其中高压储氢罐碳排放量最高，为 13032.01 $kgCO_2e$，占比为 83.47%，构成储氢罐的主要组成部分铝合金和碳纤维是主要碳排放来源。电堆双极板碳排放量 493.28 $kgCO_2e$，占比为 3.16%，主要碳排放来源为镀层中含有的铂贵金属，及重量占比较高的不锈钢片。车载 DC/DC 变换器、空压机、氢气循环泵、中冷器、去离子器碳排放量不高，分别占比为 3.41%、1.53%、0.63%、0.11% 及 0.02%。

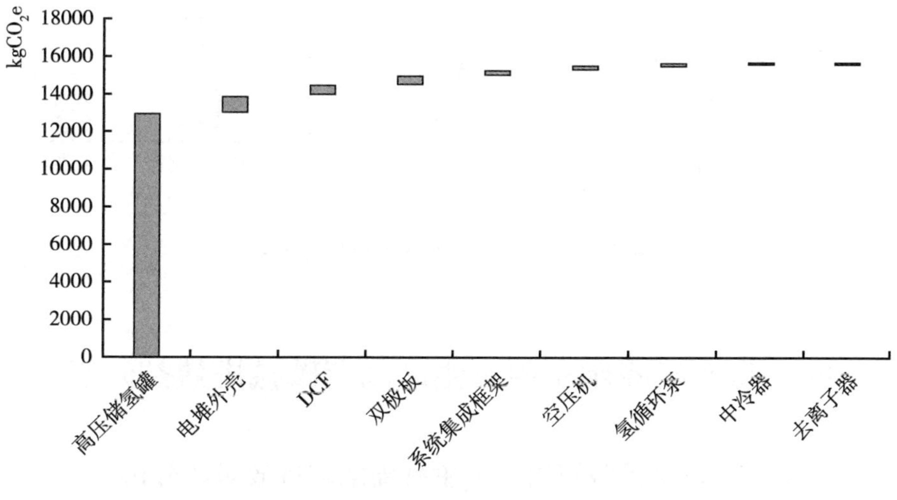

图 9　氢燃料商用车燃料电池系统碳排放量

（三）氢燃料商用车燃料周期碳排放量

依据第一章氢能供给环节能源环境效益分析计算结果，分别计算在化石能源制氢、可再生能源电解水制氢、蒸汽甲烷重组制氢、氯碱工业副产氢、焦炉气工业副产氢、生物制氢六种制氢技术路线下氢燃料公交车的燃料周期的碳排放量。如图 10 所示，采用化石能源制氢方式，燃料周期碳排放量最高，为 960000 $kgCO_2e$；在目前主要制氢方式焦炉气制氢下，燃料周期碳排放其次，排放 438400 $kgCO_2e$；氯碱工业副产氢及可再生能源电解水制氢是较为清洁的制氢方式，在氯碱工业副产氢方式下排放 35200 $kgCO_2e$，在可再生能源电解水制氢方式下，排放 16000 $kgCO_2e$。

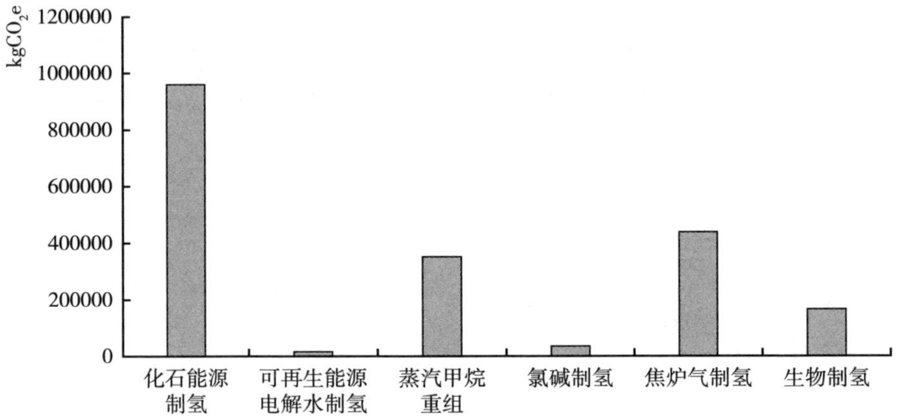

图 10　氢燃料公交燃料周期碳排放量

四　氢燃料商用车单车生命周期碳减排效益分析

（一）不同燃料类型商用车全生命周期碳排放对比分析

本节对同级别柴油公交车、纯电动公交车、氢燃料公交车进行碳排放的对比分析，其基本参数如表 3。生命周期碳排放量按照本章 2.1 选取的功能单位，即一辆氢燃料公交生命周期内载 1 人行驶 1km 提供的运输服务，进行量化。如图 11 所示，不同燃料类型的公交车碳排放总量和结构均存在较大差异。

表 3　不同燃料类型商用车基本参数

基本参数	柴油公交车	氢燃料公交车	纯电动公交车
整备质量,kg	11000	12650	13300
座位数,人	23	23	23
燃料消耗，L/100km，kgH_2/100km,kWh/100km	30	8	67
车型级别	M2	M2	M2
车身长度,mm	12000	12000	12000

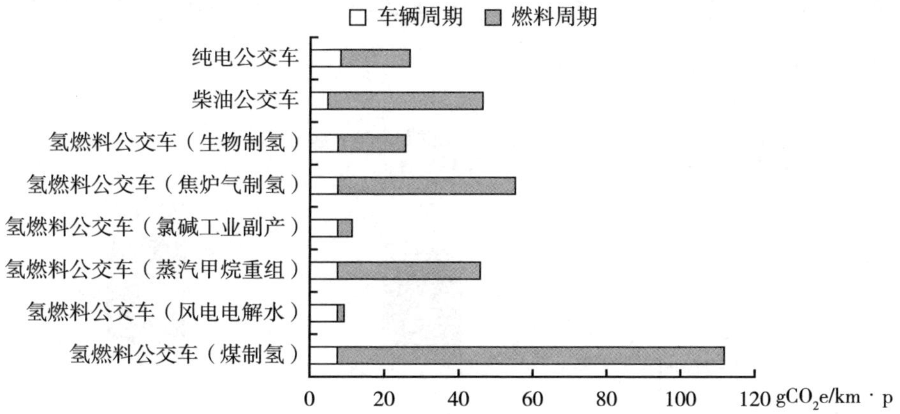

图 11　不同公交车生命周期碳排放比较

柴油公交车生命周期碳排放量为 46. 33 gCO_2e/km · p，主要碳排放来源为燃料周期，占比为 89. 80%；纯电公交车生命周期碳排放量为 26. 66 gCO_2e/km · p，主要碳排放来源为燃料周期，占比为 69. 40%；氢燃料公交车生命周期碳排放量与氢气来源关系密切，从高到低依次为：在煤制氢方式下，生命周期碳排放量为 111. 82 gCO_2e /km · p，在焦炉气制氢方式下，生命周期碳排放量为 55. 12 gCO_2e/km · p，在蒸汽甲烷重组制氢方式下，生命周期碳排放量为 45. 73 gCO_2e/km · p，在生物制氢方式下，生命周期碳排放量为 25. 56 gCO_2e/km · p，在氯碱工业副产氢下，生命周期碳排放量为 11. 30 gCO_2e/km · p，在可再生能源电解水制氢方式下，生命周期碳排放量为 9. 21 gCO_2e/km · p。

（二）不同燃料类型商用车车辆周期碳排放量对比分析

车辆周期碳排放对比结果如图 12 所示。纯电动公交车的车辆周期碳排放最高，为 8.16 $gCO_2e/km \cdot p$，其中锂离子电池占比 39.62%，主要碳排放来源是构成锂离子电池的铝合金、六氟磷酸锂电解液、石墨及磷酸铁锂，均是高碳排放因子物质。柴油公交车的车辆周期碳排放最低，为 4.73 $gCO_2e/km \cdot p$，其结构与纯电动公交车和氢燃料公交车相比较为简单。氢燃料公交车车辆周期碳排放介于两者之间，为 7.47 $gCO_2e/km \cdot p$。

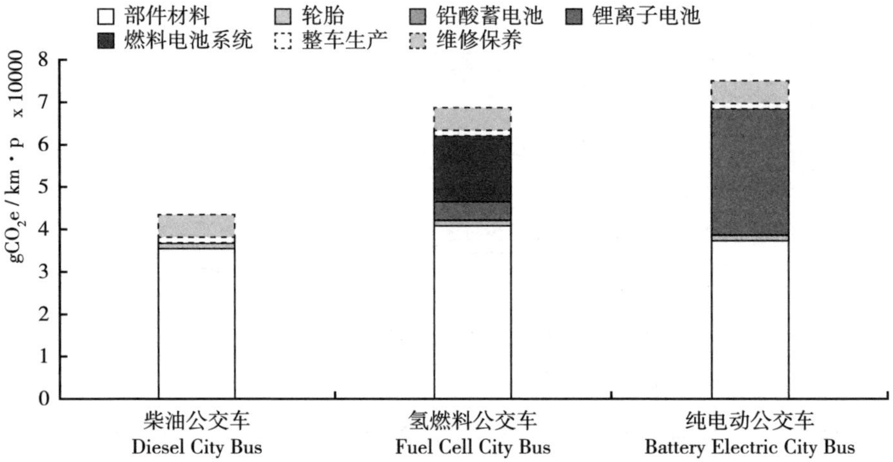

图 12　不同公交车车辆周期碳排放比较

（三）不同燃料类型商用车燃料周期碳排放量对比分析

燃料周期碳排放比结果如图 13 所示。煤制氢技术路线下氢燃料公交车燃料周期碳排放最高，为 104.35 $gCO_2e/km \cdot p$，是柴油公交车燃料周期碳排放的 2.51 倍，纯电公交车的 5.64 倍，焦炉气制氢技术路线下氢燃料公交车的 2.19 倍，可再生能源电解水制氢技术路线下氢燃料公交车的 60 倍。

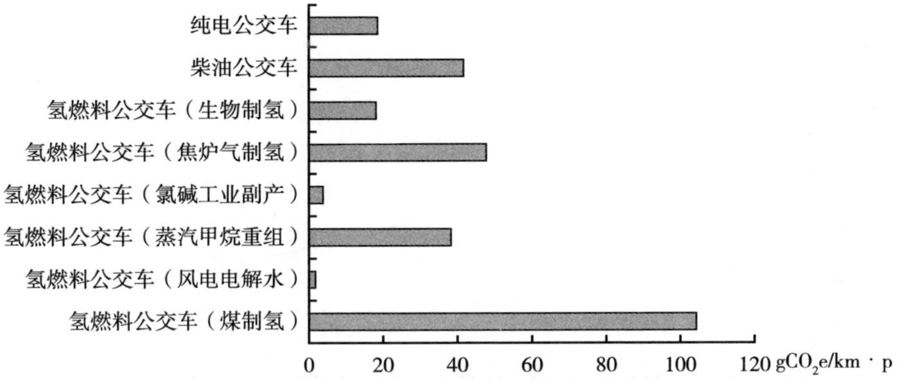

图 13　不同燃料类型商用车燃料周期碳排放量对比

五　氢燃料公交车生命周期减排效益分析

交通行业是全球能源消耗和温室气体排放的重要领域。根据 IEA 最新的研究报告，2018 年全球交通行业的石油消耗占到世界石油消耗总量的 52%，其中，公路货运又占了其中的 45% 左右，并且，这一比例预计将在未来继续上升。以中国为例，货车排放是仅次于乘用车的道路交通第二大排放源。2017 年重型卡车保有量仅占全球汽车总量的 6.6%，但其碳排放占交通行业总排放约 40%。

本章综合考虑国家自主贡献目标及国家能源发展相关规划，结合汽车行业节能发展趋势及其它相关研究报告，设定了电力清洁化、车辆轻量化、车辆使用效率提升、动力蓄电池碳减排四个因素，对 2025 年，2030 年，2035 年，2050 年中国公交车全生命周期碳排放作出预测。

电力清洁化：参考中汽数据有限公司发布的《中国汽车低碳行动计划研究报告（2021）》中对电力清洁化的设置，在现有政策情景下，电力碳足迹从 2020 年的 635 gCO_2e/kWh 降低至 2050 年 189 gCO_2e/kWh（见图 14）。

车辆轻量化：参考中汽数据有限公司发布的《中国汽车低碳行动计划研究报告（2021）》中现有政策情景假设及中国汽车工程学会《节能与新能

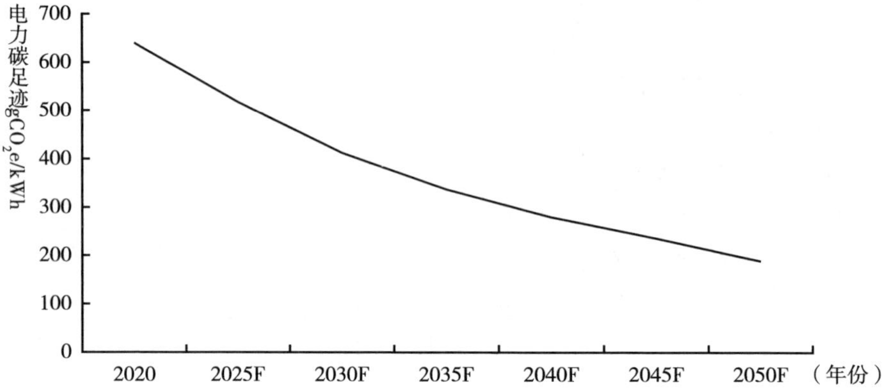

图 14　电力碳足迹预测

源汽车技术路线图 2.0》，对商用车 2025 年、2030 年、2035 年、2050 年轻量化系数进行假设。其中，公交车整车重量相较 2020 年，于 2025 年降低 5%，于 2030 年降低 10%，于 2035 年降低 15%，于 2050 年降低 20%。

车辆使用效率提升：参考中汽数据有限公司发布的《中国汽车低碳行动计划研究报告（2021）》中现有政策情景假设，节能与新能源汽车技术路线图 2.0，以及《重型商用车辆燃料消耗量限值》（GB30510－2018）于 2019 年中开始实施，提出的商用车"2020 年在 2015 年基础上燃料消耗量限值加严约 15%"。同时，欧盟最新标准提出了对所有燃料类型货车单车平均排放 2030 年减少 30% 的强制性目标。结合以上内容，本研究设定柴油、电力、氢能的燃料使用效率变化如图 15。

动力蓄电池碳减排：本文中对纯电动公交车及氢燃料公交车中动力蓄电池部分的碳减排做了单独计算，而对柴油系统和燃料电池系统未做单独计算，仅将其包含在车辆轻量化的参数设定中，这是因为一方面难以获得燃料电池系统碳排放预测的有效数据，第二方面我国动力蓄电池行业发展较为成熟且独立，相关的配套管理政策较为完善，为体现动力蓄电池产业的发展特征，在此处动力蓄电池碳减排的参数进行了单独设定，参数设定参考中汽数据有限公司发布的《中国汽车低碳行动计划研究报告（2021）》现有政策情

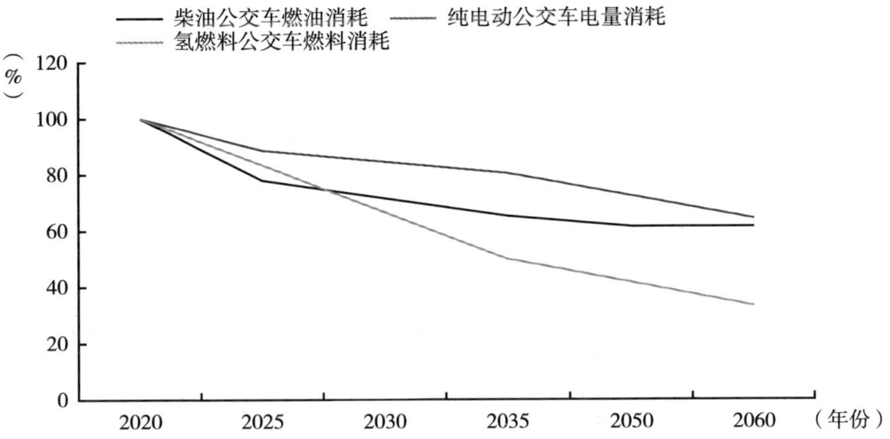

图 15　2020～2050 年燃料/电力消耗量降低比例

景，如图 16。

2025 年、2030 年、2035 年、2050 年中国不同燃料类型公交车全生命周期碳排放预测结果如图 17。结果表明，从中长期看，随着电力清洁化、车辆轻量化、车辆使用效率提升以及动力蓄电池碳减排，柴油公交车全生命周期碳排放降低不明显，减排潜力不足，其原因是柴油发动机热效率提升困难，柴油燃烧阶段的碳排放几乎不能下降，其减排主要靠车身结构的轻量化以及原材料的碳减排；纯电公交车具备较好的减排潜力，相较于 2020 年，全生命周期碳排放在 2035 年降低 54. 34%，在 2050 年降低 69. 67%，其减排贡献主要来自电力结构转型引起的电网碳足迹因子的下降及动力蓄电池碳排放的降低，其进一步的减排依靠可再生能源发电的进一步发展及动力蓄电池技术的革新；氢燃料公交车的减排效益与制氢工艺的选择关系密切，在平均氢能供应方式下，对比自身，相较于 2020 年，全生命周期碳排放在 2035 年降低 60. 26%，在 2050 年降低 78. 98%，降幅超过纯电动公交车，但其碳排放的绝对值偏高，约在 2040 年前后，其全生命周期碳排放才低于柴油公交车，在 2050 年其全生命周期碳排放仍为纯电动汽车的 2. 57 倍，这主要是因为化石燃料制氢在很长一段时间内是我国氢能的主要供给方式；氢燃料公

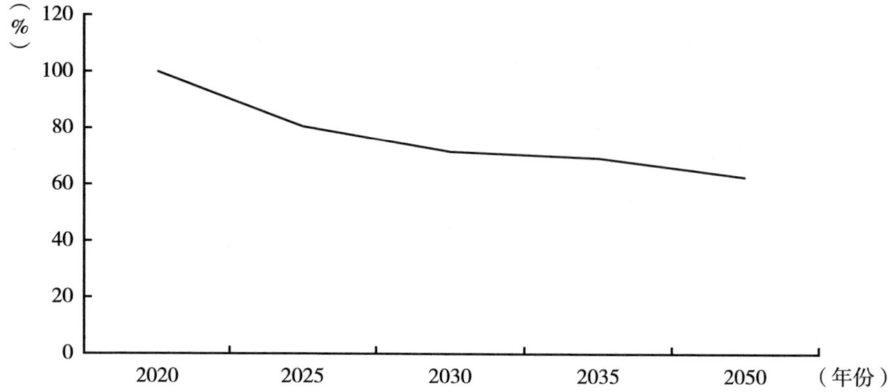

图 16　2020～2050 年动力蓄电池碳排放降低比例

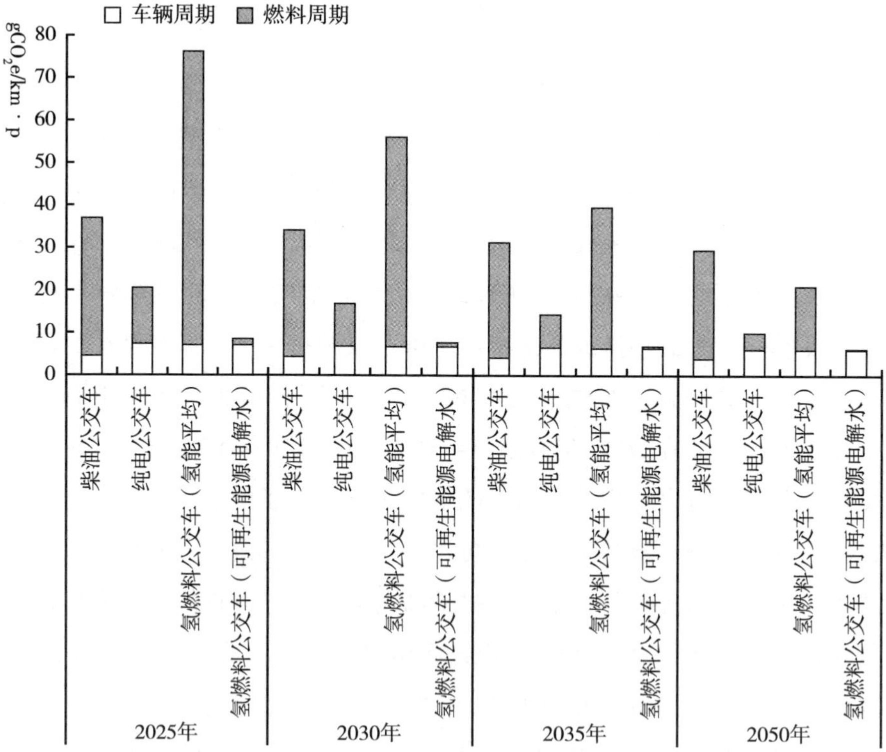

图 17　2025 年、2030 年、2035 年、2050 年中国不同燃料类型公交车全生命周期碳排放预测

交车在可再生能源电解水供应方式下降幅不高，但全生命周期碳排放数值在各个年份对比其他类型公交车均为最低，这主要是因为在此种方式下，燃料周期的碳排放接近于零。氢燃料公交车的减排主要取决于可再生能源电解水制氢能否成为车用氢能的稳定供给方式，而其进一步的减排主要依靠车辆的轻量化以及燃料电池系统中高碳排放材料的替代，如铝合金和碳纤维的替代。

结　论

氢燃料电池汽车对实现汽车工业、交通运输业碳达峰、碳中和具有战略意义。从全生命周期角度看，本研究得到以下几点结论。

（1）车辆周期阶段，相较于其他类型公交车，氢燃料电池公交车燃料电池系统的主要排放源为构成高压储氢罐的铝合金及碳纤维，其占燃料电池系统碳排放的79.29%。此外，构成电堆的铂贵金属由于碳排放因子较高，成为不能忽视的碳排放源。储氢罐材料、电堆材料的替代和技术革新有助于氢燃料电池汽车的进一步减排。

（2）燃料周期阶段，制氢方式对燃料周期的碳排放因子影响非常显著，在当前氢能结构规划下，以平均氢能为燃料的燃料电池公交车减排效益不明显。燃料电池公交车能否具备碳减排效益主要依靠可再生能源电解水能否大规模替代化石燃料制氢，成为稳定的供氢来源。鼓励在可再生能源较丰富的地区就地制取氢气及采取相应的补贴以覆盖清洁氢（如可再生能源电解水制氢）的成本差距，促进清洁氢的供给和需求将有助于推动可再生能源电解水制氢的发展。

（3）全生命周期视角下，中长期预测中，氢燃料电池公交车与纯电动公交车均具备减排效益。纯电动公交车的减排效益主要体现在随着我国电力结构调整而带来的电力生产阶段碳排放的降低，其进一步减排需要依靠电池产业技术革新带来的动力蓄电池碳排放的降低，建议我国在推进电力清洁化发展的同时，鼓励企业加大电池低碳生产技术以及电池的回收再利用技术的研发。氢燃料电池公交车的减排效益主要体现在使用清洁氢所带来的燃料周期碳排放的降低，这取决于清洁氢能否成为车用氢能稳定的供应来源，建议我国加紧研究制定低碳燃料相关的标准和政策，加大清洁氢燃料的生产与应用，提高氢燃料基础设施的建设，进一步推动商用车的低碳发展。

B.22
中国车用氢能产业碳核查思路与对策

段志洁　张 英*

摘　要：　2021年“碳达峰、碳中和”成为市场热点。氢燃料电池车，能效高、排放低，将在碳排放方面具有相当的优势。本报告对碳排放相关管理制度体系的最新进展进行跟踪分析，在此背景下对新能源碳交易市场做出了展望。聚焦于车用氢能领域，目前该领域还处于行业发展阶段，相关技术处于持续优化与提升的过程中，行业的碳排放数据还在积累中。本报告对车用氢能的碳排放进行了技术分析，以期为相关人员提供参考。

关键词：　碳达峰　碳中和　核证自愿减排量　燃料电池

一　碳排放管理制度进展及碳核查实施现状

（一）碳排放交易制度体系进展

1. 基本制度体系

2021 年 2 月 1 日，依据生态环境部第 19 号令，《碳排放权交易管理办法（试行）》开始实施。《碳排放权交易管理办法（试行）》主要包括温室

* 段志洁，工程师，长城汽车股份有限公司保定氢能检测分公司；张英，工程师，长城汽车股份有限公司保定氢能检测分公司。

气体排放重点单位、分配与登记、排放交易、排放核查、配额清缴、监督管理、罚则和附则等内容。

2021 年 5 月 7 日，由生态环境部组织制定的《碳排放权登记管理规则（试行）》《碳排放权交易管理规则（试行）》和《碳排放权结算管理规则（试行）》等规范开始施行，这三份文件制定了碳交易和履约的关键性、原则性规则。

2021 年 7 月 16 日，全国碳排放权交易正式开启。2021 年作为全国碳排放市场的第一个履约周期，纳入发电行业的重点排放单位超过 2000 家，首批碳市场覆盖的企业碳排放量超过 40 亿吨二氧化碳，占全国碳总排放量的 40%。中国的碳排放权交易一经启动，就成为全球覆盖温室气体排放量规模最大的碳市场。未来，交易市场将进一步扩大行业覆盖范围，丰富交易品种和交易方式。

与此同时，为使碳排放权交易体系具备强有力的法律依据，生态环境部于 2021 年 3 月正式印发了《关于公开征求〈碳排放权交易管理暂行条例（草案修改稿）〉意见的通知》，向社会公开征求意见。未来，该法规的出台将为交易系统的发展奠定更为坚实的基础。

建设全国碳排放交易市场是利用市场机制控制和减少温室排放的一项制度创新，是碳达峰、碳中和重要的政策工具，是控制温室气体排放的有效手段之一。至此，在全国范围内已完成构建了碳市场运行的基本制度体系。

2. 配套实施标准

碳排放数据的准确性是碳交易体系运作的核心，排放数据的核准及配额分配是交易体系科学运行的前提。为强化全国碳市场上线交易前的数据质量管理，生态环境部印发了《企业温室气体排放核算方法与报告指南发电设施》。该标准对发电行业重点排放单位的核算和报告进行了统一规范。其规定了发电设施的温室气体排放核算边界与排放源、化石燃料燃烧排放核算要求、购入电力排放核算要求、排放量汇总计算、生产数据核算要求、监测计划技术要求、数据质量管理要求、排放定期报告要求等。

（二）碳核查项目现状

碳核查是保证碳交易基础数据准确的重要质量技术手段。通过独立的第三方核查机构，根据各国碳交易主管部门颁布的温室气体排放核算方法和第三方机构核算指南，对企业温室气体监测、记录及排放总量计算情况进行核查，从企业外部确保受核查方温室气体排放量的计量符合规范，计算准确无误。

1. 碳核查相关制度

回顾中国碳核查制度的发展历史，其共经历了以下几个阶段。

2010 年 7 月，国家发改委发布了有关低碳试点省市的通知，正式将辽宁、广东、重庆、天津等五省八市列入国家低碳试点范围。

2011 年以来根据各试点的实际情况，建立了各自的碳核查制度，开展碳核查工作，并逐步积累了相关经验。

2016 年，国家发改委发布了《全国碳排放权交易第三方核查参考指南》，初步对核查机构的工作原则、核查实施程序等内容进行了规范。

2021 年 3 月，生态环境部发布《企业温室气体排放报告核查指南》。该指南对发电行业重点排放单位的核算和报告进行了统一规范。也对省级主管部门开展数据核查的程序和内容提出了严格要求。该指南适用于省级生态环境主管部门组织对重点排放单位报告的温室气体排放量及相关数据的核查。对重点排放单位以外的其他企业或经济组织的温室气体排放报告核查，碳排放权交易试点的温室气体排放报告核查，基于科研等其他目的的温室气体排放报告核查工作可参考指南执行。

2. 碳核查方法学

目前，我国碳交易市场刚刚启动，有关碳市场的法律法规在不断完善中。碳核查项目的实施也在不断总结经验。截至 2021 年 8 月底国家发改委已发布的碳核查相关方法学有 200 个，绝大多数是由联合国清洁发展机制（CDM）方法学转化而来。

碳核查最主要的核算方法可以概括为 3 种：排放因子法、质量平衡法、实测法。

（1）其中排放因子法适用范围最广、应用最为普遍，但准确度不高，核查结果误差较大：

温室气体（GHG）排放 = 活动数据（AD）×排放因子（EF）

（2）质量平衡法可以根据每年用于国家生产生活的新化学物质和设备，计算为满足新设备能力或替换去除气体而消耗的新化学物质份额，生产过程中为获得精准的碳排放数据，经常采用此方法：

二氧化碳（CO_2）排放 =（原料投入量×原料含碳量 - 产品产出量×产品含碳量 - 废物输出量×废物含碳量）×44/12

（3）实测法就是基于实际排放数据，通过汇总排放源的实测数据来进行核查核算，但无论是现场测量还是非现场测量，实时监测系统成本较高，推行有一定难度。

3. 碳核查项目实施现状

近10年的碳交易试点运行及项目核查实施，为我国下一步的碳核查工作开展提供了宝贵经验。在前期的核查工作实施中，主要发现了以下问题。

（1）碳核查的法律法规待完善。目前我国国家层面关于碳核查法律法规至今尚未正式推出。碳核查的良好实施需要有相应的法规制度作支撑。

（2）目前温室气体排放的核查还缺乏统一的核查标准，尽管国家发改委已经发布了多个行业的温室气体排放核算指南，但现有的核查制单中与实际情况匹配度较差，不同行业对于燃料的默认值选取有差异。同时，公式计算和企业的实际工艺流程也不尽相同，从而造成部分企业在编制排放报告时数据选取出现错误。

（3）核算指南相关规定细化程度不够，各核查机构根据自己对核查指南的理解展开工作，在数据选取时出现较大差异。

（4）碳核查相关指南不完善。在《企业温室气体排放报告核查指南》发布之前，国家碳排放核查工作主要依据2016年出台的《全国碳排放权交易第三方核查参考指南》，该指南对核查机构工作原则、核查程序和核查要求做出规定，但并没有明确核查监管责任方。因此，第三方核查机构的监管体系尚未建立。

（5）目前，第三方核查机构负责实施碳核查项目，政府机构来监督第三方核查机构的行为，通过此种方式来确保碳核查的项目质量。但在实际工作中，由于单靠政府部门的抽查式监管缺乏长期稳定的效果，也无法保证所有第三方核查机构进行有效的交流，有必要建立第三方核查机构行业协会，协助政府部门做好第三方核查机构的监管工作。

为改变这种局面，生态环境部于 2021 年 3 月发布了《企业温室气体排放报告核查指南》，相较于 2016 年的《全国碳排放权交易第三方核查参考指南》，新指南着力强调了以下几个方面。

明确核查主体的责任。2016 年的《核查参考指南》中，碳核查的主体为“第三方核查机构”，本次修改后，“第三方核查机构”的名称以“技术服务机构”来替代。2021 年的《核查参考指南》明确碳核查的责任主体是省级生态环境部门，主管部门根据核查任务和进度安排，建立一个或多个核查技术工作组开展工作，技术工作组的工作可由省级生态环境主管部门及其直属机构承担，也可通过政府购买服务的方式委托技术服务机构承担。

明确了技术服务机构的工作原则。为了保证核查工作公平公正、客观独立开展，2021 年《核查参考指南》要求技术服务机构建立有效的风险防范机制、完善的内部质量管理体系和适当的公正性保证措施，并列举了技术服务机构应开展的活动范围。

碳核查数据的规范性。2021 年的《核查参考指南》规定了重点排放单位温室气体排放报告的核查原则和依据、核查程序和要点、核查复核以及信息公开等内容，按照核查安排、建立核查技术工作组、文件评审、建立现场核查组、实施现场核查、出具《核查结论》、告知核查结果、保存核查记录 8 个步骤逐一明确细节，以指导各地区各行业标准统一地开展碳排放摸底和达峰前景分析。

碳核查数据的质量要求。“碳核查”是“碳交易”中的关键环节，精准可靠的温室气体排放数据是碳交易的基础，因此准确测量、报告和核算温室气体排放量是重中之重，确保排放数据上报的准确性将是企业碳排放工作的重点之一。新版《核查参考指南》的出台，将有助于提升温室气体排放整体报告结果的可信度，保障碳市场正常运转。同时，新版《核查参考指南》提出，投诉举报企业温室气体排放量和相关信息存在的问题、以及日常数据监测发现企业温室气体排放量和相关信息存在的异常情况等内容是技术工作组的文件评审重点。

在数据质量问题处理方面，新版《核查参考指南》要求，对于未按数据质量控制计划获取的活动数据、排放因子、生产数据，技术工作组应结合现场核查组的现场核查情况开具不符合项，要求重点排放单位按照保守性原则测算数据，确保不会低估排放量或过量发放配额。这也意味着，如果企业不遵守数据质量控制计划相关要求，将会被“保守性估算”，这将导致最终核定的排放量可能高于企业实际排放，或配额量小于企业应得配额。

碳核查市场供求问题。当前除 7 个试点和四川、福建两个非试点的 3000 余家重点控排企业外，还有 2225 家发电企业纳入全国碳交易市场，水泥、钢铁、电解铝、航空等行业也即将纳入，这将为碳核查工作带来巨大的增量市场，要按时完成核查任务，对现有技术服务机构和核查员数量均是一个挑战。因此，新版《核查参考指南》明确，尽管责任主体在生态环境部门，但生态环境部门的职责重点在“组织核查工作的开展”，“技术工作组的工作可由省级生态环境主管部门及其直属机构承担，也可通过政府购买服务的方式委托技术服务机构承担。”

二　新能源碳交易现状及未来趋势

国家核证自愿减排量 CCER（China Certified Emission Reduction）是一种碳抵消机制，经官方指定机构审定并备案，由环保项目或企业主动创造的温室气体减排量。控排企业可以在 CCER 市场上购买自愿减排量用于抵消自己的碳排放量。但为了削弱大量 CCER 涌入对碳配额市场造成冲击，CCER 可用于抵消的比例一般被限制在5%～10%。CCER这种抵消机制，一定程度上降低控排企业的履约成本，促进自愿减排。

（一）中国核证自愿减排

中国在1998年加入了《京都议定书》的缔约国行列。到2002年，内蒙古自治区辉腾锡勒风电场项目成为中国首个清洁发展机制CDM（Clean Development Mechanism）项目。纵观过去的历程，中国碳抵消机制的发展经历了两个阶段：1. 清洁发展机制CDM项目阶段（2005～2012年）；2. 碳交易试点阶段（2013～2020年）。我国CCER碳交易市场发展历程见图1。

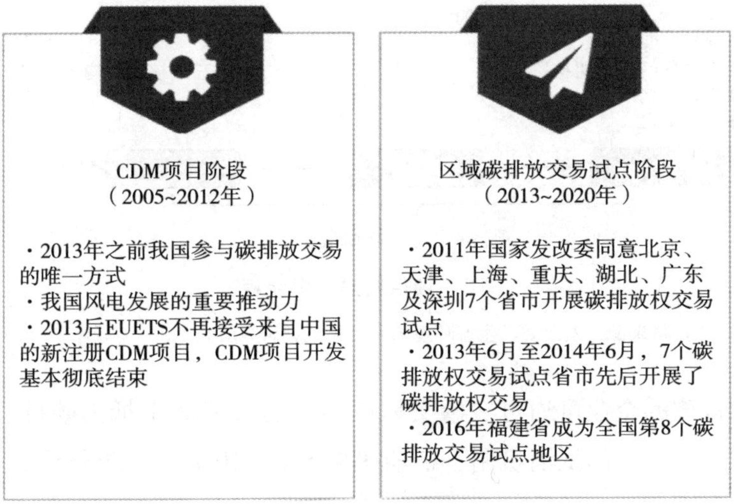

图1　我国CCER碳交易市场发展历程

资料来源：各大政府网站，华宝证券研究创新部。

1. 清洁发展机制项目阶段

这一阶段，我国主要是参与国际上的CDM项目。项目主要集中于四川、云南、内蒙古、甘肃及山东等地区，占比约为40%。项目类型主要集中在可再生清洁能源如风能、水力等，占比高达74%～75%。

2. 碳交易试点阶段

这一阶段，我国注册额 CDM 数量快速下降，国内开始推出了碳排放交易试点市场（ETS）+自愿核证减排机制（CCER）。CCER 项目在很大程度上与 CDM 项目相似。CCER 国家核证自愿减排量指根据国家发改委发布的《温室气体自愿减排交易管理暂行办法》规定，经其备案并在国家注册登记系统中登记的温室气体自愿减排量。该办法规定了国家对温室气体自愿减排交易采取备案管理。可再生能源电站项目参与自愿减排量交易所需流程如图 2 所示。

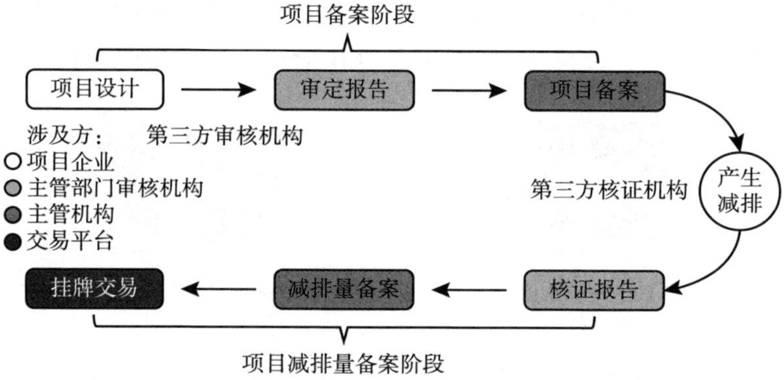

图 2 项目减排备案流程

资料来源：发改委、生态环境部、东吴证券研究所。

超额排放的企业可通过在碳交易市场上购买 CCER 抵消碳排放超额部分。各试点实行不同抵消机制，抵消比例 5%～10%。各碳交易试点 CCER 抵消政策见表 1。

表 1 各碳交易试点 CCER 抵消政策

试点	CCER 抵消比例	CCER 地域项目	CCER 项目类型限制	CCER 项目或减排时间限制
深圳	不得超出当年核发配额量的 10%	指定了风力发电、太阳能发电以及垃圾焚烧发电项目的省份；优先和本市签署碳交易合作协议的省份和地区；农林项目不受地区限制	可再生能源和新能源发电项目、清洁交通减排项目、海洋固碳减排项目、林业碳汇项目、农业减排项目	—

续表

试点	CCER 抵消比例	CCER 地域项目	CCER 项目类型限制	CCER 项目或减排时间限制
北京	不得超出当年核发配额量的 5%	50% 以上应为本地项目；优选津、冀等与本市签署应对气候变化、生态建设、大气污染防治等协议地区	非来自氢氟碳化物、全氟化碳、氧化亚氮、六氟化硫气体项目及水电项目；非来自本市行政辖区内重点排放单位固定设施项目	2013 年 1 月 1 日后实际产生的减排量
上海	不得超出当年核发配额量的 5%	—	非来自本市试点企业排放边界范围内的国家核证自愿减排量	2013 年 1 月 1 日后实际产生的减排量
广东	不得超出当年核发配额量的 10%	70% 以上的 CCER 来源于广东省内项目	CO_2, CH_4 减排项目占项目减排量 50% 以上；水电项目以及化石能源的发电、供热和余能利用项目除外	—
天津	不得超出当年核发配额量的 10%	优选京、津、冀地区	仅来自二氧化碳气体项目，且水电项目除外	2013 年 1 月 1 日后实际产生的减排量
湖北	不得超出当年核发配额量的 10%	湖北省内项目；或与湖北省签署了碳市场合作协议的省市项目	非大中型水电类项目；鼓励优先使用农林类项目	已备案减排量 100% 可用于抵消；未备案减排量按不高于项目有效计入期内减排量 60% 的比例用于抵消
重庆	不得超出当年核发配额量的 8%	—	非水电项目	2010 年 12 月 31 日后投入运行，碳汇项目不受此限制

（二）新能源行业碳交易发展情况

2017 年，国家发改委发出公告，在《温室气体自愿减排交易管理暂行办法》实施过程中存在温室气体自愿减排交易量小、个别项目不规范等问题。因此，暂缓受理温室气体自愿减排项目相关事项的备案申请。公告同时提到，暂缓备案申请不会影响已备案的 CCER 参与交易，即暂停增量申请，存量仍可交易。截至 2021 年 9 月，国家发改委公示 CCER 审定项目累计达到2871个，备案项目1047个，获得减排量备案项目287个。获得减排量备案的项目中挂网公示254个。从项目类型看，风电、光伏、农村户用沼气、水电等项目较多。而从交易量来看，截至2021年3月，全国碳排放交易权试点地区CCER累计成交2.8亿吨。其中上海CCER累计成交量持续领跑，超过1.1亿吨，占比为41%；广东排名第二，占比为21%；其他几个地区占比相对较小。

目前，全国碳交易市场已经开启，下一步CCER审批备案是否会重启，再次引发业内关注。在2021年1月生态环境部正式公布的《全国碳排放权交易管理办法（试行）》（简称"《管理办法》"）中，就已经提到CCER并规定了CCER的抵消比例。此外，生态环境部也在改革自愿减排项目体系，市场普遍猜测，CCER项目审批和减排量签发有望重启。

根据上述《管理办法》规定，CCER"抵消比例不得超过5%的经核查排放量"。2021年3月份，生态环境部又发布了《碳排放权交易管理暂行条例（草案修改稿）》，与2020年底公布的管理办法相比，这份文件没有再对抵消比例做出进一步的规定，而是将提法调整为控排单位可通过购买CCER"用于抵消其一定比例的碳排放配额清缴"。从这一变化中可以看出，CCER抵消比例的上限目前或许还没有完全确定，不排除在未来CCER备案审批重启后高于5%的可能。

目前，仅以5%的抵消比例来估算，CCER可能拥有非常大的市场规模。全国碳市场的首批参与者是2000余家发电行业重点排放单位，这些企业的二氧化碳排放量超过40亿吨——这意味着CCER的规模有望达到2亿吨之高。而未来如果化工、造纸等高耗能行业再纳入碳交易市场，CCER的需求量还会继续增长，据权威机构估算，届时CCER最高需求量有望达到4亿吨。

未来可再生能源发电项目并非百分之百均可成功申请CCER获得减排量，以下情况值得关注。（1）当前可再生能源发电项目成本大幅降低，可能导致额外性论证存在难度，从而较难申请成功CCER。（2）部分地区的部分项目额外性论证有所简化。（3）根据碳试点抵消机制对水电项目的排斥，未来水电项目尤其是大型水电项目被纳入 CCER 机制的不确定性因素较强。CCER 相关政策见图 3。

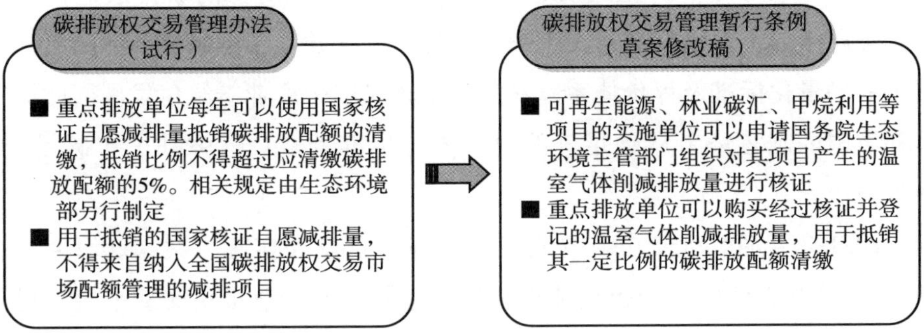

图 3　CCER 相关政策

资料来源：各大政府网站，华宝证券研究创新部。

三　氢能汽车产业碳排放现状

随着全国性的碳交易启动，中国有望成为全球最大的碳交易市场。全国碳市场开放意味着中国应对气候变化工作进入一个新的阶段，而碳排放权交易作为一种市场化的减排工具将加速全国统一碳交易市场建设和社会普及进程。长远来看，全国碳市场的成立必然会对氢能产业发展途径选择、技术发展方向、市场规模预期评估等产生重要影响。

（一）氢能汽车产业碳排放标准法规进展

目前，由于氢能产业规模化生产和应用都还在发展阶段，车用氢能技术已经逐步从实验室阶段向商业应用阶段过渡。整体来看，车用氢能产业还处于产业化初期阶段，产业发展的政策法规正在逐步建立，氢能燃料的制取、储运技术正在不断优化，燃料电池技术也在不断提升。整个行业的碳排放相关制度及技术核算工作还处于前期的积累储备阶段。

2020 年 9 月，国家五部门发布的《燃料电池汽车城市群示范目标和积分评价体系》对氢源的碳排放做出了相应政策鼓励。

2020 年 12 月 29 日由中国氢能联盟提出的《低碳氢、清洁氢与可再生能源氢的标准与评价》正式发布。通过标准的形式对氢的碳排放进行量化在全球属于首次。该标准运用生命周期评价方法建立了低碳氢、清洁氢和可再生氢的量化标准及评价体系，从源头推动氢能全产业链绿色发展。此标准填补了国内制氢环节从碳足迹的角度界定标准的空白，弥补了“碳足迹”核查空白。

2021 年 4 月，北京市在《北京市氢能产业发展实施方案（2021～2025 年）》（征求意见稿）中提出建设碳交易中心氢能产业板块交易平台，建立较为完善的清洁氢认证、碳排放核算方法体系、碳交易机制等创新制度体系，搭建能源互联网交易平台，服务绿色氢能产业发展等内容。

氢能产业与碳交易的协同发展有利于推动氢能产业向低碳化绿色发展的目标实现。短期内，将制氢环节内的重点排放单位纳入碳排放权交易体系，鼓励企业主体控制排放，通过使用可再生能源和市场机制获得有利的发展条件。从中长期来看，开发与氢能应用相关的中国温室气体自愿减排项目（CCER）、参与 CCER 交易都能够推动氢能产业链的延伸，助力我国能源结构转型。

（二）氢能汽车生命周期碳排放分析

车用氢能产业链较长，整个产业的碳排放核算相对复杂，对产业链碳排放的考察不仅要考虑氢燃料制取、储运及加注等环节，同时也要考虑到汽车行业的全生命周期碳排放。对于车辆生命周期，主要考虑车辆产业链上游的原材料生产和加工、零部件的制造及整车的组装和流动、车辆在使用过程中产生的碳排放以及车辆生命末期在回收过程中产生的碳排放。

1. 车辆制造阶段

车辆制造阶段主要涉及原材料采购、零部件生产及整车装配。相较于燃油车制造过程中的碳排放，电动车及燃料电池车的碳排放差异主要来源于能量系统（即电池和燃料电池系统）的制造。因为从原材料角度分析，动力电池和燃料电池在制造中都采用了多种材料，这些原材料在开采及提炼过程产生了大量碳排放。此外，能量系统的组装也会比燃油车产生更多的碳排放。对于燃料电池系统，其在制造过程中产生的碳排放约占燃料电池车生产及报废两个阶段碳排放的 50%。燃料电池系统由燃料电池组和其他部件组成。实际发生电化学反应的燃料电池堆由催化剂层、膜、气体扩散层、双极板等部件组成，如图 4 所示。

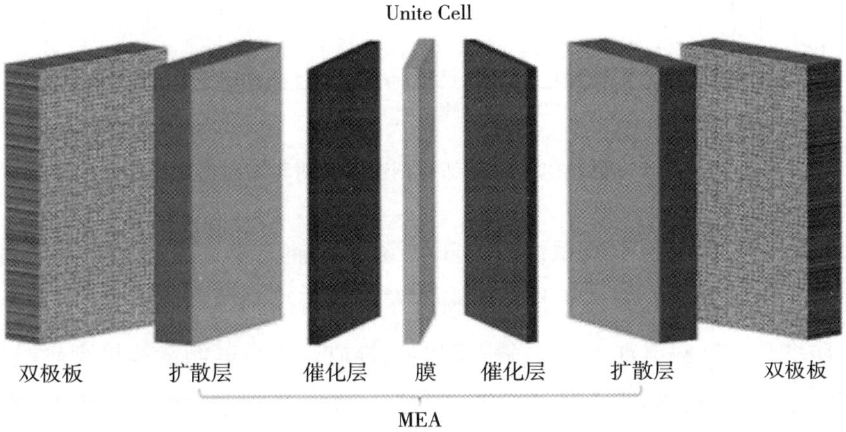

图 4　质子交换膜燃料电池构造

以质子交换膜燃料电池为例，Jesko S. 研究了燃料电池各组成部分对环境的影响，如图 5 所示，根据分析结果，燃料电池对环境影响的最主要来源在于催化剂铂的使用，其对环境的影响占比 75% 以上。

铂作为燃料电池的催化剂，在其加工制造过程中会对环境产生一系列影响。而且铂材料的制造成本也是燃料电池成本的重要构成部分。因此，研究者们对铂材料在燃料电池中的应用也处于持续的开发中。目前，关于燃料电池铂催化剂的研究主要集中在两个方向，一是通过开发纳米结构的催化剂合金颗粒来提高铂的利用率，二是通过开发非贵金属催化剂替代铂材料。可以预见，未来随着技术的不断进步，铂催化剂使用带来的电池成本问题及环境影响问题将大大改善。

从车辆构造角度考虑，氢能汽车与纯电动汽车及传统燃油汽车相比，其

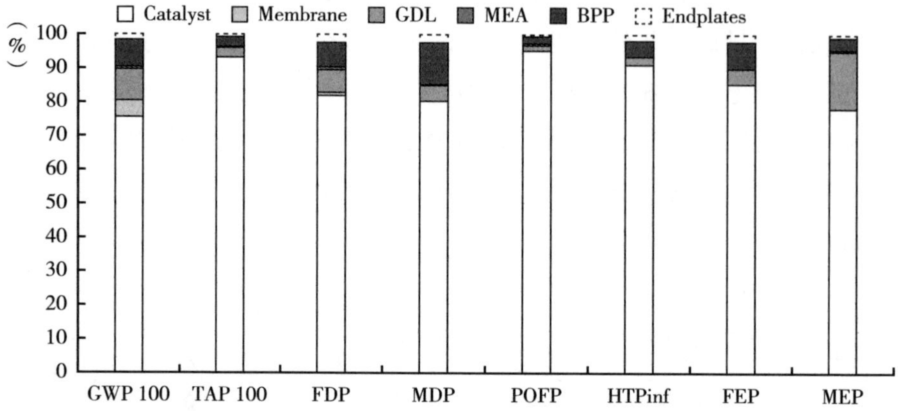

图 5 燃料电池组成部件制造过程对环境对影响

最大的差别在于燃料电池系统。对于传统的燃油汽车，大约 80% 的生命周期温室气体排放和能源使用都与燃料在车辆运行过程中的燃烧有关。而对于纯电动汽车和燃料电池汽车生命周期的碳排放，来自其制造和报废阶段处理环节的占比更高。如图 6 所示，纯电动汽车在车辆制造过程中产生的碳排放最大，约是内燃机汽车的 2 倍，氢能汽车的 1.2 倍。氢能汽车在生产过程中碳排放高于燃油汽车，其主要原因是生产氢能汽车所用电堆及储氢瓶的碳排放更大，约占车辆生产的 20% 以上，而燃油汽车动力系统仅占 6% 。

2. 车辆使用阶段

车辆在使用阶段对环境的影响主要包括对车辆维护及燃料使用涉及的碳排放。

（1）燃料使用

氢能汽车作为一种绿色新能源汽车，在行驶过程中只生成水，氢燃料在使用过程中并不产生排放。但是氢在制取、储运和加注的过程会产生碳排放，会对环境造成影响。因此，制氢及储运环节是保证燃料电池汽车低碳性能的关键环节。目前，关于氢能的制取有多种方式，包括煤制氢、天然气制氢、电解水制氢、甲醇重整制氢以及工业副产气制氢等。由于能源利用效率及制备工艺的差别，不同制氢路径的能耗和对环境的影响是不同的。其中，

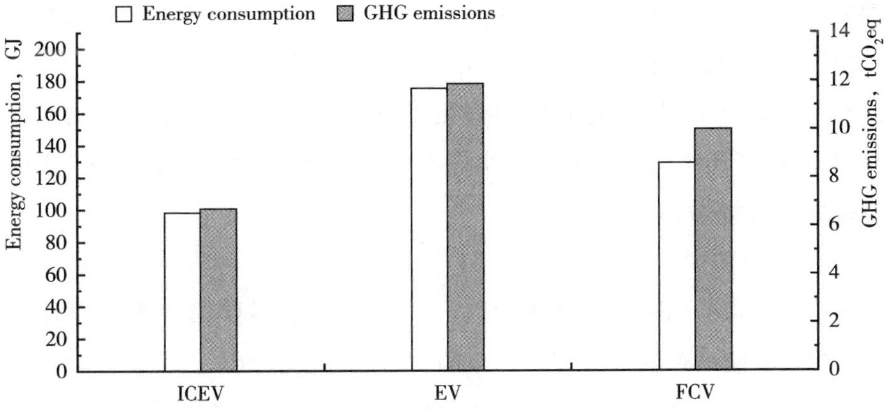

图 6　不同类型乘用车车辆周期的碳排放

电网电解水制氢温室气体的排放范围最广，而可再生能源电解水制氢却最环保。

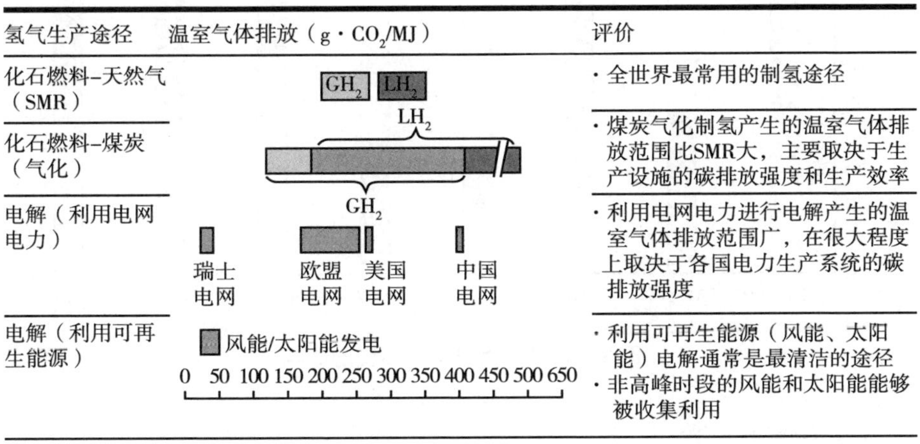

图 7　不同制氢路径下温室气体的排放比较

从图 7 可以看出，通过可再生能源制氢可大幅降低温室气体的排放。特别是当风电及光电由于受季节性和高峰使用周期的影响而产生弃电时，利用弃电来制氢气，这时制氢过程对环境的影响可被看作负排放。虽然，从能源消耗及温室气体排放角度考虑，在当前的中国电网结构下利用电网电力制氢其能源消耗及碳排放并不占优，但是在未来，中国的电网结构还会有很大的改善空间。目前，中国已将电力行业作为全国碳交易市场交易的首个行业，可以预见，未来的中国电力来源将更加绿色。据中国氢能联盟测算，到2050年，大约70%的氢将由可再生能源生产，届时氢能制取过程产生的能耗及排放问题将得到彻底解决。

（2）车辆维护

氢能汽车在使用阶段对环境的影响除了来自氢燃料生命周期内的碳排放外，还包括氢能汽车维护过程中产生的碳排放。氢能汽车的维护主要涉及轮胎、制动液、冷却剂、电池等部件及耗材的更换。其对环境主要产生土壤酸化、光化学氧化物产生等影响。车辆使用过程对环境的影响如图8所示。

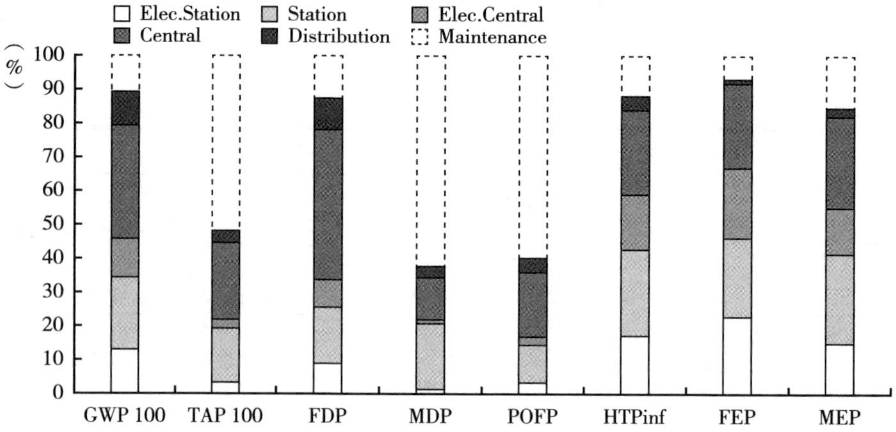

图8　车辆使用过程对环境的影响

3. 车辆回收阶段

车辆在回收处理阶段，不同的材料部件将被处理进行下一步的回收或处置。回收报废阶段的环境影响是产品全生命周期碳排放考察的重要环节。金属材料的污染及回收过程中的额外能量消耗是车辆报废阶段的主要负面影响。对于氢能汽车来说，由于构成燃料电池的部分部件材料具有很好的回收再利用可能，因此，通过循环再利用的方式将有助于减少燃料电池报废阶段的碳排放。与之相比，纯电动汽车的蓄电池在制造阶段使用了大量的化学材料，为回收处理带来困难，这也导致了在报废阶段纯电动汽车的碳排放高于氢能汽车。

如前所述，铂材料作为燃料电池工作的催化剂，在制造过程带来了大量的碳排放。因此，对于铂的回收再利用就显得格外重要。虽然目前在燃料电池行业中铂的回收产业链还不成熟，但在燃油车行业，该材料的回收产业链已非常成熟。因此，回收燃料电池中铂材料的技术是已经存在的。

综上所述，与纯电动汽车和燃油汽车相比，氢能汽车在其整个生命周期中对环境的影响和温室气体排放是比较低的。与燃油车相比，在能源生产、运输和转换中较低的温室气体排放使得氢能汽车在整个生命周期中产生的碳排放低于燃油汽车与纯电动车。Yu H. 对 3 种类型的车辆进行了全生命周期碳排放研究，研究边界主要包括车辆的部件制造、组装、车辆使用及报废回收期间及车辆行驶过程所消耗燃料的全生命周期对环境的影响，其中氢能汽车用氢通过天然气重整制取并通过管道运输。数据显示，在酸化、气溶胶潜值及人类毒性 3 个环境指标中，纯电动汽车的排放影响最严重，特别是酸化指标和人类毒性指标约为氢能汽车排放的 2 倍。而燃油汽车在全球变暖指标及光化学物质污染指标方面比氢能汽车分别高出 54%、53%。三种类型的车辆在全寿命周期对环境的影响见图 9。

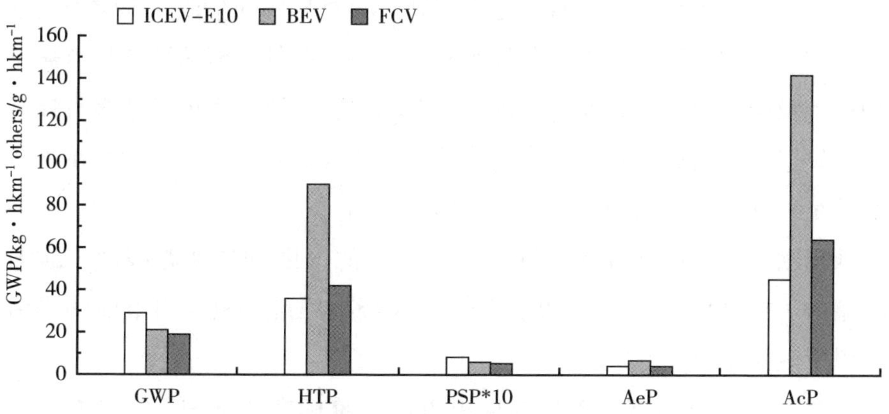

图 9　三种类型的车辆在全寿命周期对环境的影响

（三）氢能汽车产业碳交易展望

“碳中和”意味着我国能源体系必须向更清洁+更安全的方向转型，能源需求的增长和碳排放下降的约束将使得我国完成碳中和目标更具挑战，以非化石能源为主的电能将成为二次能源主体，非电领域则由氢能和碳捕捉帮助完成净零排放。基于几个重点排放行业的减排测算累加，在2060年碳中和中性和乐观情形下，汇总得到氢能消费量将分别达到1.1亿吨和1.3亿吨，折合5.4亿和6.5亿吨标煤消费量，相当于贡献2060年能源消费总量的8%～10%。因此在交通领域，氢燃料电池适合对占用空间要求不高、长续航的应用场景，例如公路、重卡和航空等。主要由于氢能具有：①高质量能量密度；②低体积能量密度的特点。同时其较快的充能速度也有利于商业化应用。根据我们测算，乐观情况下氢能重卡有望全面转用氢能，而航空、航运业也有部分能源消费可转为氢能。

为加速中国能源的转型，使得我国经济最终受益，其中顶层设计和更大力度的政策支持是至关重要的，同时也需绿色金融的支持、服务和指引，具体建议如下。

1. 政策：燃料电池需政策推动产业化应用

从产业现状来看，氢燃料电池应用处于相对早期的阶段，同时中国本土企业从技术到规模均较海外企业处于相对劣势。此外，能源配套环节需要较大的基础设施投资，从产业自身维度会在相当长一段时间内无法靠直接运营获得较好回报。由此，从氢燃料电池系统的研发、生产、应用到终端配套设施的补足，都需要政策扶持来对产业形成推动。

根据欧洲燃料电池和氢能联合组织发布的《欧洲氢能路线图：欧洲能源转型的可持续发展路径》，我们认为在长周期维度，氢燃料电池的应用可借鉴以下政策工具。

（1）推动氢能源基础设施与燃料电池系统标准的制定，完善产业链权责。目前产业缺乏相关标准，特别是在基础设施建设环节，标准有助于规范加氢站的建设和投资，加快基础设施落地。氢燃料电池系统层面也需进一步完善技术/生产/资质等标准，以推动产业进入规模化应用；

（2）长远规划基础设施建设方案，保障中长期规模化应用落地与发展的确定性；

（3）进一步明确并指引氢能源在特定交通场景中应用路径与发展的确定性；

（4）推动氢燃料电池系统应用的跨国合作，提升中国燃料电池产业链的供应覆盖面，加速产业规模化发展。

2. 金融：绿色金融替换传统金融

当前绿色金融的核心目标最终落到“实体经济”层面就是实现碳中和。在市场不能有效配置氢燃料电池产业链发展资源的情形下，绿色金融则需在一些方面起到纠正市场失灵的作用，不仅要“服务”实体经济也要“引导”实体经济，从而减少绿色投融资的成本、增加绿色资金的获得性、甚至创造新的交易市场满足绿色投融资需求。为了更好实现燃料电池产业链发展目标，中国应统一绿色金融的标准制定，健全绿色信息的披露机制，完善“外部性内生化”政策激励，全面发展丰富多元的绿色金融市场，加强绿色投资理念培育，将环境风险纳入监管政策考量，最终将四十年的绿色挑战转化为千载难逢的绿色发展机遇。

基于以上分析，在“3060”双碳目标背景下，车用氢能产业作为一种极具潜力的新能源应用范例，必将迎来巨大的发展空间。与此同时，由于产业目前处于发展初期，产业链各个环节都还存在很大的技术提升空间及管理优化空间。要推动氢能产业发展与碳交易体系协同发展，当下需要建立一系列的制度体系来引导产业快速发展。与此同时，需要逐步建立产业碳排放相关核算体系，通过生命周期评价手段研究氢能汽车在生产阶段、使用阶段、报废回收阶段所导致的能源浪费、资源消耗和环境污染。在此数据支持下，逐步完善行业碳排放技术文件及管理文件，建立行业全面的碳交易市场管理体系及监督计划，从而推动氢能产业与碳交易体系协同发展。未来不断开发与氢能应用相关的中国温室气体自愿减排项目进而推动氢能产业链延伸，助力我国能源结构转型。

国际篇

International Reports

B.23

国外氢能战略对中国车用氢能产业发展的启示

王桂芸　赵明楠　王晓涵*

摘　要：目前全球高度重视氢能产业发展，世界各国陆续发布氢能战略发展规划，制定了不同阶段的氢能发展目标，逐渐形成适合本国的氢能发展模式。本文选取欧盟、美国、日本和韩国作为典型代表，概述了4个区域和国家2020年来颁布的氢能战略，并对4个区域和国家的氢能战略进行了分析比较，发现氢能发展主要与本国的资源禀赋、定位目标有关，结合国外氢能产业发展战略提出了对我国氢能产业发展的启示。

* 王桂芸，中汽数据有限公司氢能源研究室工程师，研究方向为车用氢能产业研究；赵明楠，工程师，中汽数据有限公司绿色低碳研究室主任，研究方向为低碳标准政策研究、碳中和规划与路径研究、绿色制造体系建设研究等；王晓涵，助理工程师，中汽数据有限公司氢能源研究室。

关键词： 氢能 欧盟 美国 日本 韩国

目前，全球正在加速推进能源绿色低碳化改革，氢能作为绿色无污染的二次能源受到各国的青睐，正在成为交通、发电和能源领域的低碳燃料选择。氢能应用覆盖范围广，不仅可以作为燃料用于燃料电池，还可以应用于发电、建筑物供暖、炼油和钢铁等工业领域。世界各国逐渐将氢能发展提升至国家战略高度，制定一系列氢能相关战略。2021 年 2 月国际氢能委员会（Hydrogen Council）发布的《氢能观察》（Hydrogen Insights）指出截止到 2021 年初，已经有 30 多个国家发布了氢能路线图，共计宣布了 200 多个氢能投资计划。我国氢能产业正在加快发展，但仍处于初期阶段，氢能的应用领域主要定位在燃料电池汽车方向，氢能发展方面需要广泛借鉴国外的先进经验。本报告通过对欧盟、美国、日本和韩国 2020 年以来发布的氢能政策进行分析比较，提出了几点对我国氢能发展的启示。

一 国外氢能政策动态

（一）欧盟氢能政策动态

2020 年 6 月，德国联邦政府发布了《国家氢能战略》（The National Hydrogen Strategy），氢能战略着眼于整个价值链，包括技术、生产、存储、基础设施和车辆应用，将会给德国带来气候和经济的双重推动。氢能战略的重点是促进绿色氢能，德国将继续投资绿氢的研究和创新，在 2023 年之前，还将为此投入 3.1 亿欧元。

2020 年 7 月，欧盟委员会发布了《气候中性的欧洲氢能战略》（A Hydrogen Strategy for a climate neutral Europe）。欧盟氢能战略将推动欧洲的清洁氢生产，欧盟委员会将氢能作为促进经济增长、创造当地就业机会和巩固欧盟全球领导地位的投资重点。氢能战略的首要任务是开发可再生氢，主要使用风能和太阳能生产。从长远来看，可再生氢是欧盟长期气候中和目标最可靠的选择。然而，中短期内，需要其他形式的低碳氢，主要是减少现有氢生产的排放。同时，欧洲清洁氢联盟（European Clean Hydrogen Alliance）正式成立。为实现欧盟到2050年气候中和的目标，欧洲清洁氢联盟旨在开发和部署氢作为欧洲可行且具有竞争力的能源载体。该联盟的主要目标将是确定和建立沿氢价值链的可行投资项目路径，以期摆脱化石燃料，创造一个有助于增长和就业的清洁氢市场，并减少温室气体排放。欧盟委员会2020年9月份发起一项10亿欧元的欧洲绿色协议呼吁（European Green Deal Call），用于应对气候危机并帮助保护欧洲独特的生态系统和生物多样性的研究和创新项目。欧洲绿色协议是欧盟委员会的蓝图和路线图，旨在到2050年使欧洲成为第一个气候中和的地区。欧盟委员会将每年为联盟所有参与者至少组织一次氢能论坛，以加强合作，汇集利益相关者的不同观点并保持与欧盟委员会的对话。欧盟发布氢能战略之后，欧盟各成员相继发布了氢能战略，其阶段性目标如表1所示。

表1　欧盟及部分成员国国家战略文件中规定的氢目标

国家(地区)	现在~2024年	2025~2030年
欧盟	安装至少6GW的可再生氢电解槽,并生产高达100万吨的可再生氢;可再生氢电解槽的投资需求50亿~90亿欧元(384.8亿~690.8亿人民币)	拥有至少40GW的可再生氢电解槽和高达1000万吨的可再生氢;可再生氢电解槽的投资需求260亿~440亿欧元(1995.6亿~3377.2亿人民币)
法国	—	安装6.5GW电解槽;加氢站400~1000座;轻型车20000~50000辆;重卡800~2000辆
西班牙	安装0.3~0.6GW电解槽	安装4GW电解槽;加氢站100~150座,重卡5000~7500辆,公交车150~200辆,火车2辆;工业用清洁氢总量12.5万吨
葡萄牙	安装0.5GW电解槽;生产低碳氢14万吨,其中绿氢9万吨;加氢站20座,燃料电池汽车500辆,重卡40辆,公交车40辆,航运用氢930吨;工业用清洁氢总量10万吨;管网中清洁氢份额2.5%,电力用氢10吨	安装2.5GW电解槽;生产低碳氢34万吨,其中绿氢30万吨;加氢站100座,燃料电池汽车1000辆,重卡400辆,公交车350辆,航运用氢4770吨;工业用清洁氢总量19万吨;管网中清洁氢份额15%,电力用氢30吨,热电联供用氢20吨

续表

国家(地区)	现在~2024年	2025~2030年
捷克共和国	生产低碳氢7000吨;燃料电池汽车5000辆;重卡300辆;公交车100辆;清洁氢的使用,化肥行业320吨、炼油行业640吨、其他工业部门1100吨	生产低碳氢9.7万吨;加氢站80座;燃料电池汽车4.5万辆;重卡4万辆;公交车900辆;清洁氢的使用,钢铁行业7000吨、化肥行业1600吨、炼油行业3200吨、其他工业部门10100吨;管网中清洁氢的份额2%;取暖用氢气(工业除外)13000吨
立陶宛	生产绿氢75万立方米	生产绿氢150万立方米;加氢站4座
保加利亚	安装0.15GW电解槽;生产绿氢2万吨;加氢站数量5座,燃料电池汽车232辆,轻型汽车数量10辆,重卡数量22辆,公交车数量200辆,航运氢需求量200吨	安装1.30GW电解槽;生产绿氢22万吨;加氢站数量14座,燃料电池汽车700辆,轻型汽车数量50辆,重卡数量100辆,公交车数量400辆,火车数量4辆,航运氢需求量1000吨;清洁氢使用量,化肥行业78570吨,炼油行业78570吨;管网中清洁氢份额2%,电力用氢2.3万吨,热电联供用氢350吨
荷兰	安装0.1GW电解槽	安装3.0GW电解槽

2021年8月，英国商业、能源与产业战略部（BEIS）发布首个《国家氢能战略》（UK Hydrogen Strategy）。

（二）美国氢能政策动态

2020年7月美国能源部化石能源办公室发布《美国氢能战略——实现低碳经济》（Hydrogen Strategy Enabling A Low－Carbon Economy），将化石能源融入到氢能经济中，并指出化石燃料生产的氢气是一种多功能的能源载体，在向低碳经济转型中发挥重要作用。化石燃料未来的工作可以概括为四个主要的研发重点领域，分别是：（1）使用气化和重整技术生产碳中性氢；（2）大型氢运输基础设施；（3）大规模现场和地质储氢；（4）发电、燃料和制造用氢。

2020年11月，美国能源部发布《氢能项目计划》（Department of Energy Hydrogen Program Plan）（简称《氢能计划》）。该《氢能计划》的任务是研究、研发和验证转化氢和相关技术，包括燃料电池和涡轮机，并解决制度和市场障碍，最终实现应用和被多个部门采用。从国内各种资源开发氢能，将确保美国拥有丰富、可靠和负担得起的清洁能源供应。《氢能计划》强调政府和私营部门之间的合作，到2030年以后增加私营部门的作用。《氢能计划》战略和扶持活动主要有制氢、运氢、储氢、氢转化，其设定的2030年氢能发展目标如表2所示。

表2　美国《氢能计划》涉及的氢能目标

项目	目标
制氢	制氢的研究、开发和示范来自美国本国的不同资源，以满足特定应用的成本和性能指标： 交通运输用氢价格小于2美元/公斤； 工业和大规模发电用氢价格小于1美元/公斤
运氢	以下地点进行大规模氢气运输和分配： 早期市场交通运输，运氢成本小于5美元/公斤； 最终扩张的高价值产品市场，运氢成本小于2美元/公斤
储氢	用于运输的车载储氢系统：能量密度为2.2千瓦时/公斤、1.7千瓦时/升时，成本是8美元/千瓦时； 可充电便携式电源系统：能量密度为1.0千瓦时/公斤、1.3千瓦时/升时，成本是0.5美元/千瓦时； 大批量储氢罐用高强度碳纤维的成本：13美元/公斤
转化：燃料电池	长途重型卡车用质子交换膜燃料电池系统成本为80美元/千瓦，运行寿命达到2.5万小时； 固定式发电用固体氧化物燃料电池系统成本为900美元/千瓦，运行寿命达到4万小时

（三）日本氢能政策动态

2019年3月，日本公布《氢能利用进度表》，明确了到2030年日本氢能应用的关键目标，至2025年，全面普及氢能交通，并且进一步扩大氢能在发电、工业和家庭中的应用，使氢燃料电池汽车价格降至与混合动力汽车持平，2030年，建成900座加氢站，实现氢能发电商业化，氢气价格降至30日元（1.8元）/标方，未来应进一步降至20日元（1.2元）/标方，并使其不高于传统能源。

2020年9月，日本经济产业省发布《气候创新经济战略2020》（Climate Innovation Finance Strategy 2020），其中提到为了实现氢能社会，必须建立一个完整的供应链，包括氢的生产、运输、储存和应用。在生产领域，利用太阳能发电制氢已经得到验证，用氢实现脱碳的挑战已经开始。通过支持在家庭和办公楼中安装高效燃料电池以节省能源，并支持应用燃料电池汽车。政府要降低氢供应成本，刺激需求增长，并引入更广泛的氢用途和应用。

2020 年 12 月，日本经济产业省发布《2050 碳中和绿色增长战略》（Green Growth Strategy Through Achieving Carbon Neutrality in 2050）。该战略中提出日本到 2030 年氢气引进量达 300 万吨，2030 年清洁氢（化石燃料制氢 + CCUS、可再生能源等）的目标是超过德国 2019 年公布的可再生能源制氢（约 42 万吨）供应量。对于氢能发电涡轮机，将支持早期真机验证，加速在日本商业化。对于商用车，尤其是燃料电池卡车，预计 2050 年累计应用数量高达 1500 万辆。在钢铁行业，日本政府将支持建立世界上第一个氢还原炼钢技术工厂。在电解槽方面，政府将大力支持日本企业扩大、安装优良的基础技术到设备等，旨在通过提高耐久性来进一步降低采购成本和维护成本，并加强国际竞争力。

（四）韩国氢能政策动态

2019 年 1 月，韩国政府发布《氢能经济路线图》，该路线图设定了 2040 年的氢能目标。路线图旨在 2022 年前，将燃料电池汽车的数量增加到 8.1 万辆，建成 310 座加氢站；2040 年前，燃料电池汽车增加到 620 万辆，其中乘用车 590 万辆，燃料电池乘用车实现与电动车价格相同，并建成 1200 座加氢站。路线图还提出到 2040 年，氢气年供应量达到 526 万吨，氢气价格达到 3000 韩元/公斤（16.6 元/千克），普及发电用氢燃料电池装置、家庭用及建筑用氢燃料电池发电装置，使其总发电量分别达到 15GW 和 2.1GW。

2020 年 2 月，韩国出台了《促进氢经济和氢安全管理法》（简称“《氢法》”）。《氢法》主要是为促进氢经济的实施奠定基础，系统地促进氢工业发展，为氢能供应和氢设施制定安全管理事项。《氢经济法》的主要内容涵盖实施氢经济的保障体系、培育氢能专业公司、氢能供应设施的部署、氢经济基础奠定和氢安全管理等五方面事项。

2020 年 12 月，韩国政府发布《2050 碳中和促进战略》（简称“《战略》”），主要内容是实现经济结构低碳化、构建低碳产业生态系统、建成公平公正的低碳社会和强化碳中和相关制度建设，认为氢能是未来加速工业改革和降低温室气体排放的有效能源。《战略》指出为实现韩国 2050 年碳中和的目标，目前大多数以化石能源为燃料的交通工具都将被电力、氢气和其他清洁能源驱动的交通方式所取代，到 2050 年，氢动力运输是韩国未来交通的关键支柱之一。

二 国外氢能政策内容比较分析

（一）氢气来源

欧盟、日本和韩国的氢能战略都强调使用清洁氢，制氢原料主要来源于绿色低碳的可再生能源，美国的氢能战略强调将化石能源融入到氢能经济中，氢气可以由多种国内资源生产，包括化石燃料、核能和可再生能源（风能、太阳能、地热和生物质等）。氢能战略中氢气来源选择的不同主要是因为各国资源禀赋各异，能源发展成熟度不同。

欧洲油气资源匮乏，但光伏和风能等可再生能源丰富，目前欧盟主要是通过可再生能源制氢，来推动深度脱碳进行能源转型。美国油气资源丰富，氢能只是作为一种储备能源，是众多能源解决方案中的一种，其氢气主要来源于化石燃料制氢。目前，美国 99% 的氢气生产来自化石燃料，其中 95% 由天然气通过甲烷重整制得，4% 由煤气化天然气部分氧化制得，只有 1% 的氢气由电解生成。日本国内能源资源匮乏，在制氢环节存在短板，现阶段氢气来源主要依靠进口，目前进口氢气来源主要是化石燃料制氢 + CCUS 和可再生能源制氢，并坚持发展本土可再生能源制氢。韩国目前的制氢来源主要是天然气裂解制氢，但本土氢气产量难以满足产业发展的需求，计划通过建立海外生产基地进行可再生能源制氢和海外进口等措施增加氢气供应。

（二）氢能应用方向

欧盟氢能的应用场景主要是交通、工业和建筑物供暖。美国氢能的应用场景主要有交通、工业原料、备用电源及电力系统、供暖等。日本氢能社会的两大支柱是车用和家用热电联供。韩国氢能产业发展的重点是交通运输、家用热电联供和分布式发电。在燃料电池汽车发展方面，欧盟、日本和韩国均提出了各个阶段的定量目标。美国没有提出燃料电池汽车定量目标，但明确提出在交通运输领域中长途氢燃料电池卡车的运输规模将不断扩大。造成各国对氢能应用重点方向划分的不同主要是因为各国对氢能的定位不同。

欧盟将氢能视为实现经济结构转型的重要途径，发展氢能最终目标是为了能源转型。欧盟发展氢能分为三个阶段，第一阶段氢能主要应用在大型炼油厂、钢铁厂和化工厂等工业领域，第二阶段氢能的应用逐步扩展到炼钢、卡车、铁路和水运等领域，第三阶段氢能在所有难以脱碳的领域进行大规模应用，包括航空、水运、难以脱碳的工业生产和建筑供暖等。美国将氢能作为一种储备能源，希望氢能成为美国能源体系的一部分，所以在推动氢能产业的发展中，美国将氢能广泛的应用于各种场景。日本和韩国存在资源短板，为保障本国能源使用，日韩都特别注重发展氢能发电和家用热电联供。

（三）保障措施

为推动氢能产业的发展，各国推出的氢能战略均对氢能发展给予政府层面的政策保障、资金和技术支持，且均成立专门机构负责氢能产业的发展。

为确保氢能产业安全可持续发展，欧盟通过多种渠道对氢能安全管理、运营监控、关键材料替代等创新研究工作进行资金支持，其中，德国为推进氢能产业发展，建立了完善的氢能产业管理体系。美国能源部每年为氢能和燃料电池发展提供资金支持，2020 年美国能源部拨款 6400 万美元（4. 13 亿元）支持 H2@ Scale，拓展氢在交通运输、钢铁和海事等领域的应用。日本在推出的《气候创新经济战略 2020》和《2050 碳中和绿色增长战略》中，均涉及政府的支持内容，日本政府在降低氢供应成本和扩大企业发展等方面给予大力支持。韩国于2020年2月出台《促进氢经济和氢安全管理法》，7月成立氢经济委员会，为氢能发展提供法律保障。

三　国外氢能战略对中国车用氢能的启示

（一）制定国家层面的氢能战略

从欧盟、美国、日本和韩国的氢能战略设计可以看出，国外从未中断对氢能战略的发布，而我国目前尚未有国家层面的氢能战略。目前，我国氢能产业的发展规划主要体现在新能源汽车的产业规划中，还没有形成系统的氢能产业链发展规划。氢能作为一种清洁无污染的能源，在当前“碳达峰、碳中和”背景下，氢能发展迎来前所未有的机遇，国家应完善氢能的发展规划，明确氢能的应用方向及阶段性目标。

（二）成立协同组织管理的产业机构

欧盟、美国、日本和韩国均成立专门机构负责氢能产业的发展。日本主要是通过隶属于经济产业省（METI）的新能源产业技术综合开发机构（NEDO）支持氢能研发项目。通过专门机构协调政府、科研机构和企业对氢能和燃料电池的开发和推动。目前，我国氢能产业发展仍处于初始阶段，不仅需要国家战略的引导和布局，还需要专门组织机构进行协同管理，有针对性的推动我国氢能和燃料电池产业的发展。

（三）完善车用氢能补贴政策

目前，燃料电池汽车对政府补贴有较高的依赖度，根本原因是燃料电池汽车成本高，导致市场燃料电池汽车保有量小，且相关配套加氢站等基础设施不完善。燃料电池汽车的发展仍需要国家的大力支持，不仅需要在加氢站建设和燃料电池汽车购置方面给予补贴，还需要制定相关税收优惠政策，税收优惠会进一步扩大燃料电池汽车的市场需求。

B.24

韩国氢能政策与行业现状

李赫埈　吴承灿*

摘　要：　韩国高度重视氢能产业发展，韩国政府发布的氢能战略制定了燃料电池在交通运输、发电领域和氢气供应方面具体目标，并且颁布《促进氢经济和氢安全管理法》，成为首个为持续有效发展氢经济而制定单一法令的国家。韩国氢经济正以大型企业为主要核心快速发展，燃料电池发电市场的设备规模逐年增加，氢燃料电池车市场呈现出令人瞩目的增长势头。其中，现代汽车集团作为韩国国内唯一一家生产氢燃料电池车的企业，在燃料电池技术开发、产品销量方面具备竞争力。

关键词：　韩国　氢能政策　现代汽车

一　韩国氢能产业发展目标与政策支持

（一）韩国氢经济推进目标

韩国高度重视氢能产业发展，2019年，韩国政府公布了《氢经济发展路线图1.0》（见表1），计划以氢燃料电池车和燃料电池系统为两大主要支

* 李赫埈，现代汽车集团中国区副总裁、首席政府事务官及首席战略官；吴承灿，现代汽车氢燃料电池系统（广州）有限公司总经理。

柱，打造引领氢经济的产业生态系统，力争成为世界一流的氢经济领先国家。根据路线图，到2040年，韩国政府计划实现如下目标：氢燃料电池车产量达620万辆；建设加氢站1200座；燃料电池发电领域应用规模达15GW；家庭和建筑燃料电池应用规模达2.1GW；每年氢气供应达526万吨；氢气价格降至3000韩元/千克，建立具有安全稳定性和经济性的氢能流通系统，同时构建氢能产业全周期安全管理体系。

表1 《氢经济发展路线图1.0》主要目标

类别			2018年	2022年	2040年
移动出行	氢能汽车	合计	0.18万辆	8.1万辆	620万辆以上
		乘用车	0.18万辆	7.9万辆	590万辆
		出租车	—	—	12万辆
		客车	2辆	2000辆	6万辆
		卡车	—	—	12万辆
	加氢站		14座	310座	1200座以上
	火车、船舶、无人机		通过研发和示范促进2030年前实现商业化和对外出口		
能源	燃料电池	发电应用	307.6MW	1.5GW	15GW以上
		家庭、建筑应用	7MW	50MW	2.1GW以上
	氢燃气轮机		到2030年完成技术开发→2035年左右开始商用发电		
供应与价格	氢气供应量（=需求量）		13万吨/年	47万吨/年	超过526万吨/年
	氢气价格		— （政策价格）	6000韩元/kg （初始市场价格）	3000韩元/kg

*注：以上有关氢燃料电池车的目标是指包含韩国国内销售和出口的产量。

数据来源：相关部门联合，《氢经济发展路线图》，2019年1月。

路线图发布之后，2021年韩国政府发布了《第四次环保汽车基本计划》，计划到2025年，韩国市场氢燃料电池车累计普及目标为：乘用车20万辆、客车4600辆车、卡车900辆，同时计划建设加氢站450座。2030年，计划将氢燃料电池车累计普及量提升至85万辆，并建设加氢站660座。

2021年，韩国政府计划投入8244亿韩元（相比2020年增加40%）用来支持氢能移动出行、氢气生产及流通基础设施、核心技术开发和氢能示范城市等。另外，韩国政府计划将安山、蔚山、完州、全州选定为“氢能示范城市”，将三陟选定为“研发特色城市”，并在这些城市建立氢能示范地区，推动氢能公交车、有轨电车等氢能交通枢纽建设，进行绿色氢气生产示范验证，并推进氢燃料电池发电系统在公共住宅和公共机关的应用等。

（二）《氢法》

2020 年，第 20 届韩国国会通过了《促进氢经济和氢安全管理法》（简称“《氢法》”），韩国成为首个为持续有效发展氢经济而制定单一法令的国家。通过制定《氢法》，确立了确保低压氢气设备及氢燃料使用设施的安全管理的法律基础，并建立了“氢经济委员会”和各种专门机构等氢经济实施评估体系，为建立氢能产业基础提供了法律依据。《氢法》主要内容见表 2。《氢法》预计在 2021 年 10 月前完成修订，将引入“氢能发电义务制度（HPS，Hydrogen Energy Portfolio Standard）”和“清洁氢气认证制度”。

表 2 《氢法》主要内容

氢经济实施	成立由国务总理担任委员长，相关部委参与的“氢经济委员会”（第 6 条）
培育氢能专业公司	向氢能专业公司提供行政和财政支持，并对氢能业务相关的技术开发提供资助（第 9、10 条）
专门机构	设立指定的专门机构为氢能流通和氢能安全提供支持（第 33 ~ 35 条）
安全管理	为确保氢能供应和氢设施的安全管理制定法律依据（第 36 ~ 49 条）
加氢站和燃料电池的部署与推广	可以申请在自由经济区、高速公路服务区和工业园区设置加氢站（第 19、20 条） 可以向地方政府、公共机构和地方公共企业申请安装燃料电池（第 21 条）
销售价格	氢气销售价格公开告知，在价格显示板上标明氢气销售价格（第 50 条）

数据来源：韩国贸易、工业和能源部，《促进氢经济和氢安全管理法》，2021 年 2 月。

（三）监管沙盒（Regulatory Sandbox）

2019 年，韩国贸易工业和能源部将“市中心加氢站”选定为第 1 号监管沙盒。监管沙盒是指对新产品和服务赋予示范特例与临时许可，使其从现有制度的限制中得到免除或宽限的制度。例如，根据现行法令，必须通过《国土计划法》《土地补偿法》《高压气体安全管理法》等十余项法律和法规，才可在首尔市中心建设加氢站，而在监管沙盒针对建立加氢站的示范特例规定下，在市中心建立加氢站变得更加容易。

2020 年 10 月，“综合型加氢站”和“氢燃料电池有轨电车”被选定为示范特例。综合型加氢站不同于只有轿车、客车等氢能汽车才能加氢的现有加氢站，其可为使用氢气的多种氢能移动出行设备（如氢能汽车、氢能列车、氢能无人机等）进行加氢。另外，随着对现行法律上不可能进行安全性验证和加氢的氢燃料电池有轨电车实施示范特例，其实现商业化行驶试验成为可能。特别是将加氢站间隔距离限制、只允许氢能汽车加氢、不允许给氢能有轨电车在内的其他建设机械加氢等在《高压气体安全管理法》中的诸多不合理的限制列入法规特例，扫除了加氢站部署和加氢的现实障碍。这种监管沙盒体现了韩国政府通过革新来消除在氢经济推进过程中出现的限制壁垒，积极支持氢能生态系统建设的决心。

二　韩国氢经济与产业现状

韩国氢经济正以大型企业为主要核心快速发展。包括现代汽车集团在内的主要大型企业发布了到 2030 年在氢经济领域总投资 43 万亿韩元的计划。其中，现代汽车集团作为韩国国内唯一一家生产氢燃料电池车的企业，计划在氢燃料电池车生产设备及研发等方面投资 11.1 万亿韩元，并通过现代制铁、现代 Rotem、现代 Glovis 等公司向氢能生产、运输及其他应用等氢能价值链领域进行扩张。浦项制铁集团（POSCO）、晓星集团、SK 集团、韩华集团、现代石油银行（Hyundai Oilbank）等企业都已发布了大规模氢气生产计划，韩国国内的氢气生产事业正以大型企业为主要核心不断扩大，大部分氢气将供应给加氢站。SK 集团计划发挥其在炼油领域积累的长期竞争力，从氢气生产、流通到储存和应用的全产业链上，总共投资 18.5 万亿韩元。截至 2023 年，建立年产 30000 吨的世界上最大规模液态氢工厂，确保到 2025 年拥有年产 28 万吨氢气的能力，并在其加油站业务的基础上，建立 100 座加氢站。浦项制铁集团（POSCO）计划总投资 10 万亿韩元，目标是到

2050年实现氢气年产500万吨，并开发氢还原炼钢工艺。韩华集团计划将在绿色氢气生产等方面投资1.3万亿韩元，继续收购全球燃气轮机企业，掌握氢气混烧发电技术，并与发电企业进行合作，利用80MW级燃气轮机对氢气混烧发电进行示范验证。晓星集团计划总投资1.2万亿韩元，截至2023年建立年产13000吨的液态氢工厂，并建设120座加氢站。现代石油银行（Hyundai Oilbank）计划截至2025年实现年产蓝色氢气10万吨，到2030年建设加氢站180座等，持续扩大氢能事业，将炼油事业比重减少至40%。因为氢能从生产到储存、运输、出行、发电等全领域形成了无法由一个特定公司垄断的产业结构，预计今后韩国国内企业之间的合纵连横将会非常频繁活跃。

氢燃料电池车市场呈现令人瞩目的增长势头。2020年氢燃料电池车全球销量8282辆，其中现代汽车NEXO达到6488辆，全球占有率达到80%，超越丰田MIRAI成为世界第一。[①] 得益于韩国政府的补贴和政策支持，NEXO在韩国国内自2018年3月上市后，时隔2年7个月，在2020年10月累计销量突破1万辆，并在此8个月之后的2021年6月累计销量突破1.5万辆。[②] 另外，2020年全球首款量产氢燃料电池重卡XCIENT Fuel Cell正式推出，截至2021年7月共向瑞士出口46辆，累计行驶里程突破100万公里，同时现代汽车计划到2025年出口供应达1600辆，并进一步向德国、荷兰等多个欧洲国家拓展氢燃料电池重卡供应。在韩国国内，将在2021年的国内试运行基础上，从2022年第二季度开始正式批量生产氢燃料电池重卡。此外，现代汽车正携手多家合作伙伴共同开发，将氢燃料电池系统拓展应用于叉车、中大型挖掘机、轨道交通、船舶、城市空中出行（UAM）等更多领域。

燃料电池发电市场的设备规模逐年增加。截至2021年5月，韩国燃料电池发电设备市场规模已经达到659MW。韩国政府计划从2022年开始施行“氢能发电义务制度（HPS，Hydrogen Energy Portfolio Standard）”，要求电力

① 韩国汽车产业协会，《2020年主要国家电动车普及情况》，2021年3月。
② 现代汽车，《2021年6月销售业绩》，2021年7月。

市场义务购买通过氢燃料电池所生产的电能，以此支持氢燃料电池发电经营商的稳定销售。

企业合作共同推进加氢站建设事业。截至2021年6月，韩国国内运营的加氢站共有64座。为了建设商用车加氢站，2021年2月，以现代汽车、液化空气集团韩国公司（Air Liquide Korea）、韩国地域暖房公社（Korea District Heating Corporation）、现代石油银行（Hyundai Oilbank）、SK能源、GS加德士（GS Caltex）、S－OIL、SK燃气、E1共9家企业为股东的特别合资企业“KOHYGEN”正式成立。从2021年开始，该合资企业将开始建设10座氢能商用车加氢站，到2025年将完成35座以上加氢站的建设。

三　韩国代表性氢能和燃料电池汽车企业发展动向

（一）现代汽车集团“FCEV 2030愿景”、HTWO品牌发布、全球伙伴关系

1. 现代汽车集团“FCEV 2030愿景”

现代汽车集团通过2013年推出全球首款量产氢燃料电池车、2018年第二代氢燃料电池车NEXO上市、2019年构建全球首个氢燃料电池重卡XCIENT量产体系等，证明了氢燃料电池乘用车和商用车的商品性和市场性，并确立了氢燃料电池领域的持续领先地位。

基于这样的技术力量，现代汽车集团为了构建适合未来清洁能源时代的产业生态系统，并创造新的增长基础，在2018年发布了中长期氢能及氢燃料电池车发展蓝图“FCEV 2030愿景”（见图1），计划到2030年构建包含乘用车和商用车在内的50万辆氢燃料电池车产能规模的生产体系，并持续保持氢燃料电池车领域的全球领导地位。为实现这一目标，现代汽车集团与124家主要零部件供应商进行合作，到2030年在研究开发及设备扩充等方面阶段性地投资6.3万亿美元，预计将创造约51000多个新的工作岗位。

氢燃料电池车所搭载的氢燃料电池系统，是以氢气与空气中的氧气发生反应而产生电能的原理来驱动。这种氢燃料电池系统具有利用氢气产生电能

的特性，可作为环保动力源广泛使用。因此氢能不仅适用于氢燃料电池车，还可用于船舶、火车、工程机械、城市空中出行（UAM）等更多领域，从而作为未来清洁能源社会的动力源备受瞩目。

借此，现代汽车集团同时在推进对外供应氢燃料电池系统的新事业，向包括乘用车和商用车企在内，以及船舶、铁路、叉车等运输领域和发电领域提供氢燃料电池系统，进而促进氢能事业的多元化。根据逐渐增加的氢燃料电池系统需求，现代汽车集团计划到2030年将氢燃料电池系统的年产能提升至70万套，其中20万套可对外销售。

为了保持在全球氢能领域的领先地位，现代汽车集团计划从2018年年产3000套氢燃料电池系统的规模，到2022年逐步扩大到年产40000套的规模。

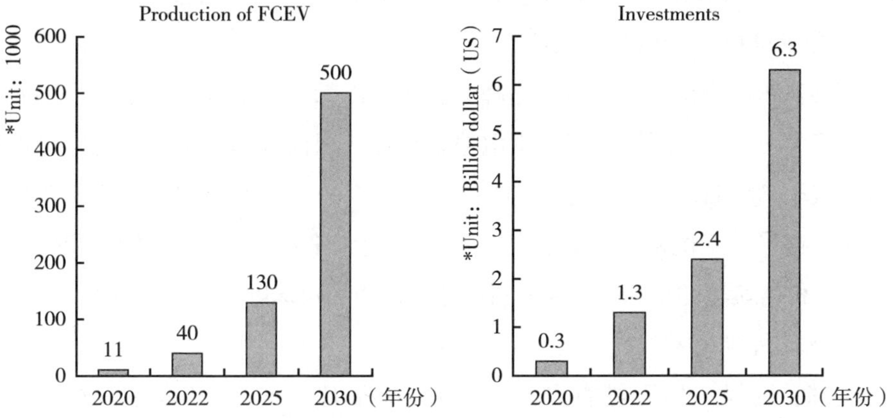

图1　现代汽车集团“FCEV 2030 愿景”

2021年9月7日，现代汽车集团氢之日“Hydrogen Wave”全球线上发布会正式举行，现代汽车集团公布“氢能愿景2040”，氢能将被应用于生活和工业等所有领域，例如我们的家、办公场所和工厂，并设定了让“每个人、每件事、每一处”都能轻松地使用氢能的远大目标。同时提出了到2040年在交通及各个领域通过引入全新技术普及氢能的计划，并正式发布对氢能和氢能社会的未来愿景。

现代汽车集团宣布将从二氧化碳排放量较大的商用车领域开始着手，通过氢能解决方案来积极应对气候变化，向全球市场推出氢燃料电池和纯电动的客车和重卡等全种类新型商用车，在 2028 年率先成为全球首个旗下所有商用车型均搭载氢燃料电池系统的汽车制造厂商。通过氢燃料电池商用车的不断创新研发，现代汽车集团将推动完成韩国公共交通和物流体系向以氢能为基础解决方案的转型。

2. HTWO 品牌发布

现代汽车在 2020 年 12 月通过“CEO 投资者日（CEO Investor Day）”发布了氢燃料电池系统专属品牌“HTWO”。“HTWO”意指氢的分子式“H_2”，同时也代表着氢燃料电池业务的两大基本出发点——“氢能（Hydrogen）”和“人类（Humanity）”，也蕴含着在“Progress for Humanity（为人类进步做贡献）”的品牌愿景下，现代汽车通过氢能这一友好的能源向人类提供可持续价值的决心。

现代汽车以推出“HTWO”品牌为契机，以韩国、欧洲、美国、中国四大重点市场为中心，全面推进氢燃料电池新事业。现代汽车为了使氢燃料电池系统成为汽车、船舶、火车、城市空中出行（UAM）等未来环保移动出行领域的动力源，正与多家机构及企业进行合作，计划未来将通过开发具有更高性能、更耐用、价格实惠的全新一代氢燃料电池系统，加快推进上述事业发展。

3. 全球伙伴关系

全球：通过“国际氢能委员会（Hydrogen Council）”引领氢能社会。

“国际氢能委员会（Hydrogen Council）”是在 2017 年瑞士达沃斯世界经济论坛（WEF）上发起的国际性倡议，其是由多家对氢能和氢能社会抱有远见和目标的全球跨国公司组成的执行委员会。成立初期，由包含部分整车制造商和能源企业在内的 13 家企业作为会员企业参加组成，近期，炼油和金融/投资业界也纷纷加入其中，会员企业数量已经增加到 109 家以上。从 2018 年开始，现代汽车集团担任“国际氢能委员会（Hydrogen Council）”联合主席两年，一直致力于氢能社会的扩大与发展，并为此提出相应的目标与政策方向。此外，作为“国际氢能委员会（Hydrogen Council）”的指导委员，现代汽车集团还致力于推动全球氢能产业大规模商业化的投资，并提出具体的行动计划和政策等，为促进氢能社会的加快发展不断努力。

北美：与美国能源部就扩大氢能技术基础开展合作。现代汽车于2020年2月与美国能源部签署了以氢燃料电池技术创新和扩大全球氢能技术基础的合作为主要内容的谅解备忘录（MOU），其核心内容是，通过氢燃料电池车和加氢站之间运营获得的实证分析数据与学界、政府机关、企业等共享，将氢能的竞争实力实证扩散到多种产业群和普通大众中，创新氢能和氢燃料电池技术以及提升其全球利用率。加强与美国能源部在氢能生产、储存、应用等全产业链的合作，为以加利福尼亚州为中心普及的氢燃料电池车扩大至美国全境奠定了基础，这将对加快氢能社会的实现和能源模式的转换具有重要意义，还将带来扩大投资和创造就业机会的效果。

中东：与沙特阿美公司合作开发氢能及碳纤维材料。现代汽车于2019年6月与沙特阿美公司签署了以氢能及碳纤维材料开发合作为主要内容的谅解备忘录（MOU）。希望通过此合作，扩大在韩国和沙特阿拉伯的氢燃料电池车普及，开发更坚固、更轻的储氢罐，提高氢燃料电池车的产品力。两家公司将以此项合作为基础，今后在汽车相关业务和未来汽车技术方面加强整体合作。

欧洲：通过供应氢燃料电池系统推动全球氢能生态系统发展。现代汽车在2020年将全球首款量产氢燃料电池重卡XCIENT的首批供应提供给了欧洲瑞士，计划到2025年向瑞士供应1600辆氢燃料电池重卡。现代汽车在欧洲不仅着力于氢燃料电池车的应用推广，还致力于扩大氢燃料电池系统的应用。最具代表性的是与英国全球综合化学企业英力士集团（INEOS）的全球氢能生态系统扩张合作，双方计划，基于现代汽车燃料电池系统领域的技术和英力士（INEOS）化学领域的技术，构筑氢能生产、供应、储存、氢燃料电池汽车开发、燃料电池系统应用的综合氢能价值链，并谋求扩大氢能相关公共及民间领域事业，为实现氢能社会做出积极努力。此外，现代汽车集团还与瑞士GRZ Technologies、法国H2SYS等多家企业合作，来扩大氢燃料电池的应用。欧洲在全球范围内倡导环保政策及法规，而环保技术和产品在早期更容易具备竞争力，因此现代汽车与欧盟、欧洲各国政府、民间企业紧密合作，寻求多种商机。

（二）氢燃料电池车技术开发、产品竞争力、销售情况

1. 现代汽车的氢燃料电池技术实力与氢燃料电池车的产品力

现代汽车第一代量产氢燃料电池车 ix35 FCEV 于 2013 年首次问世，作为全球首款量产氢燃料电池车在全世界范围内备受瞩目。在上市当年，现代汽车 ix35 FCEV 便荣获布鲁塞尔车展“2013 未来汽车奖（2013 Future Auto Awards）”，其搭载的氢燃料电池系统更是在 2015 年荣获被誉为发动机领域奥斯卡的美国“沃德十佳发动机（Ward's Auto 10 Best Engines）”称号。2018 年现代汽车推出的第二代氢燃料电池车 NEXO，搭载的氢燃料电池系统同样被评为 2019 年美国“沃德十佳发动机（Ward's Auto 10 Best Engines）”。这意味着现代汽车的氢燃料电池系统具备了与汽车内燃机相媲美的性能。NEXO 将储氢罐容量提升至 156.6L，提高了电机性能，NEDC 标准下综合工况续航里程超 800km（EPA 标准，612km），百公里加速时间也缩短至 9.2S，低温启动性能改善至 -30℃。与此同时，氢燃料电池系统的零件尺寸进一步缩小，成功实现模块化及轻量化，形成最优效率和耐久性的结构。

现代汽车的氢燃料电池技术实力在商用车领域也得到体现。2019 年 4 月，现代汽车率先构建全球首个氢燃料电池重卡量产体系，并首次向瑞士出口氢燃料电池重卡。继乘用车之后，卡车部门也正式批量供应氢燃料电池车，进而现代汽车将世界顶尖水平的氢燃料电池技术拓展到商用车领域，此具有象征意义的发展进程进一步巩固了现代汽车氢燃料电池车的领导力地位。2020 年，全球首款氢燃料电池重卡 XCIENT Fuel Cell 正式推出，搭载 190kW 级氢燃料电池系统和 7 个 350L 大型储氢罐，一次充满氢气可行驶约 400km，目前实际应用于瑞士的各种物流事业。

不仅是氢燃料电池卡车，氢燃料电池巴士 ELEC CITY Fuel Cell 从 2019 年开始试运行，2020 年量产，搭载了 180kW 级氢燃料电池系统，在多坡道的道路条件下也能提供充足的驱动力，同时在车辆上部装备了 5 个储氢罐，总共可储存 34kg 氢气，续航里程达 500km 以上。ELEC CITY Fuel Cell 在韩国首尔、釜山、昌原、蔚山、全州等多个地区运行，规模已达 100 辆以上。

2. 氢燃料电池车全球销量

截至 2021 年 6 月，NEXO 韩国国内累计销量超过了 1.5 万辆，包含国内销量的全球销量超过 1.7 万辆，引领氢燃料电池车市场。

截至 2021 年 7 月，现代汽车共向瑞士出口 46 辆氢燃料电池重卡 XCIENT Fuel Cell，计划到 2025 年将出口量提升至 1600 辆。现代汽车计划未来将氢燃料电池重卡供应地区扩大到欧洲全境，同时进军北美商用车市场。

此外，截至 2021 年 7 月，氢燃料电池巴士 ELEC CITY Fuel Cell 已在韩国普及 108 辆。另外，现代汽车在 2020 年 9 月向沙特阿拉伯出口 2 辆氢燃料电池巴士 ELEC CITY Fuel Cell 之后，2021 年 6 月又向德国慕尼黑两家巴士运营商提供了 2 辆氢燃料电池巴士试验车。这批车辆将被部署在慕尼黑实际现有公交路线上，进行载客运行。现代汽车计划今年向慕尼黑追加供应 4 辆氢燃料电池巴士，来进一步收集乘客和司机的意见。

（三）现代汽车氢能应用案例介绍

1. 氢燃料电池系统首次成功出口（2020年9月）

现代汽车于 2020 年 9 月向瑞士的储氢技术企业 GRZ Technologies 及欧洲的能源解决方案初创企业出口了 4 套氢燃料电池系统，该批氢燃料电池系统的海外出口是在韩国贸易、工业和能源部对国家核心技术出口批准后实施的，这是首次将氢燃料电池系统出口到非汽车领域。同时，这是 2020 年 7 月欧盟执行委员会发表氢经济战略后进行的首次海外销售，借此在环保发达市场的欧洲宣传了韩国优秀的技术力量。现代汽车氢燃料电池系统对非汽车领域的出口跨越了整车销售的传统事业领域，成为氢能相关事业领域的催化剂。现代汽车计划以向欧洲出口氢燃料电池系统为契机，未来将通过向美国、中国等全球范围的氢燃料电池系统扩大销售，不断拓展氢能事业领域。

2. 氢燃料电池发电系统正式启动（2021年1月）

2021 年 1 月，现代汽车与韩国东西电力公司和德洋公司三方合作的 1MW 氢燃料电池发电系统正式竣工，并投入试运营。现代汽车研发的 1MW

氢燃料电池发电系统包含两个500kW的集装箱型发电模块，最大特点是每个模块由多个在氢燃料电池车NEXO上使用的燃料电池组组成。该氢燃料电池发电项目中使用的氢气是蔚山地区石化工厂通过管道输送的副产氢，每年可产生约8000MWh的电力，按照每户每月使用量300kWh的标准，可向约2200户家庭供电。得益于多个NEXO氢燃料电池组集成在集装箱内的模块结构，未来还可根据集装箱数量，将供应量扩大到数十乃至数百MW。

3. 氢燃料电池发电系统进军赛车运动市场（2021年6月）

2021年6月，全球首个电动房车赛事ETCR（Electric Touring Car Racing）在意大利瓦莱伦加（Vallerunga）赛道首次拉开序幕。在ETCR赛事中，现代汽车不仅参加比赛，还负责利用氢燃料电池发电系统搭建充电基础设施，为所有参赛的高性能电动赛车提供充电运行保障。相比之前其他电动汽车赛事通过燃油发电机发电提供能量源，此次ETCR赛事通过环保动力源实现了真正的“零碳排放”。

现代汽车HTWO提供的移动型氢燃料电池发电系统装备了160kW级发电组件，搭载了2套现代汽车NEXO上的氢燃料电池系统，可在1个小时之内同时充满2辆ETCR赛车（装备65kWh电池）。这种氢燃料电池发电系统也可为供电困难的偏远地区提供应急电力，同时也可以安装在加氢站，进而加氢站不仅可提供加氢服务还可提供充电服务，对改善电网问题和提高加氢站的收益起到很大作用。

现代汽车通过ETCR赛事中氢燃料电池发电系统的稳定运营，再次证实了氢燃料电池系统在发电领域的可能性，同时也在探索进军更多业务领域及新事业的机会。

4. 氢经济时代的环保公共交通，现代Rotem氢燃料电池有轨电车（2021年4月）

2021年4月，氢燃料电池有轨电车概念车在现代Rotem昌原工厂实车亮相。现代Rotem展出的氢燃料电池有轨电车是结合了现代汽车氢燃料电池系统和电池的混合动力概念车型，该有轨电车概念车由3个模块组成，目前正以单次加氢最高速80km/h、最大续航里程150km为目标进行开发。

（四）打造氢燃料电池车生态系统

现代汽车集团宣布，到2030年建立年产50万辆氢燃料电池汽车生产体系的“氢能计划”不仅仅局限于整车开发。现代汽车集团将与旗下子公司及优秀的海内外机构、企业携手，将氢燃料电池技术拓展应用到其他领域，并带头扩大加氢基础设施建设（见表3）。

表3　现代汽车的合作伙伴与项目内容

类别	合作伙伴	项目内容
集团公司	现代摩比斯	打造全球最大的氢燃料电池系统核心零部件生产基地，生产氢燃料电池系统组件
	现代制铁	使用副产气体制氢，启动氢燃料电池系统金属双极板工厂运行
	现代 Rotem	制氢转化炉的建设及生产，启动加氢设备供应事业，共同开发氢燃料电池轨道车辆
韩国	韩国天然气公司（KOGAS）	氢能基础设施联合项目与技术开发，引进海外绿色氢能，合资建立氢燃料电池商用车复合加氢站，联合开发二氧化碳捕捉利用技术
	现代建设（Hyundai E&C）、现代 Glovis、韩国天然气公司（KOGAS）、韩国造船海洋公司（KSOE）、伍德赛德石油公司（Woodside）	作为引进海外绿色氢气的一环，建立将澳大利亚可再生能源生产的绿色氢气以液态及氨的形式运输至韩国并供应给加氢站的合作体系
	韩国东西电力公司	蔚山电力总部1MW级氢燃料电池发电系统示范运行
	江原道	氢能船舶用氢燃料电池系统开发与供应
	自治市	氢燃料电池巴士的供应和运营（昌原、光州、蔚山、首尔、釜山、瑞山、牙山等）
	韩国道路公社（Korea Expressway Corporation）	在高速公路服务区和大城市建立加氢站
	斗山燃料电池（Doosan Fuel Cell）	燃料电池分布式发电微电网联合示范
海外	H2 Energy（瑞士）	成立合资公司“现代氢能移动出行（Hyundai Hydrogen Mobility，HHM）”
	H2 Pro（以色列）、GRZ Technologies（瑞士）	与氢气生产和储存领域的创新公司合作

续表

类别	合作伙伴	项目内容
海外	Hazer(澳大利亚)	氢生产中的二氧化碳减排技术合作
	Hydrospider(德国)	合作引进液态有机氢载体技术
	澳大利亚联邦科学与工业研究组织 CSIRO(澳大利亚)、FMG 集团(Fortescue Metals Group,澳大利亚)	建立以氨的形式储存和运输氢的创新氢基础设施
	液化空气集团(Air Liquide)、耐欧氢气(Nel Hydrogen)、壳牌(Shell)、丰田	大容量加氢技术国际标准化及加氢零部件研发合作
	沙特阿美公司(Saudi Aramco,沙特阿拉伯)	氢能拓展战略合作

（五）现代汽车集团在华氢能事业

中国作为全球增长最快的经济体，将成为这场“氢能浪潮”中必不可少的重要力量。氢能作为重要的未来新能源技术方向已经写入中国政府工作报告。同时，在中国“碳达峰、碳中和”的国家环保目标指引下，中国氢能产业已经迎来快速发展的起步阶段。近日，中国国家五部委发布《关于启动燃料电池汽车示范应用工作的通知》明确京沪粤三个城市群成为首批入选氢燃料电池汽车示范城市群的重点区域。

现代汽车集团始终将中国作为全球最重要的市场之一，为正式开展氢能事业及扩大氢能产业生态系统，2021 年 3 月，现代汽车集团与中国广州市签署谅解备忘录（MOU），在广州建立现代汽车集团首个海外氢燃料电池系统生产和销售基地，命名为“HTWO 广州”，“HTWO 广州”预计 2022 年下半年正式竣工，届时将建成为包含氢燃料电池堆工厂、氢燃料电池系统生产工厂、研发中心和创新中心在内的综合型基地，并加紧脚步开展与中国相关企业的合作与产业示范。“HTWO 广州”初期年产能规划为 6500 套，未来将视中国市场和政策需求适时扩大生产供应能力，并将产品推广至更多环保移动出行和产业领域，为中国的氢能产业发展作出积极贡献。

现代汽车集团在中国的战略制定、技术产品研发、前瞻技术研究和氢能产业制造等相关氢能事业布局与首批氢燃料电池汽车示范城市群分布高度一致。这将为现代汽车集团在中国的氢能事业提供强有力的政策支撑，更将成为全球“氢能愿景2040”实现的巨大助力。同时，现代汽车集团也将凭借在氢能领域的领先实力，持续助力中国氢能产业快速发展。

四　对中国氢能产业发展的建议

全球咨询公司麦肯锡的一份报告中预测，到2050年氢能将占全球能源总需求的18%。

中国通过发布中央政府和地方政府的相关政策，明确了未来将向氢能发展转型。中国作为世界最大的氢能生产国，同时已经在新能源汽车（特别是电动汽车）领域拥有领先全球市场的经验，因此有望引领未来氢能社会转型。以此为基础，未来中国若持续引领全球氢经济发展，必须加强氢能产业生态的整体竞争力，为实现自发性创新增长的产业打下基础。

为了实现这一目标，围绕“顶层政策制定”“监管沙盒及示范事业拓展”“需求及普及支持力度提升”“氢能基础设施建设”等方面，提出以下建议。

第一，通过制定法律和制度，在形成初期氢能产业化发展条件的同时，应尽快制定详细的实施计划。即，使政策目标和支持/激励方式具体化，消除企业参与的不确定性因素，提高执行力。

如果消除对法律及制度的不确定性，通过支持/激励方式的具体化，构建能够促进市场成长及创造收益的氢能生态系统，这将会成为促使参与企业扩大投资，进一步推动氢能产业成长的契机。为此，韩国政府于2021年实施全球首部“氢经济法”，这可成为参照的案例。

第二，为了不被现有的法规束缚，避免妨碍创新和产业初期的成长，有必要积极扩大和强化“监管沙盒”。在正式开展示范城市群事业和制定、实施氢能相关政策时，对于进入中国氢能产业的外资企业，也需要保障公平的参与机会，从中央政府和地方政府层面提供同等激励，扩大对高新技术投资的优惠条件支持等。这样可以通过有效利用外资企业的技术和投资，加快中国氢能产业增长，为实现“2060 年碳中和”，扩大国际合作做出贡献。

第三，氢能产业需要全面均衡发展包括氢能生产、储存/运输、加氢、应用在内的生态系统。初期，需要在相对容易商业化的氢能应用领域持续创造机会和需求，逐渐形成市场。为了扩大氢燃料电池车市场，应该扩大氢燃料电池商用车和乘用车的普及。氢燃料电池乘用车的普及，能扩大氢燃料电池车使用经验，提高社会对氢能产业的认识和接受度，通过规模经济降低成本，对打造企业自发参与市场的良性循环结构有显著助力。未来，中央政府及地方政府推进示范事业及制定政策时，建议提升对扩大氢燃料电池乘用车普及的支持。

第四，为了激励氢燃料电池车的普及，必须迅速建设加氢基础设施，加大对氢气价格补贴支持。氢燃料电池车能否普及，取决于能否确保其经济性、加氢站基础设施的建设程度和氢气供应价格。目前，加氢站需要投入巨大的建设费用和运营费用，市场初期因需求不足等原因很难创造收益。因此，在民间形成自我造血能力之前，需要中央政府和地方政府主导加氢站建设及运营，对氢气供应价格给予激励。

B.25
全球主要燃料电池汽车产品评价及竞争力分析

郭　婷　梁荣亮*

摘　要： 经过多年的积累，我国燃料电池汽车的技术水平在不断地提升，已经初步进入到“商业化 + 大规模示范运行”阶段，为了加快市场化的脚步，需要不断与国际先进的燃料电池汽车进行对标，并提升自身的技术。本文对全球先进燃料电池汽车进行产品对标评价，提炼出关键的技术指标和策略手段。对国内燃料电池汽车提升产品竞争力有巨大的帮助和促进作用。同时，也从市场与产品开发等角度，打造燃料电池汽车的全技术链，不断提升技术水平，助力我国实现“碳达峰、碳中和”的目标。

关键词： 燃料电池汽车　对标测评　竞争力

2021年是全球燃料电池汽车产业发展历程中非常重要的一年，受新冠肺炎疫情影响，全球汽车行业都出现下滑迹象，但是燃料电池汽车支撑政策和技术研发却未停下脚步，燃料电池汽车仍然是各国未来汽车发展的重要方向。丰田汽车、现代汽车、本田汽车、通用汽车被称为全球氢燃料电池汽车

* 郭婷，博士，高级项目经理，中汽研汽车检验中心（天津）有限公司，研究方向：燃料电池汽车测试评价、新能源汽车测试评价；梁荣亮，整车部性能评价室主任，高级工程师，中汽研汽车检验中心（天津）有限公司，研究方向：整车关键性能测试评价。

的四强，其燃料电池汽车产品使用性能等各个方面均达到了和传统汽油车相媲美的水平。国内燃料电池汽车在经过近几年的技术攻关和示范运营，已经初步进入到商业化运营的阶段。国内乘用车以上汽荣威、上汽大通 G20FC、红旗 H5、东风 AX7、广汽 GAC 等为首，商用车以宇通客车、福田汽车、中通客车、佛山飞驰为主的汽车企业进行研究应用。在燃料电池的功率等级上，也实现了百千瓦级的应用。虽然国内的燃料电池汽车在一些关键指标上如氢气消耗量、冷启动等均已达到了国际先进车型的水平，但是其技术方案和可靠性等，还需要进一步的技术开发。未来应充分发挥电－电混合技术优势，提升燃料电池汽车的技术水平，实现全面商业化运营。

一　主要燃料电池汽车产品评价

2021 年 1 ~6 月，全国燃料电池汽车产销分别为 623 辆和 479 辆，同比分别增长 43.6% 和 5.7%。作为全球燃料电池汽车的引导者，丰田 Mirai 和现代 Nexo 独领风骚，在销量上占据一定的优势。特别是 Mirai 二代的出台，在销量上更略胜一筹。由于本田和通用的发展方向不在国内，所以对于技术的产品评价和对标的解析，国内主要集中在 Mirai 和 Nexo 两款车型上。

两款车型的主要技术参数如表 1 所示，从续驶里程、电堆输出功率、储氢系统的容积等指标上看出，均已达到世界先进的水平，掀起了全球燃料电池汽车技术人员的研究热潮。

表 1　全球先进燃料电池汽车参数对比

项目	丰田 Mirai 二代	现代 NEXO	本田 Clarity
续驶里程	850km	800km	750km
氢瓶容积	141L,5.6kg	156.6L,6.33kg	141L,5kg
储氢密度	6.0wt%	—	—
电堆体积功率密度和质量功率密度	4.4kW/L,2kW/kg	3.1kW/L	3.1kW/L
电堆体积、重量	24L、56kg	不详	不详
电堆单体数量	370 片	440 片	不详
电堆功率	128kW	95kW	103kW

续表

项目	丰田 Mirai 二代	现代 NEXO	本田 Clarity
最高车速	175km/h	179km/h	165km/h
动力电池	锂电池	1.56kW/h	1.56kW/h

（一）燃料电池汽车关键技术解析

中国汽车技术研究中心有限公司针对燃料电池汽车关键技术问题进行了全面、系统的对标分析，包括安全性、经济性、动力性等。在充分了解整车测评技术的需求之后，制定了详细的技术方案，主要分几个层级进行解析，第一层级是整车层级，其中包括：

· 整车尺寸

· 整车重量、质心位置

· 主要系统布置

· 造型对比

· 车辆主观评估

· NVH

· 动力性、经济性

· 操纵稳定性

· 制动性能

· 空调性能

· 整车热管理性能

· 车辆控制策略

· 车辆氢安全测试

· 车辆低温冷启动测试

· 高原测试及评价

第二层级是燃料电池系统和燃料电池电堆层级，主要包含结构及零部件组成、电输出特性、动态响应特性、高低温贮存、低温启动、氢电安全性、参数灵敏度等，如表 2 和表 3 所示。

表 2　燃料电池系统测试项目

一级项目	二级项目	三级项目
燃料电池系统	性能	系统功率上升响应梯度(kW/s)
		系统功率体积比(kW/L)
		系统功率质量比(kW/kg)
	怠速启动	冷启动时间、温度
		热启动时间
		冷却液起始温度
		燃料电池堆电压
		辅助系统电压
		辅助系统电流
		氢气消耗量
	额定功率启动	启动时间
		冷却液起始温度
		燃料电池堆电压
		辅助系统电压
		辅助系统电流
		氢气消耗量
	稳态特性、额定功率特性	燃料电池堆电压
		燃料电池堆电流
		辅助系统电压
		辅助系统电流
		氢气消耗量
	峰值功率特性	峰值功率运行时间
		燃料电池堆电压
		燃料电池堆电流
		辅助系统电压
		辅助系统电流
		氢气消耗量
	动态响应特性	动态阶跃响应时间
		燃料电池堆电压
		燃料电池堆电流
		辅助系统电压
		辅助系统电流
		氢气消耗量

表 3　燃料电池电堆测试项目

一级项目	二级项目	三级项目
燃料电池电堆	电堆	电堆内部结构图
		电堆单体电压(标称电压、工作电压范围)
		电堆单体重量
		电堆总成重量
		电堆最高功率
		电堆最高工作电流
		电堆尺寸
		能量密度
		常温启动时,电池堆栈的功率上升情况(功率 - 时间曲线)
		电堆工作特性曲线(电压、电流、温度曲线)
		高低温贮存
		气密性
		绝缘性
		动态响应情况
		参数灵敏度

第三层级主要是对燃料电池汽车进行整机的拆解和分析技术，拆解的目的是为了更加了解整车结构、零部件连接情况以及材料级属性。拆解的结构也分为储氢及供氢系统拆解分析、空气供气系统分析、热管理及冷却系统、高低压线束系统等，如表 4 所示。

表 4　燃料电池汽车拆解测试项目

一级项目	二级项目	三级项目
供气系统	系统布置	图片
	系统集成方式	图片
	—	描述
	系统	工作原理(原理框架图)
	空压机	工作原理
		运行噪音(db)
		NVH 指标项
		额定功率(kW)
		重量(kg)

续表

一级项目	二级项目	三级项目
供气系统	空压机	体积(mm × mm × mm)
		额定转速(r/min)
		驱动类型
		是否非油润滑
		图片
		供应商资料
	空压机控制器	工作原理
		功率
		重量(kg)
		尺寸
		图片
		供应商
	空气过滤器	图片
		工作原理
	中冷器	图片
		工作原理
	增湿器	图片
		工作原理
	节气门	图片
		工作原理
储氢及供氢系统	储氢及供氢系统阀门、传感器	主关断阀布置位置
		单向阀布置位置
		压力释放阀布置位置
		过流保护阀布置位置
		供氢管路外径(mm)
		供氢管路内径(mm)
		供氢管路材质
		氢气泄露传感器布置位置
		供氢管路密封件布置位置
		压力释放装置 PRD 布置位置
		氢气加注口布置位置
		氢气加注口口径(mm)
		PRD 排放口布置位置
		储氢容器外观尺寸(mm)
		储氢容器重量(kg)

续表

一级项目	二级项目	三级项目
储氢及供氢系统	储氢及供氢系统阀门、传感器	储氢容器重量(kg)
		储氢容器安装信息
		储氢容器布置位置
		储氢容器安装扭力值(Nm)
		储氢容器材质
高低压线束系统	尺寸	高低压线束 BOM
		整车高压电器盒尺寸
		电池电器盒尺寸
		零部件过孔尺寸
		相关连接件
		相关连接件安装尺寸
	结构	整车高压系统整体布置拓扑结构
		高压线束的安装固定结构
		整车低压线束整体布置拓扑结构
		高压连接器的功能及结构
		高压电器盒布置位置及内外安装结构
		维修开关的布置、安装结构及位置
		保险盒的布置及结构
		对接接插件的布置位置和布置结构
		高低压线束的布置距离及走向
	材质	高压电器盒外壳材料
		高压电器盒用铜排材料及表面处理方式
	工艺	高压线束及电器盒的加工工艺
		接地点的防水保护
		扭力值
热管理及冷却系统	系统原理图	电堆冷却回路
		DCDC 冷却回路
	冷却模块布置方式	电机、DCDC、空调性能
	零部件结构信息	零部件的安装信息、点云、BOM 等信息

（二）丰田 Mirai 和现代 NEXO 的关键技术解析

为了更好地解析典型车辆的技术优势，针对行业的热点难点进行技术解析。国内燃料电池技术经过多年积累，已经有很大的进步，但是在部分关键技术上还与国际水平有一定的差距，如冷启动能力、系统集成控制能力以及热管理能力等。本章节针对丰田 Mirai 和现代 NEXO 进行测试评价解析，以及控制策略的解析。

1. 冷启动能力均达到 -30℃的商业化使用需求

低温冷启动一直都是燃料电池汽车发展的技术难点，我国现阶段正在制定整车级及系统级的低温冷启动的测试标准。测评各种构型燃料电池车在不同温度下的冷启动性能，着重测评冷启动过程中的供氢、供空气、水热管理等方面，研究阳极/阴极吹扫策略、加湿策略、快速暖机策略、排水策略、排氮策略以及热管理大小循环切换策略，并分析冷却水泵、温控阀、吹扫阀与排水阀等部件的工作模式。

目前存在三种低温冷启动的技术方案，包括保温法、加热法和吹扫法。吹扫法是目前主流的技术手段，对燃料电池内部的水含量进行严格的监控和把关。二款车型的低温冷启动的对比分析数据如下表 5 所示，二款车型采用的虽然都是吹扫的策略，但是在控制策略上有明显的不同。丰田燃料电池汽车主要遵循三个原则，启动时快速升温、加快水的排放以及增加水的热容三种方式。具体的控制逻辑为系统启动 - 快速暖机 - 水含量控制 - 关机吹扫 - 停机出扫，通过这几个步骤对内部的水含量进行严格控制。NEXO 则利用自身结构的优势，通过搭载的热敏电阻快速加热电堆的冷却系统，使电堆的温度升高，在 47 秒内即可启动成功，使用四向阀有效地提高低温冷启动效率。

表 5　燃料电池汽车低温冷启动测试数据

项目	Mirai	NEXO
低温冷启动时间(s)	77	47
燃料电池堆电流(A)	12	48.7
燃料电池堆电压(V)	578	375.6
动力电池电流(A)	0.06	45.7
动力电池电压(V)	312	403.7

2. 高效的集成技术是大势所趋

高集成度燃料电池系统是满足乘用车商业化的必要条件，由于燃料电池系统结构错综复杂，对水－热－电－气的要求较高，所以在设计之初就要充分考虑空气进气子系统、氢气进气子系统、热管理子系统等的集成设计。NEXO 燃料电池汽车的燃料电池系统集成度可以与传统内燃机相媲美，体积做的更小，其主要采用三种措施来提高集成度，一是采用了全新的热管理系统，利用双向阀门和四向阀门改善电堆制冷剂的温度控制响应性；二是在空气控制系统一侧，空气进气阀和空气出气阀集成为一个小的零部件；三是氢气循环系统将传统的循环方式变成引射器模式，大大减小了体积。

Mirai 燃料电池汽车为了提高系统的集成度，对空气、氢气、冷却系统等零部件进行更新，提高了燃料电池电堆及系统各零部件性能，在电堆等重要部件上提高了体积功率密度，减少材料使用量、精简结构。在空气压缩机以及氢气零部件等关键子系统上提高了利用率。综合各种技术方式，降低系统的复杂程度，使其更好的在乘用车中应用。

3. 高效的能量控制策略是发展的重点

能量管理策略是各家燃料电池汽车企业发展的核心重点，在进行不同工况时会有复杂的控制策略来满足能量和使用的需求。总体的能量控制策略是在启动时，由于燃料电池堆工作需要辅助系统的运行，所以动力电池需要提供一定的电量才能运行。随着功率需求的变化，动力电池会起到削峰填谷的作用，在功率需求较高时燃料电池和动力电池共同驱动满足整车需求，当功率需求低时，燃料电池会给动力电池充电，储存一定的电量。由于燃料电池堆自身的散热量较大，在高功率输出时，会增加燃料电池堆保护策略，不能长时间运行。对于 Mirai 和 NEXO 这种全功率车型来说，在整个控制过程中动力电池和燃料电池的状态都会维持在相对稳定的范围，以保证使用的需求和寿命。在进行续驶里程和能量流测试的数据中，发现 Mirai 动力电池 SOC 状态和燃料电池功率基本上会维持在 3∶10 的功率比，而 NEXO 则会维持 SOC 状态在 50% ~65% 之间以满足使用需求，如表 6 所示。

表 6　燃料电池汽车续驶里程测试数据

项目	Mirai((NEDC 工况)	NEXO(NEDC 工况)
氢罐压力初始值	66.86MPa	61.4MPa
氢罐压力结束值	0.98MPa	3.5MPa
SOC 状态	—	50% ~65%
续驶里程	851km	671km
氢气消耗量	0.75kg/100km	0.76kg/100km

二　国内主要企业燃料电池汽车产品竞争力分析

近年来，在政策的不断支持和科研项目的不断提升下，国内燃料电池汽车技术水平得到快速发展，很多关键技术指标已经达到国际先进水平。在工信部发布的《新能源汽车推广应用推荐车型目录》可以看出，燃料电池系统的功率已经从 2017 年的 30kW 左右提升到目前的 60kW 以上技术水平。燃料电池企业数量也在不断增加，目前已经有上百家氢能及燃料电池汽车相关企业共同在推动行业技术进步。燃料电池汽车技术进步可以从三个技术指标体现出来，首先是低温冷启动的温度已经从原来的 -10℃ 提升到 -30℃ 的技术水平；其次是氢气消耗量已经由原来的 0.98kg/100km 提升到目前的 0.56kg/100km 的技术水平；最后是燃料电池堆的体积比功率密度由原来的 2.5kW/L 提升到目前的 4.5kW/L 甚至更高的技术水平。国内产品虽然在很多关键技术指标上已经可以和国际先进水平相媲美，但是在可靠性及成本上还亟须提升。

在示范应用等政策大力的支持下，国家“十四五”规划对燃料电池汽车的支持依然在提高，预计在 2021 ~2022 年我国燃料电池汽车产销会有一定的增长。为了提升我国燃料电池汽车的商业竞争力，需要不断创新商业化的推广模式。在燃料电池汽车可靠耐久性方面，需要加强技术攻关，降低成本。同时，加强多种类型燃料电池汽车的运行，特别是乘用车的推广。需要在更多的应用场景下进行验证，不断地提高产品可靠性技术水平。

三 燃料电池汽车产品开发展望

大力提升燃料电池汽车技术和推广应用的燃料电池汽车数量，是实现“碳达峰、碳中和”的重要步骤。经过多年技术发展，我国燃料电池汽车产业链已经实现了部分国产化，从发展优势看来，商用发展优势比较明显，更适合我国现阶段的发展模式。为了更好地实现燃料电池汽车商业化目标，我国应该大力发展燃料电池商用车，同时并行发展燃料电池乘用车。从技术开发的角度，应不断地提高燃料电池汽车的适应能力，提高关键零部件的可靠性以及核心材料的自主能力，不断地完善氢能及燃料电池汽车产业链，降低商业化运营成本。

Abstract

As China's "2030 Carbon Peak, 2060 Carbon Neutral" strategic goal is raised, an ecological priority, the high quality of the green, low carbon development path has become the future development of the main tone. Developing hydrogen has become an important measure to promote the innovation and development of energy production and consumption revolution in China. The development of hydrogen fuel cell vehicles has become an important way to promote the development of high efficiency, clean and diversified vehicle energy. In September 2020, five departments that including the National Ministry of Finance, the National Development and Reform Commission, Ministry of Industry, the Ministry of Science and Technology and the National Energy Administration had issued "Conduct Fuel – Cell Vehicle Demonstration Application Notice", Adopt the way of "Replacing Subsidy with Award", giving incentives and support to eligible city clusters to carry out industrialization breakthroughs and demonstration applications of key fuel cell vehicle components. In March 2021, The State Council issued the 14th Five – Year Plan for National Economic and Social Development of the People's Republic of China and the Outline of the Vision Goal for 2035, in which hydrogen was listed as a future industry and its strategic positioning was elevated to a new height.

Facing the development situation of the industry, the Automotive Data of China Co., Ltd.'s Hydrogen Research team of China Automotive Technology And Research Center Co., Ltd. started the preparation of *2021 Blue Book of Hydrogen Vehicle* in February 2021. Amid repeated outbreaks of COVID – 19 in some parts of China, in the form of online communication and offline field research, the research team conducted in-depth research and communication on hot spots and pain points in the industry with government departments, industry experts and representative enterprises of the industrial chain in Beijing, Shanghai, Guangdong, Shandong, Hebei, Shanxi, Zhejiang, Shandong, Sichuan and other places. In early April, the team determined the outline of the compilation and held a kick-off meeting to absorb the suggestions and opinions of industry experts and enterprise representatives on the compilation of this year's blue Book. By the end of August, with the strong support of local government, industry experts, research institutions and enterprise representatives, the collection of the first draft of the book was completed and the book entered the stage of submission, revision and improvement.

The *Development of Automotive Hydrogen Industry in China* (*2021*) is an annual report on the development of China's hydrogen and fuel cell vehicle industry, and the fourth volume of the *Blue Book of Hydrogen Vehicles* series. This annual report mainly includes eight parts: the *General Report*, the *Expert Perspective Report*, the *Industry Report*, the *Policy Report*, the *Application Report*, the *Regional Report*, the *Carbon Neutral Report* and the *International Report*, the research content covers all links up and down the industrial chain.

According to the analysis and research, China's hydrogen and fuel cell vehicle industry policies are accelerating, demonstration and application policies are gradually clarified, hydrogen is reflected in a number of national key industries and support policies, and the trend of industrial integration is obvious. China's hydrogen fuel cell vehicle industry system is becoming perfect, vehicle fuel cell technology is making rapid progress, diversified hydrogen production system is taking shape, green hydrogen has become an important development direction, and has industrialized supply capacity. The construction of hydrogenation infrastructure is advancing rapidly, facing difficulties in approval and operation supervision. Fuel cell vehicle market ushered in a period of rapid growth, application scenarios continued to expand, economy continued to improve, typical regional industrial development and demonstration application of remarkable results, using renewable energy to produce hydrogen fuel cell vehicle carbon emission reduction benefits are obvious.

The theme of this annual report is *The Development of Hydrogen Fuel cell Vehicle*

Industry under the Goal of Carbon Neutrality. Based on the actual development of China's automotive hydrogen industry, it can not only systematically analyze the development progress of the industry and scientifically analyze the development trend of the industry, but also make it easy to understand from the perspective of the audience. This book will help the government's energy and automobile industry management departments at all levels, industry research institutions and research institutes, international institutions and international enterprises, automotive hydrogen and fuel cell related enterprises, automobile enterprise, investment main body, and the public understand hydrogen and fuel cell vehicle industry development in China, to grasp the new dynamic and the situation of industrial development. It provides references and strong support for governments at all levels to study and formulate policies for the automotive hydrogen industry and scientific decision-making of energy and automobile related enterprises.

Keywords: Automotive Hydrogen; Fuel Cell Vehicles; Industry Development; Demonstration Applications; Carbon Neutral

Contents

Ⅰ General Report

Abstract: Building a hydrogen supply system for production, storage, transportation and refilling, carrying out demonstration operations of fuel cell vehicles, and increasing the proportion of hydrogen production from renewable energy are important ways to achieve the strategic goal of carbon peak and neutrality. Under the guidance of national and local policies, an autonomous, controllable and relatively complete domestic hydrogen fuel cell vehicle industry chain has basically taken shape, and the supporting system of standards, regulations and test and evaluation has been continuously improved. With the continuous expansion of application scenarios, gradual improvement of economy and continuous improvement of hydrogenation infrastructure, the fuel cell vehicle market will embrace rapid development. At the same time, hydrogen and fuel cell vehicle industry development and demonstration application are blooming in many places in China, Beijing -Tianjin -Hebei, Yangtze river delta, Greater Bay Area,

Chengdu – Chongqing, Shandong, Henan and other places have formed a certain industrial foundation, and formed their own industrial advantages, automotive hydrogen supply system construction and fuel-cell vehicle demonstration application process is moving forward rapidly. Under the background of the implementation of the "carbon peak and neutrality goals" target, hydrogen fuel cell vehicles have obvious carbon emission reduction benefits, and it is necessary to carry out the research on hydrogen carbon footprint and carbon verification for vehicles as soon as possible.

Keywords: The hydrogen; Fuel Cell Vehicle; Industrial Policies; Carbon neutral

Ⅱ Expert Perspective Report

Ⅲ Industry Reports

B.3 Study on Demonstration Operation of Multiple Fuel Cell Vehicles in Typical Regions

Abstract: The project "*Study on demonstration operation of multiple fuel cell vehicles in typical regions*" carried out demonstration operation of fuel cell vehicles in four typical regions of Beijing, Tianjin and Hebei, Central Plains, Yangtze River Delta and Pearl River Delta, and conducted special tracking studies on more than 223 of them, to verify and analyze the safety, reliability and economy of fuel cell vehicles and their supporting infrastructure in actual operation. Through the formulation and implementation of the operation and maintenance system and emergency treatment plan of fuel cell vehicles and hydrogenation infrastructure, an operation team with operation and management experience was established, and the operation cost of fuel cell vehicles and hydrogenation station was tentative explored, laying a good foundation for demonstration operation in the next step.

Keywords: Typical Region; Fuel Cell Vehicle; Demonstration Run; Hydrogen Refueling Station

B.4 Progress of Vehicle Fuel Cell Technology and Industrialization in China

Abstract: This paper analyzes the development status of fuel cell basic materials, key components and fuel cell system in China. At present, the rapid development of automotive fuel cells in China has gradually entered the stage of commercialization. The galvanic pile and system have basically realized the replacement of domestic production, but the key materials and core components have not yet formed mass production. In the later stage, it is still necessary to increase R&D investment, strengthen the docking of upstream and downstream enterprises in the fuel cell industry chain, strengthen the construction of relevant supporting facilities, and need strong support from the government.

Keywords: Fuel Cell Vehicle; Key Components; Fuel Cell System

B.5 Progress and Industrial Chain Application of Solid State Hydrogen Storage and Transportation Technology

Guo Xiumei, Wu Yuanfang and Jiang Lijun / 073

Abstract: Safe and high density storage and transportation of hydrogen is considered as a bottleneck problem restricting large-scale application of hydrogen. Solid state hydrogen storage and transportation technology is an ideal hydrogen storage and transportation method with low hydrogen storage pressure and high hydrogen storage density. This report focuses on hydrogen solid state storage and transportation technology, and analyzes its technical progress and application status. The results show that although the weight and density of metal hydride hydrogen storage are relatively low and the cost is relatively high in the demonstration stage, the metal hydride hydrogen storage has strong applicability in large-scale hydrogen storage, hydrogen safe transportation, commercial vehicles/engineering vehicles and other aspects, and its cost advantage will gradually become prominent from the whole industrial chain and scale effect. The research and development of new high-capacity hydrogen storage materials is progressing rapidly, and it is expected to be popularized and applied in efficient hydrogen transport, fuel cell passenger vehicles/heavy trucks and other aspects in the future.

Keywords: Hydrogen Storage and Transportation; Solid State Hydrogen Storage; Hydrogen Storage Material; Solid State Hydrogen Storage System

B.6 Application and Suggestion of Liquid Hydrogen in Hydrogen Fuel Cell Vehicle

Abstract: Demonstration drive is an important feature of hydrogen development in China. Under the "*carbon peak and neutrality goals*", fuel cell heavy duty commercial vehicles with clean environmental protection, high specific energy advantages of rapid development, become a new hot spot in the industry. Liquid hydrogen has become one of the development directions in the field of hydrogen fuel cell vehicles because of its high hydrogen storage density, which conforms to the application requirements of fuel cell commercial vehicles with long driving range.

Keywords: Liquid Hydrogen; Fuel Cell Vehicle; Heavy-duty Vehicle

B.7 Current Situation and Prospect of Hydrogen Production and Utilization in China

Abstract: Hydrogen production and utilization in China is mainly concentrated in the chemical and metallurgical industries. As an industrial raw material, hydrogen production capacity is about 40.5 million tons/year, and hydrogen production is about 32.5 million tons/year. The amount of hydrogen used as a "fuel" is small. In the field of chemical industry, coal, natural gas and industrial by-products are the main sources of hydrogen, while ammonia synthesis, methanol, modern coal chemical industry, coke and semi-coke by-products of hydrogen are the main downstream consumption of hydrogen. It is expected that the fields of direct reduced iron, fuel cell vehicles, fuel cell ships, fuel cell power generation, and natural gas mixed with hydrogen combustion will become new growth points of hydrogen in the future.

Keywords: Hydrogen Resources; Industrial Hydrogen; Hydrogen Production; Hydrogen Consumption

Abstract: With the rapid development of hydrogen industry, the construction of hydrogenation stations in China is advancing steadily. In 2021, local governments and central enterprises are also accelerating their layout in the hydrogen industry. The demonstration project of "Hydrogen enters thousands of homes" in Shandong province has been officially launched, and Sinopec has proposed the ambitious goal of building 1, 000 hydrogenation stations during the 14th Five -Year Plan period. As an important infrastructure for the development of hydrogen industry, hydrogenation stations have become the key to promote the large-scale application of hydrogen fuel cell vehicles.

Keywords: Hydrogenation Station; Oil-hydrogen Combined station; Construction Cost; Operation Mode

Ⅳ Policy Reports

Abstract: Standards are the basic support for high quality development of hydrogen industry. This paper systematically reviews the status quo, development and development of hydrogen standards directly related to the automotive hydrogen industry. The approval and management methods of hydrogenation station construction in major provinces/cities/districts have been sorted out. The approval process of hydrogenation station construction can be roughly divided into five stages: land use planning permission stage, project construction permission stage, construction permission stage, completion acceptance stage and operation stage. Based on the vision of carbon peak carbon neutralization, some suggestions on standardization of hydrogen for vehicles were put forward.

Keywords: Vehicle Hydrogen Standard; Fuel Cell Vehicles; Hydrogenation Station Construction

Abstract: Policy plays an important role in promoting the development of Hydrogen and fuel cell vehicle industry in China. This report systematically reviews the policy progress of China's hydrogen and fuel cell vehicle industry from October 2020 to August 2021, and focuses on in-depth analysis of relevant development strategies and policies at the national level, the 14th Five - Year plan of local provinces and cities, and special policies on hydrogen and fuel cell vehicles. It is found that governments at all levels attach great importance to the development of hydrogen industry in China. Policies guide the integrated development of hydrogen industry and related industries, the demonstration and application policies of fuel cell vehicles tend to be clear, and local governments strengthen special support for the industry, which is conducive to the gradual formation of a good policy environment for industrial development. Based on the current situation and trend of policies, policy suggestions are put forward for the development of hydrogen and fuel cell vehicles in China from the following aspects: clear strategic guidance, support for technological innovation, elaboration of supporting policies, expansion of demonstration and application, strengthening operation safety management and information management.

Keywords: The hydrogen; Fuel Cell Vehicle; New Energy Vehicle

B.11 Progress in Standardization of Fuel Cell Electric Vehicles in China

Hao Weijian, Lan Hao and He Yuntang / 142

Abstract: As an important component of new energy vehicles, fuel cell vehicles are entering a period of rapid development. The development of the industry needs the guidance and specification of standards. The Sub – Technical Committee on Electric Vehicles of the National Technical Committee of Standardization Administration of China is actively committed to the standardization of fuel cell electric vehicles. Since 2009, it has issued 15 national and industry standards for fuel cell vehicles, covering basic general, complete vehicles, key systems and components, interfaces, facilities and other fields. A relatively perfect standard system for fuel cell electric vehicles has been formed. This paper mainly introduces the latest development of Chinese and international standards and regulations for fuel cell electric vehicles and its future prospects.

Keywords: Fuel Cell Vehicle; Fuel Cell System; International Laws and Regulations

B.12 Automotive Hydrogen Safety and Fuel Cell Testing and Evaluation

Zhang Yanyi, Hao Dong, Ma Minghui, WU Hao and Wang Renguang / 152

Abstract: With the rapid development of fuel cell vehicle technology, the industry for hydrogen fuel cell vehicle testing and evaluation technology is also developing. This paper analyzes GB/T 24549 –2020 "Fuel cell Electric Vehicle Safety Requirements" and TCSAE 183 –2021 "Fuel Cell Stack and System Basic

Performance Test Method" from the experimental point of view, and looks forward to the next work, in order to provide the industry with fuel cell vehicle and related system evaluation technical information.

Keywords: Fuel Cell Vehicle; Vehicle Hydrogen Safety; Test Evaluation

V Application Reports

B. 13 Analysis and Prospect of China Fuel Cell Vehicle Market

Abstract: At present, China's fuel cell vehicle market is still in the early stage of industrial development. From January to July 2021, China sold 765 fuel cell vehicles, down 14 percent year-on-year. As the fuel cell vehicle policy gradually becomes clear, the supply pattern of enterprises in all links of the industrial chain continues to be optimized, the economy of fuel cell vehicles gradually improves, the key technologies of fuel cell vehicles continue to break through and the models of fuel cell vehicles become more abundant, and the vehicle environment accelerates to mature. In the next few years, fuel cell vehicles will maintain steady and rapid growth, and give priority to concentrated development in some key areas. Fuel cell vehicle sales are expected to exceed 5, 000 units in 2021 and 8, 000 units in 2022.

Keywords: Fuel Cell Vehicle Market; Market Influencing Factors; Vehicle sales

B. 14 Demonstration Progress and Application Scenario Analysis of Fuel Cell Heavy-duty Truck in China

Abstract: In recent years, the Chinese government has encouraged the application of fuel cell vehicles in long-distance, medium and heavy fields, and the demonstration operation of fuel cell heavy trucks in China has accelerated. From January to July in 2021, 353 fuel cell heavy trucks were sold, mainly used in cold chain transportation, steel transportation, building materials transportation, muck transportation, etc. Typical fuel cell application scenarios include long-distance trunk transportation of general cargo, long-distance transportation of cold chain cargo, short reverse transportation, residue transportation and urban sanitation. At the same time, the number of fuel cell heavy card products is increasing, which can initially meet the requirements of demonstration application in various scenarios. In the long run, the application of fuel cell heavy truck has strong economic feasibility and technical feasibility, and has strong development potential. In the future, we should accelerate breakthroughs in key technologies of fuel cell heavy trucks, continuously improve economy, accelerate business model innovation, improve hydrogenation infrastructure and strengthen policy support, so as to accelerate the realization of economy and technological potential of fuel cell heavy trucks, and promote the continuous improvement of replacement rate of fuel cell heavy trucks in various typical application scenarios.

Keywords: Fuel Cell heavy-duty truck; Economy; Technical feasibility

B.15 Comparison and Prospect of Economy between Electric and Fuel Cell Vehicles in Different Scenarios

Abstract: The higher cost of new energy vehicles is one of the important factors restricting the development of new energy vehicles in China. This report constructs a comprehensive economic analysis and comparison model for electric and fuel cell vehicles. Based on the learning rate curves of key components of new energy vehicles, the future manufacturing cost trends of electric and fuel cell passenger cars, buses and trucks were analyzed and compared. At the same time, combined with four application scenarios of private cars, taxis, buses and logistics vehicles in China, the use cost of electric and fuel cell vehicles in each scenario is analyzed. Finally, the total cost difference between the two technology routes at different time points in the future is compared. It is found that although the manufacturing cost of range extended fuel cell vehicles is low in the future, the use cost and price of electric vehicles have obvious advantages, and the total cost will be highly competitive.

Keywords: Fuel Cell Vehicle; Electric Vehicle; New Energy Vehicles

Ⅵ Regional Reports

Abstract: Fuel cell vehicle is an important carrier of the future multi-energy system based on clean energy. It is an important direction of the new round of world energy technology reform. It is related to China's energy strategy development, ecological civilization construction and strategic emerging industry layout. The Beijing - Tianjin - Hebei region has strong R&D strength, solid industrial foundation, complete fuel cell vehicle industry chain, broad application market, and sufficient and diversified hydrogen supply, which provides a good foundation for the development of fuel cell vehicles. In the future, the Beijing - Tianjin - Hebei region will seize the development opportunity of the Beijing - Tianjin - Hebei fuel cell vehicle demonstration city cluster and implement the regional coordinated development strategy. Relying on the hydrogen industry foundation of each city, and giving full play to the advantages of scientific and technological innovation and industrial two-wheel drive, the beijing-Tianjin -

Hebei region will cultivate fuel cell vehicle production, research and development, application and hydrogen industry clusters. In addition, with the help of the Winter Olympics and other rich scenes, the global brand of fuel cell vehicles will be comprehensively promoted and shaped, and an adequate, diversified, safe and economic hydrogen guarantee system will be simultaneously constructed in accordance with the promotion scale and practical application scenarios of fuel cell vehicles. An ecosystem of sustainable hydrogen development should be formed with policy guidance, resource incentives, upstream and downstream coordination, and innovation-driven industrial chain.

Keywords: Beijing – Tianjin – Hebei Region; Fuel Cell Vehicle; The Hydrogen; Sustainable Development

Abstract: The Yangtze River Delta region is a key area for the development of hydrogen fuel cell vehicle industry in China. At the present stage, it has begun to take shape, forming the whole industry chain covering from upstream hydrogen production, storage, transportation and hydrogenation infrastructure, midstream hydrogen fuel cell reactor and system core components to downstream hydrogen fuel cell vehicle production and operation. To support the development of the hydrogen fuel cell vehicle industry, Shanghai and Jiangsu, Zhejiang and Anhui provinces have issued a series of local development plans and supporting policies. With the accelerated development of the industry, by encouraging and supporting the development of hydrogen production by renewable energy and CCUS technology, focusing on the technical barriers of hydrogen storage and transportation, and exploring the application scenarios of hydrogen fuel cell vehicles, the Yangtze River Delta will continue to improve the liquid concentration of hydrogen industry and lead the development of hydrogen industry in China.

Keywords: Yangtze River Delta region; The hydrogen; Fuel Cell Vehicle

Abstract: As one of the earliest demonstration areas of fuel cell buses in China, Guangdong province is actively exploring market mechanisms to promote the development of hydrogen industry and large-scale application of fuel cell vehicles. At present in Guangdong province has been initially formed hydrogen and fuel cell vehicles, industrial cluster has perfect fuel cell car industry chain, gathering more than 300 industrial chain related institutions, and covers the fuel cell electric pile, systems, membrane electrode, double plate, catalyst, carbon paper, air compressor and other key core R&D and manufacture of parts and materials. At the same time, it has established a number of supporting testing services, including hydrogen safety, hydrogen quality testing and long tube trailer inspection. According to the 14th Five-year Plan of Guangdong Province, "Guide local governments to give full play to their regional advantages and characteristic industry advantages, accelerate the cultivation of hydrogen industry, build fuel cell vehicle demonstration city clusters, make breakthroughs in key fuel cell components and core technologies, and build a multi-channel and diversified hydrogen supply system." In the future, the Greater Bay Area will improve the policy and management system, speed up the construction of hydrogenation infrastructure, increase enterprise innovation and R&D support, and promote the high-quality development of hydrogen and fuel cell vehicle industry in the Greater Bay Area.

Keywords: Hydrogen Industry; Fuel Cell Vehicle; Hydrogenation Infrastructure; Greater Bay Area

B.19 Development and Promotion of Hydrogen and Fuel Cell Vehicle Industry in Shandong

Men Junhui, Zhang Qi, Pan Fengwen, Zhao Qiang and Li Naiwu / 268

Abstract: Shandong Provincial Government attaches great importance to hydrogen industry and creates a good policy environment for the development of hydrogen industry. By encouraging large key enterprises to take the lead in key national research and development programs and carrying out pilot and demonstration projects for the hydrogen industry, Shandong build a low-carbon green hydrogen supply system, lay out hydrogenation infrastructure, demonstrate the application of fuel cell vehicles, and explore a hydrogen business model. And build a model project for multi-scenario application of hydrogen, relying on the Ministry of Science and Technology's "*Hydrogen enters thousands of homes*" technology demonstration project. In terms of industrial strategic positioning, hydrogen industry has become a new engine for the transformation of old and new driving forces and the high-quality development of energy, and hydrogen has also been regarded as an important implementation path for the optimization and transformation of energy structure in Shandong. Looking to the future, the construction of a national fuel cell technology innovation center will be an important starting point for innovative breakthroughs, and the demonstration and promotion of fuel cell vehicles will be intensified. To promote the continuous development and expansion of the hydrogen industry in the "Hydrogen Economic Belt of Shandong", and build Shandong into a state-level comprehensive demonstration area of hydrogen industry integrating "hydrogen technology research and development, hydrogen equipment manufacturing and hydrogen market application" .

Keywords: The hydrogen; Fuel Cell Vehicle; Shandong; Industrial development of Hydrogen Energy

B.20 Development of Hydrogen and Fuel Cell Vehicle Industry in Sichuan Province

Liu Ke, Li Yan, Gong Yubin and Bao Hang / 285

Abstract: Sichuan Province actively promotes the development of hydrogen and fuel cell industry. From September 2020 to September 2021, Sichuan province issued more than 10 supporting policies for hydrogen and fuel cell vehicles, covering top-level design, promotion and application, R&D support, construction and operation of hydrogen stations, and subsidy policies. Sichuan province is the second province in China and the first province in western China to open hydrogen fuel cell bus demonstration line and hydrogen fuel cell heavy truck demonstration line, and the first hydrogenation station was built in western China, and the demonstration application of fuel cell vehicles began to take shape. At the same time, there are abundant sources of hydrogen production and a complete hydrogen industry chain, and actively build hydrogen industrial parks to speed up the development of hydrogen industry. In the future, Sichuan province will continue to make breakthroughs in key technologies, improve product performance, expand demonstration applications, build safety standard systems, and optimize the province's hydrogen and fuel cell vehicle industry chain.

Keywords: Sichuan; The hydrogen; Fuel Cell Vehicle

Ⅶ Carbon Neutral Reports

B.21 Carbon Reduction Benefit Analysis of China's Automotive Hydrogen Industry

Qian Bing, Xue Xingyu, Sun Xin, Lu Bingbing and Yu Yi / 294

Abstract: Hydrogen fuel cell vehicles have strategic significance to achieve carbon peak and carbon neutrality in automobile industry and transportation industry. In this paper, the global warming potential of vehicle hydrogen supply link, vehicle cycle and fuel cycle of hydrogen fuel cell commercial vehicle are quantitatively evaluated by life cycle assessment method. The emission factors of hydrogen and carbon were calculated under six hydrogen production modes: coal hydrogen production, renewable energy water electrolysis hydrogen production, steam methane recombination hydrogen production, chlor-alkali industry hydrogen by-product, coke oven gas hydrogen production and biological hydrogen production, and three hydrogen transport modes: gas-hydrogen trailer transport, gas-hydrogen pipeline transport and liquid hydrogen tank transport. The life cycle carbon emissions of hydrogen fuel cell commercial vehicles, diesel commercial vehicles and pure electric commercial vehicles were compared. The results show that compared with pure electric commercial vehicles, hydrogen fuel cell commercial vehicles have emission reduction advantages in vehicle cycle, and as hydrogen production gradually shifts from fossil energy to renewable energy, carbon emission reduction benefits of hydrogen fuel cell commercial vehicles will become more significant.

Keywords: Automotive Hydrogen; Hydrogen Fuel Cell Vehicle; Greenhouse Gas Emissions; Life cycle evaluation

Abstract: In 2021, "carbon peak" and "carbon neutral" have become hot market topics. Relevant data show that the emission problem in the automotive field will be the focus of "carbon neutral" in the medium and heavy vehicles. Hydrogen fuel cell vehicles, with their high energy efficiency and low emissions, will have considerable advantages in terms of carbon emissions. This report tracks and analyzes the latest progress of the carbon emission related management system, and makes a prospect of the new energy carbon trading market in this context. At present, this field is still in the development stage of the industry. Related technologies are in the process of continuous optimization and improvement, and the carbon emission data of the industry is still accumulating. This report makes a technical analysis of carbon emission from vehicle hydrogen in order to provide reference for relevant personnel.

Keywords: Carbon Peak; Carbon Neutral; Certification of voluntary emission reductions; Fuel Cell

Ⅷ International Reports

Abstract: At present, the world attaches great importance to the development of hydrogen industry. Countries around the world have successively issued strategic development plans for hydrogen, formulated hydrogen development goals at different stages, and gradually formed hydrogen development models suitable for their own countries. This article selects the European Union, the

United States, Japan and South Korea as typical representative, summarizes the four regions and the hydrogen strategy issued by the country in 2020 years, and the four regions and hydrogen strategy has carried on the analysis and comparison of the country, you will find that the development of the hydrogen mainly related to their own resources endowment, positioning target, combined with foreign hydrogen industry development strategy put forward the enlightenment of the hydrogen industry development in our country.

Keywords: The hydrogen; The European Union; The United States; Japan; South Korea

B.24 Hydrogen Policy and Industry Status in South Korea

Abstract: South Korea attaches great importance to the development of hydrogen industry. The Hydrogen Strategy issued by the South Korean government sets specific targets for fuel cells in the fields of transportation, power generation and hydrogen supply, and promulgated the Law on Promoting Hydrogen Economy and Hydrogen Safety Management, becoming the first country to formulate a single law for the sustainable and effective development of hydrogen economy. Korea's hydrogen economy is developing rapidly with large companies as the core. The scale of equipment in the fuel cell power generation market is increasing year by year, and the hydrogen fuel cell vehicle market is showing an impressive growth momentum. Hyundai Motor Group, as the only hydrogen fuel cell vehicle manufacturer in Korea, is competitive in fuel cell technology development and product sales.

Keywords: South Korea; Hydrogen policy; Hyundai Motor Group

Abstract: After years of accumulation, the technical level of fuel cell vehicles in China is constantly improving, and has initially entered the stage of "commercialization + large-scale demonstration operation". In order to accelerate the pace of marketization, it is necessary to constantly compare with the international advanced fuel cell vehicles and improve the advanced technology. In this paper, the key technical indicators and strategic means are extracted by evaluating the global advanced fuel cell vehicles. It will greatly help and promote domestic fuel cell vehicles to enhance product competitiveness. At the same time, from the perspective of market and product development, the whole technology chain of fuel cell vehicles will be created, and the technological level will be constantly improved to help China achieve the goal of "Carbon Peak" and "Carbon Neutral".

Keywords: Fuel Cell Vehicle; Benchmarking Evaluation; Competitiveness

皮 书

智库成果出版与传播平台

皮书定义

皮书是对中国与世界发展状况和热点问题进行年度监测，以专业的角度、专家的视野和实证研究方法，针对某一领域或区域现状与发展态势展开分析和预测，具备前沿性、原创性、实证性、连续性、时效性等特点的公开出版物，由一系列权威研究报告组成。

皮书作者

皮书系列报告作者以国内外一流研究机构、知名高校等重点智库的研究人员为主，多为相关领域一流专家学者，他们的观点代表了当下学界对中国与世界的现实和未来最高水平的解读与分析。截至 2021 年底，皮书研创机构逾千家，报告作者累计超过 10 万人。

皮书荣誉

皮书作为中国社会科学院基础理论研究与应用对策研究融合发展的代表性成果，不仅是哲学社会科学工作者服务中国特色社会主义现代化建设的重要成果，更是助力中国特色新型智库建设、构建中国特色哲学社会科学“三大体系”的重要平台。皮书系列先后被列入“十二五”“十三五”国家重点出版规划项目；2013~2022 年，重点皮书列入中国社会科学院国家哲学社会科学创新工程项目。

皮书网

（网址：www.pishu.cn）

发布皮书研创资讯，传播皮书精彩内容
引领皮书出版潮流，打造皮书服务平台

栏目设置

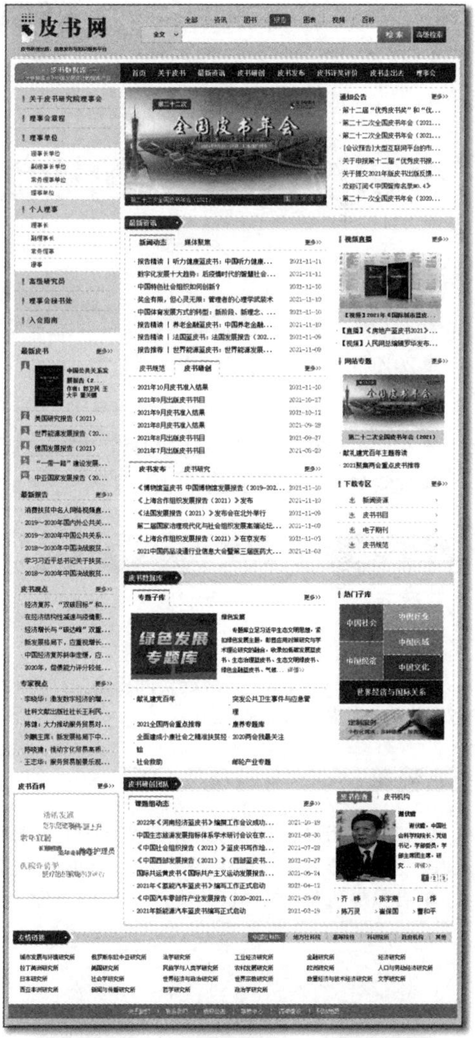

◆ **关于皮书**

何谓皮书、皮书分类、皮书大事记、
皮书荣誉、皮书出版第一人、皮书编辑部

◆ **最新资讯**

通知公告、新闻动态、媒体聚焦、
网站专题、视频直播、下载专区

◆ **皮书研创**

皮书规范、皮书选题、皮书出版、
皮书研究、研创团队

◆ **皮书评奖评价**

指标体系、皮书评价、皮书评奖

◆ **皮书研究院理事会**

理事会章程、理事单位、个人理事、高级研究员、理事会秘书处、入会指南

所获荣誉

◆ 2008 年、2011 年、2014 年，皮书网均在全国新闻出版业网站荣誉评选中获得“最具商业价值网站”称号；

◆ 2012 年，获得“出版业网站百强”称号。

网库合一

2014年，皮书网与皮书数据库端口合一，实现资源共享，搭建智库成果融合创新平台。

皮书网　　“皮书说”微信公众号　　皮书微博

S 基本子库
UB DATABASE

中国社会发展数据库（下设 12 个专题子库）

紧扣人口、政治、外交、法律、教育、医疗卫生、资源环境等 12 个社会发展领域的前沿和热点，全面整合专业著作、智库报告、学术资讯、调研数据等类型资源，帮助用户追踪中国社会发展动态、研究社会发展战略与政策、了解社会热点问题、分析社会发展趋势。

中国经济发展数据库（下设 12 专题子库）

内容涵盖宏观经济、产业经济、工业经济、农业经济、财政金融、房地产经济、城市经济、商业贸易等12个重点经济领域，为把握经济运行态势、洞察经济发展规律、研判经济发展趋势、进行经济调控决策提供参考和依据。

中国行业发展数据库（下设 17 个专题子库）

以中国国民经济行业分类为依据，覆盖金融业、旅游业、交通运输业、能源矿产业、制造业等 100 多个行业，跟踪分析国民经济相关行业市场运行状况和政策导向，汇集行业发展前沿资讯，为投资、从业及各种经济决策提供理论支撑和实践指导。

中国区域发展数据库（下设 4 个专题子库）

对中国特定区域内的经济、社会、文化等领域现状与发展情况进行深度分析和预测，涉及省级行政区、城市群、城市、农村等不同维度，研究层级至县及县以下行政区，为学者研究地方经济社会宏观态势、经验模式、发展案例提供支撑，为地方政府决策提供参考。

中国文化传媒数据库（下设 18 个专题子库）

内容覆盖文化产业、新闻传播、电影娱乐、文学艺术、群众文化、图书情报等 18 个重点研究领域，聚焦文化传媒领域发展前沿、热点话题、行业实践，服务用户的教学科研、文化投资、企业规划等需要。

世界经济与国际关系数据库（下设 6 个专题子库）

整合世界经济、国际政治、世界文化与科技、全球性问题、国际组织与国际法、区域研究 6 大领域研究成果，对世界经济形势、国际形势进行连续性深度分析，对年度热点问题进行专题解读，为研判全球发展趋势提供事实和数据支持。

法律声明